Hesselmann · Handbuch der GmbH & Co.

Handbuch der GmbH & Co.

Systematische Darstellung in betriebswirtschaftlicher, handelsrechtlicher und steuerrechtlicher Sicht

von

Rechtsanwalt

DR. MALTE HESSELMANN

Fachanwalt für Steuerrecht

Hamburg

14. überarbeitete Auflage

VERLAG DR. OTTO SCHMIDT KG · KÖLN

1. Aufl.	Oktober	1956
2. Aufl.	Oktober	1957
3. Aufl.	April	1960
4. Aufl.	Oktober	1961
5. Aufl.	Oktober	1962
6. Aufl.	Oktober	1963
7. Aufl.	Mai	1964
8. Aufl.	Juni	1965
9. Aufl.	Juli	1966
10. Aufl.	Oktober	1967
11. Aufl.	März	1970
12. Aufl.	April	1971
13. Aufl.	Mai	1972
14. Aufl.	Oktober	1973

ISBN 3 504 32513 5

1973

Verlag Dr. Otto Schmidt KG, Köln.
Druck: J. P. Bachem KG, Köln.

Philipp F. Reemtsma

in dankbarer Erinnerung gewidmet

Vorwort zur 13. Auflage

In der Neuauflage ist die seit Erscheinen der letzten Auflage bis März 1972 erschienene Rechtsprechung und Literatur berücksichtigt worden, wobei einige Kapitel ganz oder teilweise völlig neu bearbeitet wurden. Hingewiesen sei insbesondere auf das Kapitel Kapitalverkehrsteuer. Die Änderung des Kapitalverkehrsteuergesetzes mit Wirkung vom 1. Januar 1972 machte es nunmehr notwendig, in einem gesonderten Kapitel den neuen Rechtszustand aufzuzeigen, ohne daß vorläufig auf die Darstellung der bisherigen Rechtslage verzichtet werden kann. Im Hinblick auf die bevorstehende GmbH-Reform und die Diskussionen über eine Steuerreform wurde besonderes Augenmerk auf die Neubearbeitung des Kapitels „Die Stellung der GmbH & Co. in der zukünftigen Gesetzgebung" gelegt.

Es ist nunmehr darauf verzichtet worden, an Hand von Beispielen darzustellen, welche Motive Anlaß zur Wahl der GmbH & Co. sind. Diese Untersuchung war beim Erscheinen der 1. Auflage im Jahre 1956 eine der wesentlichen Grundlagen des Handbuches, da zu dieser Zeit die GmbH & Co. eine umstrittene und wenig benutzte Rechtsform war. Nachdem sie heute ihren festen Platz unter den Gesellschaftsformen hat, dürfte eine abstrakte Darstellung der Vor- und Nachteile dieser Gesellschaftsform genügen.

Hamburg, im Mai 1972

Malte Hesselmann

Vorwort zur 14. Auflage

Obwohl seit Erscheinen der 13. Auflage wenig mehr als ein Jahr vergangen ist, war wiederum eine Überarbeitung des Buches notwendig, wobei verschiedene Ergänzungen vorgenommen und die neueste Rechtsprechung und Literatur bis September 1973 berücksichtigt wurden. Insbesondere wurde das Kapitel Kapitalverkehrsteuer ab 1. 1. 1972 einer Überarbeitung unterzogen.

Hamburg, im Oktober 1973

Malte Hesselmann

Inhaltsverzeichnis

Abkürzungsverzeichnis

aA	=	anderer Ansicht
Abs.	=	Absatz
ADHGB	=	Allgemeines Deutsches Handelsgesetzbuch von 1861
AG	=	Amtsgericht
AktG	=	Aktiengesetz
Anm.	=	Anmerkung
AO	=	Reichsabgabenordnung
Art.	=	Artikel
B	=	Der Betrieb (Jahr u. Seite)
BAG	=	Bundesarbeitsgericht
Bay. FMBl.	=	Bayerisches Finanzministerialblatt
BayObLG	=	Bayerisches Oberstes Landesgericht
BB	=	Der Betriebsberater (Jahr u. Seite)
BdF	=	Bundesminister der Finanzen
BewG	=	Bewertungsgesetz
BFH	=	Bundesfinanzhof
BGB	=	Bürgerliches Gesetzbuch
BGBl.	=	Bundesgesetzblatt (Jahr u. Seite)
BGH	=	Bundesgerichtshof
BGHZ	=	Entscheidungen des Bundesgerichtshofes in Zivilsachen (Bd. u. Seite)
BStBl.	=	Bundessteuerblatt (Jahr u. Seite)
BT-Drucks.	=	Bundestags-Drucksache
BVerfG	=	Bundesverfassungsgericht
BVerfGE	=	Entscheidungen des Bundesverfassungsgerichts
BVerfGG	=	Bundesverfassungsgerichtsgesetz
BVG	=	Betriebsverfassungsgesetz
d. A.	=	der Auflage
DJZ	=	Deutsche Juristen-Zeitung (Jahr u. Seite)
DNotZ	=	Deutsche Notar-Zeitschrift (Jahr u. Seite)
DR	=	Deutsches Recht (Jahr u. Seite)
DRspr.	=	Deutsche Rechtsprechung
DRZ	=	Deutsche Rechtszeitschrift (Jahr u. Seite)
DStR	=	Deutsches Steuerrecht (Jahr u. Seite)
DStZ	=	Deutsche Steuer-Zeitung (Jahr u. Seite)
DVR	=	Deutsche Verkehrsteuer-Rundschau (Jahr u. Seite)

EFG	=	Entscheidungen der Finanzgerichte (Jahr u. Seite)
EGHGB	=	Einführungsgesetz zum Handelsgesetzbuch
Einf.	=	Einführung
EStG	=	Einkommensteuergesetz
FG	=	Finanzgericht
FGG	=	Gesetz über Angelegenheiten der freiwilligen Gerichtsbarkeit
FGO	=	Finanzgerichtsordnung
FR	=	Finanz-Rundschau/Deutsches Steuerblatt (Jahr u. Seite)
Freymuth	=	Freymuth, Die GmbH in der Rechtsprechung der deutschen Gerichte Bd. II von 1911 bis 1916 Bd. III von 1916 bis 1924
Fußn.	=	Fußnote
GenG	=	Genossenschaftsgesetz
GewO	=	Gewerbeordnung
GewStG	=	Gewerbesteuergesetz
GG	=	Grundgesetz
GmbH	=	Gesellschaft mit beschränkter Haftung
GmbHG	=	Gesetz betreffend die GmbH
GmbH-Rdsch.	=	Rundschau für GmbH, GmbH-Rundschau (Jahr u. Seite)
GrErwStG	=	Grunderwerbsteuergesetz
GWB	=	Gesetz gegen Wettbewerbsbeschränkungen
GW-StRK	=	Grundwerk zur Steuerrechtsprechung in Karteiform
Hans. GerZtg.	=	Hanseatische Gerichtszeitung (Jahr u. Seite)
Holdheim	=	Wochenschrift, später Monatsschrift für Handelsrecht und Bankwesen, seit 1897 Monatsschrift für Handelsrecht, begründet von Holdheim
HRR	=	Höchstrichterliche Rechtsprechung (Jahr u. Nummer)
idF	=	in der Fassung
IHKG	=	Gesetz zur vorläufigen Regelung des Rechts der Industrie- und Handelskammern
Inf.	=	Die Information über Steuer und Wirtschaft (Jahr u. Seite)
iV mit	=	in Verbindung mit
JFG	=	Jahrbuch der Entscheidungen in Angelegenheiten der freiwilligen Gerichtsbarkeit (Bd. u. Seite)

JW	= Juristische Wochenschrift (Jahr u. Seite)
JZ	= Juristenzeitung (Jahr u. Seite)
KapErhStG	= Gesetz über steuerrechtliche Maßnahmen bei Erhöhung des Nennkapitals aus Gesellschaftsmitteln und bei Überlassung von eigenen Aktien an Arbeitnehmer
Kartei	= Steuerrechtsprechung in Karteiform begründet von *Mrozek*
KG	= Kommanditgesellschaft; Kammergericht
KG aA	= Kommanditgesellschaft auf Aktien
KGJ	= Jahrbuch für Entscheidungen des Kammergerichts in Sachen der freiwilligen Gerichtsbarkeit (Bd. u. Seite)
KO	= Konkursordnung
KStDV	= Körperschaftsteuer-Durchführungsverordnung
KStG	= Körperschaftsteuergesetz
KVStG	= Kapitalverkehrsteuergesetz
LG	= Landgericht
Neue Betriebsw.	= Neue Betriebswirtschaft (Jahr u. Seite)
NJW	= Neue Juristische Wochenschrift (Jahr u. Seite)
NWB	= Neue Wirtschafts-Briefe
ÖJZ	= Österreichische Juristen-Zeitung (Jahr u. Seite)
OFD	= Oberfinanzdirektion
OFH	= Oberster Finanzgerichtshof
OHG	= Offene Handelsgesellschaft
OLG	= Oberlandesgericht
OLGE	= Sammlung der Rechtsprechung der Oberlandesgerichte (Bd. u. Seite)
Recht	= Das Recht (Jahr u. Nummer)
RFH	= Reichsfinanzhof — Sammlung der Entscheidungen und Gutachten des Reichsfinanzhofs (Bd. u. Seite)
RGBl.	= Reichsgesetzblatt (Jahr u. Seite)
RGRK	= Reichsgerichtsräte-Kommentar
RGZ	= Entscheidungen des Reichsgerichts in Zivilsachen (Bd. u. Seite)
RJA	= Entscheidungen in Angelegenheiten der freiwilligen Gerichtsbarkeit und des Grundbuchrechts. Zusammengestellt im Reichsjustizamt (Bd. u. Seite)
Rpfleger	= Der Deutsche Rechtspfleger (Jahr u. Seite)

RStBl.	= Reichssteuerblatt (Jahr u. Seite)
RWP	= Rechts- und Wirtschafts-Praxis
Seuff. Arch.	= Seufferts Archiv für Entscheidungen der Obersten Gerichte (Bd. u. Nummer)
Slg.	= Sammlung
StAnpG	= Steueranpassungsgesetz
StBp.	= Die steuerliche Betriebsprüfung (Zeitschrift)
StEK	= Steuererlasse in Karteiform
StRK	= Steuerrechtsprechung in Karteiform
StuW	= Steuer und Wirtschaft (Jahr u. Spalte, bei Entscheidungen Jahr u. Nummer)
UmwG	= Umwandlungsgesetz
UmwStG	= Umwandlungssteuergesetz
UStDB	= Durchführungsbestimmungen zum Umsatzsteuergesetz
UStG	= Umsatzsteuergesetz
UStR	= Umsatzsteuer-Rundschau
VStG	= Vermögensteuergesetz

„Gegenüber den fest ausgeprägten Korporationsformen der Zwischenzeit hat die moderne Assoziation etwas Fließendes an sich, das notwendige Merkmal einer Zeit kräftigen Werdens. Sie ist daher reich an Übergangsformen und Zwischengestaltungen, an kurzlebigen, nur eine vollendetere Rechtsbildung vorbereitenden Erscheinungen, an einer Fülle von Kreuzungen und Kombinationen, die sich schwer der Systematik fügen."

Otto v. Gierke,
Das Deutsche Genossenschaftsrecht, Band I Seite 652

A. Einleitung

I. Begriff der GmbH & Co. und Problemstellung

Auf keinem anderen Rechtsgebiet zeigt sich die Verknüpfung von Recht und Leben in so starkem Maße wie gerade im Gesellschaftsrecht. Wie die Wirtschaft selbst, so ist auch ihr Recht in unaufhörlicher Bewegung. Die Geschichte des Gesellschaftsrechts läßt erkennen, wie sich im Laufe der Zeit den wirtschaftlichen Bedürfnissen entsprechend immer neue Organisationsformen gebildet haben.

Der Gesetzgeber hat sich dieser Entwicklung nicht verschlossen und im Bestreben, den vielseitigen Interessen gerecht zu werden, dem Rechtsverkehr im Bürgerlichen Gesetzbuch, im Handelsgesetzbuch und in Sondergesetzen eine größere Zahl von Gesellschaftsformen zur Verfügung gestellt, ohne dabei ausdrücklich einen „numerus clausus" zu schaffen. Die gesetzlichen Vorschriften sind zudem vielfach nachgiebiger Natur, so daß es möglich ist, die einzelnen Gesellschaftsformen durch abweichende Bestimmungen des Gesellschaftsvertrages den Erfordernissen der Praxis anzupassen.

Trotz ihres zum Teil weiten Spielraumes für die vertragliche Ausgestaltung genügten die gesetzlichen Organisationsformen den Bedürfnissen der modernen Wirtschaft nicht. Ein weiterer Schritt in der Entwicklung des Gesellschaftsrechts führte zur sogenannten „Grundtypvermischung" [1]). Zwei grundsätzlich divergierend erscheinende Gesellschaftsformen werden miteinander verbunden, ohne daß den beteiligten Gesellschaften ihre Selbständigkeit genommen wird. Der interessanteste und wohl auch bedeutungsvollste Fall aus diesem Problemkreis ist der der GmbH & Co., einer Unternehmensform, die bis heute gesetzlich nicht geregelt ist.

Begrifflich könnte man hierunter eine offene Handelsgesellschaft oder eine Kommanditgesellschaft verstehen, an der eine GmbH als Gesellschaf-

[1]) Diese Bezeichnung ist von Zielinski mit seiner Monographie „Grundtypvermischungen und Handelsgesellschaftsrecht" in die Literatur eingeführt worden.

ter bzw. als persönlich haftender Gesellschafter beteiligt ist. Wegen der größeren Häufigkeit der Beteiligung einer GmbH an einer Kommanditgesellschaft hat es sich jedoch eingebürgert, den Ausdruck „GmbH & Co." nur zur Bezeichnung einer Kommanditgesellschaft zu verwenden, deren — meist einziger — Komplementär eine GmbH ist [2]). Ist die GmbH einziger persönlich haftender Gesellschafter und sind Kommanditisten ausschließlich die Gesellschafter der GmbH, so spricht man von einer „GmbH & Co. im engeren Sinne" [3]).

Die GmbH & Co. erlangte in den zwanziger Jahren eine größere Bedeutung, bewegte einige Zeit Rechtsprechung und Literatur, um dann wieder aus dem Blickfeld zu verschwinden. So erklärt es sich, daß namhafte Autoren der Ansicht waren, die GmbH & Co. sei eine überlebte Gesellschaftsform, der keine praktische Bedeutung mehr zukomme.

Diese These wird durch die Entwicklung seit 1950 widerlegt. Die Zahl der Neugründungen von Gesellschaften mbH & Co. nimmt von Jahr zu Jahr zu [4]). Auch bedeutende Unternehmen sind in der Rechtsform der GmbH & Co. organisiert worden [5]).

---

[2]) Damit soll nicht gesagt werden, daß der GmbH & Co. in der Form der offenen Handelsgesellschaft in der Praxis keine Bedeutung zukommt. Sie bildet nicht selten die Vorstufe zur Gründung einer GmbH & Co. in der Form der Kommanditgesellschaft. Vgl. S. 29 d. A.

[3]) Zu der recht interessanten stillen Beteiligung an einer GmbH, die nicht mit der GmbH & Co. verwechselt werden darf, vgl. Hesselmann, GmbH-Rdsch. 1957, 191 ff.

[4]) Eine amtliche Statistik der GmbH & Co. gibt es nicht. Nach einer Erhebung, die die Industrie- und Handelskammer zu Osnabrück in ihrem Bezirk für die Jahre 1960—1969 durchgeführt hat, war fast jede zweite GmbH allein zu dem Zweck gegründet worden, die Rolle eines Komplementärs in einer GmbH & Co. zu übernehmen. Rund zwei Drittel aller neuen Kommanditgesellschaften einschließlich Umwandlungen waren Gesellschaften mbH & Co. Die Kommanditgesellschaften insgesamt dürften inzwischen etwa zu einem Drittel die Sonderform der GmbH & Co. haben, vgl. Veismann, GmbH-Rdsch. 1969, 69 ff. Diese Tendenz hält an, vgl. Mitteilungen der IHK Osnabrück 1972, 40 u. 1973, 48. Es gab nach einer Schätzung 1969 etwa 23 000 GmbH & Co., vgl. dazu Mitteilungen der IHK Osnabrück 1970, 95 ff.

[5]) Scharnow-Reisen Gesellschaft mit beschränkter Haftung Kommanditgesellschaft (Hannover, 1953), Zigarettenfabrik Haus Neuerburg KG (Köln, 1954), H. F. & Ph. F. Reemtsma (Hamburg, 1955), Axel Springer & Sohn (Hamburg, 1956), Deutsche Novopan Geselllschaft mbH & Co. (Göttingen, 1958), Sektkellerei Carstens KG (Neustadt/Weinstraße, 1958), Gruner + Jahr GmbH & Co. (Itzehoe, 1965). Weitere Beispiele bei Wiethölter, Aktuelle Probleme der GmbH & Co., 29 ff.

Es schien daher wertvoll, zu ergründen, welche Erwägungen den Anlaß zum Wiederaufgreifen der Rechtsform der GmbH & Co. gegeben haben. Daneben sollen alle aus dem Fehlen einer gesetzlichen Regelung entspringenden Zweifelsfragen handels- und steuerrechtlicher Art im Zusammenhang dargestellt werden [6]).

II. Entwicklung und Zulässigkeit der GmbH & Co.

Wenn auch die zivil- und steuerrechtliche Zulässigkeit der GmbH & Co. in der Praxis keinem Zweifel mehr unterliegt, erscheint es doch notwendig, die Entstehungsgeschichte dieser Gesellschaftsform, den Streit um ihre Zulässigkeit und den Weg bis zu ihrer endgültigen Anerkennung in kurzen Zügen zu umreißen. Gerade bei der unterschiedlichen Beurteilung, die die GmbH & Co. erfährt, ist eine Kenntnis dieser Tatsachen unumgänglich, wenn man dieser Gesellschaftsform in seinem Urteil gerecht werden will.

1. Die Entstehung der GmbH & Co. und ihre zivilrechtliche Anerkennung

Schon vor Schaffung der GmbH durch Gesetz v. 20. 4. 92 und vor Entstehung der ersten Gesellschaften mbH & Co. beschäftigte die Literatur die Frage, ob eine juristische Person — man dachte in erster Linie an die Aktiengesellschaft — sich als Gesellschafter an einer offenen Handelsgesellschaft oder als Komplementär an einer Kommanditgesellschaft beteiligen könne [7]). Bei den Beratungen zum HGB wurde in der 1. Sachverständigen-Kommission von einem kaufmännischen Mitglied vorgeschlagen, eine Bestimmung des Inhalts, daß eine Aktiengesellschaft Gesellschaf-

---

[6]) An neueren umfassenden Darstellungen der GmbH & Co. sind zu erwähnen: Böttcher-Beinert, „GmbH & Co., Die moderne Unternehmensform" (1971), Brönner-Bünz, „Die GmbH & Co. KG in Recht und Praxis" (1971), Fetsch, „Die GmbH & Co. im Steuerrecht (1969), Henze, „Die GmbH & Co. Kommanditgesellschaft" (1969), Köhler, „Die GmbH & Co.", Steuerberater-Jahrbuch 1954/55, 223 ff. und Sudhoff, „Der Gesellschaftsvertrag der GmbH & Co." (1971). Von den älteren Monographien kommt neben der bereits erwähnten Arbeit von Zielinski aus dem Jahre 1925: „Grundtypvermischungen und Handelsgesellschaftsrecht", der bis heute gründlichsten Darstellung der GmbH & Co., nur noch den Arbeiten von Cahn, „GmbH & Co. Kommanditgesellschaft" (1922) und Daeschner, „Handelsgesellschaftliche Gestaltungsformen" (1923) eine gewisse Bedeutung zu.

[7]) So bemerkt zB von Hahn in seinem Kommentar zum ADHGB, Art. 150 § 3: „Die Mitglieder der Kommanditgesellschaft können einzelne Personen (physische oder juristische) sein."

ter einer offenen Handelsgesellschaft sein könne, ausdrücklich in das Gesetz aufzunehmen, da sonst „Zweifel an der Zulässigkeit nicht ausgeschlossen“ seien. Dieser Anregung wurde nicht entsprochen [8]).

Die ersten Versuche von Kapitalgesellschaften, sich mit natürlichen Personen oder Gesellschaften zu Personengesellschaften zusammenzuschließen, sind schon aus der Zeit vor 1900 nachweisbar. Die Registergerichte lehnten jedoch ausnahmslos eine Eintragung ab [9]). Welche wirtschaftlichen Erwägungen Anlaß zu diesen Gründungsversuchen waren, läßt sich an Hand der vorliegenden Entscheidungen nicht feststellen.

Den eigentlichen Anstoß zur Entfaltung der GmbH & Co. gab die Einführung der steuerlichen Doppelbelastung für die GmbH und ihre Gesellschafter in Bayern mit Gesetz v. 14. 8. 10, das erstmals mit dem Jahre 1912 in Wirkung trat [10]). Dem Beispiel Bayerns folgten bald andere deutsche Staaten. Schließlich wurde die GmbH durch das Körperschaftsteuergesetz v. 30. 3. 20 einheitlich für das Reich in allen Ländern mit Körperschaftsteuer belegt. Die Reaktion gegen diese Gesetzgebung setzte zunächst in Bayern ein. Unternehmer, deren Betrieb in der Rechtsform der GmbH organisiert war, suchten nach einem Ausweg, um nicht gegenüber den Personengesellschaften, denen ihr Unternehmen in der Struktur vielfach sehr nahestand, im Konkurrenzkampf benachteiligt zu sein. Eine Auflösung der GmbH und Umwandlung in eine Personengesellschaft hätte wegen der zahlreichen vom Gesetz vorgeschriebenen Förmlichkeiten bei der Liquidation (Gläubigeraufruf, Sperrjahr usw.) sehr störend auf den inneren Geschäftsgang des Unternehmens gewirkt. Durch die Übertragung etwaigen Grundbesitzes wären zudem oft nicht unerhebliche Kosten entstanden. Schließlich hätte sich selbst bei Wahl einer Kommanditgesellschaft mindestens ein Gesellschafter dazu bereit erklären müssen, die persönliche unbeschränkte Haftung zu übernehmen.

---

[8]) Vgl. Protokolle I S. 64, zitiert bei Boesebeck, 72.

[9]) Vgl. zB die Entscheidungen des OLG Dresden v. 31. 1. 99, Holdheim IX, 21; OLG Hamburg v. 19. 12. 90, Hans. GerZtg. XII, 21 ff.; KG v. 9. 1. 93, Holdheim II, 99 f. und v. 16. 2. 91, KGJ 11, 20 ff. Das RG läßt in einer Entscheidung v. 11. 2. 96, RGZ 36, 139 die Frage, ob eine juristische Person Gesellschafter einer offenen Handelsgesellschaft oder Komplementär einer Kommanditgesellschaft sein kann, offen.

[10]) Schon vor Bayern hatte Preußen durch Gesetz v. 19. 6. 06 die GmbH einer Körperschaftsteuer unterworfen. Es erfolgte hier aber keine Doppelbelastung der Gewinne. Die Gesellschaft selbst unterlag einem die Steuersätze der natürlichen Personen etwas überschreitenden Tarif, die Gesellschafter waren mit ihrem Gewinnanteil steuerfrei.

Sämtliche Schwierigkeiten ließen sich durch Schaffung einer GmbH & Co. umgehen. Man gründete eine Kommanditgesellschaft, deren einziger persönlich haftender Gesellschafter die GmbH war, während sich deren Gesellschafter — dem Verhältnis ihrer Beteiligung an der GmbH entsprechend — als Kommanditisten beteiligten (sogenannte GmbH & Co. im engeren Sinne), ohne allerdings irgendwelche Sach- oder Bareinlagen zu leisten. Die Kommanditgesellschaft pachtete den Geschäftsbetrieb der GmbH. Diese erhielt als Pachtzins einen Betrag, der eben die Erhaltung ihres Kapitals gewährleistete. Der gesamte übrige Gewinn der Kommanditgesellschaft floß den Gesellschaftern der GmbH über ihre Kommanditbeteiligungen unmittelbar zu, so daß für eine steuerliche Doppelbelastung der GmbH-Gewinne kein Raum mehr blieb.

Die Registergerichte setzten der Eintragung dieser „ungewöhnlichen" Gesellschaftsform zunächst heftigen Widerstand entgegen. Auf eine Beschwerde der „Portland Zement-Fabrik, Stein- und Kalkwerk August M., Gesellschaft mit beschränkter Haftung", die zusammen mit ihren Gesellschaftern eine Kommanditgesellschaft unter der Firma „Portland Zement-Fabrik, Stein- und Kalkwerk August M., GmbH KG" gegründet hatte, gegen die Ablehnung der Eintragung durch das Amtsgericht in München hatte sich — nach einer ebenfalls ablehnenden Entscheidung des Landgerichts München — als letzte Instanz das Bayerische Oberste Landesgericht mit der Frage zu befassen, ob eine GmbH Gesellschafter einer offenen Handelsgesellschaft bzw. persönlich haftender Gesellschafter einer Kommanditgesellschaft sein könne.

In seinem Beschluß v. 16. 2. 12 [11]) bejahte es die Zulässigkeit und wies das Registergericht an, die Eintragung vorzunehmen. In der Begründung seiner Entscheidung führt das Gericht aus: Die Kommanditgesellschaft sei zwar zu dem Zweck errichtet worden, die Steuerbelastung zu mindern; dieser Umstand könne aber eine Nichtigkeit des Gesellschaftsvertrages nicht begründen. Die Steuergesetze knüpften die stärkere Belastung der Gesellschaften mbH an das formelle Moment, daß eine GmbH vorliege. Wenn nun die Gesellschafter zur Erreichung ihrer Ziele eine Gesellschaftsform wählten, bei der die Steuerbelastung geringer sei, so hätten sie lediglich einen Weg beschritten, den die Steuergesetze selbst ihnen offen ließen.

Es wird dann weiter aufgezeigt, daß weder durch eine positive Vorschrift die Teilnahme einer GmbH als persönlich haftender Gesellschafter in einer Kommanditgesellschaft ausgeschlossen sei noch sich der Ausschluß aus der Verfassung oder dem Wesen der GmbH ergäbe.

---

[11]) III 1212, OLGE 27, 331 = RJA 12, 28 = KGJ 44, 341 = DJZ 1913, 647 = Seuff. Arch. 67 Nr. 263 = GmbH-Rdsch. 1914, 9 = Freymuth II, 116 f.

Auf diese Entscheidung hin sollen in der kurzen Zeit von Februar bis Oktober 1912 allein in München 80 Gesellschaften mbH & Co. gegründet worden sein [12]), so daß man das Jahr 1912 als das Geburtsjahr der GmbH & Co. bezeichnen kann.

Die Gründungen von Gesellschaften mbH & Co. nahmen ein solches Ausmaß an, daß in der Sitzung der bayerischen Kammer v. 15. 10. 12 ein Abgeordneter an den Finanzminister die Frage richtete, ob die Regierung gegen diese Umgehung der steuerlichen Belastung der GmbH „etwas unternehmen" werde [13]). Dem Antrag, die Gesetzeslücke im Wege der Gesetzgebung zu schließen, wurde nicht stattgegeben, da man die neuen Steuergesetze „sich erst einmal einleben lassen" wollte. Man überließ es den Steuerbehörden, wie sie sich mit den neuen Gesellschaftsbildungen abfinden wollten.

Die Absicht, die Körperschaftsteuer zu umgehen, blieb in der Folgezeit nicht der einzige Anlaß zur Gründung von Gesellschaften mbH & Co. **Auch die bei der Gründung von Gesellschaften mbH** entstehende Stempelsteuer (Gesellschaftsteuer) versuchte man dadurch zu mindern, daß man die GmbH nur mit dem Mindeststammkapital von 20 000 M ausstattete, während das übrige Kapital dem Unternehmen über Kommanditeinlagen zugeführt wurde [14]).

Das Kammergericht, das sich in zwei Entscheidungen v. 28. 2. 13 [15]) und 31. 5. 18 [16]) mit der Frage der Zulässigkeit der GmbH & Co. zu befassen hatte, schloß sich der Ansicht des Bayerischen Obersten Landesgerichts an. In zahlreichen späteren Beschlüssen [17]) bestätigte es diese Entscheidungen.

Das Oberlandesgericht Hamburg wich in einem Beschluß v. 31. 7. 14 [18]) zunächst einer Entscheidung über die Frage der Zulässigkeit der GmbH & Co. aus, da sich das Eintragungsbegehren des Beschwerdeführers bereits aus einem anderen Gesichtspunkt als unbegründet erwies. Aus dem Be-

---

[12]) Vgl. die Angaben bei Liebmann, DJZ 1913, 231.

[13]) Vgl. die stenogr. Berichte 1912 Nr. 146 S. 175.

[14]) Über den Einfluß der Reichssteuergesetze des Krieges 1914/18 mit ihrer Sonderbesteuerung der juristischen Personen auf die Gründung von Gesellschaften mbH & Co. vgl. Daeschner, 73 ff.

[15]) 1 a x 198/13, DJZ 1913, 1500 = Freymuth II, 306.

[16]) 1 a x 329/18, KGJ 51, 122 = Recht 1919 Nr. 124 = GmbH-Rdsch. 1918, 355 = Freymuth III, 36 ff.

[17]) Beschl. 1 a x 383/18 v. 28. 6. 18, KGJ 51, 125; Beschl. v. 25. 10. 18, Freymuth III, 42 = RJA 16, 82; Beschl. 1 a x 332/19 v. 11. 7. 19, KGJ 52, 90 (AG als Komplementär einer KG); Beschl. v. 16. 6. 22, OLGE 42, 214 (OHG aus zwei AG); Beschl. 1 a x 675/22 v. 22. 9. 22, Freymuth III, 41.

[18]) F 81/14, OLGE 30, 385 = GmbH-Rdsch. 1915, 32 = Freymuth II, 115.

schluß ist jedoch zu entnehmen, daß das Gericht dieser Rechtsform mit den Vorinstanzen ablehnend gegenüberstand [19]). Anfang 1922 lag dem Oberlandesgericht die weitere Beschwerde der „Hanseatischen Motoren-Gesellschaft mit beschränkter Haftung" zur Entscheidung vor. Diese GmbH hatte zusammen mit einem Kaufmann P. eine GmbH & Co. unter der Firma „Hanseatische Motoren-Gesellschaft mbH & Co." gegründet, deren Eintragung das zuständige Registergericht abgelehnt hatte. Das Oberlandesgericht hätte seiner schon im Beschluß v. 31. 7. 14 angedeuteten ablehnenden Haltung Ausdruck verliehen, wenn es sich nicht infolge der entgegenstehenden Entscheidungen des Bayerischen Obersten Landesgerichts und des Kammergerichts daran gehindert gesehen hätte [20]). Es legte deshalb gemäß § 28 Abs. II FGG die Sache dem Reichsgericht zur Entscheidung vor.

Das Reichsgericht hat in seinem grundlegenden Beschluß v. 4. 7. 22 [21]) die zivilrechtliche Zulässigkeit der GmbH & Co. bejaht und damit dem Streit für die Praxis ein Ende gesetzt. Nach einem Überblick über den Stand der Meinungen im Schrifttum führt das Reichsgericht in seiner Entscheidung unter anderem aus:

Anlaß zur Errichtung von Kommanditgesellschaften aus einer GmbH als persönlich haftendem Gesellschafter und deren Gesellschaftern als Kommanditisten sei zwar die Einführung der steuerlichen Doppelbelastung in Bayern gewesen. Es führten aber „offensichtlich auch wichtige, rein wirtschaftliche Interessen" zur Errichtung von Gesellschaften mbH & Co., so zB der Wunsch von Kapitalisten, sich an einem Unternehmen zu beteiligen, ohne der persönlichen Haftung ausgesetzt zu sein und die Gesellschaft mit den hohen Gründungskosten einer großen GmbH oder Aktiengesellschaft zu belasten, während ihnen auf der anderen Seite die Möglichkeit gewährt werde, die Geschäftsführung selbst in der Hand zu behalten. Dieses Ziel könnten sie durch Errichtung einer GmbH mit verhältnismäßig geringem Stammkapital, zu deren Geschäftsführern sie sich bestellen ließen, und durch Beteiligung mit erheblichen Kommanditeinlagen erreichen. Aber auch in anderen Fällen könne die Bildung einer GmbH & Co. durchaus zweckmäßig sein. Wenn zB der Inhaber eines größeren Unternehmens sterbe und die Witwe das Geschäft nicht weiter-

---

[19]) Köhler, Steuerberater-Jahrbuch 1954/55, 244 f. will allerdings aus diesem Beschluß eine Bejahung der Zulässigkeit der GmbH & Co. durch das Oberlandesgericht herauslesen. Diese Einstellung, so meint er, hätte das Oberlandesgericht später in dem Fall der „Hanseatischen Motoren-Gesellschaft mbH & Co.", ohne sich dessen bewußt zu werden, wieder aufgegeben.

[20]) Vgl. Hans. GerZtg. Hauptblatt 97, 1922.

[21]) II B 2/22, RGZ 105, 101 ff.

führen wolle, während eine bestehende Aktiengesellschaft oder GmbH bereit sei, sich das Unternehmen anzugliedern, sei die Errichtung einer Kommanditgesellschaft, an welcher die Witwe als Kommanditistin, die angliedernde Gesellschaft aber als Komplementär beteiligt ist, zu empfehlen. Unter Mitwirkung des Reiches seien sogar provinzielle Materialverwertungsgesellschaften in der Form der GmbH & Co. gegründet worden.

Diese neuere wirtschaftliche Entwicklung könne man nicht als „ungesund oder bedenklich" ansehen. Es liege auch kein ausreichender Grund vor, sie zu hemmen, da sie weder aus Gründen des Gemeinwohls zu verwerfen sei noch mit dem geltenden Recht und Gesetz in Widerspruch stehe.

Letzteres wird vom Reichsgericht aufgezeigt, indem es sich mit den gegen die Zulässigkeit der GmbH & Co. ins Feld geführten Argumenten auseinandersetzt und sie widerlegt [22]).

Wenn sich aus den §§ 106 Nr. 1, 108, 131 Nr. 4, 139, 161 Abs. II HGB auch ergäbe, daß der Gesetzgeber zunächst nur natürliche Personen als persönlich haftende Gesellschafter im Auge gehabt habe, so bestände doch kein rechtliches Hindernis, diese Vorschriften entsprechend auf juristische Personen anzuwenden.

Es könne auch nicht zugegeben werden, daß es mit der Natur der offenen Handelsgesellschaft oder Kommanditgesellschaft unvereinbar sei, eine GmbH als persönlich haftenden Gesellschafter zuzulassen, etwa weil jene der Fähigkeit zur unbeschränkten Haftung ermangele.

Gerade dieses Argument wird immer wieder gegen die Zulässigkeit der GmbH & Co. vorgebracht. Dabei wird verkannt, daß sich die Haftungsbeschränkung nur auf die Gesellschafter der GmbH bezieht, die GmbH selbst aber unbeschränkt mit ihrem ganzen Vermögen haftet. Wenn diese Haftung praktisch doch auf das Vermögen der GmbH begrenzt ist, so ist es nicht anders als bei natürlichen Personen, wo die Haftung eben auch auf ihr Vermögen und ihre Kräfte beschränkt ist.

Das Reichsgericht weist in diesem Zusammenhang darauf hin, daß eine GmbH als persönlich haftender Gesellschafter infolge der bei Kapitalgesellschaften gegebenen Gläubigerschutzbestimmungen sogar vielfach größeren Kredit genießen werde und mehr Sicherheit gewähre als eine natürliche Person in derselben Stellung.

Auch Struktur und Wesen der GmbH ständen ihrer Aufnahme als persönlich haftender Gesellschafter in eine offene Handelsgesellschaft oder Kommanditgesellschaft nicht entgegen. Insbesondere ließen sich aus den firmenrechtlichen Vorschriften und den Bestimmungen über die Bilanzaufstellung keine Einwände entnehmen.

---

[22]) S. 104 ff.

Die schwerwiegendsten Argumente gegen die Zulässigkeit der GmbH & Co. hat man aus der inneren Organisation der GmbH hergeleitet. Während der geschäftsführende Gesellschafter einer offenen Handelsgesellschaft oder einer Kommanditgesellschaft eine grundsätzlich unbeschränkte und unbeschränkbare Vertretungsmacht hat (§ 126 HGB) und die anderen Gesellschafter mit ihrem eigenen Vermögen verpflichten kann (§ 128 HGB) [23]), sind die Vertretungsbefugnisse des GmbH-Geschäftsführers zwar nach außen ebenfalls unbeschränkbar (§ 37 Abs. II GmbHG), seine Machtstellung ist jedoch wesentlich schwächer: er kann jederzeit abberufen werden (§ 38 Abs. I GmbHG). Dem geschäftsführenden Gesellschafter einer offenen Handelsgesellschaft oder einer Kommanditgesellschaft kann die Geschäftsführungs- und Vertretungsbefugnis dagegen nur bei Vorliegen eines wichtigen Grundes durch gerichtliche Entscheidung entzogen werden (§§ 117, 127 HGB). Beteiligt sich nun eine GmbH als persönlich haftender Gesellschafter an einer Kommanditgesellschaft und sind neben ihr noch weitere Komplementäre vorhanden, so können diese die GmbH verpflichten [24]), ohne daß die Gesellschafter der GmbH imstande wären, ihren abweichenden eigenen Willen geltend zu machen. Die GmbH könnte demnach von den anderen Komplementären so lange verpflichtet werden, bis ein wichtiger Grund im Sinne der §§ 117, 127 HGB zu deren Abberufung durch ein Gericht führen würde.

Diese Tatsache steht scheinbar im Widerspruch zu dem Recht der Gesellschafter der GmbH, über das Schicksal der Gesellschaft zu entscheiden. In Wirklichkeit bleibt aber das Recht der Gesellschafter innerhalb des Geschäftskreises der GmbH unangetastet. Nur soweit sich die GmbH nach außen hin an der GmbH & Co. beteiligt, werden die Befugnisse der Gesellschafter eingeschränkt. Eine derartige Beschränkung, so entgegnet das Reichsgericht auf diese Bedenken, finde sich aber auch in anderen Fällen. Durch Eingehung anderer Gesellschaftsverhältnisse oder Teilnahme an Interessengemeinschaften könne die GmbH ebenfalls das größte wirtschaftliche Risiko eingehen. Sie könne außerdem durch ihre Geschäftsführer mit bindender Wirkung gegenüber Dritten in Höhe ihres Gesamtvermögens verpflichtet werden, bevor noch eine Abberufung der Geschäftsführer erfolgt sei. „Die bloße Möglichkeit, einer solchen Gefahr ausgesetzt zu sein“, dürfe „kein rechtliches Hindernis für die Beteiligung in der besprochenen Form bilden“, zumal diese Gefahren durch eine entsprechende Regelung im Gesellschaftsvertrag ausgeschlossen werden könnten.

[23]) Richtiger: die Gesellschaft, für deren Verbindlichkeiten die Gesellschafter aber nach § 128 HGB persönlich haften.

[24]) Richtiger: die GmbH & Co., für deren Verbindlichkeiten die GmbH aber nach §§ 161 Abs. II, 128 HGB persönlich haftet.

So könnten zB die Geschäftsführung und Vertretung der GmbH & Co. allein in die Hände der GmbH gelegt werden oder die weiteren vertretungsberechtigten Gesellschafter nur zur Gesamtvertretung zusammen mit der GmbH gemäß § 125 Abs. II HGB berechtigt werden. Außerdem kann die Entziehung der Geschäftsführungsbefugnis und Vertretungsmacht — worauf das Reichsgericht allerdings nicht hinweist — abweichend von den §§ 117, 127 HGB so geregelt werden, daß sie — entsprechend der Regelung im § 38 Abs. I GmbHG — ohne Vorliegen eines wichtigen Grundes erfolgen kann [25]).

Bei dem Normalfall der GmbH & Co., bei dem die GmbH einziger persönlich haftender Gesellschafter ist, tauchen diese Probleme ohnehin nicht auf.

Am Schluß seiner Ausführungen erklärt das Reichsgericht wörtlich [26]):

„Es kann dem Handelsverkehr nicht verwehrt werden, sich zur Erreichung seiner geschäftlichen Ziele solcher Formen und Organisationen zu bedienen, welche ihm die geringstmöglichen Unkosten verursachen. Voraussetzung ist dabei lediglich, daß die von ihm gewählten Formen und Organisationen selbst nicht gesetzwidrig sind. Ist dies nicht der Fall, so bietet der § 5 RAO (heute § 6 StAnpG) den Steuerbehörden die nötige Handhabe, um ungeachtet der gewählten Form die wahre wirtschaftliche Betätigung und deren Ergebnis im Sinne der Steuergesetze zu erfassen."

Mit dieser Entscheidung des Reichsgerichts hat die bis dahin umstrittene Gesellschaftsform der GmbH & Co. zivilrechtlich ihre Anerkennung gefunden. Die Rechtsprechung geht seit dieser Zeit von der Zulässigkeit der GmbH & Co. als einer feststehenden Tatsache aus [27]). Auch der Bundesgerichtshof hat sich in seinem Urteil v. 28. 9. 55 [28]) der Auffassung des Reichsgerichts angeschlossen. Er sagt wörtlich:

„Das Reichsgericht hat sich in RGZ 105, 101 ff. mit den Bedenken auseinandergesetzt, die gegen die GmbH & Co. erhoben worden sind. Es hat ausgesprochen, daß sich aus der Natur weder der Kommanditgesellschaft noch der GmbH rechtliche Hindernisse dafür ergeben, eine GmbH als persönlich haftenden Gesellschafter einer Kommanditgesellschaft zuzulassen. Das entspricht der heute herrschenden Auffassung. Von ihr abzugehen, besteht kein Anlaß."

---

[25]) §§ 117, 127 HGB enthalten insoweit nachgiebiges Recht: RG in HRR 40, 1073; Baumbach-Duden, Anm. 5 B zu § 117, Anm. 1 A zu § 127.

[26]) S. 106.

[27]) Vgl. zB OLG Karlsruhe Z I RPH 14/25 v. 14. 4. 25, JFG 3, 210 ff.; KG W x 625/38 v. 8. 12. 38, JW 1939, 423; LG Hamburg 26 T 19/52 v. 8. 7. 52, DNotZ 1953, 109; OLG Hamm 15 W 310/53 v. 6. 10. 53, DNotZ 1954, 92 ff.

[28]) VI ZR 28/53, Wertpapier-Mitteilungen 1956, Teil IV B, 61 ff., insbes. 63 = GmbH-Rdsch. 1957, 41 (hier ist als Tag der Entscheidung irrtümlich der 12. 7. 56 angegeben) mit Anm. von Hesselmann, GmbH-Rdsch. 1957, 38.

Im Schrifttum war unmittelbar im Anschluß an die Entscheidung des Reichsgerichts der Streit um die GmbH & Co. noch einmal mit großer Schärfe geführt worden. Eine umfassende Behandlung der mit der Frage der Zulässigkeit zusammenhängenden Probleme findet sich in den Arbeiten von Zielinski[29]), Cahn[30]) und Daeschner[31]), die nach einer gründlichen Auseinandersetzung mit allen Gegenargumenten zu einer Bejahung der Zulässigkeit der GmbH & Co. kommen.

In der neueren Literatur hat sich die Ansicht, daß juristische Personen als persönlich haftende Gesellschafter an einer offenen Handelsgesellschaft oder Kommanditgesellschaft beteiligt sein können, im wesentlichen durchgesetzt[32]). Allerdings hat sie auch Widerspruch gefunden.

Besonders scharf hat Brodmann[33]) die GmbH & Co. angegriffen. Er wendet sich gegen „die Leichtherzigkeit, mit welcher man hier sich über wichtigste Bestimmungen des Gesetzes hinwegsetzt, nur um einer Gesellschaftsform zum Dasein zu verhelfen, deren Künstelei jedem unbefangenen und natürlichen Empfinden widerstrebt". Ebenfalls verneint die Zulässigkeit der GmbH & Co. Ritter[34]), indem er auf die Unfähigkeit der GmbH zur unbeschränkten Haftung hinweist. J. v. Gierke[35]) bezeichnet die GmbH & Co. als „groteske Verrenkung der KG". Haupt[36]) geht sogar so weit, daß er bei der GmbH & Co. im engeren Sinne die Kommanditisten trotz ihrer formellen Kommanditistenstellung die unbeschränkte Haftung tragen lassen will. Auch Lehmann[37]) steht der GmbH & Co. ablehnend gegenüber.

---

[29]) Grundtypvermischungen und Handelsgesellschaftsrecht (1925).

[30]) GmbH & Co. Kommanditgesellschaft (1922).

[31]) Handelsgesellschaftliche Gestaltungsformen (1923).

[32]) So: RGRK-Weipert, Anm. 26 zu § 105; Schlegelberger-Geßler, Anm. 25 zu § 105; Staub-Pinner, Anm. 22 zu § 105; Baumbach-Duden, Anm. 1 C zu § 105; Anm. 2 C und 4 zu § 161; Hachenburg-Schilling, Anm. 7 zu § 13; Baumbach-Hueck, Anm. 2 C zu § 2, Anm. 1 C zu § 13; Scholz, Anm. 6 zu § 2, Anm. 11 zu § 13; Vogel, Anm. 3 zu § 13; Müller-Erzbach, D. H., 230; Feine, 230 ff.; Schumann, 275; Würdinger, Gesellschaften, 105; Hueck, § 2 I 2; Brönner, GmbH-Rdsch. 1952, 145 ff.; Zintzen, GmbH-Rdsch. 1950, 116 ff.; Köhler, Steuerberater-Jahrbuch 1954/55, 242 ff.; Ritter, NWB Fach 18, GmbH & Co., 85; Böttcher, RWP-Blattei, 4 Wi-R, D Unternehmensformen, Einzelfragen 2, GmbH & Co.

[33]) GmbH-Komm. Anm. 1 a zu § 13.

[34]) Anm. 2 b zu § 105.

[35]) S. 230; vgl. auch S. 189.

[36]) S. 44, 80.

[37]) Gesellschaftsrecht, 105, 150 f.

Diesen vereinzelten Angriffen, insbesondere gegen die GmbH & Co. im engeren Sinne, wird heute von der Praxis keine Beachtung mehr geschenkt. Die Entwicklung ist über sie hinweggegangen.

Als zulässig ist auch eine GmbH & Co. anzusehen, bei der eine Einmann-GmbH Komplementär und deren einziger Gesellschafter Kommanditist ist [38]). Gesellschafter der Komplementär-GmbH kann die GmbH & Co. selbst sein [39]).

Eine GmbH & Co. kann auch persönlich haftender Gesellschafter einer Kommanditgesellschaft sein [40]). Man spricht dann von einer „dreistufigen" GmbH & Co.

2. Der Kampf der Steuerbehörden gegen die GmbH & Co. und die allmähliche Anerkennung dieser Gesellschaftsform durch die Finanzgerichte

Nachdem das Bayerische Oberste Landesgericht in seiner Entscheidung v. 16. 2. 12 [41]) die zivilrechtliche Zulässigkeit der GmbH & Co. bejaht hatte und auch dem in der Sitzung der bayerischen Kammer v. 15. 10. 12 gestellten Antrag [42]), ein Gesetz gegen die wachsende Umgehung der steuerlichen Doppelbelastung von Gesellschaften mbH durch Gründung von Gesellschaften mbH & Co. zu erlassen, nicht entsprochen worden war, sahen sich die bayerischen Steuerbehörden veranlaßt, von sich aus einzuschreiten. Sie ließen kurzerhand die bei den Gesellschaften mbH & Co. üblichen [43]) Gewinnverteilungsabreden, wonach praktisch der ganze Gewinn der Gesellschaft den Gesellschaftern der GmbH über ihre Kommanditbeteiligungen unmittelbar zufließen sollte, nicht gelten, sahen die

[38]) Ebenso Beinert-Böttcher, RWP-Blattei, 4 Wi-R, D GmbH & Co., I Überblick, B; Henze, 28; Hesselmann, GmbH-Rdsch. 1961, 216 f.; Ritter, NWB Fach 18, GmbH & Co., 86.

[39]) So Hesselmann, GmbH-Rdsch. 1965, 13; Ippen, 89 ff.; Mertens, NJW 1966, 1949 ff.; Simon, B 1963, 1209 f.; Wiethölter, Aktuelle Probleme der GmbH & Co., 47 ff.; Bedenken äußern Gonella, B 1965, 1165 ff. und Winkler, NJW 1969, 1012; zur praktischen Bedeutung dieser Konstruktion vgl. S. 218 f. d. A.

[40]) So die hM, vgl. Mertens-Neupel, GmbH-Rdsch. 1970, 211 mit weiteren Literaturhinweisen; aA Baumbach-Duden, Anm. 1 C zu § 105; Pfander, B 1969, 823. Das OLG Hamburg, Beschl. 2 W 34/68 v. 5. 12. 68, GmbH-Rdsch. 1969, 135 hat sogar die Beteiligung einer GmbH & Co. als Komplementär an einer KGaA für rechtlich zulässig erklärt. Zur Bedeutung der dreistufigen GmbH & Co. vgl. S. 165 f. d. A.

[41]) Vgl. die Ausführungen auf S. 5 d. A.

[42]) Vgl. die Ausführungen auf S. 6 d. A.

[43]) Vgl. die Ausführungen auf S. 5 d. A.

GmbH weiterhin als gewinnerzielende Gesellschaft an und versteuerten dementsprechend den ganzen Gewinn der GmbH & Co. bei der GmbH. Der Gewinnanteil der einzelnen Gesellschafter wurde bei diesen dann nochmals der Einkommensteuer unterworfen.

Die bayerische Oberberufungskommission, die oberste Instanz für Steuerstreitigkeiten in Bayern, billigte in ihren Entscheidungen v. 18. 12. 14 [44]) und v. 10. und 24. 11. 16 [45]) dieses Vorgehen, indem sie zwar nicht den ganzen Gesellschaftsvertrag, wohl aber die Bestimmungen über die Gewinnverteilung als nur zum Schein getroffen und damit nach § 117 BGB als nichtig ansah.

In einer Entscheidung v. 7. 12. 17 [46]) machte die Oberberufungskommission allerdings dahingehend eine Einschränkung, daß nicht jede GmbH & Co. steuerlich unwirksam sei, sondern die jeweils zugrunde liegenden besonderen Verhältnisse zu prüfen seien.

Diese Erkenntnisse wurden in ihrer Begründung zu Recht stark angegriffen, da die Gewinnverteilungsabreden keineswegs nur zum Schein getroffen waren. Gerade aus der Absicht der Vertragschließenden, die steuerliche Doppelbelastung zu umgehen, ging eindeutig hervor, daß sie die getroffenen Abreden ernsthaft wollten.

Die Einsicht, daß es unmöglich war, Steuerumgehungen wirksam mit zivilrechtlichen Vorschriften zu bekämpfen, führte dazu, bei Schaffung der Reichsabgabenordnung im Jahre 1919 mit § 5 AO (dem späteren § 10 AO von 1931, dem heutigen § 6 StAnpG von 1934) [47]) den Steuerbehörden eine Handhabe zu geben, um im Einzelfall Gesellschaftsbildungen steuerlich die Anerkennung zu versagen, wenn „ein Mißbrauch von Formen und Gestaltungsmöglichkeiten des bürgerlichen Rechts" zur „Umgehung oder Minderung der Steuerpflicht" vorliegt. Die Steuern können

---

[44]) Mitteilungen ders. 1915, 133 = GmbH-Rdsch. 1915, 227 = Freymuth II, 117.

[45]) Mitteilungen ders. 1917, 185 u. 217.

[46]) Vgl. DStZ 1920, 62.

[47]) § 5 AO 1919, dem § 10 AO 1931 wörtlich entsprach, lautete:
„Durch Mißbrauch von Formen und Gestaltungsmöglichkeiten des bürgerlichen Rechts kann die Steuerpflicht nicht umgangen oder gemindert werden.
Ein Mißbrauch im Sinne des Abs. I liegt vor, wenn
1. in Fällen, wo das Gesetz wirtschaftliche Vorgänge, Tatsachen und Verhältnisse in der ihnen entsprechenden Gestaltung einer Steuer unterwirft, zur Umgehung der Steuer ihnen nicht entsprechende, ungewöhnliche Rechtsformen gewählt oder Rechtsgeschäfte vorgenommen werden, und
2. nach Lage der Verhältnisse und nach der Art, wie verfahren wird oder verfahren werden soll, wirtschaftlich für die Beteiligten im wesentlichen derselbe Erfolg erzielt wird, der erzielt wäre, wenn eine den wirtschaftlichen

in diesem Fall so erhoben werden, „wie sie bei einer den wirtschaftlichen Vorgängen, Tatsachen und Verhältnissen angemessenen rechtlichen Gestaltung zu erheben" wären.

Der Reichsfinanzhof hatte sich zum ersten Male in einem Urteil v. 18. 1. 22 [48]) mit der Frage der steuerlichen Zulässigkeit der GmbH & Co. unter dem Gesichtspunkt des § 5 AO zu befassen. In diesem Fall mußte er die Anwendbarkeit des § 5 AO jedoch deshalb verneinen, weil der Tatbestand zeitlich nicht unter das Anwendungsgebiet des § 5 AO fiel; ob § 5 AO andernfalls anzuwenden gewesen wäre, wurde offen gelassen.

Zu dieser Frage nahm der RFH bald darauf in einer Entscheidung v. 30. 6. 22 [49]) Stellung. Es ging hier um die Stempelsteuerpflicht bei der Gründung einer GmbH & Co.: GmbH und Kommanditgesellschaft waren am gleichen Tage gegründet worden. Die GmbH war einziger persönlich haftender Gesellschafter der Kommanditgesellschaft, Kommanditisten waren ausschließlich ihre Gesellschafter. Während das Stammkapital der GmbH 20 000 M betrug, machten die Kommanditeinlagen zusammen 1 000 000 M aus. Der RFH führte in seinem Urteil unter anderem aus: Bei einer gleichzeitigen Gründung einer GmbH und einer Kommanditgesellschaft, deren unbeschränkt haftender Gesellschafter die GmbH ist und deren Kommanditisten die Gesellschafter der letzteren sind — also einer sogenannten GmbH & Co. im engeren Sinne —, seien im Zweifel die Voraussetzungen des § 5 AO erfüllt. Statt der gegebenen Rechtsform der GmbH hätten die Beteiligten zum Zwecke der Steuerumgehung eine „ungewöhnliche Rechtsform" gewählt, für die wirtschaftliche Gründe zu-

---

Vorgängen, Tatsachen und Verhältnissen entsprechende rechtliche Gestaltung gewählt wäre, und ferner

3. etwaige Rechtsnachteile, die der gewählte Weg mit sich bringt, tatsächlich keine oder nur geringe Bedeutung haben.

Liegt ein Mißbrauch vor, so sind die getroffenen Maßnahmen für die Besteuerung ohne Bedeutung. Die Steuern sind so zu erheben, wie sie bei einer den wirtschaftlichen Vorgängen, Tatsachen und Verhältnissen angemessenen rechtlichen Gestaltung zu erheben wären. Steuern, die auf Grund der für unwirksam zu erachtenden Maßnahmen etwa entrichtet sind, werden auf Antrag erstattet, wenn die Entscheidung, die die Maßnahmen als unwirksam behandelt, rechtskräftig geworden ist."

In § 6 StAnpG 1934 ist Abs. II des § 5 AO 1919 bzw. des § 10 AO 1931, der einen Mißbrauch nur unter den drei einzeln aufgeführten Voraussetzungen anerkannte, nicht aufgenommen worden, da diese Voraussetzungen für zu eng und umständlich gehalten wurden und die Anwendung der Vorschrift in der Praxis erschwerten (siehe Begr. RStBl. 1934, 1401).

[48]) StuW 1922, 448.

[49]) RFH II A 132/22 v. 30. 6. 22, RFH 10, 65 ff. = JW 1922, 1545.

mindest bei einem so gearteten Sachverhalt nicht anzuführen seien und die sich nur im Zusammenhang mit der Steuergesetzgebung entwickelt habe. Aus diesen Gründen sei die Stempelsteuer wie bei der Bildung einer GmbH zu erheben.

Durch das Kapitalverkehrsteuergesetz v. 8. 4. 22 wurde mit § 5 Abs. II KVStG, dem § 6 Abs. I Ziff. 4 KVStG v. 24. 7. 59, der Umgehung der Stempelsteuerpflicht durch Gründung von Gesellschaften mbH & Co. endgültig ein Riegel vorgeschoben. Hiernach galten die Anteile der Kommanditisten einer Kommanditgesellschaft, zu deren persönlich haftenden Gesellschaftern eine Kapitalgesellschaft gehört, als Gesellschaftsrechte an der Kapitalgesellschaft und unterlagen damit auch der Gesellschaftsteuer [50]).

Zu demselben Ergebnis wie in dem Urteil v. 30. 6. 22 kam der Reichsfinanzhof in einem ähnlichen Fall für die Frage der Körperschaftsteuerpflicht der GmbH & Co. in einer Entscheidung v. 15. 7. 25 [51]): Der Gewinn der GmbH & Co. sei steuerrechtlich als Gewinn der GmbH, Entnahmen der Kommanditisten seien als Gewinnausschüttung der GmbH an ihre Gesellschafter zu behandeln.

In einem Urteil v. 17. 4. 25 [52]) wurde einer GmbH & Co. die steuerliche Anerkennung mit der Begründung versagt, daß nicht besondere wirtschaftliche Gründe die Errichtung der Kommanditgesellschaft veranlaßt hätten. Dabei handelte es sich nicht, wie in den beiden vorhergehenden Entscheidungen, um eine GmbH & Co. im engeren Sinne; neben den Gesellschaftern der GmbH war auch ein Gläubiger des Unternehmens als Kommanditist beteiligt. Der Reichsfinanzhof sah es jedoch als widerlegt an, daß sich der Gläubiger nur an einer Kommanditgesellschaft und nicht an einer GmbH habe beteiligen wollen. Die GmbH habe die Kommanditgesellschaft vielmehr aus eigenem Antrieb gegründet, um die Körperschaftsteuer zu umgehen.

Der Reichsfinanzhof räumt allerdings ein, daß für den Fall, daß ein wirtschaftlicher Zweck auf verschiedenen rechtlichen Wegen in natürlicher Weise erreicht werden könne, es den Beteiligten selbstverständlich freistehe, „unter diesen möglichen und den wirtschaftlichen Bedürfnissen entsprechenden Rechtsformen diejenige zu wählen, die ihnen auch in steuerlicher Hinsicht als die vorteilhafteste“ erscheine. Jeder Versuch hingegen, durch die Wahl ungewöhnlicher Rechtsformen eine Steuer zu umgehen, sei nach § 5 AO steuerlich nicht zu beachten.

---

[50]) Seit 1. 1. 1972 gilt die GmbH & Co. nach § 5 Abs. II Nr. 3 Satz 1 KVStG nF als Kapitalgesellschaft.

[51]) RFH I A 18/25 v. 15. 7. 25, RFH 17, 91 ff.

[52]) RFH II A 911/24 v. 17. 4. 25, Kartei AO § 5 Abs. 1 R. 19 = StuW 1925 Nr. 201, Bespr. S. 968 f.

Die Beweispflicht für die wirtschaftliche Berechtigung der GmbH & Co. wurde in einer Entscheidung des RFH v. 24. 2. 27 [53]) dem Steuerpflichtigen auferlegt. Hiernach soll § 5 AO dann nicht anzuwenden sein, wenn der Steuerpflichtige nachweist, daß zur Durchführung der wirtschaftlichen Absicht der Gründer „die Gesellschaft mbH & Co. die sich naturgemäß bietende zivilrechtliche Rechtsform gewesen sei". Andernfalls müsse die Anwendung des § 5 AO dazu führen, die ganze Kommanditgesellschaft als juristische Person („große Gesellschaft mbH") und selbständigen Steuerträger anzusehen.

Ein Wandel in der Beurteilung der GmbH & Co. macht sich schon in dem Urteil des RFH v. 14. 11. 28 [54]) bemerkbar, wo die steuerliche Anerkennung einer Kommanditgesellschaft ausgesprochen wurde, deren einziger Komplementär eine Aktiengesellschaft und deren Kommanditisten Aktionäre der Aktiengesellschaft sowie eine GmbH waren, zu der sich die Hauptaktionäre auch noch zusammengeschlossen hatten. Es sei, so meint der RFH, keineswegs ausgeschlossen, daß Bildungen, die der Steuerersparnisabsicht ihre Erfindung verdankten, nachträglich als auch zur Erreichung anderer Zwecke geeignet erkannt und dann entsprechend benutzt würden. „Es ist eine eingehende Prüfung geboten, ob nicht die für die Gründung angeführten Beweggründe nichtsteuerlicher Art die Gründung als nicht aus Steuerumgehungsgründen erfolgt erscheinen lassen."

Aber erst das Urteil des RFH v. 13. 3. 29 [55]) bringt insofern eine Beruhigung der Wirtschaft, als jetzt die Beweislast für die Absicht der Steuerumgehung — entgegen der in der Entscheidung v. 24. 2. 27 vertretenen Ansicht — den Finanzbehörden auferlegt wird. In der Entscheidung heißt es wörtlich:

> „Es besteht keine vom Steuerpflichtigen zu widerlegende Vermutung dafür, daß die Rechtsform der Gesellschaft mbH & Co. ohne weiteres unter § 5 AO falle. Will eine Finanzbehörde die Rechtsform der Gesellschaft mbH & Co. steuerlich nicht gelten lassen, so muß sie feststellen, welche konkreten Ziele der Steuerpflichtige mit der von ihm gewählten Gesellschaftsform verfolgt, und nachweisen, daß zur Erreichung dieser Zwecke die Gesellschaft mbH & Co. nicht die gegebene Form war."

In dem der Entscheidung zugrunde liegenden Fall war die Umwandlung einer seit Jahrzehnten bestehenden Personengesellschaft in eine GmbH & Co. aus familien-, erb- und firmenrechtlichen Erwägungen erfolgt. Es sollte einerseits eine ungestörte Fortführung der Geschäfte nach

[53]) RFH I B 83/26 v. 24. 2. 27, RFH 21, 92 = RStBl. 1927, 169 u. 178 = Kartei AO § 5 R. 66—68 = StuW 1927 Nr. 508.

[54]) RFH VI A 961/28 v. 14. 11. 28, StuW II 1929 Nr. 194.

[55]) RFH I A 174—176/28 v. 13. 3. 29, RStBl. 1929, 329 = Kartei AO § 5 R. 73, 74 = StuW 1929 II Nr. 479.

dem Ableben des erkrankten Firmeninhabers, andererseits eine Regelung der Erbverhältnisse und Sicherstellung der Ehefrau gewährleistet werden. Auf die Beibehaltung der alten Personenfirma glaubte man deshalb besonderes Gewicht legen zu müssen, weil das Unternehmen Markenartikel herstellte. Durch eine Veränderung der Firma hätte eine Unsicherheit in den Käuferkreisen eintreten können, die sich ungünstig auf den Absatz ausgewirkt hätte. Es sei verständlich und auch rechtlich nicht zu mißbilligen, meinte der Reichsfinanzhof, wenn Fabrikanten bei Umgründungen solche Gesellschaftsformen bevorzugen, die die Beibehaltung der bisherigen Firma gestatteten.

Diese Entscheidung wird vom RFH in einem Urteil v. 18. 2. 33 [56]) bestätigt. An den den Finanzbehörden obliegenden Beweis, daß die GmbH & Co. nicht die zur Erreichung der von dem Steuerpflichtigen verfolgten Zwecke gegebene Rechtsform sei, sie vielmehr nur zur Umgehung der Steuerpflicht gebildet worden wäre, müsse ein strenger Maßstab gelegt werden. Voraussetzung der Anwendung des § 5 AO sei, daß der Steuerpflichtige zur Umgehung der Steuer eine ungewöhnliche Rechtsform gewählt habe. Ungewöhnlich im Sinne dieser Vorschrift sei eine Rechtsform dann, wenn sie der ohne Steuerumgehungszwecke vorzunehmenden Geschäftsabwicklung nicht entspreche. Eine rechtlich anerkannte und zur Erreichung der von dem Steuerpflichtigen angestrebten wirtschaftlichen Ziele geeignete Rechtsform werde nicht schon dadurch zu einer ungewöhnlichen, weil dieselben auch durch eine andere, für den Fiskus steuerlich günstigere Rechtsform hätte erreicht werden können.

„Es muß grundsätzlich dem Pflichtigen überlassen bleiben, die Rechtsform, in der er sein Unternehmen betreiben will, selbst zu bestimmen.

Ist die gewählte Rechtsform nicht ungewöhnlich, dann kann ihr die Steuerbehörde grundsätzlich nicht die steuerliche Anerkennung versagen mit der Begründung, eine andere — etwa steuerlich für den Fiskus günstigere — Form sei für die von den Beteiligten erstrebten Zwecke die natürliche gewesen.

§ 5 AO aF (§ 10 AO nF) will die Steuerbehörde nicht das Recht geben, die Beteiligten zu nötigen, die Rechtsform zu wählen, bei der sie die meisten Steuern zu zahlen haben (vgl. Urt. des RFH v. 10. 2. 22, StuW I Nr. 373)."

Die Möglichkeit, Steuern zu sparen, sei im Gesetz selbst durch die entsprechende Ausgestaltung der Einkommen- und Körperschaftsteuer geschaffen und damit anerkannt worden. Deshalb könne einem solchen Erfolg nicht durch Anwendung des § 5 AO begegnet werden und die Wahl der einen oder anderen Rechtsform nicht als Mißbrauch angesehen wer-

[56]) RFH I A 422/30 v. 18. 2. 33, RStBl. 1933, 375 ff. = Kartei AO 1931 § 10 Allg. R. 14 = StuW 1933 II Nr. 326.

den. (Vgl. hierzu auch das Urteil des RFH VI e A 188/24 v. 3. 12. 24, RFH 16, 15 ff.)

Speziell zur GmbH & Co. führte der RFH aus: Es führten offensichtlich auch „beachtliche wirtschaftliche Interessen zur Errichtung von Gesellschaften mbH & Co.". Es schiene ihm deshalb in Übereinstimmung mit dem Reichsgericht nicht zulässig, „diese neuere Entwicklung des Gesellschaftswesens unberücksichtigt zu lassen".

Diesem Urteil des RFH entspricht in dem Grundgedanken das sog. „Pfennigurteil" des Obersten Finanzgerichtshofs v. 9. 3. 48 [57]), in dem der OFH ausführt, Vereinbarungen zwischen einem Arbeitgeber und seinen Angestellten über die Herabsetzung von Gehältern seien steuerlich auch dann zu beachten, wenn sie nur die Einreihung der Angestellten in eine niedrigere Stufe der Lohnsteuer-Tabelle bezweckten und es sich bei der Herabsetzung nur um wirtschaftlich bedeutungslose Beträge (Pfennige) handele. Hier heißt es weiter: Den Steuerpflichtigen stehe es grundsätzlich frei, ihr Verhalten so einzurichten, daß es zu einer möglichst geringen steuerlichen Belastung führe, sofern nur die Grenzen des § 6 StAnpG und des § 5 Abs. I StAnpG gewahrt würden. Nur dann käme § 6 StAnpG zur Anwendung, wenn die rechtlichen Dinge, um Steuern zu umgehen, anders gestaltet würden, als es dem erstrebten wirtschaftlichen Erfolg gemäß sei.

Diese Auffassung macht sich auch der Bundesfinanzhof in seiner grundsätzlichen Entscheidung v. 22. 8. 51 [58]) zu eigen, in der es um die steuerliche Anerkennung einer Kommanditgesellschaft geht, die ein Vater mit seinen drei Töchtern vereinbart hat. Voraussetzung für die Anerkennung einer Kommanditgesellschaft sei, so erklärt der Bundesfinanzhof, daß Mitunternehmerschaft vorliege, daß also der Gesellschaftsvertrag verwirklicht werde und die tatsächliche Gestaltung der Dinge mit der formellen Gestaltung übereinstimme. Keineswegs könne einer offenen Handelsgesellschaft und einer Kommanditgesellschaft die steuerliche Anerkennung lediglich deshalb versagt werden, weil außerbetriebliche, zB steuerliche und familienrechtliche Gesichtspunkte den Abschluß des Gesellschaftsvertrages veranlaßt hätten. Die steuerliche Beurteilung müsse, sofern nicht die Voraussetzungen der §§ 5, 6 StAnpG vorlägen, auf der nach den Vorschriften des bürgerlichen Rechts aufgebauten Rechtsgestaltung durchgeführt werden.

---

[57]) OFH III (IV) 26/47 S v. 9. 3. 48, StRK EStG § 19 Abs. 1 Ziff. 1 R. 3 = FR 1949, 10 R. 38 = StuW II 1948 Nr. 18.

[58]) BFH IV 246/50 S v. 22. 8. 51, BStBl. III 1951, 181 = StRK StAnpG § 5 R. 3 = FR 1951, 375 = Anhang III Nr. 1.

Es heißt weiter wörtlich:

„Es kann nicht als ein Mißbrauch von Gestaltungsmöglichkeiten des bürgerlichen Rechts angesehen werden, wenn ein Steuerpflichtiger zur Ersparung von Steuern die für ihn günstigste Rechtsform wählt."

„Bei der einschneidenden Natur der Steuertarife kann es dem Steuerpflichtigen nicht verwehrt werden, die für ihn günstigste rechtliche Form zu wählen" [59]).

Hiervon unabhängig sei allerdings zu entscheiden, ob die Gewinnverteilung steuerlich anzuerkennen sei. Sie müsse so geregelt werden, daß sie der Kapitaleinlage und der Tätigkeit der einzelnen Gesellschafter innerhalb der Gesellschaft in angemessener Weise Rechnung trage. Andernfalls könne ein Mißbrauch von Formen und Gestaltungsmöglichkeiten im Sinne des § 6 StAnpG vorliegen.

Damit ist die GmbH & Co., insbesondere aber die GmbH & Co. im engeren Sinne, auch steuerrechtlich endgültig selbst für den Fall anerkannt worden, daß die Gründung in der Absicht erfolgt ist, Steuern zu sparen. Nur wenn die GmbH & Co. nicht ernsthaft gewollt ist, nach außen also eine Form gezeigt wird, die tatsächlich nicht zur Durchführung gelangen soll, kann — wie bei jeder anderen Unternehmensform auch — die zivilrechtliche Gestaltung gemäß § 6 StAnpG unberücksichtigt bleiben und die Besteuerung nach dem tatsächlichen, verdeckten Sachverhalt erfolgen. Die Beweislast hierfür trägt die Finanzbehörde [60]).

Da — wie der BFH in dem oben erwähnten Urteil ausdrücklich betont — die Gewinnverteilung, um steuerlich anerkannt zu werden, der Kapitaleinlage und Tätigkeit der einzelnen Gesellschafter entsprechen muß, andernfalls die Steuerbehörde nach § 6 StAnpG nicht an sie gebunden ist, sind heute Gewinnverschiebungen, wie sie in den zwanziger Jahren üblich waren, unmöglich gemacht. Sollte die GmbH & Co. im Einzelfall doch noch zu Steuerumgehungszwecken mißbraucht werden, so kann von seiten der Steuerbehörden nicht scharf genug durchgegriffen werden, damit dafür Sorge getragen wird, daß diese Gesellschaftsform nicht erneut in Verruf gerät und Unternehmen, für die die Wahl der GmbH & Co. eine Existenzfrage bedeutet, die Leidtragenden sind.

---

[59]) Der BFH wendet sich hier gegen die Rechtsgrundsätze der RFH-Entscheidung VI 101/42 v. 29. 4. 42, RStBl. 1942, 497 = GW-StRK I, 21, wo mehr oder weniger der Grundsatz vertreten wird, der Steuerpflichtige habe die moralische Pflicht, die für ihn ungünstigste steuerliche Form zu wählen.

[60]) Vgl. das Urteil des RFH I A 174—176/28 v. 13. 3. 29 (S. 16 d. A.).

Die später ergangenen BFH-Urteile v. 3. 7. 56 [61]), 16. 9. 58 [62]), 2. 8. 60 [63]), 30. 9. 64 [64]) und 15. 11. 67 [65]) setzen bereits die steuerliche Anerkennung der GmbH & Co. als selbstverständlich voraus.

Die Entscheidung v. 3. 7. 56 ist insofern von besonderer Bedeutung, als der BFH hier zu der Frage Stellung nimmt, in welchem Verfahren zu entscheiden ist, ob eine GmbH & Co. im Einzelfall steuerlich anzuerkennen ist. Hiernach ist über die steuerliche Anerkennung einer GmbH & Co. im einheitlichen Gewinnfeststellungsverfahren für die Gesellschaft und nicht im Einzelveranlagungsverfahren der Gesellschafter, etwa im Körperschaftsteuerveranlagungsverfahren der GmbH, zu entscheiden (vgl. § 215 Abs. II AO) [66]). Die im einheitlichen Gewinnfeststellungsverfahren ergehende Entscheidung ist für das Einzelveranlagungsverfahren der Gesellschafter bindend (vgl. § 218 Abs. II AO). Bei Verzögerung der Durchführung der einheitlichen Gewinnfeststellung braucht das Einzelveranlagungsfinanzamt jedoch bis zum Ergehen einer einheitlichen Gewinnfeststellung nicht untätig zu bleiben. Obwohl die einheitliche Gewinnfeststellung Verfahrensvoraussetzung für die Ansetzung irgendeines Einkommens aus der Beteiligung bei der Einzelveranlagung ist, kann das Einzelveranlagungsfinanzamt mit Rücksicht auf den praktischen Zweck der Steuererhebung über das Bestehen der Gesellschaft vorläufig entscheiden und eine nach Recht und Billigkeit der Sachlage entsprechende Veranlagung vornehmen. Die Entscheidung des Einzelveranlagungsfinanzamts hat in diesem Fall vorbehaltlich einer anderweitigen Entscheidung im Verfahren über die einheitliche Gewinnfeststellung zu ergehen. Ergeht später im einheitlichen Gewinnfeststellungsverfahren eine abweichende Entscheidung, so ist die Entscheidung des Einzelveranlagungsfinanzamts von Amts wegen gemäß § 218 Abs. IV AO zu ändern, und zwar auch nach eingetretener Rechtskraft, ohne daß die Voraussetzungen des § 222 AO vorliegen müssen.

Die neuere steuerrechtliche Literatur hält die GmbH & Co. im Anschluß an die Urteile des RFH v. 13. 3. 29 und v. 18. 2. 33 sowie das Urteil des BFH v. 22. 8. 51 ebenfalls für zulässig [67]).

---

[61]) BFH I 221/55 U v. 3. 7. 56, BStBl. III 1956, 308 = StRK AO § 215 R. 10.

[62]) BFH I 351/56 U v. 16. 9. 58, BStBl. III 1958, 462 = StRK EStG § 15 R. 122 = GmbH-Rdsch. 1959, 13.

[63]) BFH I 221/59 S v. 2. 8. 60, BStBl. III 1960, 408 = StRK EStG § 15 R. 198.

[64]) BFH I 231, 232/62 U v. 30. 9. 64, BStBl. III 1965, 54 = StRK KStG § 5 R. 9.

[65]) BFH IV R 139/67 v. 15. 11. 67, BStBl. II 1968, 152 = StRK EStG § 15 Ziff. 2 R. 20 = B 1968, 334 ff. = Anhang III Nr. 6.

[66]) Zur einheitlichen Gewinnfeststellung bei der GmbH & Co. vgl. S. 127 ff. d. A.

[67]) So Blümich-Klein-Steinbring, Anm. 10 a zu § 1; Böttcher, RWP-Blattei, 14 Steuer-R, D Unternehmensformen, Einzelfragen 12 I 1; der-

Es bestehen steuerlich auch keine Bedenken gegen eine GmbH & Co., deren Gesellschafter sich nur aus Familienmitgliedern zusammensetzen [68]). Allerdings müssen in diesem Fall die Dinge rechtlich so gestaltet und wirtschaftlich so gehandhabt werden, als wenn es sich um eine Gesellschaft unter Fremden handeln würde. Ebenfalls kann einer GmbH & Co., deren Komplementär eine Einmann-GmbH und deren einziger Kommanditist der Gesellschafter der GmbH ist, grundsätzlich nicht die steuerliche Anerkennung versagt werden [69]). Es ist davon auszugehen, daß die Einmann-GmbH im Steuerrecht als selbständiges Rechtssubjekt anerkannt wird, wenn zwischen der GmbH und dem einzigen Gesellschafter klare Rechtsverhältnisse bestehen [70-71]). Es ist daher auch nichts dagegen einzuwenden, wenn der in seiner Rechtspersönlichkeit von der Rechtspersönlichkeit der GmbH scharf zu trennende Gesellschafter der GmbH Kommanditist der GmbH & Co. wird.

3. Die Anerkennung der GmbH & Co. durch den Gesetzgeber

Es wurde bereits eingangs darauf hingewiesen, daß die GmbH & Co. bis heute gesetzlich nicht geregelt ist. Der Gesetzgeber nimmt jedoch in einigen Bestimmungen auf sie Bezug.

selbe, Steuerberater-Jahrbuch 1952, 94 f.; derselbe, Steuerberater-Jahrbuch 1953/54, 264 ff.; Brönner, GmbH-Rdsch. 1953, 148; Köhler, Steuerberater-Jahrbuch 1954/55, 252; Priese, BB 1953, 793; Ritter, NWB Fach 18, GmbH & Co., 86; Zintzen, GmbH-Rdsch. 1950, 117 f. und 121.

[68]) Ebenso Priese, BB 1953, 794; vgl. auch das Urteil des BFH IV 83/50 U v. 17. 10. 51, BStBl. III 1951, 223 = StRK StAnpG § 5 R. 4, wo ausdrücklich betont wird, daß eine Gesellschaft steuerlich nicht mit der Begründung abgelehnt werden könne, daß sämtliche Gesellschafter Familienmitglieder seien. Zur Angemessenheit der Gewinnverteilung bei Familiengesellschaften hat der Große Senat des BFH in seinem Beschluß Gr. S. 4/71 v. 29. 5. 72, BFHE 106, 504 = StRK EStG § 15 Ziff. 2 R. 59 = BB 1972, 1354 = GmbH-Rdsch. 1972, 281 folgenden Leitsatz aufgestellt: „Ein Gewerbetreibender, der mit Kindern eine steuerrechtlich anzuerkennende KG gründet, seinen Gewerbebetrieb in diese einbringt und seinen Kindern aus seinem Kapitalanteil Anteile schenkweise überträgt, kann mit steuerrechtlicher Wirkung nur eine Gewinnverteilung vereinbaren, die, falls die Kinder nicht mitarbeiten, auf längere Sicht zu einer auch unter Berücksichtigung der gesellschaftsrechtlichen Beteiligung der Kommanditisten angemessenen Verzinsung des tatsächlichen Werts des Gesellschaftsanteils führt." Vgl. hierzu Beisse, FR 1973, 53 ff.; Viertel, BB 1973, 137 ff. Zur Gewinnverteilung bei einer typischen stillen Gesellschaft vgl. Paulick, GmbH-Rdsch. 1973, 186 ff.

[69]) Ebenso Lange, NWB Fach 18, 351; Priese, BB 1953, 794; vgl. Hesselmann, GmbH-Rdsch. 1961, 216 f.

[70-71]) Urteil des RFH VI A 141/36 v. 26. 2. 36, RStBl. 1936, 682 = Kartei EStG 1934 § 19 Abs. 1 Ziff. 1 R. 47; vgl. auch das Urteil des RFH I A 330/36 v. 12. 1. 37, RStBl. 1937, 91 = Kartei AO 1931 § 147 R. 22.

So hieß es in § 10 der Ersten Durchführungsverordnung v. 14. 12. 34 zum Umwandlungsgesetz 1934 [72]):

„Die Vorschriften über die Umwandlung einer Kapitalgesellschaft in eine offene Handelsgesellschaft, Kommanditgesellschaft oder Gesellschaft des bürgerlichen Rechts sind nicht anwendbar, wenn an der Gesellschaft juristische Personen als Gesellschafter beteiligt sind. Der Reichsminister der Justiz oder die von ihm bestimmte Stelle können Ausnahmen zulassen."

Hier hatte der Gesetzgeber das Vorhandensein derartiger Unternehmen vorausgesetzt. Damit bestätigte er indirekt die Rechtsprechung des Reichsgerichts über die handelsrechtliche Zulässigkeit der GmbH & Co. [73]).

Auch der Steuergesetzgeber geht von der Existenz von Gesellschaften mbH & Co. aus, wenn er in § 5 Abs. I KVStG v. 8. 4. 22 bzw. § 6 Abs. I Ziff. 4 KVStG v. 24. 7. 59 bestimmt:

„Als Gesellschaftsrechte an Kapitalgesellschaften gelten: . . . .
Anteile der Kommanditisten an einer Kommanditgesellschaft, wenn zu den persönlich haftenden Gesellschaftern der Kommanditgesellschaft eine Kapitalgesellschaft gehört."

Es geht allerdings nicht an, aus dieser Besteuerungsmaßnahme die steuerrechtliche Anerkennung der GmbH & Co. durch den Gesetzgeber zu entnehmen. Köhler [74]) wendet sich zu Recht gegen diese in der Literatur weitverbreitete Meinung [75]). Steuerrechtliche Anerkennung würde bedeuten: Behandlung der GmbH & Co. als Personengesellschaft bei der Besteuerung, dh. Anerkennung der zivilrechtlichen Form für das Steuerrecht. Das KVStG von 1922 bzw. 1959 behandelt jedoch die GmbH & Co. ganz im Sinne der ursprünglichen Auffassung des Reichsfinanzhofs als Kapitalgesellschaft. Seit 1. 1. 1972 gilt die GmbH & Co. nach § 5 Abs. II Nr. 3 Satz 1 KVStG nF sogar als Kapitalgesellschaft.

---

[72]) RGBl. I 1934, 1262 ff.; das Gesetz über die Umwandlung von Kapitalgesellschaften und bergrechtlichen Gewerkschaften v. 12. 11. 56, BGBl. I 1956, 844 ff. idF v. 6. 9. 65, BGBl. I 1965, 1185 enthält in § 1 Abs. II eine ähnliche Bestimmung; vgl. hierzu die Ausführungen auf S. 48 d. A.

[73]) So zB Hachenburg-Schilling, Anm. 7 zu § 13; RGRK-Weipert, § 105 Anm. 26; Schlegelberger-Geßler, § 105 Anm. 25.

[74]) Steuerberater-Jahrbuch 1954/55, 247.

[75]) So zB Böttcher, RWP-Blattei, 4 Wi-R, D Unternehmensformen, Einzelfragen 2 II 2, insbes. aber 14 Steuer-R, D Unternehmensformen, Einzelfragen 12 I 2a; Brönner, GmbH-Rdsch. 1952, 147; Zintzen, GmbH-Rdsch. 1950, 120.

Eine steuerrechtliche Anerkennung der GmbH & Co. durch den Gesetzgeber läßt sich jedoch aus dem heute gestrichenen § 22 KStG [76]) v. 16. 10. 34 in Verbindung mit der amtlichen Begründung zu dieser Vorschrift entnehmen. In § 22 KStG 1934 wurde der Reichsminister der Finanzen ermächtigt:

„auch andere Personenvereinigungen als die in § 1 genannten für unbeschränkt steuerpflichtig zu erklären und ihre Besteuerung zu regeln".

In der amtlichen Begründung hieß es unter anderem [77]):

„Die Vorschrift soll auch die Möglichkeit geben, Gebilde wie die GmbH & Co. (Kommanditgesellschaft) wie eine Kapitalgesellschaft zur Körperschaftsteuer heranzuziehen."

Hieraus ist zu entnehmen, daß die GmbH & Co. bereits im Jahre 1934 grundsätzlich als Personengesellschaft anerkannt war. Andernfalls hätte der Gesetzgeber nicht den Reichsminister der Finanzen zu ermächtigen brauchen, durch Rechtsverordnung die GmbH & Co. für körperschaftsteuerpflichtig zu erklären.

Dem § 22 KStG entsprach für das Vermögensteuerrecht § 21 VStG v. 16. 10. 34, der inzwischen ebenfalls aufgehoben worden ist [78]).

4. Die Stellungnahme anderer europäischer Rechtsordnungen zur Frage der Zulässigkeit der Beteiligung einer juristischen Person als persönlich haftender Gesellschafter an einer Offenen Handelsgesellschaft oder Kommanditgesellschaft

Die allgemeine Fragestellung erklärt sich daraus, daß sich die GmbH & Co. als besondere Gesellschaftsform außer in Deutschland bisher nur in Österreich durchgesetzt hat, wo sie zwar gesetzlich nicht geregelt, ihre handels- und steuerrechtliche Zulässigkeit in Rechtsprechung und Lehre aber anerkannt ist [79]).

Im französischen, italienischen, niederländischen und englischen Recht nimmt der Gesetzgeber zu der Frage, ob eine juristische Person persönlich

[76]) § 22 KStG war zuletzt in der Fassung des KStG v. 13. 4. 53 enthalten und ist durch Art. 4 Ziff. 11 des Gesetzes zur Neuordnung von Steuern v. 16. 12. 54 (BGBl. I 1954, 373) ersatzlos gestrichen worden. Zur Frage der Vereinbarkeit der in § 22 KStG enthaltenen Ermächtigung mit Art. 80 Abs. I GG vgl. die Ausführungen auf Seite 147 d. A.

[77]) Siehe RStBl. 1935, 86.

[78]) Zur Frage der Vereinbarkeit der in § 21 VStG enthaltenen Ermächtigung mit Art. 80 Abs. I GG vgl. die Ausführungen auf Seite 154 d. A.

[79]) Vgl. Straube in Kastner-Stoll, 13. Über alle Fragen der GmbH & Co. in Österreich gibt die umfassende Darstellung von Kastner-Stoll erschöpfende Auskunft.

haftender Gesellschafter einer offenen Handelsgesellschaft oder Kommanditgesellschaft sein kann, ebenfalls keine Stellung.

Für das französische Recht erklären jedoch L y o n - C a e n [80]): „Une société peut entrer comme associeé dans une autre société", eine Auffassung, die allgemein anerkannt wird [81]). Zu beachten ist, daß unter den Begriff „société" nicht nur die Aktiengesellschaft, die Kommanditgesellschaft auf Aktien und die GmbH, sondern auch die offene Handelsgesellschaft und die Kommanditgesellschaft fallen, da das französische Recht alle Handelsgesellschaften als juristische Personen behandelt.

In Italien hält der Kassationshof die Beteiligung einer juristischen Person als persönlich haftender Gesellschafter an einer offenen Handelsgesellschaft oder Kommanditgesellschaft nicht für zulässig. In der Literatur wird zum Teil die gegenteilige Auffassung vertreten. So führt zB V i v a n t e aus [82]): „Una società puó prendere parte ad altre società commerciali siano a responsabilità limitata od illimitata, e puó amministrarle e sorvegliarle permezzo dè suoi rappresentanti."

Im niederländischen Recht kann sich an einer „vennootschap en commandite" als persönlich haftender Gesellschafter jede „persoon" beteiligen, also auch eine Kapitalgesellschaft („naamlooze vennootschap" — N. V.), die „rechtspersoon" ist.

In England kann sich ebenfalls eine juristische Person, zB eine „company" als „partner" an einer „partnership" (entspricht in etwa der offenen Handelsgesellschaft) oder als „general partner" an einer „limited partnership" (entspricht in etwa unserer Kommanditgesellschaft) beteiligen [83]).

Das Schweizer Obligationenrecht nahm ursprünglich zu dieser Frage keine Stellung. In der Literatur wurde jedoch überwiegend die Beteiligung einer Handelsgesellschaft — gleich welcher Art — an einer anderen Handelsgesellschaft als zulässig angesehen. Es bestanden auch derartige Gesellschaften und waren in das Handelsregister eingetragen worden [84]).

Bei den Beratungen zur Revision des Schweizer Obligationenrechts wurde sowohl die ausdrückliche Zulassung als auch die ausdrückliche Ablehnung befürwortet, daneben wurde empfohlen, es bei dem bisherigen Zustand zu belassen und die Entscheidung der Praxis zu überlassen.

---

[80]) S. 134.

[81]) Vgl. Paul P i c, 252 Anm. 2 mit Literaturangabe.

[82]) S. 20 mit Literaturangabe.

[83]) So L i n d l e y, 105; vgl. auch P o l l o c k, 187: „there is no general principle of law which prevents a corporation from being a partner with another corporation or with ordinary individuals, except the principle that a corporation cannot lawfully employ its funds for purposes not authorized by its constitution".

[84]) Vgl. hierzu die Ausführungen bei S i e g w a r t, Anm. 11, 12 zu Art. 552, 553.

Schließlich drangen die Vertreter einer ausdrücklichen Ablehnung mit ihrer Meinung durch [85]).

Im revidierten Schweizer Obligationenrecht v. 18. 12. 36 — in Kraft getreten am 1. 7. 37 — lautet die Definition der offenen Handelsgesellschaft:

„Die Kollektivgesellschaft ist eine Gesellschaft, in der zwei oder mehrere natürliche Personen, ohne Beschränkung ihrer Haftung gegenüber den Gesellschaftsgläubigern, sich zum Zwecke vereinigen, unter einer gemeinsamen Firma ein Handels-, Fabrikations- oder ein anderes nach kaufmännischer Art geführtes Gewerbe zu betreiben." (Art. 552, Abs. I)

Für die Kommanditgesellschaft heißt es:

„Unbeschränkt haftender Gesellschafter können nur natürliche Personen, Kommanditäre jedoch auch juristische Personen und Handelsgesellschaften sein." (Art. 594, Abs. II)

Die bereits bestehenden Kollektiv- und Kommanditgesellschaften mit Handelsgesellschaften als Mitgliedern durften jedoch weiter bestehenbleiben, da nur von den Aktiengesellschaften und Genossenschaften eine Anpassung an das neue Recht verlangt wurde.

Beide Bestimmungen sind wegen ihres grundsätzlichen Verbots der Beteiligung einer juristischen Person als persönlich haftender Gesellschafter in der Schweizer Literatur immer wieder angegriffen worden. Fehr zB sieht in dieser Regelung einen Fehler des Gesetzes, für den eine einleuchtende Erklärung schwer zu finden sei [86]).

B. Die Bedeutung der GmbH & Co. im Wirtschaftsleben

In diesem Zusammenhang erhebt sich zunächst die Frage, warum diese Gesellschaftsform, die nach ihrer kurzen Blütezeit in den zwanziger Jahren mehr und mehr aus dem Blickfeld verschwand und in der Literatur vielfach nur noch als historische Reminiszenz behandelt wurde, gerade heute wieder zu neuem Leben erweckt worden ist und sich allem Anschein nach weiter durchsetzt.

Wenn man die Entwicklung der GmbH & Co. verfolgt und sich noch einmal die Gründe vor Augen hält, die zu ihrer Beliebtheit in den zwanziger Jahren geführt hatten, liegt es zunächst nahe, daran zu denken, daß auch heute wieder steuerliche Erwägungen für die Wahl dieser Gesellschaftsform — insbesondere aber der GmbH & Co. im engeren Sinn — maßgebend sind. Hierfür könnte die Tatsache sprechen, daß nach dem zweiten Weltkrieg infolge der erhöhten Steuerbelastung die Frage nach

[85]) Hierzu Siegwart, Anm. 11, 12 zu Art. 552, 553.

[86]) Bericht über die Schweiz, Zeitschrift für das gesamte Handelsrecht und Konkursrecht, 104, 78.

der steuerlich günstigsten Unternehmensform besonders interessant geworden ist. In der Tat wird auch in der neueren Literatur immer wieder auf die — angeblich erheblichen — steuerlichen Vorzüge dieser Gesellschaftsform hingewiesen [87]).

Auf der anderen Seite hatte schon das Reichsgericht in seiner grundlegenden Entscheidung v. 4. 7. 22 [88]) betont, „daß offensichtlich auch wichtige rein wirtschaftliche Interessen zur Errichtung von Gesellschaften mbH & Co. führten", eine Auffassung, die sich auch der RFH in seinen späteren Urteilen zu eigen gemacht hat [89]).

Zielinski, der sich im Jahre 1925 als erster [90]) in seiner Monographie „Grundtypvermischungen und Handelsgesellschaftsrecht" eingehend mit der Frage der praktischen Bedeutung der GmbH & Co. auseinandergesetzt hat, erkannte bereits in der „Grundtypvermischung einen wertvollen Faktor zur Befriedigung rein betriebswirtschaftlicher Bedürfnisse" [91]). Er hatte aus dem Berliner Handelsregister alle Fälle, in denen juristische Personen an einer Personengesellschaft beteiligt waren, herausgezogen und hiervon 26 — in der Mehrzahl Gesellschaften mbH & Co. — auf Grund der Handelsregisterakten und persönlicher Erkundigungen näher untersucht [92]). Dabei kam er zu dem Ergebnis, daß die GmbH & Co. schon damals erheblich über ihren ursprünglichen Zweck, die Steuerumgehung, hinausgewachsen war. In dem besonders lesenswerten § 7 seiner Darstellung [93]) faßt er die gewonnenen Ergebnisse zusammen und zeigt, wie zahlreich die wirtschaftlichen Verwendungsmöglichkeiten dieser Gesellschaftsform sind. „Die These, die Grundtypvermischung erfolge

---

[87]) So zB Priese, BB 1953, 796; Zintzen, GmbH-Rdsch. 1950, 121; Böttcher, RWP-Blattei, 14 Steuer-R, D Unternehmensformen, Einzelfragen 16 (Die steuerlich günstigste Unternehmensform) II 4 f. Vgl. auch den Artikel: Die GmbH & Co. im Steuerrecht, eine Schöpfung der Praxis mit beachtlichen Möglichkeiten zur Steuerersparnis, Deutsche Zeitung und Wirtschafts-Zeitung Nr. 82 v. 15. 10. 55, 19.

[88]) RG II B 2/22 v. 4. 7. 22, RGZ 105, 101 ff.

[89]) Vgl. insbesondere das Urteil RFH I A 422/30 v. 18. 2. 33, RStBl. 1933, 375 = Kartei AO 1931 § 10 Allg. R. 14 = StuW 1933 II Nr. 326.

[90]) Die eingangs erwähnten Monographien von Cahn, GmbH & Co. Kommanditgesellschaft (1922) und Daeschner, Handelsgesellschaftliche Gestaltungsformen (1923) beschäftigen sich in erster Linie mit dem Problem der Zulässigkeit der GmbH & Co., Cahn darüber hinaus mit handels- und steuerrechtlichen Einzelfragen. Auf die Frage der praktischen Bedeutung der GmbH & Co. gehen beide Autoren nicht näher ein.

[91]) Vgl. die Überschrift zu § 7 seiner Darstellung, 45 ff.

[92]) S. 26 ff.

[93]) S. 45 ff.

lediglich in Verfolgung steuerlicher Vorteile", werde — so meint Zielinski am Ende seiner Betrachtung — „hinfällig angesichts dieser rein wirtschaftlichen betriebstechnischen, organisatorischen und finanziellen Bedürfnisse" [94]). Wie Zielinski kommt Boesebeck in seinem im Jahre 1938 erschienenen Werk „Die kapitalistische Kommanditgesellschaft" zu der Erkenntnis, daß in einer großen Anzahl von Fällen „die juristische Person & Co." — in der er einen Unterfall der kapitalistischen Kommanditgesellschaft sieht [95]) — „auf rechtspolitisch einwandfreier Grundlage" [96]) beruhe. Er beschränkt sich in seinen Beispielen allerdings im wesentlichen auf eine Wiedergabe der von Zielinski untersuchten Fälle.

Auch in Aufsätzen aus den letzten Jahren wird auf die gesellschaftsrechtlichen und betriebswirtschaftlichen Vorzüge der GmbH & Co. hingewiesen [97]), ohne daß jedoch diese wichtige und interessante Frage für die gegenwärtige Situation eingehend erörtert wird. Eine Ausnahme bildet die Arbeit von Böttcher-Beinert, „GmbH & Co., Die moderne Unternehmensform".

I. Gesichtspunkte gesellschaftsrechtlicher Art, die zur Gründung von Gesellschaften mbH & Co. führen [98])

Die Vielzahl der Motive, die Anlaß zur Gründung von Gesellschaften mbH & Co. sein können, machen es unmöglich, eine Zusammenfassung zu geben, die einen Anspruch auf Vollständigkeit erheben könnte. Doch lassen sich eine Reihe von Gesichtspunkten erkennen, die teils allein, teils in Verbindung miteinander immer wiederkehren. Die wichtigsten sind:

das Problem der Nachfolge,
das Problem der Kapitalbeschaffung und
das Problem der Haftungsbeschränkung.

---

[94]) S. 56.

[95]) S. 18; vgl. auch S. 72.

[96]) S. 78 ff.

[97]) Zintzen, GmbH-Rdsch. 1950, 116; Ritter, NWB Fach 18, GmbH & Co., 87; Köhler, Steuerberater-Jahrbuch 1954/55, 240 ff.; Böttcher, RWP-Blattei, 14 Steuer-R, D Unternehmensformen, Einzelfragen 16 (Die steuerlich günstigste Unternehmensform), II 4 (Die GmbH & Co.); ferner 4 Wi-R, D Unternehmensformen, Einzelfragen 2 a I („Ein praktischer Fall, der ohne GmbH & Co. gar nicht zu lösen wäre"); Buchwald, GmbH-Rdsch. 1969, 90 f.

[98]) Die nachfolgenden Ausführungen sind das Ergebnis einer Untersuchung, die an Hand von Beispielen aus der Praxis festgestellt hat, warum es im Einzelfall zur Gründung einer GmbH & Co. kam. Die Beispiele waren bis zur 12. Auflage in diesem Handbuch enthalten, so daß interessierte Leser auf die früheren Auflagen verwiesen werden.

Alle weiteren Motive für die Wahl der GmbH & Co. lassen sich trotz spezifischer Eigenarten mehr oder weniger auf diese drei zurückführen.

1. Das Problem der Nachfolge [99])

Ausgangspunkt wird hier in vielen Fällen eine Kommanditgesellschaft sein, die oft über Jahrzehnte bestanden hat. Der einzige persönlich haftende Gesellschafter und Leiter des Unternehmens stirbt oder will sich wegen seines vorgerückten Alters, Krankheit oder aus anderen Gründen von der aktiven Mitarbeit im Geschäft zurückziehen. Ein Nachfolger ist nicht zu finden: Der Verstorbene hat keine Kinder, die an seine Stelle treten können, sie sind noch zu jung oder keine Kaufleute. Der Frau fehlt die zur Leitung des Unternehmens notwendige Geschäftserfahrung. Auch aus den Kreisen der Kommanditisten oder deren Kinder ist niemand bereit, die Leitung des Unternehmens und damit die Stellung des persönlich haftenden Gesellschafters zu übernehmen, sei es, daß sie selbst keine Kaufleute sind, sei es, daß sie ein eigenes Geschäft haben und dadurch voll ausgelastet sind. Einen Außenstehenden, etwa einen Angestellten, der zur Leitung des Unternehmens befähigt wäre und auch nach seiner Kapitalkraft die persönliche unbeschränkte Haftung übernehmen könnte, will man nicht zum Komplementär machen, da man ihm nicht den Einfluß einzuräumen wünscht, den die Stellung als persönlich haftender Gesellschafter einer Personengesellschaft mit sich bringt.

Gegen die Umwandlung der Kommanditgesellschaft in eine GmbH sprechen oft schwere Bedenken, sei es aus firmenrechtlichen Erwägungen, sei es wegen der nicht unerheblichen Kosten der Umwandlung (zB durch die Übertragung der Grundstücke usw.). Außerdem werden die Kommanditisten durchaus nicht immer bereit sein, ihre Kommanditbeteiligung mit einer Beteiligung an einer GmbH zu vertauschen, da bei ersterer eine viel größere Elastizität in der Verfügung über den Gewinnanteil besteht und sogar die Möglichkeit gegeben ist, vorübergehend Entnahmen zu Lasten des Kapitalanteiles vorzunehmen, wenn dies zB für Erbschaftsteuer oder Lastenausgleich, wegen finanzieller Schwierigkeiten im privaten Sektor oder im eigenen Unternehmen usw. notwendig erscheint. Eventuell würden durch eine Beteiligung an einer GmbH infolge der dann eintretenden steuerlichen Doppelbelastung auch steuerliche Nachteile entstehen.

In derartigen Fällen wird oft die Gründung einer GmbH & Co. die einzig annehmbare Lösung sein. Die Form der Kommanditgesellschaft bleibt hier mit allen ihren Vorzügen einschließlich des Firmennamens erhalten. Alle oder ein Teil der Kommanditisten gründen eine GmbH, die in die

---

[99]) Vgl. Plum, 166 ff.

Kommanditgesellschaft als persönlich haftender Gesellschafter eintritt und die Geschäftsführung mittels ihrer Geschäftsführer übernimmt. Die Gründung einer GmbH erübrigt sich sogar, wenn eine Vertriebs-GmbH oder ein GmbH-Mantel vorhanden ist. Zu Geschäftsführern der GmbH können ohne Bedenken Gesellschafter, denen man die starke Stellung eines Komplementärs nicht einräumen wollte, befähigte Angestellte oder andere Persönlichkeiten bestellt werden, da die Gesellschafter der GmbH — besonders durch die jederzeitige Möglichkeit des Widerrufs der Bestellung — den notwendigen Einfluß auf die Geschäftsführung behalten. Das Verhältnis des GmbH-Kapitals zur Summe der Kommanditeinlagen bestimmt sich nach der jeweiligen Situation im Einzelfall. Es empfiehlt sich jedoch, die GmbH mit ausreichendem Kapital zu versehen, da andernfalls die Gesellschaft zu sehr von den Bedürfnissen der einzelnen Gesellschafter abhängig ist.

Sind Erben des persönlich haftenden Gesellschafters vorhanden, die zwar noch zu jung sind, um die Leitung des Unternehmens zu übernehmen, von denen aber zu erwarten ist, daß sie eines Tages die notwendige Qualifikation hierfür besitzen werden, so kann man eine GmbH & Co. auch als Übergangslösung schaffen. Ohne Schwierigkeiten kann der Betreffende später anstelle der GmbH die Stellung des persönlich haftenden Gesellschafters einnehmen.

In diesem Zusammenhang kommt auch der GmbH & Co. in der Form der offenen Handelsgesellschaft, insbesondere als Vorstufe zur Gründung einer GmbH & Co. in der Form der Kommanditgesellschaft Bedeutung zu, zB wenn der einzige Inhaber eines Unternehmens seine Erben bereits zu seinen Lebzeiten über eine GmbH beteiligen, die persönliche Haftung aber zunächst beibehalten will. Bei seinem Tod kann dann die offene Handelsgesellschaft ohne Schwierigkeiten in eine Kommanditgesellschaft umgewandelt werden [100–115]).

Es ist auch nichts dagegen einzuwenden, wenn ein Unternehmen von vornherein in der Rechtsform der GmbH & Co. organisiert wird. Hinter dem Anspruch des Unternehmens auf eine Verfassung, die allen im Unternehmen Tätigen ein Höchstmaß an Sicherheit und Beständigkeit gewährleistet, müssen alle anderen Erwägungen zurückstehen. Wird diese Kontinuität und Krisenfestigkeit stärker durch die Gesellschaftsform der GmbH & Co. als durch die Form der Kommanditgesellschaft gewährleistet, so ist nicht einzusehen, warum dem Unternehmen nicht die der Sachlage und den Bedürfnissen entsprechende Verfassung gegeben werden soll.

[100–115]) Hesselmann, GmbH-Rdsch. 1959, 99 mit Beispielen.

2. Das Problem der Kapitalbeschaffung

Während das Problem der Nachfolge — wie wir sahen — oft bei bestehenden Kommanditgesellschaften Anlaß zur Umwandlung in eine GmbH & Co. sein wird, führt das Problem der Kapitalbeschaffung vielfach bei Gesellschaften mbH zur Gründung einer GmbH & Co. Eine GmbH sieht sich gezwungen, ihr haftendes Kapital zu erhöhen. Die Gesellschafter sind nicht bereit, neue Stammeinlagen zu übernehmen, da sie es nicht für vertretbar halten, weitere Teile ihres Vermögens in der GmbH zu binden. Finanziellen Belastungen, die nicht aus den Dividenden bestritten werden können, würden sie sonst nicht mehr gewachsen sein. Eine Kapitalzuführung durch Außenstehende wird meist daran scheitern, daß sich wegen der Nachteile einer Kapitalanlage in GmbH-Anteilen nur Interessenten aus der gleichen Branche finden. Die Einflußnahme, die diese durch ihre Stimme in der Gesellschafterversammlung erlangen würden, wäre ebensowenig zu verantworten wie die Tatsache, daß sie einen Einblick in Firmenstatus und Kalkulationsunterlagen erhalten könnten. Eine Umwandlung des Unternehmens in eine Aktiengesellschaft und eine Einführung der Aktien an der Börse wird in den seltensten Fällen in Betracht kommen.

Eher als zur Übernahme neuer Stammeinlagen würden die Gesellschafter der GmbH vielleicht bereit sein, sich an einer Personengesellschaft zusätzlich kommanditistisch zu beteiligen; denn die Rechtsform der Kommanditgesellschaft vermag — wie wir festgestellt haben — den persönlichen Bedürfnissen der Gesellschafter weit eher als die Rechtsform der GmbH Rechnung zu tragen. Eine Umwandlung der GmbH in eine Kommanditgesellschaft wird aber oft schon daran scheitern, daß keiner der Gesellschafter nach Alter, Vermögen oder Fachkunde qualifiziert ist, die Stellung des persönlich haftenden Gesellschafters einzunehmen, ganz abgesehen davon, daß die Auflösung der GmbH und die Neugründung einer Kommanditgesellschaft den inneren Geschäftsbetrieb des Unternehmens stören und erhebliche Kosten verursachen würde.

Hier bietet die GmbH & Co. nicht selten eine brauchbare Lösung. Ein Teil der Gesellschafter oder alle Gesellschafter gründen zusammen mit der GmbH eine Kommanditgesellschaft, in der die GmbH die Stellung eines persönlich haftenden Gesellschafters einnimmt. Über die Kommanditeinlagen kann dem Unternehmen neues Kapital zugeführt werden. Dadurch, daß der Geschäftsbetrieb von der GmbH auf die Kommanditgesellschaft verlagert wird, entstehen keine großen Schwierigkeiten. Das Anlagevermögen der GmbH braucht nicht einmal auf die GmbH & Co. übertragen zu werden, es genügt eine Verpachtung.

Auch Außenstehende werden sich eher als zur Übernahme von GmbH-Anteilen zur Übernahme von Kommanditanteilen bereit erklären. Selbst einer kommanditistischen Beteiligung von Konkurrenzunternehmen steht nichts im Wege, wenn die Rechte der Kommanditisten genügend beschränkt werden, eventuell sogar die Auflage gemacht wird, daß sich der Konkurrent in den Versammlungen der Gesellschafter durch einen bestimmten Kommanditisten vertreten läßt und ihm nur die unbedingt erforderlichen Auskünfte gegeben werden.

Das Problem der Kapitalbeschaffung hat gerade in jüngster Zeit auch bei Neugründungen zur Wahl der GmbH & Co. geführt [116]).

Unternehmer treten für die Finanzierung großer Bauprojekte, zB auf dem Grundstückssektor (Europa-Center Berlin) oder auf dem Schiffssektor (Passagierschiffe Hamburg und Hanseatic), mit Prospekten an eine breite Öffentlichkeit heran, um Gelder in kleinsten Beträgen flüssig zu machen. Die Gestaltung ist dabei verschieden. Entweder wird eine GmbH & Co. im engereren Sinne gegründet, so daß die Kapitalgeber gleichzeitig und im entsprechenden Verhältnis Gesellschafter der GmbH und Kommanditisten sind, während die Unternehmerpersönlichkeiten sich mit Geschäftsführerpositionen begnügen, oder die GmbH-Anteile werden von den Unternehmerpersönlichkeiten übernommen, während die Kapitalgeber sich nur als Kommanditisten beteiligen (vgl. hierzu auch S. 60 d) Uneingeschränkte Unternehmensleitung trotz kapitalmäßiger Unterlegenheit). In jedem Fall wird auf diese Weise neben dem Problem der Kapitalbeschaffung das Problem der Nachfolge und das Problem der Haftungsbeschränkung gelöst.

Daneben wird erreicht, daß eine steuerliche Doppelbelastung der auf die Kommanditisten entfallenden Gewinne entfällt. Außerdem kommen die Kommanditisten besonders bei hohem Fremdkapitalanteil und Objekten mit der Möglichkeit von Sonderabschreibungen direkt in den Genuß der interessanten auf ihren Anteil entfallenden Abschreibungen [117]). Teilweise wird

---

[116]) Vgl. hierzu auch Buchwald, GmbH-Rdsch. 1969, 90 f.

[117]) Vgl. hierzu Richter, GmbH-Rdsch. 1970, 268 f. Für den Fall, daß die Gesellschaft das Wirtschaftsgut nicht selbst nutzt, sondern an ein anderes Unternehmen zur Nutzung vermietet, werden der Finanzierungs-GmbH & Co. dann keine Sonderabschreibungen gewährt, wenn diese nicht als wirtschaftlicher Eigentümer anzusehen ist, vgl. Schreiben des Bundesministers der Finanzen IV B/2 — S 2170 — 42/70 v. 9. 10. 70, BStBl. I 1970, 1003 = Anhang III Nr. 11; kritisch hierzu Barth, GmbH-Rdsch. 1971, 77 ff. Das durch das 2. StÄndG 1971 v. 10. 8. 71 (BGBl. I 1971, 1266) eingeführte Verbot von Sonderabschreibungen für den Fall, daß sie zu Verlusten führen, vermindert die Attraktivität der Verkehrsmittel-, Entwicklungshilfe- und Zonenrand-Objekte (vgl. zB § 51 Abs. I Nr. 2 Buchst. w EStG; § 1 Abs. VII und § 2 Abs. II Entwicklungshilfe-Steuergesetz). Um so interessanter sind diejenigen Objekte, für die noch die alte Regelung gilt; vgl. hierzu zB Neumann, GmbH-Rdsch. 1971, 218. Zu Steuervergünstigungen für Privatkrankenhäuser in der Rechtsform der GmbH & Co. vgl. Gronemann, B 1973, 96 ff.

sogar die Konstruktion gewählt, daß die Kapitalgeber weder an der GmbH noch direkt als Kommanditisten beteiligt werden, sondern zwischen die Kapitalgeber und das Unternehmen ein Treuhänder eingeschaltet wird, um unter Vermeidung der Notwendigkeit von Ummeldungen beim Handelsregister die Beteiligungen der Kapitalgeber beweglicher zu gestalten [117a]). Der Treuhänder gibt dann Zertifikate aus, die keine Inhaberschuldverschreibungen im Sinne des § 793 BGB, sondern einfache Schuldurkunden sind.

3. Das Problem der Haftungsbeschränkung

Die Wahl der GmbH & Co. kann auch aus dem Motiv der Haftungsbeschränkung heraus gerechtfertigt sein. Ausgangspunkt ist wie bei dem Problem der Nachfolge oft eine bestehende Personengesellschaft, insbesondere eine Kommanditgesellschaft. Der Geschäftsumfang ist von Jahr zu Jahr gewachsen, ohne daß es infolge der hohen Einkommensbesteuerung zu einer angemessenen Neubildung von Eigenkapital kommen konnte. Das Risiko des Geschäftes übersteigt nunmehr das Vermögen des persönlich haftenden Gesellschafters um ein Vielfaches. Vielleicht befindet er sich schon im vorgerückten Alter und hat an die Zukunft seiner Familie zu denken. In jedem Fall ist infolge der veränderten Verhältnisse das weitere Tragen der unbeschränkten Haftung für ihn nicht mehr zumutbar und der Wunsch nach einer Haftungsbeschränkung verständlich und zu billigen.

Meist wird man bei einer derartigen Entwicklung das Unternehmen in eine GmbH umwandeln. Dieser Weg steht den Beteiligten aber nicht immer offen. Die Umwandlung könnte eine Änderung der Firma erforderlich machen. Man scheut die erheblichen Umwandlungskosten. Oder die Kommanditisten lehnen eine Beteiligung an einer GmbH ab. Hier wird oft nur die Gründung einer GmbH & Co. eine überzeugende Lösung bringen. Der persönlich haftende Gesellschafter gründet mit einem anderen Gesellschafter, einem Angestellten oder einem Dritten eine GmbH, die statt seiner als Komplementär in die Kommanditgesellschaft eintritt. Beinahe zwangsläufig ergibt sich die Gründung einer GmbH & Co., wenn bereits eine GmbH als Vertriebsgesellschaft besteht oder ein GmbH-Mantel vorhanden ist. Ohne Schwierigkeiten lassen sich hier beide Gesellschaften in der Form der GmbH & Co. vereinen.

Der Gesichtspunkt der Haftungsbeschränkung wird in zahlreichen Fällen nicht einmal der unmittelbare Anlaß zur Gründung einer GmbH & Co. sein. So wird in das Problem der Nachfolge oft auch die Frage der Haftungsbeschränkung hineinspielen. Man denke zB an Fälle, in denen der persönlich haftende Gesellschafter einer Kommanditgesellschaft seine unmündigen Kinder als Erben eingesetzt hat. Hier wird schon das Vor-

[117a]) Auf die bei unsoliden Abschreibungsgesellschaften für die Kommanditisten entstehenden Gefahren weist Uhlenbruck, GmbH-Rdsch. 1973, 107 ff. hin.

mundschaftsgericht von sich aus eine Beschränkung der Haftung seiner Mündel verlangen [118]). Will man die Kommanditgesellschaft nicht in eine GmbH umwandeln, was oft nicht möglich ist, so bleibt nur die GmbH & Co. als Gesellschaftsform. Sie erlaubt es auch, später ohne Schwierigkeiten die GmbH durch den volljährig gewordenen Erben zu ersetzen.

Das Problem der Haftungsbeschränkung spielt neben der Frage der Kapitalbeschaffung auch in der nächsten Fallgruppe eine Rolle. Sie soll jedoch wegen ihrer spezifischen Eigenarten in einem besonderen Abschnitt behandelt werden.

4. Uneingeschränkte Unternehmensleitung trotz kapitalmäßiger Unterlegenheit

Es kommt häufig vor, daß ein Fachmann (oder mehrere Fachleute) ein Unternehmen gründen möchte, hierzu aber kapitalmäßig nicht in der Lage ist. Er wünscht jedoch auch nicht, daß der Kapitalgeber (oder die Kapitalgeber) einen Einfluß auf die Leitung des Unternehmens erhält. Letzterer ist mit dieser Bedingung einverstanden, ihm liegt hauptsächlich an einer möglichst hohen, eventuell sogar festen Verzinsung seines Kapitals.

Die Kommanditgesellschaft scheidet meist als Gesellschaftsform aus, weil der Fachmann nicht in der Lage ist, die unbeschränkte Haftung zu übernehmen; das Risiko des Unternehmens würde sein Vermögen um ein

---

[118]) Böttcher bringt in der RWP-Blattei, 4 Wi-R, D Unternehmensformen, Einzelfragen 2 a I („Ein praktischer Fall, der ohne die GmbH & Co. gar nicht zu lösen wäre") folgendes, in diesem Zusammenhang recht interessantes Beispiel: Ein Unternehmer hinterließ bei seinem Tode seinen beiden minderjährigen Kindern eine Einzelfirma und sämtliche Anteile einer GmbH. Beide Firmen arbeiteten auf demselben Gebiet. Es war Testamentsvollstreckung angeordnet. Nach herrschender Meinung kann der Testamentsvollstrecker eine Einzelfirma nicht führen (vgl. RGZ 170, 395). Das Vormundschaftsgericht forderte für die minderjährigen Erben die Beschränkung der Haftung. Man hätte selbstverständlich alle geschäftliche Tätigkeit in der GmbH vereinen können; dann wären aber alle Mittel in der GmbH gebunden worden und hätten nur über die steuerliche Doppelbelastung entnommen werden können. Es bot sich hier die Vereinigung der GmbH mit der Einzelfirma in der Form an, daß eine Kommanditgesellschaft gebildet wurde, deren Komplementär die GmbH und deren Kommanditisten die beiden minderjährigen Kinder wurden. Der auf die Kinder als Kommanditisten entfallende Gewinnanteil ist nach Abzug der Ertragsteuern frei verfügbar, so daß davon die privaten Bedürfnisse: Zahlung der Erbschaftsteuer, des Lastenausgleichs usw. befriedigt werden können. Auch das Vormundschaftsgericht ist zufriedengestellt, die Haftung seiner Mündel ist beschränkt.

Vielfaches übersteigen. Man könnte zwar eine GmbH gründen; hier ist aber für die Herrschaft im Unternehmen die Höhe der Kapitalbeteiligung ausschlaggebend, der Fachmann würde also in die Abhängigkeit des Kapitalgebers geraten. Es wird auch nicht immer möglich sein, dem Fachmann ein mehrfaches Stimmrecht zu gewähren, um ihn auf diese Weise von seinem Kapitalgeber unabhängig zu machen. Wenn es sich bei dem Kapitalgeber zB um eine Aktiengesellschaft handelt, ist es durchaus fraglich, ob deren Aufsichtsrat seine Zustimmung zu einer derartigen Maßnahme geben würde. Aber auch der Kapitalgeber selbst wird meist eine Beteiligung als Kommanditist der als Gesellschafter an einer GmbH vorziehen, nicht zuletzt deshalb, weil bei letzterer den Gesellschaftern keine feste Verzinsung ihres Kapitalanteiles zugesichert werden darf.

Die GmbH & Co. wird in vielen Fällen den beiderseitigen Interessen am besten gerecht. Der Fachmann (oder die Fachleute) gründet eine GmbH [119]), die die Stellung eines persönlich haftenden Gesellschafters in der Kommanditgesellschaft einnimmt, und läßt sich zu deren Geschäftsführer bestellen, während sich der Kapitalgeber (oder die Kapitalgeber) kommanditistisch beteiligt. Auf diese Weise wird erreicht, daß der Fachmann trotz kapitalmäßiger Unterlegenheit die Leitung des Unternehmens allein in der Hand hat, ohne daß er die unbeschränkte Haftung zu übernehmen braucht. Dem Kapitalgeber wird diese Form ebenfalls gerecht, da er in der Verfügung über seinen Gewinnanteil freier ist als bei der Beteiligung an einer GmbH und ihm eine feste Verzinsung seines Kapitalanteils garantiert werden kann.

5. Zusammenschluß mehrerer selbständiger Unternehmen zu Interessengemeinschaften, Verkaufsvereinigungen usw.

Mehrere selbständige Unternehmen beabsichtigen, sich zu einem bestimmten Zweck zusammenzuschließen, ohne daß die Selbständigkeit und Tätigkeit der Einzelbetriebe hiervon berührt werden soll. Die offene Handelsgesellschaft scheidet in der Regel als Gesellschaftsform aus, da keines der Unternehmen die unbeschränkte Haftung wird übernehmen wollen [120]); denn in eine Krise oder einen Zusammenbruch des Dachunter-

---

119) mit einem Dritten oder auch mit dem Kapitalgeber. Wichtig ist, daß seine Stammeinlage so groß ist, daß er die Stimmenmehrheit, eventuell sogar die $^{3}/_{4}$-Mehrheit besitzt.

120) Soweit die Einzelunternehmen als Personengesellschaften organisiert sind, ist es zudem sehr bestritten, ob sie überhaupt Gesellschafter einer offenen Handelsgesellschaft oder Komplementär einer Kommanditgesellschaft werden können. Vgl. zu diesem Problem RGRK - Weipert, Anm. 27 zu § 105.

nehmens würden alle Einzelbetriebe hineingezogen werden. Es könnte auch leicht zu Komplikationen führen, wenn jeder Gesellschafter gleichzeitig einen eigenen Betrieb unterhält, dessen Gegenstand in einem engen Zusammenhang mit dem Gegenstand des Gesamtunternehmens steht. Selbst wenn einer oder einige der Beteiligten bereit wären, die unbeschränkte Haftung in einer KG zu übernehmen, wäre es fraglich, ob die übrigen mit einer derartigen Regelung einverstanden wären. Bei einem Zusammenschluß auf gleicher Ebene stehender Unternehmen wird es vielfach als nicht tragbar angesehen, wenn einem oder einigen der Beteiligten infolge der unterschiedlichen Stellung von Komplementären und Kommanditisten eine stärkere Position zukommt. Auch der Gründung einer GmbH werden oft Bedenken entgegenstehen. Man will in dem gemeinsamen Unternehmen nur das notwendige Kapital binden. Der darüber hinausgehende Gewinn soll den einzelnen Gesellschaftern sofort zur Verwendung in ihren eigenen Betrieben zur Verfügung stehen. Derartigen Wünschen kommt die GmbH nicht gerade entgegen.

Hier bietet die GmbH & Co. im engeren Sinn oft die beste Lösung [121]). Alle Gesellschafter übernehmen den gleichen Kommandit- und GmbH-Anteil, oder die Beteiligung an der GmbH erfolgt dem Verhältnis der Kommanditanteile entsprechend. Auf diese Weise kommen den Beteiligten einmal die Vorteile der GmbH zugute: Das Risiko der Einzelbetriebe ist begrenzt. Da die GmbH als selbständiges Rechtssubjekt den Gesellschaftern gegenübersteht und durch die Möglichkeit, gesellschaftsfremde Personen zu Geschäftsführern zu bestellen, die Unabhängigkeit und Neutralität des Dachunternehmens gegenüber den Einzelunternehmen gesichert ist, kann es nicht so leicht wie bei der Wahl einer offenen Handelsgesellschaft oder Kommanditgesellschaft zu Komplikationen mit den Unternehmen der Gesellschafter kommen. Dabei haben die Gesellschafter durch ihr Stimmrecht in der Gesellschafterversammlung den notwendigen Einfluß auf die Leitung des Unternehmens. Auf der anderen Seite kann durch eine zweckentsprechende Aufteilung des Gesamtkapitals auf die GmbH und die Kommanditisten und Gestaltung des Gewinnverteilungsschlüssels dafür Sorge getragen werden, daß bei der GmbH nicht Kapital auf Kosten der Einzelbetriebe angesammelt wird, sondern dieser nur soviel zukommt, wie es für ihre Aufgabe, für die Absicherung des Unternehmens zu sorgen, unerläßlich ist. Der Gewinn aus den Kommanditbeteiligungen steht den Gesellschaftern zur Verwendung in ihren Betrieben zur Verfügung.

Aus ähnlichen Erwägungen eignet sich die GmbH & Co. auch für Gesellschaften mit einer größeren Zahl von Gesellschaftern besser als die nor-

[121]) So auch Ritter, NWB Fach 18, GmbH & Co., 86.

male Kommanditgesellschaft. Wegen der divergierenden Interessen werden sich die Gesellschafter hier oft nicht einigen können, wer die starke Stellung eines persönlich haftenden Gesellschafters und Leiters des Unternehmens einnehmen soll. In Verdrehung der gesetzlichen Regelung wird dann bisweilen die Kommanditgesellschaft wie eine Kapitalgesellschaft organisiert, die oberste Leitung des Unternehmens in die Hände der Gesellschafterversammlung bzw. eines Verwaltungsrates gelegt und die Komplementäre im Innenverhältnis den Kommanditisten untergeordnet [122]). Einer solchen recht verzerrten Gestaltung wird meist eine GmbH & Co. im engeren Sinn vorzuziehen sein. Zu Geschäftsführern der GmbH, des geschäftsführenden Gesellschafters der Kommanditgesellschaft, können gesellschaftsfremde Personen berufen werden, so daß Gewähr für eine neutrale und dem Interesse des Unternehmens gerechte Geschäftsführung gegeben ist. Die Kommanditisten behalten in ihrer Eigenschaft als Gesellschafter der GmbH den notwendigen Einfluß auf die Leitung des Unternehmens.

6. Fortführung von Einzelfirmen oder Personengesellschaften durch eine GmbH [123])

Eine Einzelfirma oder eine Personengesellschaft steht infolge Todes oder Krankheit des Inhabers oder geschäftsführenden Gesellschafters vor der Existenzfrage, da die Erben oder die übrigen Gesellschafter nicht in der Lage sind, den Betrieb fortzuführen. Eine GmbH ist jedoch an dem Unternehmen interessiert und bereit, die Leitung in die Hand zu nehmen. Man ist auch damit einverstanden, daß sich die Erben oder die übrigen Gesellschafter weiterhin beteiligen.

---

[122]) Fall der kapitalistischen Kommanditgesellschaft.

[123]) Auf diesen Komplex hat bereits Zielinski, 46 f. mit besonderem Nachdruck hingewiesen. Er bringt folgendes Beispiel: Der alleinige Geschäftsführer und Hauptteilhaber einer GmbH war gestorben. Seine Witwe überließ den übrigen Gesellschaftern der GmbH die Leitung des Unternehmens und gründete mit der GmbH als Komplementär eine Kommanditgesellschaft, an der sie sich kommanditistisch beteiligte (S. 47). Etwas anders gelagert ist der Fall, den Zielinski auf S. 52 f. anführt: Hier beschlossen die Gesellschafter einer großen GmbH und der Inhaber einer kleinen Einzelfirma eine Verschmelzung ihrer Betriebe, da man sich hiervon eine Erhöhung des wirtschaftlichen Nutzeffektes für beide Teile versprach. Der Inhaber des kleinen Unternehmens sollte aber an der Fortführung des Betriebes keinerlei leitenden Anteil mehr haben. Es wurde deshalb eine GmbH & Co. gegründet, dergestalt, daß die GmbH in die Einzelfirma eintrat und die unbeschränkte Haftung und die Betriebsführung übernahm, während sich der frühere Inhaber mit der Stellung eines Kommanditisten begnügte.

Eine Verschmelzung beider Unternehmen in der GmbH wird meist nicht in Frage kommen, da deren Gesellschafter es nicht wünschen, daß die Erben oder die übrigen Gesellschafter in die GmbH aufgenommen werden, allein schon aus dem Grunde, damit diese in Zukunft keinen Einfluß auf die Leitung des Unternehmens nehmen können. Letzteren wird selbst vielfach eine kommanditistische Beteiligung angenehmer sein, da sie in erster Linie auf eine feste und stetige Verzinsung ihrer Einlagen Wert legen werden. Vielleicht hat die GmbH auch ein besonderes Interesse daran, daß der alte Firmenname der Einzelfirma oder der Personengesellschaft unverändert erhalten bleibt, und steht deshalb einer Fusion ablehnend gegenüber.

In derartigen Fällen wird vielfach die Gründung einer GmbH & Co. die zweckmäßigste Lösung sein. Die GmbH tritt als persönlich haftender Gesellschafter in die Einzelfirma oder die Personengesellschaft ein, und die Erben und übrigen Gesellschafter beteiligen sich als Kommanditisten.

7. Sanierung notleidender Unternehmen unter Berücksichtigung der Gläubigerinteressen [124])

Für die Gläubiger eines in finanzielle Schwierigkeiten geratenen Unternehmens wird es bisweilen zweckmäßiger sein, das verschuldete Unternehmen durch Zuführung neuen Kapitals zu sanieren, um auf die Weise selbst vor größeren Verlusten bewahrt zu werden, als sich mit einer geringen Konkurs- oder Vergleichsquote abzufinden. Das gilt besonders dann, wenn dieses Unternehmen sich nur in einer vorübergehenden Krise befindet, an und für sich aber lebensfähig ist, und man dessen Inhaber oder Vorstand das notwendige Vertrauen entgegenbringt.

Da eine Darlehnshingabe oder eine stille Beteiligung den Gläubigern nur wenig Sicherheit gibt und ihre Interessen nicht genügend geschützt werden, ist eine gesellschaftliche Beteiligung vorzuziehen. Die Rechtsform der GmbH & Co. wird den Wünschen der Beteiligten vielfach am besten gerecht werden. Die Gläubiger einer GmbH können sich zB als Kommanditisten am Unternehmen beteiligen. Die Gläubiger einer zahlungsunfähi-

---

[124]) Vgl. hierzu auch Zielinski, 54 ff. Er führt ua. noch folgenden Fall an: Eine GmbH befand sich im Jahre 1921 unter Geschäftsaufsicht. Im Interesse der Wiederaufrichtung ihres Kredits entschlossen sich drei Hauptgläubiger, das aussichtsverheißende Unternehmen durch ihre aktive Mitarbeit wieder hochzubringen. Sie bildeten zu diesem Zweck mit der GmbH eine Kommanditgesellschaft, in der die GmbH und sie selbst die unbeschränkte Haftung übernahmen, während sich ein erfahrener Fachmann als Kommanditist beteiligte. Zielinski will festgestellt haben, daß das Unternehmen im Jahre 1925 seine volle Aktionsfähigkeit wiedergewonnen hatte (vgl. S. 55).

gen Einzelfirma, die durch das Verschulden ihres Inhabers in Schwierigkeiten geraten ist, können die Leitung des Unternehmens selbst in die Hand nehmen, indem die GmbH als persönlich haftender Gesellschafter in das Geschäft eintritt, während sich der bisherige Inhaber mit einer Kommanditbeteiligung zufriedengeben muß.

8. Vereinigung von Produktions-Personengesellschaft und Vertriebs-GmbH [125])

Bei den überhöhten Einkommensteuersätzen der Jahre nach 1945, die bis über 90 vH anstiegen, war es für größere Unternehmen mit wenigen Gesellschaftern kaum tragbar, die Form der Personengesellschaft beizubehalten. Die hohe Einkommensteuer machte es den Gesellschaftern unmöglich, notwendige Investitionen vorzunehmen. Durch eine Aufspaltung des Unternehmens, meist in eine Produktions-Personengesellschaft und eine Vertriebs-GmbH, versuchte man, der starken Einkommensteuerprogression zu entgehen. Die bei der GmbH entstehenden Gewinne wurden bei dieser thesauriert.

Die Betriebsaufspaltung bringt aber manche Unannehmlichkeiten mit sich, insbesondere hinsichtlich der Frage der angemessenen Verrechnungspreise zwischen beiden Gesellschaften. Nachdem inzwischen die Einkommensteuersätze gemildert sind, erscheint es vielfach zweckmäßig, die Produktions- und Vertriebsgesellschaft wieder in einem Unternehmen zusammenzufassen. Da man es meist wird vermeiden wollen, die bestehenden Gesellschaften aufzulösen, ist die Gründung einer GmbH & Co. beinahe zwingend vorgezeichnet [126]). Die Vertriebs-GmbH tritt als persönlich haftender Gesellschafter in die Produktionsgesellschaft ein.

In vielen Fällen wird jedoch der unmittelbare Anlaß zur Vereinigung beider Gesellschaften das Problem der Nachfolge oder das Problem der Haftungsbeschränkung sein.

9. Weitere Vorzüge der GmbH & Co., besonders im Hinblick auf die Regelung der Erbfolge

Neben den bisher erwähnten Gesichtspunkten, die meist den unmittelbaren Anlaß zur Gründung einer GmbH & Co. darstellen, hat diese Gesellschaftsform noch eine Reihe von Vorzügen, die ihre Wahl mit beeinflussen können.

---

[125]) Entsprechendes gilt natürlich auch für die anderen Formen der Betriebsaufspaltung, zB in Besitz-Personengesellschaft und Produktions-GmbH.

[126]) Ebenso B r ö n n e r, GmbH-Rdsch. 1952, 159; B ö t t c h e r, RWP-Blattei, 14 Steuer-R, D Unternehmensformen, Einzelfragen 16 (Die steuerlich günstigste Unternehmensform, II 4 (GmbH & Co.) g.

Obwohl die GmbH & Co. Elemente der Kapitalgesellschaften enthält, bleibt sie doch Kommanditgesellschaft. Der Abschluß des Gesellschaftsvertrages und vor allem spätere Änderungen bedürfen keiner Form, §§ 161 Abs. II, 105 HGB. Während die Eintragung einer GmbH nur erfolgen darf, wenn mindestens 25 vH der übernommenen Einlagen eingezahlt sind, geschieht die Eintragung der Kommanditgesellschaft ohne die Versicherung irgendeiner Zahlung. Auch kann die Leistung der Einlagen durch jeden Gegenstand, sogar durch bloße Dienstleistung erfolgen. Während für Gesellschaften mbH mit mehr als 500 Arbeitnehmern nach § 77 BVG eine Aufsichtsratspflicht unter Beteiligung der Arbeitnehmer besteht, ist für die GmbH & Co. in keinem Fall die Bildung eines Aufsichtsrates obligatorisch [127]). Schließlich gilt für Bankinstitute, die in der Rechtsform der GmbH & Co. organisiert sind, nicht § 41 Abs. IV GmbHG, wonach eine Veröffentlichung der Bilanzen erforderlich ist [128]).

Entscheidend wird — wie wir gesehen haben — die Wahl der GmbH & Co. in vielen Fällen auch dadurch beeinflußt, daß § 24 HGB die Umwandlung einer bereits bestehenden Einzelfirma, offenen Handelsgesellschaft oder Kommanditgesellschaft in eine GmbH & Co. erlaubt, ohne daß es einer Änderung der Firma bedürfte [129]). Gerade aus firmenrechtlichen Erwägungen wird es oft nicht möglich sein, bestehende Personengesellschaften in eine GmbH umzuwandeln. Besonders bei Markenartikelherstellern könnte eine Firmenänderung zu einer Unsicherheit in den Konsumentenkreisen und damit zu einem erheblichen Absatzeinbruch führen.

Die GmbH & Co. im engeren Sinn läßt auch eine besonders glückliche Regelung der Erbfolge zu. Die Gesellschafter, die an der GmbH und als Kommanditisten beteiligt sind, können ihre Testamente so gestalten, daß Erben, die für eine aktive Mitarbeit im Unternehmen nicht in Betracht kommen oder nicht qualifiziert sind, die Kommanditanteile erhalten, während Erben, bei denen zu hoffen ist, daß sie in die geschäftlichen Aufgaben hineinwachsen, zu Erben der GmbH-Anteile eingesetzt werden. Eine solche Entwicklung ist gesund, und man sollte sich die Möglichkeit zu dieser organischen Trennung offenhalten. Auf diese Weise können die sonst bei Erbfolgen häufig auftretenden Krisen verhindert werden. Besonders wenn die GmbH eine starke Stellung im Rahmen des Gesamtunternehmens hat, werden Wünsche der nicht im Unternehmen tätigen Erben auf höhere Dividendenausschüttungen oder Rückzahlung von

---

[127]) Vgl. hierzu die Ausführungen auf Seite 113 ff. d. A.

[128]) Vgl. hierzu die Ausführungen auf Seite 94 d. A.

[129]) Vgl. hierzu die Ausführungen auf Seite 63 d. A.

Teilen der Kommanditeinlagen nicht das ganze Unternehmen in eine schwierige Situation bringen.

Schließlich ist es bei der GmbH & Co. möglich, leitende Angestellte (insbesondere Geschäftsführer der GmbH) kommanditistisch zu beteiligen [130]). Zwar wäre der materielle Effekt auch durch Aussetzung einer entsprechenden Tantieme erzielbar. Aber derartige Persönlichkeiten sehen es schon wegen ihres standings in der Industrie lieber, wenn sie selbst Teilhaber sind. Die Überlassung von GmbH-Anteilen mit beschränkten Dividendenmöglichkeiten würde nicht das gleiche bedeuten. Der Kommanditvertrag wird in diesem Fall zweckmäßigerweise auf die Lebensdauer des Betreffenden beschränkt werden.

II. Gesichtspunkte steuerrechtlicher Art, die die GmbH & Co. vorteilhaft erscheinen lassen [131])

Um etwaige steuerliche Vorzüge der GmbH & Co. feststellen zu können, müssen wir zunächst einen Blick auf die Besteuerung der Personen- und Kapitalgesellschaften werfen, damit wir eine Vergleichsgrundlage gewinnen. Wir wollen uns dabei auf die Einkommensbesteuerung beschränken. Zugrunde gelegt werden soll der gegenwärtige Stand (1973), jedoch ohne Berücksichtigung der Ergänzungsabgabe.

Die Gewinne der Kapitalgesellschaften unterliegen — wenn man einmal von dem besonderen Tarif für kleinere und mittlere Gesellschaften (§ 19 Abs. I Ziff. 2 KStG) absieht — einem festen Körperschaftsteuersatz von 51 vH des steuerlichen Reingewinns, für Ausschüttungen ermäßigt sich die Körperschaftsteuer auf 15 vH (§ 19 Abs. I Ziff. 1 iV mit § 19 Abs. III KStG). Der ausgeschüttete Gewinn unterliegt bei den Gesellschaftern als Einkünfte aus Kapitalvermögen nochmals der Einkommensteuer (§ 2 Abs. III Ziff. 5 iV mit § 20 EStG). Diese steuerliche Doppelbelastung schafft den Anreiz, den Gewinn soweit wie möglich im Unternehmen zu belassen. Damit wird allerdings den Wünschen der Gesellschafter, die nicht

[130]) Tillmann, B 1970, 2157 ff. sieht in der GmbH & Co. auch eine geeignete Gesellschaftsform für eine direkte Beteiligung der Arbeitnehmer als Kommanditisten. Dem kann nicht zugestimmt werden, solange nach § 15 Ziff. 2 EStG auch ein gering beteiligter Arbeitnehmer Mitunternehmer ist. Sein Lohn und sein Gewinnanteil unterlägen als Einkünfte aus Gewerbebetrieb der ESt. und GewSt. Demzufolge ist eine reine Erfolgstantieme einer Gewinnbeteiligung vorzuziehen; so auch Böttcher, Steuerberater-Jahrbuch 1971/72, 87 f.

[131]) Vgl. zur steuerlichen Belastung der GmbH & Co. im Vergleich zu anderen Gesellschaftsformen insbesondere Post, Die GmbH & Co. — steuerlich günstigste Unternehmensform? (1969); ferner Dornfeld, Aktuelle Probleme der GmbH & Co., 137 ff.; Krollmann, B 1969, 625 f.

selbst im Unternehmen tätig und auf eine angemessene Kapitalverzinsung angewiesen sind, nicht gerade entgegengekommen.

Die Personengesellschaften sind als solche nicht selbständig steuerpflichtig. Die Gewinnanteile der einzelnen Gesellschafter unterliegen als Einkünfte aus Gewerbebetrieb der Einkommensteuer (§ 2 Abs. III Ziff. 2 iV mit § 15 Ziff. 2 EStG) [132]), wobei es keine Rolle spielt, ob der Gewinn den Gesellschaftern für ihren persönlichen Bedarf zur Verfügung steht oder dem Unternehmen belassen wird. Im Gegensatz zu den Kapitalgesellschaften wird also hier durch die Besteuerung die Reservenbildung im Unternehmen nicht gefördert; man wird eher dazu neigen, die Gewinne auch für private Zwecke zu verbrauchen [133]).

Bei der GmbH & Co. erfolgt die Besteuerung der Gewinne des Unternehmens nicht einheitlich. Der Gewinnanteil der GmbH unterliegt der Körperschaftsteuer, der Gewinnanteil der Kommanditisten der Einkommensteuer. Die GmbH & Co. verbindet damit insoweit die Vorzüge der Personen- und Kapitalgesellschaften, als die Kommanditisten ihre Gewinnanteile frei von steuerlicher Doppelbelastung entnehmen können, während den Bedürfnissen des Unternehmens dadurch Rechnung getragen wird, daß bei der GmbH der Gewinn weitgehend zur Erhaltung des Unternehmens verwandt werden kann. Voraussetzung hierfür ist allerdings, daß die Gesellschafter der GmbH gleichzeitig als Kommanditisten beteiligt sind, damit durch die Kommanditgewinne ihre privaten Bedürfnisse befriedigt werden können, oder aber an der GmbH nur die Gesellschafter beteiligt sind, die selbst im Unternehmen tätig und infolge ihrer Geschäftsführerbezüge nicht in dem Maße von einer Gewinnausschüttung bei der GmbH abhängig sind.

---

[132]) Die Einkommensteuer beträgt nach der Grundtabelle bei einem Jahresgewinn von

20 000	22,2 vH	200 000	47,4 vH
40 000	31,1 vH	300 000	49,2 vH
60 000	36,2 vH	400 000	50,2 vH
80 000	39,5 vH	500 000	50,7 vH
100 000	41,8 vH	600 000	51,1 vH

Höchstbelastung 53 vH

[133]) Durch § 32 b des EStG 1951 wurde zwar die Möglichkeit gegeben, auch für Personengesellschaften die Anwendung des Körperschaftsteuersatzes zu beantragen. Diese Bestimmung fand aber keinen großen Anklang, da die Anwendung des Körperschaftsteuersatzes nur einheitlich für den ganzen Gewinn der Gesellschaft erfolgen konnte, damit also die Gewinnentnahme für private Zwecke der steuerlichen Doppelbelastung unterlag. Die Vorschrift ist durch das Gesetz zur Änderung steuerlicher Vorschriften v. 24. 6. 53 (BGBl. I 1953, 413) wieder aufgehoben worden.

Wenn wir bei der Betrachtung der gesellschaftsrechtlichen Vorzüge der GmbH & Co. festgestellt hatten, daß diese Gesellschaftsform den Bedürfnissen der einzelnen Gesellschafter weitgehend entgegenkommt, gleichzeitig aber die Erhaltung des Unternehmens bei entsprechend starker Stellung der GmbH gewährleistet, so wird dieses Ergebnis durch die Art und Weise der Besteuerung noch unterstrichen.

Eine ganz andere Frage ist es, ob die GmbH & Co. im Vergleich zu den anderen Gesellschaftsformen in jedem Fall auch eine Steuerersparnis gewährleistet. Nicht selten wird es so dargestellt, als ob die GmbH & Co. eine Unternehmensform sei, die schlechthin Steuervorteile bietet.

Da bei der GmbH & Co. der einheitliche Gewinn des Unternehmens aufgespalten wird und teils der Einkommensteuer, teils der Körperschaftsteuer unterliegt, kann man durch eine entsprechende Gestaltung der Kapitaleinlagen und damit der Gewinnverteilung dafür Sorge tragen, daß Einkommen- und Körperschaftsteuersatz einander angenähert werden [134–136]). Unter der Voraussetzung, daß die Gesellschafter der GmbH gleichzeitig als Kommanditisten beteiligt sind, können die Gewinne der GmbH ganz oder doch zu einem erheblichen Teil unter Vermeidung der steuerlichen Doppelbelastung zum weiteren Ausbau des Unternehmens verwandt werden. Die GmbH & Co. ist damit steuerlich vorteilhafter als die GmbH, da bei der GmbH & Co. die Kommanditgewinne frei von steuerlicher Doppelbelastung entnommen werden können. Sie ist vorteilhafter als eine reine Personengesellschaft, wenn bei dieser der Einkommensteuersatz über dem Körperschaftsteuersatz liegen würde, da durch die Gewinnaufspaltung die Einkommensteuerprogression abgeschwächt wird.

Man darf aber nicht vergessen, daß der Schnittpunkt zwischen Einkommensteuer und Körperschaftsteuer, wenn man von dem Körperschaft-

[134–136]) Dasselbe Ergebnis kann man auch durch die verschiedenen Arten der Betriebsaufspaltung erreichen, die alle von dem Prinzip ausgehen, das einheitliche Unternehmen in zwei Gesellschaften, eine Personen- und eine Kapitalgesellschaft (zB Produktions-Personengesellschaft und Vertriebs-GmbH), zu trennen. Der Gewinn verteilt sich dadurch auf zwei Gesellschaften. Während die Gesellschafter ihre privaten Bedürfnisse aus den Gewinnen der Personengesellschaft befriedigen können, wird der Gewinn der GmbH zur Reservenbildung im Unternehmen stehengelassen und auf diese Weise die steuerliche Doppelbelastung vermieden. Gegenüber der Betriebsaufspaltung hat die GmbH & Co. den Vorzug, daß die Einheit des Unternehmens gewahrt bleibt, somit die bei der Betriebsaufspaltung auftauchenden Probleme, insbesondere in bezug auf die Verrechnungspreise zwischen den beiden Gesellschaften, nicht zur Entstehung gelangen.

steuersatz für nicht ausgeschüttete Gewinne von 51 vH ausgeht [137]), bei ungefähr 600 000 DM liegt. Dieser Satz bezieht sich dabei nur auf eine Person. Sobald mehrere Personen an einem Unternehmen beteiligt sind, ändert sich das Verhältnis, so daß zB bei einem Unternehmen mit zwei Gesellschaftern bei gleicher Gewinnbeteiligung der Schnittpunkt bei 1 200 000 DM Jahresgewinn liegt, bei drei Personen schon auf 1 800 000 DM ansteigt usw. Der Schnittpunkt liegt also so hoch, daß er von der Mehrzahl der Unternehmen nicht erreicht werden wird. Für Klein- und Mittelbetriebe und auch für Großbetriebe mit sehr vielen Gesellschaftern wird deshalb die Form der reinen Personengesellschaft immer steuerlich günstiger sein als eine GmbH & Co.

Es ist somit festzustellen, daß die GmbH & Co. keineswegs eine Unternehmensform ist, die im Vergleich zu den anderen Gesellschaftsformen schlechthin eine Steuerersparnis ermöglicht. Sie nimmt vielmehr eine Mittelstellung ein. Während sie günstiger ist als die Rechtsform der GmbH, kann sie gegenüber Personenunternehmen, abgesehen von Großunternehmen mit wenigen Gesellschaftern, zu einer steuerlichen Mehrbelastung führen [138]). Hieraus zeigt sich wieder einmal, daß es eine allgemeingültige steuerlich günstigste Unternehmensform nicht gibt.

Es ist auch zu bedenken, daß es kaum möglich sein wird, die steuerlich vorteilhafteste Verteilung der Gewinne auf GmbH und Kommanditisten zu erreichen; denn es ist nicht zulässig, die Gewinne der GmbH & Co. beliebig von der GmbH auf die Kommanditisten und umgekehrt zu verschieben, eventuell sogar die GmbH oder die Kommanditisten ganz von der Gewinnbeteiligung auszuschließen. Der Gewinnverteilungsschlüssel muß, damit er steuerlich anerkannt wird, der Kapitaleinlage und der Tätigkeit der einzelnen Gesellschafter innerhalb der Gesellschaft in angemessener Weise Rechnung tragen [139]). Andernfalls kann ein Mißbrauch im Sinne des § 6 StAnpG vorliegen. Eine willkürliche Änderung des Gewinnverteilungsschlüssels entsprechend der jeweiligen Situation und eine willkürliche Gewinnverlagerung werden die Steuerbehörden in keinem Fall anerkennen [140]).

Die ganze Betrachtung kann selbstverständlich nicht mehr als einen Anhalt geben, wie man sich die „Grundtypvermischung" bei der GmbH

[137]) Wird der Belastungsvergleich auf die gesamte Lebensdauer der Unternehmung durchgeführt, so ist die GmbH immer benachteiligt, da die thesaurierten Gewinne irgendwann einmal zum Einkommen der Gesellschafter werden müssen.

[138]) Ähnlich Post, 107, vgl. auch Wöhe, 55 ff.

[139]) So der BFH in seinem Urteil IV 246/50 S v. 22. 8. 51, BStBl. III 1951, 181 = StRK StAnpG § 5 R. 3 = Anhang III Nr. 1; vgl. S. 19 d. A.

[140]) Vgl. Zintzen, GmbH-Rdsch. 1950, 121.

& Co. auch steuerlich zunutze machen kann. Solange man den Bereich der Einkommensteuer für sich getrennt behandelt, bleibt jede Untersuchung theoretisch. Bei einem wirklichen Vergleich müßte nicht nur die Tatsache Berücksichtigung finden, daß die Gesellschafter auch noch Einkünfte und/oder Verluste aus anderen Ertragsquellen haben können, die sich mit den Einkünften oder Verlusten aus der GmbH & Co. mischen. Die Betrachtung müßte auch auf alle anderen Steuerarten ausgedehnt werden. An dieser Stelle soll nur auf zwei Besonderheiten der GmbH & Co. hingewiesen werden. Sie ist als Personengesellschaft nicht selbständig vermögensteuerpflichtig. Die bei Kapitalgesellschaften so gefürchtete steuerliche Doppelbelastung beschränkt sich auf den Anteil der GmbH an der GmbH & Co. [141]). Andererseits ist zu berücksichtigen, daß bei der Gründung einer GmbH & Co., obwohl es sich um eine Personengesellschaft handelt, für die Kommanditeinlagen Gesellschaftsteuer zu zahlen ist [142]). Hinsichtlich der weiteren Einzelheiten der Besteuerung muß auf Teil D dieser Arbeit verwiesen werden.

Abschließend sei noch die Bedeutung der GmbH & Co. für das Konzernsteuerrecht hervorgehoben. Böttcher [143]) weist darauf hin, daß die Rechtsform der GmbH & Co. „dort eine legale Gestaltung zur Vermeidung der doppelten Heranziehung gewerblichen Ertrages zur Körperschaftsteuer darstellt, wenn das Schachtelprivileg nicht eingreift". Aber auch wenn das Schachtelprivileg gegeben ist, weil die Beteiligung an der Untergesellschaft 25 vH beträgt, ist die Form der GmbH & Co. geeignet, um die „besondere Körperschaftsteuer" des § 9 Abs. III KStG zu vermeiden.

Über allen Berechnungen und Überlegungen betreffs der steuerlich günstigsten Unternehmensform darf — hierauf muß noch einmal hingewiesen werden — nicht vergessen werden, daß es sich nicht bezahlt macht, einem Unternehmen um den Preis einer Steuerersparnis eine Form aufzuzwängen, die den Gegebenheiten des Falles nicht gerecht wird. Nicht nur das Verhältnis von Einkommensteuer und Körperschaftsteuer kann sich in kürzester Zeit wieder ändern, es kann auch die unterschiedliche Besteuerung von Personen- und Kapitalgesellschaften einer einheitlichen Betriebsteuer weichen [144]). Was heute noch vorteilhaft erscheint, kann sich deshalb

[141]) Näheres hierüber auf S. 153 d. A.

[142]) Näheres hierüber auf S. 160 d. A.

[143]) RWP-Blattei, 14 Steuer-R, D GmbH & Co., II 2 III und Aktuelle Probleme der GmbH & Co., 113 ff.

[144]) Vgl. Böttcher, 14 Steuer-R, Unternehmensformen, Einzelfragen 6, Betriebs- und Privatvermögen; O. Schmidt, GmbH-Rdsch. 1950, 17 ff.; ferner GmbH-Rdsch. 1952, 87 ff.

morgen schon als steuerlich nachteilig erweisen. Die Unternehmensform wird auf die Dauer auch steuerlich die günstigste sein, die sich organisch dem Unternehmen anpaßt.

III. Abschließende Betrachtung

Nachdem wir uns die Gesichtspunkte gesellschaftsrechtlicher Art, die zur Gründung von Gesellschaften mbH & Co. führen, vor Augen geführt haben und auch die steuerlichen Auswirkungen dieser Gesellschaftsform kennengelernt haben, können wir zum Ausgangspunkt unserer Betrachtung zurückkehren und uns die Frage vorlegen: Aus welchen Erwägungen hat man die GmbH & Co. gerade heute zu neuem Leben erweckt?

Die Gründung von Gesellschaften mbH & Co. setzte in stärkerem Maße seit 1953/54 ein. Der Höhepunkt der steuerlichen Belastung lag in den ersten Nachkriegsjahren, als die Einkommensteuersätze bis über 90 vH anstiegen. In dieser Zeit versuchten zahlreiche Personenunternehmen durch eine Betriebsaufspaltung die Einkommensteuerprogression zu mildern; Gründungen von Gesellschaften mbH & Co. erfolgten in nicht nennenswerter Zahl. In den Jahren 1953/54, als die Gründungen zunahmen, stand eine Steuerreform vor der Tür. Es wird also kaum ein Unternehmer aus steuerlichen Gründen eine GmbH & Co. gegründet haben, solange er keine Gewißheit darüber hatte, wie die Belastung von Personen- und Kapitalgesellschaften nach der Steuerreform aussehen würde.

Man vergegenwärtige sich noch einmal, welche gesellschaftsrechtlichen Erwägungen heute in erster Linie zur Gründung von Gesellschaften mbH & Co. führen: Das Problem der Nachfolge, das Problem der Kapitalbeschaffung und das Problem der Haftungsbeschränkung, also alles Probleme, die für unsere Zeit besonders bezeichnend sind und in den letzten Jahren bei vielen Unternehmen auftraten: das Problem der Nachfolge infolge der durch den Krieg gerissenen Generationenlücke, das Problem der Kapitalbeschaffung infolge des unerhört raschen Aufschwungs unserer Wirtschaft und schließlich das Problem der Haftungsbeschränkung infolge der Zerstörung der Vermögen durch Kriegsfolgen und Währungsreform, aber auch als Folge der Generationenlücke.

Diese Tatsachen rechtfertigen die Feststellung, daß das Suchen nach einer Lösung der wirtschaftlichen Probleme unserer Zeit zur Wiederbelebung der GmbH & Co. geführt hat, daß also im Gegensatz zu ihrer Entstehung nicht steuerliche Erwägungen den Impuls gaben.

C. Handelsrechtliche Probleme bei der GmbH & Co.

Da der Gesetzgeber nur natürliche Personen als persönlich haftende Gesellschafter der offenen Handelsgesellschaft und der Kommanditgesellschaft im Auge gehabt hat, ergeben sich bei der GmbH & Co. eine Reihe von Zweifelsfragen. Stets ist davon auszugehen, daß durch die Beteiligung einer GmbH als persönlich haftender Gesellschafter an einer Kommanditgesellschaft (GmbH & Co.) die Selbständigkeit der GmbH als solcher nicht berührt wird [145]). Die GmbH und die GmbH & Co. bleiben getrennte Unternehmen, die ihr Eigenleben nach den für sie geltenden Vorschriften führen. Für die GmbH gelten die Bestimmungen des GmbHG; auf die GmbH & Co. als Kommanditgesellschaft finden die Vorschriften der §§ 161 ff. HGB Anwendung, ergänzend sind gemäß § 161 Abs. II HGB die für die offene Handelsgesellschaft geltenden §§ 105 ff. HGB und die für die Gesellschaft des bürgerlichen Rechts geltenden §§ 705 ff. BGB heranzuziehen. Daneben ist der vertraglichen Ausgestaltung ein weiter Spielraum gelassen (vgl. § 163 HGB).

Die Offenlegungsvorschriften des Gesetzes zur Durchführung der Ersten Richtlinie des Rates der Europäischen Gemeinschaften zur Koordinierung des Gesellschaftsrechts, die am 1. 9. 69 in Kraft getreten sind, gelten nur für die GmbH und nicht für die GmbH & Co. als Personengesellschaft. Nach dem auf Grund des vorgenannten Gesetzes eingefügten § 35 a GmbHG müssen bei der GmbH auf allen Geschäftsbriefen die Rechtsform und der Sitz der Gesellschaft, das Registergericht des Sitzes der Gesellschaft und die Nummer, unter der die Gesellschaft im Handelsregister eingetragen ist, sowie alle Geschäftsführer und, sofern die Gesellschaft einen Aufsichtsrat gebildet und dieser einen Vorsitzenden hat, der Vorsitzende des Aufsichtsrats mit dem Familiennamen und mindestens einem ausgeschriebenen Vornamen angegeben werden.

In der nun folgenden Betrachtung soll, soweit nicht ausdrücklich etwas anderes gesagt wird, davon ausgegangen werden, daß die GmbH einziger persönlich haftender Gesellschafter der Kommanditgesellschaft ist.

I. Errichtung und Firma der GmbH & Co.

1. Die Errichtung der GmbH & Co.

Die GmbH & Co. wird wie jede andere Kommanditgesellschaft durch einen Gesellschaftsvertrag errichtet. Für den Vertrag ist eine bestimmte Form nicht vorgeschrieben (§§ 161 Abs. II, 105 HGB). Eine Ausnahme

[145]) So wird die Zugehörigkeit der GmbH zur Industrie- und Handelskammer und die damit verbundene Beitragspflicht durch die Beteiligung an einer GmbH & Co. nicht berührt (vgl. § 2 Abs. I IHKG).

besteht jedoch zB dann, wenn ein Grundstück in die Gesellschaft eingebracht werden soll (§ 313 BGB). Gerichtlicher oder notarieller Beurkundung bedarf der Gesellschaftsvertrag der GmbH & Co. ferner, wenn dieser für den Fall des Ausscheidens eines Gesellschafters die Verpflichtung zur gleichzeitigen Abtretung eines dem Gesellschafter gehörenden Anteils an der Komplementär-GmbH vorsieht (§ 15 Abs. IV S. 1 GmbHG).

Komplementär einer deutschen GmbH & Co. kann auch eine ausländische Kapitalgesellschaft werden, selbst dann, wenn es im Heimatland der Kapitalgesellschaft verboten ist, daß sich eine Kapitalgesellschaft als Komplementär an einer KG beteiligt [145a]). Für diese Kapitalgesellschaft gilt das Heimatrecht, zB für das Mindestkapital.

Beim Abschluß des Gesellschaftsvertrages wird die GmbH durch ihre Organe vertreten. Da die GmbH als juristische Person erst vom Zeitpunkt der Registereintragung an besteht, kann sie erst nach erfolgter Eintragung wirksam Komplementär einer GmbH & Co. werden und deren entsprechende Eintragung erwirken [146]).

Wenn ein Handelsgewerbe nach § 1 HGB vorliegt, entsteht die GmbH & Co. im Innenverhältnis mit dem Abschluß des Gesellschaftsvertrages, im Außenverhältnis mit der Eintragung im Handelsregister oder bei einem früheren Geschäftsbeginn mit diesem, §§ 161 Abs. II, 123 HGB. In den Fällen der §§ 2 und 3 HGB entsteht die GmbH & Co. im Innen- und im Außenverhältnis erst mit der Eintragung. Nicht gefolgt werden kann der Auffassung, daß jede Kommanditgesellschaft in der Form der GmbH & Co. ohne Rücksicht auf Art und Umfang ihrer Tätigkeit, sofern nur überhaupt tätig, in jedem Fall Handelsgesellschaft ist, weil ihr persönlich haftender Gesellschafter, die GmbH, nach § 13 GmbHG stets Handelsgesellschaft ist [147]). Hierauf ist insbesondere bei der Komplementär-GmbH & Co. der sogenannten „dreistufigen" GmbH & Co. zu achten.

Eine GmbH & Co. kann auch dadurch entstehen, daß eine GmbH als persönlich haftender Gesellschafter in eine nur aus natürlichen Personen bestehende Kommanditgesellschaft oder in eine offene Handelsgesellschaft unter Umwandlung dieser in eine Kommanditgesellschaft eintritt.

Soll eine GmbH in eine GmbH & Co. umgewandelt werden, so erhebt sich die Frage, ob die Vorschriften des Gesetzes über die Umwandlung von

---

145a) So Bokelmann, BB 1972, 1426 f.

146) So BayObLG, Beschl. 2 Z 63/68 v. 8. 11. 68, GmbH-Rdsch. 1969, 22 f.

147) So Bark, BB 1969, 1171; Böttcher-Beinert, GmbH & Co., 31; Veismann, BB 1970. 1159 f. Dagegen zu Recht Sudhoff, NJW 1969, 1825, da nicht einzusehen ist, warum die Eigenschaft als Handelsgesellschaft bei der GmbH & Co. anders beurteilt werden soll wie bei jeder anderen Kommanditgesellschaft; ebenso Lüdtke-Handjery, BB 1973, 71.

Kapitalgesellschaften und bergrechtlichen Gesellschaften v. 12. 11. 56 anwendbar sind. Durch Gesetz v. 6. 9. 65 [148]) wurde in das Umwandlungsgesetz ein Abs. II eingefügt, dessen Satz 1 lautet:

„Die Umwandlung ist nicht zulässig, wenn an der Gesellschaft, in die die Kapitalgesellschaft ... umgewandelt wird, eine Kapitalgesellschaft als Gesellschafter beteiligt ist."

Demzufolge ist es nicht mehr zulässig, eine GmbH in eine GmbH & Co. umzuwandeln. Die Umwandlung in eine Kommanditgesellschaft, deren Komplementär eine GmbH & Co. ist (sog. „dreistufige" GmbH & Co.), ist dagegen als zulässig anzusehen [149]), da in diesem Fall keine Kapitalgesellschaft als Gesellschafter an der Kommanditgesellschaft beteiligt ist. Immer möglich ist die Umwandlung in eine nur aus natürlichen Personen bestehende Kommanditgesellschaft, bei der nach der Umwandlung der persönlich haftende Gesellschafter gegen eine GmbH ausgetauscht wird [149a]). Zwischenzeitlich ist allerdings die unbeschränkte Haftung einer natürlichen Person nicht zu vermeiden [150]).

2. Satzungsänderung bei der GmbH vor Abschluß des GmbH & Co.-Gesellschaftsvertrages und Gegenstand der GmbH

Ist die GmbH nicht lediglich zu dem Zweck gegründet worden, die Stellung eines persönlich haftenden Gesellschafters in einer Kommanditgesellschaft einzunehmen, so erhebt sich die Frage, ob die Geschäftsführer der GmbH den GmbH & Co.-Gesellschaftsvertrag ohne satzungsändernden Beschluß der Gesellschafterversammlung nach §§ 53 ff. GmbHG (unter Berücksichtigung der für die Satzungsänderung erforderlichen Formvorschriften: $^3/_4$-Mehrheit der abgegebenen Stimmen, notarielle Beurkundung, Anmeldung zum Handelsregister) abschließen können. Den Mitgesellschaftern gegenüber würde die GmbH durch den Abschluß des Gesellschaftsvertrages allerdings auch dann als Komplementär berechtigt und verpflichtet werden, wenn ein — an und für sich erforderlicher — satzungsändernder Beschluß vorher nicht eingeholt worden ist; denn Dritten gegenüber ist jede interne Beschränkung der Vertretungsbefugnis der Ge-

---

148) BGBl. I 1965, 1185 in der Fassung v. 6. 11. 69, BGBl. I 1969, 2081.

149) So LG Bremen, Beschl. 14 — T Nr. 10/71 v. 3. 8. 71, GmbH-Rdsch. 1971, 243 f. = BB 1971, 1121 f.; ferner Dornfeld, GmbH-Rdsch. 1970, 130 ff.; Veismann, BB 1970, 1159.

149a) So Brendle-Schaaf, GmbH-Rdsch. 1972, 116 f.; Gail, NWB Fach 18, 2045; aA Wulff, StBp. 1971, 203 ff., der die zivilrechtlich zulässige Handhabung durch § 24 Abs. I UmwStG steuerlich zu Fall bringen will.

150) Eine vorübergehende Einschaltung einer natürlichen Person bei der Umwandlung als Treuhänder der GmbH ist nicht zulässig. Der Umwandlungsbeschluß würde gegen § 134 BGB verstoßen und nichtig sein; so auch Kümmerlein, GmbH-Rdsch. 1970, 262 f.; aA Horn, GmbH-Rdsch. 1970, 21.

schäftsführer (zB durch die Satzung) nach § 37 Abs. II GmbHG unwirksam [150a]). Im Innenverhältnis sind die GmbH-Geschäftsführer jedoch an die ihnen auferlegten Beschränkungen gebunden und deshalb verpflichtet — wenn notwendig —, zunächst eine Satzungsänderung durch die Gesellschafterversammlung herbeizuführen, § 37 Abs. I GmbHG.

Besteht das Interesse der GmbH darin, daß ihr neues Kapital zugeführt wird, und wählt sie hierfür den Weg der Gründung einer GmbH & Co., so könnte man meinen, daß den Gesellschaftern der GmbH die gleichen Rechte zustehen müßten wie im Falle einer unmittelbaren Kapitalerhöhung, und demgemäß einen satzungsändernden Beschluß der Gesellschafterversammlung entsprechend § 53 GmbHG für erforderlich halten.

§ 53 GmbHG sieht jedoch einen Beschluß der Gesellschafter nur bei einer „Abänderung“ des Gesellschaftsvertrages vor. Eine „Abänderung“ des in der Satzung nach § 3 Abs. I Ziff. 3 GmbHG angegebenen Stammkapitals der GmbH erfolgt durch die Gründung einer GmbH & Co. nicht. Das Stammkapital der GmbH bleibt auch nach der Gründung der GmbH & Co. seiner Höhe nach unverändert, da ja — wie eingangs betont wurde — GmbH und GmbH & Co. selbständige Unternehmen sind. Das wird besonders deutlich bei einer späteren Auflösung der GmbH & Co., da dann die GmbH hinsichtlich der Höhe ihres Stammkapitals nicht anders dasteht als vor der Gründung der GmbH & Co.

Eine andere Frage ist es, ob ein satzungsändernder Beschluß deshalb erforderlich ist, weil der Gegenstand des Unternehmens im Sinne des § 3 Abs. I Ziff. 2 GmbHG infolge der Gründung der GmbH & Co. sich ändert. Die GmbH hat als persönlich haftender Gesellschafter der GmbH & Co. in der Regel eine andere Funktion, als sie ihrem bisherigen Gesellschaftszweck entsprach. Sie ist nach §§ 161 Abs. II, 114 Abs. I HGB in erster Linie verpflichtet, die Geschäfte der GmbH & Co. zu führen. Deckt sich der Gegenstand des Unternehmens der GmbH mit dem der GmbH & Co., so kann die GmbH ihren bisherigen Gesellschaftszweck nicht einmal mehr verfolgen; denn gemäß §§ 161 Abs. II, 112 HGB darf sie als persönlich haftender Gesellschafter einer Kommanditgesellschaft ohne Einwilligung der anderen Gesellschafter weder in dem Handelszweige der GmbH & Co. Geschäfte machen noch an anderen gleichartigen Handelsgesellschaften teilnehmen [151]).

150a) Lüdtke-Handjery, BB 1973, 70 meint, man müsse erwägen, ob hier nicht ein Mißbrauch der Organmacht vorliege, weil das Handeln vom im Handelsregister eingetragenen Unternehmensgegenstand nicht gedeckt sei. Wenn die Vertragspartner dies fahrlässig nicht erkannt hätten, könne die GmbH die Verbindlichkeit des Organhandelns erfolgreich bestreiten.

151) Vgl. hierzu die Ausführungen auf S. 89 f. d. A.

Hieraus folgt: Ist in der Satzung der GmbH der Gegenstand des Unternehmens so eng gefaßt, daß eine Beteiligung als geschäftsführender Gesellschafter an der GmbH & Co. nicht gedeckt wird, so führt die Gründung der GmbH & Co. zu einer Abänderung des Gegenstandes des Unternehmens der GmbH. Gemäß § 53 GmbHG ist deshalb zum Abschluß des GmbH & Co.-Gesellschaftsvertrages ein satzungsändernder Beschluß der Gesellschafterversammlung erforderlich [152]).

Schließen die Geschäftsführer der GmbH den Gesellschaftsvertrag ab, ohne einen satzungsändernden Beschluß eingeholt zu haben, so wird zwar die GmbH — wie wir sahen — den Mitgesellschaftern gegenüber als Komplementär berechtigt und verpflichtet, § 37 Abs. II GmbHG. In der Satzung der GmbH ist aber dann der wirkliche Gesellschaftszweck der GmbH nicht mehr enthalten. Auf Grund dieser tatsächlichen Änderung des statutarischen Gegenstandes der Gesellschaft kann jeder Gesellschafter und, wenn ein Aufsichtsrat bestellt ist, jedes Mitglied des Aufsichtsrates im Wege der Klage gemäß § 75 GmbHG beantragen, daß die GmbH für nichtig erklärt und gelöscht wird [153]). Um diesem Nichtigkeits- und Löschungsverfahren zu entgehen, sind die Geschäftsführer der GmbH also praktisch gezwungen — wenn notwendig —, vor Abschluß des GmbH & Co.-Gesellschaftsvertrages einen satzungsändernden Beschluß der Gesellschafterversammlung einzuholen.

Gemäß § 3 Abs. I Ziff. 2 GmbHG muß der Gesellschaftsvertrag der GmbH den Gegenstand des Unternehmens enthalten. Der Gegenstand kann nicht beliebig weit gefaßt werden. Erforderlich ist vielmehr stets eine individuelle eindeutige Abgrenzung, wobei eine geschäftszweigmäßige Individualisierung genügt. Zulässig ist es auch, den Gegenstand individuell zu bezeichnen und gleichzeitig in einer Generalklausel den „Betrieb anderer kaufmännischer Geschäfte" zu gestatten [154]). Soll sich die Tätigkeit der GmbH in der Geschäftsführung der GmbH & Co. erschöpfen, so kann der Gegenstand der GmbH wie folgt formuliert werden:

> „Gegenstand des Unternehmens ist die Geschäftsführung von sowie die Beteiligung an Unternehmen, die . . . (es folgt der Gegenstand der GmbH & Co.) . . . zum Gegenstand haben."

---

[152]) Im Ergebnis ebenso: Zintzen, GmbH-Rdsch. 1953, 23; Köhler, Steuerberater-Jahrbuch 1954/55, 262; vgl. auch Hachenburg-Schilling, Anm. 9 zu § 3; ferner GmbH-Rdsch. 1961, 9 f.

[153]) So Scholz, Anm. 5 zu § 3; Hesselmann, GmbH-Rdsch. 1965, 13; Zintzen, GmbH-Rdsch. 1953, 23. AA Lüdtke-Handjery, BB 1973, 70 f., nach dem die Gesellschafter das Risiko zu tragen haben, weil die Ultra Vires Lehre im deutschen Recht nicht gilt.

[154]) RGZ 62, 96.

Es erhebt sich in diesem Zusammenhang die Frage, ob auch folgende Formulierung ausreicht:

„Gegenstand des Unternehmens ist die Übernahme der Funktion eines persönlich haftenden Gesellschafters in der Kommanditgesellschaft in Firma X."

Hier fehlt die Nennung des Gegenstandes der GmbH & Co. Da die GmbH aber, wenn ihre Aufgabe allein in der Geschäftsführung der GmbH & Co. besteht, ein reines Dienstleistungsunternehmen ist und diese Tatsache in der Formulierung genügend klar zum Ausdruck kommt, müßte der Gegenstand hinreichend individualisiert sein [155]).

3. Probleme des § 181 BGB [156])

Bei einer GmbH & Co., bei der die Geschäftsführer der GmbH gleichzeitig Kommanditisten sind, ist § 181 BGB zu beachten. Danach kann ein Vertreter, soweit nicht ein anderes ihm gestattet ist, im Namen des Vertretenen mit sich im eigenen Namen oder als Vertreter eines Dritten ein Rechtsgeschäft nicht vornehmen. § 181 BGB greift bereits beim Abschluß des GmbH & Co.-Gesellschaftsvertrages ein, da dieser zwischen der GmbH, vertreten durch ihre Geschäftsführer, und den Kommanditisten, die mit den Geschäftsführern der GmbH identisch sind, abgeschlossen wird.

Außerdem ist § 181 BGB bei sämtlichen Geschäften zwischen der GmbH und der GmbH & Co. zu beachten, da bei diesen auf der einen Seite die GmbH, vertreten durch ihre Geschäftsführer, und auf der anderen Seite die GmbH & Co., vertreten durch die GmbH, diese wiederum vertreten durch ihre Geschäftsführer, steht.

Wenn man nicht in jedem Falle einen Beschluß über eine Befreiung von den Beschränkungen des § 181 BGB fassen will, empfiehlt es sich, in den GmbH & Co.-Gesellschaftsvertrag folgende Bestimmung aufzunehmen:

„Die Geschäftsführung der Gesellschaft steht der .... GmbH zu, die als Gesellschaft mit beschränkter Haftung durch ihre satzungsgemäß bestellten, im Handels-

---

[155]) Strittig; wie hier LG Würzburg, Beschl. T 1/71 H v. 20. 8. 71, GmbH-Rdsch. 1971, 251; Salch, GmbH-Rdsch. 1971, 251 ff.; Sudhoff, GmbH-Rdsch. 1969, 242 ff.; aA OLG Hamburg, Beschl. 2 W 125/67 v. 18. 9. 67, GmbH-Rdsch. 1968, 118 = BB 1968, 267, das eine darüber hinausgehende Individualisierung durch Beschlußnahme auf die Tätigkeit der GmbH & Co. verlangt.

[156]) Vgl. hierzu BGH II ZR 224/67 v. 1. 12. 69, GmbH-Rdsch. 1970, 132; ferner BGH II ZR 169/69 v. 7. 2. 72, NJW 1972, 623 = GmbH-Rdsch. 1972, 214 f.: „Mit der GmbH & Co. KG durch Insichgeschäft einen Vertrag abzuschließen, kann dem Geschäftsführer der Komplementär-GmbH nur die Kommanditgesellschaft gestatten"; im Ergebnis zustimmend Kronow, GmbH-Rdsch. 1972, 262 ff.

register eingetragenen Organe handelt. Sie selbst und ihre Organe sind von den Beschränkungen des § 181 BGB befreit."

In die Satzung der GmbH ist eine Bestimmung dahingehend aufzunehmen, daß die Geschäftsführer für den Abschluß des GmbH & Co.-Gesellschaftsvertrages und für Geschäfte zwischen der GmbH und der GmbH & Co. von den Beschränkungen des § 181 BGB befreit sind. Durch diese einschränkende Formulierung wird erreicht, daß die Geschäftsführer nicht generell von den Beschränkungen des § 181 BGB freigestellt werden, was vielleicht unerwünscht erscheint.

4. Die Firma der GmbH & Co.

a) Firmierung bei Neugründung einer GmbH & Co.

Handelt es sich um eine Neugründung, so kommt § 19 Abs. II HGB zur Anwendung. Danach hat die Firma einer Kommanditgesellschaft den Namen wenigstens eines persönlich haftenden Gesellschafters mit einem das Vorhandensein einer Gesellschaft andeutenden Zusatz zu enthalten. Sind neben der GmbH noch weitere persönlich haftende Gesellschafter vorhanden, so kann die Firma auch aus dem Namen eines anderen Komplementärs entwickelt werden; der „Name" der GmbH braucht dann gar nicht in der Firma der Kommanditgesellschaft enthalten zu sein.

Dem Namen der natürlichen Person entspricht bei der GmbH die Firma. Sie ist nicht nur wie die Firma eines Einzelkaufmanns der Name, unter dem die Gesellschaft im Handel ihre Geschäfte betreibt und ihre Unterschrift abgibt, sondern zugleich die Bezeichnung, die sie von anderen Rechtssubjekten unterscheidet. Firma und Name sind demnach bei einer GmbH gleichbedeutend [157]).

Die Firma der GmbH muß gemäß § 4 GmbHG die zusätzliche Bezeichnung „mit beschränkter Haftung" ausgeschrieben enthalten [158]). Seinem Wortlaut nach verlangt § 19 Abs. II HGB nur, daß der „Name" eines persönlich haftenden Gesellschafters überhaupt, nicht jedoch in der Form enthalten sein muß, in welcher er schon anderweitig zur Firmenbildung

---

[157]) So ausdrücklich das RG in seiner Entscheidung RS II B 8/26 v. 30. 3. 26, RGZ 113, 216 = JW 1926, 1961 = GmbH-Rdsch. 1929, 53 unter Bezugnahme auf die Entscheidungen des RG in RGZ 62, 6 ff.; 85, 399; 99, 159.

[158]) Ob die Worte „mit beschränkter Haftung" ausgeschrieben sein müssen oder die Abkürzung „GmbH" gebraucht werden kann, ist strittig. Die Rechtsprechung verlangt allgemein Ausschreibung; vgl. OLG Düsseldorf, Beschl. 3 W 78/68 v. 16. 4. 68, GmbH-Rdsch. 1968, 222 f. mit ablehnender Anmerkung von W i n k l e r, GmbH-Rdsch. 1969, 77 f.

benutzt worden ist und Aufnahme in das Handelsregister gefunden hat [159]). Im Geschäftsverkehr ist bei der Firma der GmbH die Abkürzung „GmbH" als Zusatz allgemein gebräuchlich und, soweit es sich nicht um Formalakte handelt, auch zulässig [160]). Unter dem „Namen" im Sinne des § 19 Abs. II HGB kann somit auch die unter Verwendung dieser im Geschäftsverkehr eingebürgerten und zugelassenen abgekürzten Benennung gebildete Firma der GmbH verstanden werden [161]).

Während die Firma der Kommanditgesellschaft gemäß § 19 Abs. II HGB stets eine Personenfirma sein muß, ergibt sich für die Firma der GmbH & Co. scheinbar daraus eine Abweichung, daß die Firma der GmbH, aus der die Firma der GmbH & Co. entwickelt wird, gemäß § 4 GmbHG als Sachfirma gebildet werden kann [162]). In Wirklichkeit liegt aber auch in diesem Fall eine Personenfirma vor, da die Firma den „Namen" der juristischen Person enthält. Der Grundsatz des § 19 Abs. II HGB wird also bei der GmbH & Co. nicht durchbrochen [163]).

Neben dem Namen des persönlich haftenden Gesellschafters — der Firma der GmbH — muß die Firma der GmbH & Co. gemäß § 19 Abs. II HGB einen das Vorhandensein einer Gesellschaft andeutenden Zusatz enthalten. Dieser Zusatz kann lauten: „& Co.", „& Cie." usw., da aus der Firma nicht ersichtlich zu sein braucht, daß es sich um eine Kommandit-

---

159) Vgl. KG v. 25. 10. 18, RJA 16, 82.

160) So KG v. 12. 6. 08, KGJ 36, A 127 ff. = RJA 9, 231 ff.

161) Schon in dem Beschluß des Bayerischen Obersten Landesgerichts v. 16. 2. 12, KGJ 44, A 341 = OLGE 27, 331 = RJA 12, 28 (vgl. S. 5 d. A.) sind gegen eine Firmierung: „Portland-Zementfabrik, Stein- und Kalkwerk August M. GmbH KG" keine Bedenken erhoben worden. Das KG hält in einem Beschluß v. 25. 10. 18, RJA 16, 82 bei einer als „W Hotelgesellschaft mit beschränkter Haftung & Co." im Handelsregister eingetragenen Firma die Firmenbezeichnung „W Hotelgesellschaft mbH & Co." im formlosen Geschäftsverkehr für zulässig. In einem Beschluß 1 a x 675/22 v. 22. 9. 22, Freymuth III, 41 erklärt das KG es generell für zulässig, bei einer GmbH & Co. die Abkürzung „GmbH" in der Firma zu verwenden. Ebenso auch Cahn, 40.
Beispiele aus der Praxis:
Kommanditgesellschaft Interzonenkohle Nord GmbH & Co. (Hamburg, 1954); Magis Gesellschaft mbH & Co. KG (Hannover, 1951).

162) Beispiele aus der Praxis:
Meridian Schiffahrtsgesellschaft mit beschränkter Haftung KG (Hamburg, 1952); Timex Import und Export Gesellschaft mit beschränkter Haftung & Co., Kommanditgesellschaft (Bielefeld, 1954).

163) Ebenso Cahn, 41; vgl. auch Köhler, Steuerberater-Jahrbuch 1954/55, 261 f. Wenn Haupt, 45 u. 80 u. Lehmann, Gesellschaftsrecht, 152 meinen, daß hier eine Sachfirma entstehe, so ist das nicht korrekt.

gesellschaft handelt [164]), ferner „Kommanditgesellschaft", „Komm.-Ges.". Auch die Abkürzung „KG" ist ein eintragungsfähiger Zusatz [165–166]). Der Zusatz „Kommanditgesellschaft" kann auch vorangestellt werden [167]). Dasselbe muß für die Abkürzungen „Komm.-Ges.", „KG" usw. gelten, wenn diese Zusammensetzung auch nicht gebräuchlich ist [168]). Daneben ist noch die Kombination der Zusätze „& Co.", „& Cie." mit „Kommanditgesellschaft", „Komm.-Ges.", „KG" üblich und zulässig [169]).

Es ergeben sich somit bei einer GmbH & Co. folgende fünf Möglichkeiten der Firmenbildung, wenn die Firma des persönlich haftenden Gesellschafters, der GmbH, „X-Gesellschaft mit beschränkter Haftung" lautet [170]):

(1) X-GmbH (oder: Gesellschaft mit beschränkter Haftung) & Co. (oder: & Cie.)

(2) X-GmbH (oder: Gesellschaft mit beschränkter Haftung) KG (oder: Kommanditgesellschaft, Komm.-Ges.)

(3) X-GmbH (oder: Gesellschaft mit beschränkter Haftung) & Co. (oder: & Cie.) KG (oder: Kommanditgesellschaft, Komm.-Ges.)

(4) Kommanditgesellschaft (oder: Komm.-Ges., KG) X-GmbH (oder: Gesellschaft mit beschränkter Haftung)

---

[164]) So OLG München v. 5. 1. 38, HRR 1938 Nr. 535 = JFG 17, 60; Baumbach-Duden, Anm. 1 D zu §§ 18, 19.

[165-166]) So KG, Beschluß v. 10. 8. 39, DR 1939, 2161 unter Berufung auf einen Beschluß des KG in HRR 1935 Nr. 242: „KG habe sich als Firmenzusatz für Kommanditgesellschaften immer mehr durchgesetzt und könne kaum noch mißverstanden werden; ebenso Baumbach-Duden, Anm. 1 D zu §§ 18, 19; RGRK-Weipert, Anm. 9 zu § 161.
Beispiele aus der Praxis:
Meridian Schiffahrtsgesellschaft mit beschränkter Haftung KG (Hamburg, 1952); Magis Gesellschaft mbH & Co. KG (Hannover, 1951).

[167]) Ebenso RGRK-Würdinger, Anm. 6 zu § 19; Köhler, Steuerberater-Jahrbuch 1954/55, 258.

[168]) Anderer Ansicht Köhler, Steuerberater-Jahrbuch 1954/55, 258, nach dem „Kommanditgesellschaft" nur ausgeschrieben vorangestellt werden kann. Es ist aber nicht einzusehen, warum — wenn man diese Abkürzungen einmal für zulässig hält — zwischen Vor- und Nachstellung Unterschiede gemacht werden sollen.

[169]) So ausdrücklich OLG Düsseldorf, Beschluß 3 W 192/54 v. 29. 7. 54, DRspr. II (210) Blatt 48 unter Hinweis auf KG in KGJ 51, 122 und OLG Hamm in DNotZ 1954, 92 ff.; ebenso RGRK-Würdinger, Anm. 6 zu § 19.

[170]) Ohne Berücksichtigung der aus § 30 Abs. I HGB sich ergebenden Probleme; vgl. hierzu S. 59 ff. d. A.

(5) Kommanditgesellschaft (oder: Komm.-Ges., KG) X-GmbH (oder: Gesellschaft mit beschränkter Haftung) & Co. (oder: & Cie.) [171] [172]).

Eine Entscheidung des OLG Hamm v. 6. 10. 53 [173]) hat zu einer bedauerlichen Unsicherheit in der Frage der Firmierung bei der GmbH & Co. geführt. Das OLG sah in einer Firmenbezeichnung „X Gesellschaft mit beschränkter Haftung Holz- und Sägewerksindustrie Kommanditgesellschaft“ (vgl. Variante 2) einen Verstoß gegen den Grundsatz der Firmenwahrheit (§ 18 Abs. II HGB) und ordnete das Löschungsverfahren gemäß § 142 FGG an.

In den Gründen des Beschlusses heißt es ua.:

Eine derartige Firmenbildung sei zwar nach § 19 Abs. II HGB statthaft. Daneben sei aber der Grundsatz der Firmenwahrheit (§ 18 Abs. II HGB) zu berücksichtigen. Das Reichsgericht habe schon in einer Entscheidung v. 16. 5. 22 [174]) eine Firmenbildung „Kefersteinsche Papierhandlung Kommanditgesellschaft Gesellschaft mit beschränkter Haftung“ für unzu-

---

[171]) Köhler, Steuerberater-Jahrbuch 1954/55, 258 führt nur die ersten vier Kombinationen an, ohne allerdings eine Erklärung abzugeben, warum Variante 5 nicht zulässig sein soll.

[172]) Vgl. zur Frage der Firmenbildung auch Zielinski, 19—35, der im Jahre 1925 aus dem Handelsregister Berlin sämtliche Gesellschaften mbH & Co. herausgezogen hat.

Beispiele aus der Praxis:

Zu (1) Milch und Diät Gesellschaft mit beschränkter Haftung & Co. (Hamburg, 1953); Heringsimport Arthur Köser jr. Gesellschaft mit beschränkter Haftung & Cie. (Hamburg, 1955); Union Paap Gesellschaft mit beschränkter Haftung & Co. (Hamburg, 1955); Autol Werke GmbH & Co. (Hannover, 1954).

Zu (2) Meridian Schiffahrtsgesellschaft mit beschränkter Haftung KG (Hamburg, 1952); Scharnow-Reisen Gesellschaft mit beschränkter Haftung Kommanditgesellschaft (Hannover, 1953); Europa Frost Corp. Gesellschaft mit beschränkter Haftung Kommanditgesellschaft (München, 1951).

Zu (3) Robert Müller Salzhandels-Gesellschaft mit beschränkter Haftung & Co. Kommanditgesellschaft (Hamburg, 1954); Harald Pemöller GmbH & Co. Kommanditgesellschaft (Hamburg, 1954); Gebrüder Petersen GmbH & Co. Kommanditgesellschaft (Flensburg); Wirtschaftsbau GmbH & Co. Kommanditgesellschaft (Celle, 1955); Magis Gesellschaft mbH & Co. KG (Hannover, 1951); Timex Import und Export Gesellschaft mit beschränkter Haftung & Co. Kommanditgesellschaft (Bielefeld, 1954).

Zu (4) Kommanditgesellschaft Ernst Lohmann & Co. GmbH (Zell, 1959).

Zu (5) Kommanditgesellschaft Interzonenkohle Nord GmbH & Co. (Hamburg, 1954).

[173]) 15 W 310/53, DNotZ 1954, 92 ff., bestätigt durch Beschl. 15 W 151/66 v. 22. 7. 66, NJW 1966, 2172.

[174]) II B 1/22, RGZ 104, 341.

lässig erklärt. Es habe dabei offenbar in erster Linie das unmittelbare Zusammenstoßen der beiden Gesellschaftsbezeichnungen mißbilligt. Im vorliegenden Fall seien nun zwar die beiden Gesellschaftsbezeichnungen durch die Worte „Holz- und Sägewerksindustrie" getrennt. Dennoch ließe diese Firmenbildung bei Unbefangenen Zweifel über die Rechtsform des Unternehmens zu und verstoße damit gegen § 18 Abs. II HGB. Nur dann wäre die Firmierung nicht zu beanstanden, wenn das Wort „& Co." vor „Kommanditgesellschaft" eingeschoben würde.

Dieser Beschluß des OLG Hamm setzt sich in Widerspruch zu der bisherigen Gerichtsübung [175]), insbesondere auch zu der Praxis der Registergerichte anderer OLG-Bezirke [176]), und hat demzufolge im Schrifttum überwiegend Ablehnung gefunden [177]). Das Bayerische Oberste Landesgericht folgt dem OLG Hamm jedoch in einem Beschluß v. 23. 2. 73 [177a]).

Prüft man die Ausführungen des OLG näher, so ist zunächst einmal festzustellen, daß die Berufung auf die Entscheidung des RG v. 16. 5. 22 nicht stichhaltig ist, da dieser ein völlig anderer Sachverhalt zugrunde lag: Eine GmbH hatte dort ein bisher von einer Kommanditgesellschaft betriebenes Geschäft übernommen, war also an die Stelle der Kommanditgesellschaft getreten. Das Reichsgericht sah in der Beibehaltung der Gesellschaftsbezeichnung „Kommanditgesellschaft" in der abgeleiteten Firma zu Recht einen Verstoß gegen den Grundsatz der Firmenwahrheit; denn bei dem Erwerb eines Handelsgeschäfts sind die nicht mehr zutreffenden Gesellschaftsbezeichnungen der veräußernden Firma zu streichen [178]).

---

175) Schon das Bayerische Oberste Landesgericht hatte in seinem Beschluß v. 16. 2. 12, KGJ 44, A 341 = OLGE 27, 331 = RJA 12, 28 (vgl. S. 5 d. A.) gegen eine Firmierung: „Portland-Zementfabrik, Stein- und Kalkwerk August M. GmbH KG" keine Bedenken erhoben.

176) zB Meridian Schiffahrtsgesellschaft mit beschränkter Haftung KG (Hamburg, 1952); Europa Frost Corp. Gesellschaft mit beschränkter Haftung Kommanditgesellschaft (München, 1951); Scharnow-Reisen Gesellschaft mit beschränkter Haftung Kommanditgesellschaft (Hannover, 1953).

177) Vgl. Weipert, GmbH-Rdsch. 1954, 26 f.; Grussendorf, DNotZ 1954, 95; Köhler, Steuerberater-Jahrbuch 1954/55, 259 f.; Hesselmann, RPfleger 1958, 369; zustimmend: Riechert, B 1956, 493 ff.; Storch, StW-Kurzpost, Gruppe 5, 232.

177a) BReg. 2 Z 75/72, BB 1973, 537 unter Hinweis darauf, daß sich für eine GmbH & Co. das Erscheinen dieser Formel in der Firma so eingebürgert hat, daß zur Klarstellung der Rechtsform auf diesen Zusatz nicht verzichtet werden kann.

178) So RG v. 16. 5. 22, RGZ 104, 341; Schlegelberger-Hildebrandt, Anm. 19 u. 20 zu § 22; Staub-Bondi, Anm. 12 zu § 22; Baumbach-Duden, Anm. 2 C zu §§ 22, 23.

Anders liegt es bei der GmbH & Co. Hier darf die Gesellschaftsbezeichnung „GmbH" als Bestandteil des Namens des persönlich haftenden Gesellschafters in der Firma der GmbH & Co. nicht fortfallen [179]). Hinzutreten muß nach § 19 Abs. II HGB ein das Vorhandensein einer Gesellschaft andeutender Zusatz; als solcher ist das Wort „Kommanditgesellschaft" grundsätzlich statthaft [180]).

Neben der Vorschrift des § 19 Abs. II HGB ist allerdings — wie das OLG Hamm mit Recht ausführt — die allgemeine Bestimmung des § 18 Abs. II HGB zu beachten, wonach eine Firma keinen Zusatz enthalten darf, der geeignet ist, eine Täuschung über Art und Umfang des Geschäftes oder über die Verhältnisse des Geschäftsinhabers herbeizuführen. Auch die Gesamtfassung der Firma, insbesondere die Aufeinanderfolge der einzelnen Bestandteile, können im Einzelfall geeignet sein, eine solche Täuschung herbeizuführen [181]). Verstößt nun die nach § 19 Abs. II HGB an und für sich ordnungsgemäß gebildete Firma „X Gesellschaft mit beschränkter Haftung Kommanditgesellschaft" gegen den Grundsatz der Firmenwahrheit?

Zunächst ist einmal festzustellen, daß die Firma „X Gesellschaft mit beschränkter Haftung Kommanditgesellschaft" nicht doppeldeutig ist. Eine GmbH, die eine Kommanditgesellschaft fortführt, müßte „X Gesellschaft mit beschränkter Haftung", eine Kommanditgesellschaft, die eine GmbH fortführt, „X Kommanditgesellschaft" firmieren, da nicht mehr zutreffende Gesellschaftszusätze in der abgeleiteten Firma zu streichen sind [182]). Zusammentreffen können beide Gesellschaftsbezeichnungen in einer Firma nur bei einer GmbH, deren Gesellschafter eine Kommanditgesellschaft ist (wenn aus deren Firma die Firma der GmbH nach § 4 GmbHG gebildet wird), und bei einer Kommanditgesellschaft, deren persönlich haftender Gesellschafter eine GmbH ist (GmbH & Co.). Im ersten Fall könnte die Firma „X-Kommanditgesellschaft Gesellschaft mit beschränkter Haftung" lauten, im zweiten Fall könnte „X Gesellschaft mit beschränkter Haftung Kommanditgesellschaft" firmiert werden. Die Reihenfolge, in der die Gesellschaftsbezeichnungen zusammentreffen können, ist also verschieden.

Damit ist allerdings nicht gesagt, daß eine derartige Firmenbildung im Geschäftsverkehr stets richtig aufgefaßt werden wird. Die Ansicht des

---

179) Vgl. die Ausführungen auf S. 52 d. A.

180) Vgl. die Ausführungen auf S. 53 d. A.

181) So RGRK-Würdinger, Anm. 16 zu § 18; RGRK-Weipert, Anm. 19 zu § 105.

182) RG v. 16. 5 22, RGZ 104, 341; Schlegelberger-Hildebrandt, Anm. 19 u. 20 zu § 22; Staub-Bondi, Anm. 12 zu § 22; Baumbach-Duden, Anm. 2 C zu §§ 22, 23; vgl. auch Grussendorf, DNotZ 1954, 95.

OLG Hamm, daß einem unbefangenen Leser oder Hörer nicht deutlich werde, daß die Rechtsform des Unternehmens sich aus dem letzten Firmenbestandteil ergeben soll [183]), läßt sich auch nicht durch den Einwand Grussendorfs [184]) entkräften, daß die Aufeinanderfolge der beiden Gesellschaftsbezeichnungen im Verkehr nur als zeitliche Reihenfolge gewertet werden könne und daß die zuletzt genannte Bezeichnung als die gegenwärtige und maßgebende empfunden würde. Dagegen spricht immerhin die Tatsache, daß es auch zulässig ist, den Zusatz „Kommanditgesellschaft" an den Anfang der Firma zu stellen (vgl. Variante 4 und 5) [185]).

Den entscheidenden Einwand bringt Weipert [186]), indem er darauf hinweist, daß das OLG bei der Auslegung des § 18 Abs. II HGB nicht genügend berücksichtigt habe, daß § 18 Abs. II HGB nicht für sich isoliert betrachtet werden dürfe, sondern durch § 19 HGB ergänzt und näher bestimmt werde. § 19 HGB stellt aber nur geringe Anforderungen an den Inhalt der Gesellschaftsfirma. Dritten soll keine erschöpfende Auskunft über die Zahl und Person der unbeschränkt und beschränkt haftenden Gesellschafter, über die Haftsumme der letzteren, über die Gesellschaftsart usw. gegeben werden. Hinter der Firma „Müller & Co." kann sich zB sowohl eine offene Handelsgesellschaft als auch eine Kommanditgesellschaft verbergen. Wer näheres wissen will, der darf sich nicht auf die Firmenbezeichnung verlassen, sondern muß das Handelsregister einsehen.

Daraus folgt: Ist eine Firma nach § 19 HGB ordnungsgemäß gebildet worden, so ist sie nicht schon deshalb nach § 18 Abs. II HGB unzulässig, weil sie für Uneingeweihte möglicherweise Anlaß zu Verwechselungen geben könnte. § 18 Abs. II HGB kann vielmehr nur dann eingreifen, wenn aus einer Verwechselung einem Dritten ein Nachteil entstehen könnte [187]). Bei einer Firmierung „X Gesellschaft mit beschränkter Haftung Kommanditgesellschaft" kann sich aber ein Irrtum über die Gesellschaftsart nicht nachteilig auswirken [188]). Hält der Dritte die Firma für eine GmbH, so legt er ihr keine erweiterte Kreditfähigkeit bei, da er dann von einer beschränkten Haftung ausgeht, die in Wirklichkeit durch das Hinzutreten eines oder mehrerer Kommanditisten lediglich erweitert wird.

---

[183]) Vgl. DNotZ 1954, 94.

[184]) DNotZ 1954, 95; vgl. auch Köhler, Steuerberater-Jahrbuch 1954/55, 260.

[185]) Ebenso Riechert, B 1956, 494.

[186]) GmbH-Rdsch. 1954, 26.

[187]) Vgl. Weipert, GmbH-Rdsch. 1954, 26.

[188]) Ebenso Grussendorf, DNotZ 1954, 95; Wellmann, GmbH-Rdsch. 1953, 87; Weipert, GmbH-Rdsch. 1954, 27.

Zusammenfassend ist also festzustellen, daß eine Firmierung „X Gesellschaft mit beschränkter Haftung Kommanditgesellschaft" nicht gegen den Grundsatz der Firmenwahrheit verstößt und entgegen dem Beschluß des OLG Hamm nach wie vor als zulässig zu erachten ist [189]).

Wenn das OLG meint, durch Einschieben des weiteren Zusatzes „& Co." zwischen die beiden Gesellschaftsbezeichnungen GmbH und Kommanditgesellschaft mehr Klarheit zu erzielen, so kann dem nicht zugestimmt werden. Für einen rechtsunkundigen Betrachter kann die Unklarheit dadurch eher noch vergrößert werden [190]); lautet die Firma der GmbH zB „X & Co. Gesellschaft mit beschränkter Haftung", so müßte die GmbH & Co. nach dem Beschluß des OLG Hamm statt „X & Co. Gesellschaft mit beschränkter Haftung Kommanditgesellschaft" „X & Co. Gesellschaft mit beschränkter Haftung & Co. Kommanditgesellschaft" firmieren. Das Gesetz gibt auch keine Handhabe, den Gebrauch zweier Zusätze — „Kommanditgesellschaft" und „& Co." — zu verlangen [191]).

b) *Anwendbarkeit des § 30 Abs. I HGB im Verhältnis zwischen GmbH und GmbH & Co.*

Gemäß § 30 Abs. I HGB muß sich jede neue Firma von allen an demselben Orte bereits bestehenden und in das Handelsregister eingetragenen Firmen deutlich unterscheiden. Hält man § 30 HGB auch im Verhältnis von GmbH zu GmbH & Co. für anwendbar, so gerät man bei der Firmenbildung der GmbH & Co. dann in größte Schwierigkeiten, wenn die GmbH & Co. an demselben Ort eingetragen werden soll wie die GmbH und die GmbH einziger persönlich haftender Gesellschafter der GmbH & Co. ist. Denn gemäß § 19 Abs. II HGB muß die GmbH & Co. zwangsläufig als Firmenbestandteil die Firma der neben ihr weiterbestehenden GmbH in ihre Firma aufnehmen. Zwar enthält die Firma der GmbH & Co. außerdem noch einen das Vorhandensein einer Gesellschaft andeutenden Zusatz: „& Co.", „& Cie.", „Kommanditgesellschaft", „Komm.-Ges.", „KG". Gesellschaftszusätze, die gesetzlich vorgeschrieben sind, können aber nach herrschender Ansicht die Unterscheidbarkeit zweier sonst gleichlautender Firmen nicht begründen [192]).

---

[189]) So Grussendorf, DNotZ 1954, 95; Weipert, GmbH-Rdsch. 1954, 26 f.; Köhler, Steuerberater-Jahrbuch 1954/55, 260 f.; Hesselmann, Rpfleger 1958, 369; aA Riechert, B 1956, 493 ff.

[190]) Vgl. Grussendorf, DNotZ 1954, 95; Weipert, GmbH-Rdsch. 1954, 27; Köhler, Steuerberater-Jahrbuch 1954/55, 261.

[191]) So Weipert, GmbH-Rdsch. 1954, 27.

[192]) Vgl. RG in RGZ 104, 341 ff.; KG in JW 1933, 117; RGRK-Würdinger, Anm. 7 zu § 30; Baumbach-Duden, Anm. B zu § 30; Staub-Bondi, Anm. 4 zu § 30; Hachenburg-Schilling, Anm. 37 zu § 4.

In den Vorauflagen wurde die Auffassung vertreten, daß § 30 Abs. I HGB im Verhältnis von GmbH zu GmbH & Co. keine Anwendung finden kann [193]). Diese Auffassung wird trotz der geltend gemachten Bedenken aufrecht erhalten. Bei § 30 Abs. I HGB handelt es sich um eine rechtspolizeiliche Ordnungsvorschrift [194]). Das Ordnungsinteresse muß hinter der zwingenden Bestimmung des § 19 Abs. II HGB zurücktreten. Es ist zwar richtig, daß § 30 Abs. I HGB seinem Wortlaut nach eine einschränkende Auslegung nicht zuläßt; man darf aber nicht vergessen, daß der Gesetzgeber bei Schaffung der Vorschriften über die Gesellschaftsfirma an eine Beteiligung juristischer Personen als persönlich haftende Gesellschafter an einer Personengesellschaft nicht gedacht hat. Man kann deshalb nicht über den Wortlaut dieser Vorschrift, sondern nur aus der Interessenlage heraus zu einem angemessenen Ergebnis kommen.

Ein praktisches Bedürfnis, § 30 Abs. I HGB im Verhältnis von GmbH zu GmbH & Co. anzuwenden, besteht aber nicht. Die GmbH hat im allgemeinen lediglich die Aufgabe, in ihrer Eigenschaft als persönlich haftender Gesellschafter der GmbH & Co. deren Geschäfte zu führen. Sie wird also unter ihrer eigenen Firma kaum im Geschäftsverkehr auftreten. Eine Verwechslungsgefahr ist somit so gut wie ausgeschlossen, ganz davon abgesehen, daß eine Verwechslung auch unschädlich wäre, da es sich wirtschaftlich betrachtet um ein einheitliches Unternehmen handelt.

Gegen die hier vertretene Auffassung spricht auch nicht, daß die GmbH nicht dazu gezwungen werden kann, auf ewig Komplementär der GmbH & Co. zu bleiben. Scheidet die GmbH als persönlich haftender Gesellschafter aus der GmbH & Co. aus, so würde bei einem Fortbestehen beider Firmen § 30 Abs. I HGB verletzt sein. Würde die Firma der GmbH & Co. nicht geändert werden, so könnte von dem Registerrichter ein Verfahren nach § 142 FGG eingeleitet werden. Diese Bestimmung trifft ihrem Wortlaut nach zwar nur auf den Fall der ursprünglichen Unzulässigkeit zu, wird aber auch auf den Fall der späteren Unzulässigkeit angewendet [195]).

Der hier vertretenen Auffassung, daß § 30 Abs. I HGB im Verhältnis von GmbH zu GmbH & Co. keine Anwendung finden kann, hat sich

---

[193]) Vgl. auch Hesselmann, GmbH-Rdsch. 1957, 155 f.; ders., GmbH-Rdsch. 1961, 104; ders., GmbH-Rdsch. 1961, 181 f.; ders., GmbH-Rdsch. 1963, 32; ders., GmbH-Rdsch. 1963, 87; ders., Rpfleger 1958, 369 f.

[194]) So das RG in RGZ 103, 392; Schlegelberger-Hildebrandt, Anm. 1 zu § 30; Neufeld-Schwarz, Anm. 1 zu § 30.

[195]) Vgl. RGZ 169, 147.

neben Pleyer[196]) und Veismann[197]) auch das LG Koblenz[198]) angeschlossen. Sie wird auch von einer Reihe von Registergerichten geteilt[199]).

Der BGH[200]), das OLG Frankfurt[201]), das OLG Karlsruhe[202]), das OLG Schleswig[203]) und die Mehrzahl der Autoren[204]) lehnen die hier vertretene Auffassung jedoch ab, wobei Einigkeit über die Lösungsmöglichkeiten nicht besteht.

Der BGH[205]) hat festgestellt, daß die Zusätze „& Co. KG" nicht hinreichend unterscheidungsfähig sind; ob die Zusätze „& Co. Kommanditgesellschaft" ausreichen, hat er offengelassen. Es läßt sich aber aus der Begründung der Entscheidung entnehmen, daß der BGH der Auffassung zuneigt, daß die Unterscheidbarkeit auch dann nicht begründet wird, wenn der Zusatz „Kommanditgesellschaft" ausgeschrieben wird[206]). Demgegenüber halten einige Landgerichte[207]) die Zusätze „& Co. Kommanditgesellschaft" für ausreichend.

Schließt man sich der herrschenden Auffassung an, daß § 30 Abs. I HGB im Verhältnis von GmbH zu GmbH & Co. anwendbar ist, und kommt man zu dem richtigen Ergebnis, daß auch zwei Gesellschaftszusätze die Unterscheidbarkeit nicht begründen, so bleiben nur zwei Möglichkeiten, eine GmbH & Co. an demselben Ort, an dem die GmbH ihren Sitz hat, zu gründen[208]):

---

[196]) GmbH-Rdsch. 1962, 14.

[197]) B 1966, 529 f., allerdings mit abweichender Begründung.

[198]) Beschl. v. 25. 5. 62, GmbH-Rdsch. 1962, 210 mit abl. Anm. Wellmann.

[199]) zB Aachen, Freiburg i. Br., Hameln, Hannover, Solingen. Vgl. hierzu Mitteilungen der Industrie- und Handelskammer zu Solingen 1957, 60.

[200]) Beschl. II ZB 4/66 v. 14. 7. 66, BGHZ 46, 7 = NJW 1966, 1813 = BB 1966, 916 = GmbH-Rdsch. 1966, 251 f. mit abl. Anm. von Hesselmann.

[201]) Beschl. 6 W 387/62 v. 7. 11. 62, BB 1963, 108 mit Anm. von Tiefenbacher; vgl. auch Hesselmann, GmbH-Rdsch. 1963, 87.

[202]) Beschl. 3 Z 90/64 v. 28. 1. 65 (nicht veröffentlicht).

[203]) Beschl. 2 W 119/63 v. 29. 11. 63, NJW 1964, 320.

[204]) Licht, GmbH-Rdsch. 1961, 180 f.; Riechert, B 1956, 494 f.; Wellmann, GmbH-Rdsch. 1962, 210.

[205]) Beschl. II ZB 4/66 v. 14. 7. 66, NJW 1966, 1813 = BB 1966, 916 = GmbH-Rdsch. 1966, 251 f.

[206]) Ebenso Wessel, BB 1966, 1327.

[207]) LG Düsseldorf, Beschl. 16 T 2/55 v. 9. 8. 55 (nicht veröffentlicht); LG Köln, Beschl. 24 T 2/62 v. 2. 5. 62, Mitteilungen der Rheinischen Notarkammer 1963, 82; ebenso Riechert, B 1956, 494 f. Diesen Weg haben ua. auch die Registergerichte Bremen, Düsseldorf, Hamburg, Köln und Wiesbaden beschritten.

[208]) Vgl. Tiefenbacher, BB 1963, 109 f.

(1) Die Firma der GmbH & Co. wird nicht nur aus der Firma der GmbH und einem das Gesellschaftsverhältnis andeutenden Zusatz gebildet, es wird vielmehr noch ein weiterer individualisierender Zusatz gemäß § 18 Abs. II HGB hinzugefügt [209]). Ein solcher Zusatz kann zB aus dem Geschäftsbetrieb der GmbH & Co. hergeleitet werden (zB X-GmbH & Co. Maschinenfabrik).

(2) Die GmbH wird zuerst gegründet (zB X-GmbH). Anschließend wird die GmbH & Co. gegründet (zB X-GmbH & Co.). Gleichzeitig mit der Anmeldung der Firma der GmbH & Co. zur Eintragung beim Handelsregister wird eine Änderung der Firma der GmbH angemeldet (zB X-Verwaltungsgesellschaft mbH). Diese Firmenänderung der GmbH erfordert einen satzungsändernden Beschluß. Die Firmenänderung bei der GmbH macht eine Änderung der Firma der GmbH & Co. nicht erforderlich, da § 21 HGB auch auf juristische Personen Anwendung findet [210]).

Auch diese Lösung ist allerdings nicht unbedenklich, da selbst dann, wenn die Eintragung der Änderung der Firma der GmbH unmittelbar nach der Eintragung der Firma der KG erfolgt, beide Firmen zumindest für eine logische Sekunde nicht deutlich unterscheidbar sind. In der Praxis wird diese Handhabung aber im allgemeinen gebilligt [211]).

Da in der Vergangenheit von der Auffassung aus, daß § 30 Abs. I HGB im Verhältnis von GmbH zu GmbH & Co. nicht gelte, zahlreiche Firmen dieser Art eingetragen worden sind, erhebt sich jetzt die Frage, ob die Registergerichte gehalten sind, von Amts wegen gegen diese Firmen einzuschreiten, wofür in erster Linie das Ordnungsstrafverfahren nach § 37 Abs. I HGB, § 140 FGG und bei dessen Erfolglosigkeit das Amtslöschungsverfahren nach § 142 FGG in Betracht kommt. Das Registergericht ist jedoch nicht gezwungen, gegen eingetragene Firmen, deren Firma sich als unzulässig erweist, das Firmenmißbrauchs- oder das Amtslöschungsverfahren einzuleiten. Es kann nach seinem pflichtmäßigen Ermessen unter Abwägung der in Betracht kommenden privaten und öffentlichen Interessen davon absehen [212]). Das könnte bei den hier in Frage kommenden Fällen geschehen, weil die GmbH im allgemeinen nicht unter ihrer Firma im Handelsverkehr auftritt [213]).

---

[209]) Vgl. George, RWP-Blattei, 4 Wi-R, D Firmenrecht II, 11; Lange, NWB Fach 18, 350.

[210]) Vgl. hierzu S. 63 f. d. A.

[211]) So LG Duisburg, Beschl. 15 T 2/69 v. 22. 7. 69, GmbH-Rdsch. 1969, 219 f.

[212]) Vgl. KG in NJW 1965, 254.

[213]) Ebenso Jansen, NJW 1966, 1815; Sudhoff, Aktuelle Probleme der GmbH & Co., 57 f.; Wessel, BB 1966, 1329.

c) Firmierung bei Eintritt einer GmbH als persönlich haftender Gesellschafter in eine bestehende Personengesellschaft oder bei Umwandlung eines Einzelunternehmens in eine GmbH & Co.

Tritt eine GmbH als persönlich haftender Gesellschafter in eine bereits bestehende Kommanditgesellschaft oder in eine offene Handelsgesellschaft unter Umwandlung dieser in eine Kommanditgesellschaft ein, so kann die alte Firma gemäß § 24 HGB unverändert fortgeführt werden. Das gilt selbst dann, wenn die GmbH einziger persönlich haftender Gesellschafter wird. Hiermit wird zwar der Grundsatz der Firmenwahrheit entscheidend eingeschränkt, da die Firma auf die unbeschränkte Haftung mindestens einer natürlichen Person hindeutet. Die Vorschriften der §§ 22, 24 HGB sind aber vom Gesetzgeber gerade im Interesse der Erhaltung des Firmenwertes unter Durchbrechung des Grundsatzes der Firmenwahrheit geschaffen worden [214]). Die Firma, die fortgeführt wird, darf allerdings keine irreführenden Zusätze enthalten. Ist in der Firma zB das Wort „OHG" enthalten, so muß dieses als nicht mehr zutreffend gemäß § 18 Abs. II HGB gestrichen werden.

Die hier vertretene Ansicht, daß § 24 HGB auch auf die GmbH & Co. Anwendung findet, wird von der Rechtsprechung [215]) und der Literatur geteilt [216]). Aus der Praxis der Registergerichte ist ebenfalls nichts Gegenteiliges bekannt geworden. — Tritt eine GmbH als persönlich haftender Gesellschafter in ein Einzelunternehmen ein und wird dieses in eine GmbH & Co. umgewandelt, so kann die Firma des Einzelkaufmanns ebenfalls gemäß § 24 HGB unverändert fortgeführt werden [217]).

d) Sonstige Firmierungsfragen

Ändert sich die Firma der GmbH, so ist, auch wenn diese Bestandteil der GmbH & Co. ist, eine Änderung der Firma der GmbH & Co. nicht

---

[214]) So KG v. 29. 10. 36, HRR 1937 Nr. 319 = DNotZ 1936, 966.

[215]) So der RFH in seinem Urteil I A 174—176/28 v. 13. 3. 29, RStBl. 1929, 329.

[216]) So Zintzen, GmbH-Rdsch. 1953, 23; Köhler, Steuerberater-Jahrbuch 1954/55, 258; Böttcher, RWP-Blattei, 14 Steuer-R, D Unternehmensformen, Einzelfragen 16 (Die steuerlich günstigste Unternehmensform), II 4k; Riechert, B 1956, 495 f.; Hesselmann, RPfleger 1958, 370; Bedenken äußert Haas, GmbH-Rdsch. 1969, 20 ff., der de lege ferenda für jede GmbH & Co. den Zusatz „KGmbH" fordert; Gohl, 78 ff. verlangt dann, wenn die GmbH einziger Komplementär ist, einen die Haftungsbeschränkung andeutenden Zusatz aus dem Gesichtspunkt der Rechtsanalogie zu dem in §§ 4 Abs. II GmbHG, 4 Abs. II AktG, 3 GenG, Art. 22 EGHGB enthaltenen Gedanken der Offenkundigkeit.

[217]) So ausdrücklich BayObLG v. 11. 8. 66, NJW 1966, 2173 f. = GmbH-Rdsch. 1966, 253 ff. mit zust. Anm. Hesselmann; vgl. im übrigen Fußn. 216.

notwendig. Die in den Vorauflagen vertretene gegenteilige Auffassung wird aufgegeben. § 21 HGB muß ebenso wie bei natürlichen Personen auch bei juristischen Personen Anwendung finden. Daß juristische Personen ihren „Namen" jederzeit durch Gesellschafterbeschluß ändern können, spricht nicht dagegen, da auch natürliche Personen — allerdings unter erschwerten Voraussetzungen — die Möglichkeit haben, eine Namensänderung durchzuführen.

Pachtet eine GmbH & Co. ein bestehendes Unternehmen, so erhebt sich die Frage, ob sie die Firma dieses Unternehmens unverändert fortführen kann. Nach § 22 Abs. II HGB darf derjenige, der ein Handelsgeschäft auf Grund eines Pachtvertrages übernimmt, für das Geschäft die bisherige Firma mit oder ohne Beifügung eines das Nachfolgeverhältnis andeutenden Zusatzes fortführen, wenn der bisherige Geschäftsinhaber in die Fortführung der Firma ausdrücklich einwilligt. Demnach kann also eine GmbH & Co., die ein Unternehmen gepachtet hat, das bisher in der Rechtsform der OHG unter der Firma X & Co. geführt wurde, die Firma X & Co. fortführen [218]). Bedenken gegen die Anwendbarkeit des § 22 Abs. II HGB auf die GmbH & Co. bestehen auch nicht deshalb, weil die Firma X & Co. auf die unbeschränkte Haftung mindestens einer natürlichen Person hindeutet, der Grundsatz der Firmenwahrheit somit entscheidend eingeschränkt wird. Die Vorschrift des § 22 HGB ist vom Gesetzgeber im Interesse der Erhaltung des Firmenwertes unter Durchbrechung des Grundsatzes der Firmenwahrheit geschaffen worden. Es liegt ähnlich wie in dem Fall, in dem alle natürlichen Personen als persönlich haftende Gesellschafter aus einer Kommanditgesellschaft ausscheiden und an ihre Stelle allein eine GmbH tritt. Auch hier ist anerkannt, daß die Firma der Kommanditgesellschaft gemäß § 24 HGB unverändert fortgeführt werden kann, obwohl keine natürliche Person unbeschränkt persönlich haftet. Zu beachten ist, daß die GmbH & Co. die Firma des gepachteten Unternehmens nur insoweit unverändert fortführen kann, als diese keine irreführenden Zusätze enthält. Ist in der Firma zB das Wort „OHG" enthalten, so muß dieses als nicht mehr zutreffend gemäß § 18 Abs. II HGB gestrichen werden [219]).

Nach Beginn des Pachtverhältnisses werden die Gesellschafter der GmbH & Co. (GmbH und Kommanditisten) unter gleichzeitiger Löschung der Namen der bisherigen Geschäftsinhaber auf Antrag als Inhaber in das Handelsregister eingetragen. Die Verpächterin, in dem oben angeführten Beispiel die OHG, verliert ihre Firma. Sie wandelt sich in eine Gesellschaft bürgerlichen Rechts um.

---

[218]) Vgl. Hesselmann, GmbH-Rdsch. 1959, 99 f.; ders., Rpfleger 1959, 372.

[219]) Vgl. Baumbach-Duden, Anm. 2 C zu §§ 22, 23.

Betreibt eine aus der X-GmbH als Komplementär und natürlichen Personen bestehende Kommanditgesellschaft ein Handelsunternehmen unter der Firma „X-GmbH & Co." und veräußert sie das Unternehmen an einen Einzelkaufmann mit dem Recht der Firmenfortführung, so darf dieser die bisherige Firma gemäß § 22 Abs. I HGB fortführen. Dasselbe gilt für eine Kommanditgesellschaft in der Form der GmbH & Co., wenn die GmbH als persönlich haftender Gesellschafter ausscheidet (§ 24 HGB). Allerdings ist in beiden Fällen § 18 Abs. II HGB zu beachten. Danach ist es verboten, sich einer Firma zu bedienen, die ein bestimmtes Gesellschaftsverhältnis andeutet oder sonst geeignet ist, eine Täuschung über die Art oder den Umfang des Geschäfts oder die Verhältnisse des Geschäftsinhabers herbeizuführen. Gesellschaftszusätze, die auf eine bestimmte Gesellschaftsform hinweisen wie „OHG" und „KG" sind also zu streichen. Anderes gilt jedoch, wenn die das Gesellschaftsverhältnis andeutende Firmengestaltung die Möglichkeit, ob eine OHG oder eine KG vorliegt, offenläßt. Bei Zusätzen wie „& Co." und „& Sohn" ist gegen die unveränderte Fortführung der Firma nichts einzuwenden. Der Verkehr wird hier nicht irregeführt. Keiner der Fälle, in denen Gesellschaftszusätze zu streichen sind, liegt in den Ausgangsfällen vor. Der Zusatz „GmbH" ist lediglich ein Bestandteil des Namens des persönlich haftenden Gesellschafters, der zur Firmenbildung der Personengesellschaft benutzt worden ist. In der Firma der GmbH & Co. sind auch keine auf die Rechtsform der Kommanditgesellschaft hindeutenden Zusätze enthalten. Es ist lediglich der farblose Zusatz „& Co." vorhanden [220]).

Nach § 15 a Abs. III GewO hat eine Personengesellschaft, die eine offene Verkaufsstelle oder eine Gast- oder Schankwirtschaft betreibt, einmal die Firma, zum anderen die Namen der persönlich haftenden Gesellschafter an der Außenseite oder am Eingang der offenen Verkaufsstelle oder der Gast- oder Schankwirtschaft in deutlich lesbarer Schrift anzubringen. Ist aus der Firma der Familienname des Geschäftsinhabers mit einem ausgeschriebenen Vornamen zu ersehen, so genügt die Anbringung der Firma. Demzufolge hat eine in der Form einer GmbH & Co. neu gegründete Kommanditgesellschaft die Firma der GmbH & Co. anzubringen. Ist diese aus der Firma der GmbH gemäß § 19 Abs. II HGB gebildet worden, so erübrigt sich die Anbringung der Firma der GmbH, da sie in der Firma der GmbH & Co. enthalten ist und dem Namen einer natürlichen Person entspricht. Die Firma der GmbH ist aber neben derjenigen der GmbH & Co. anzu-

[220]) So OLG Celle, Beschl. 9 Wx 7/62 v. 16. 11. 62, GmbH-Rdsch. 1963, 87 mit zust. Anm. von Hesselmann. AA BGH II Z B 5/65 v. 27. 9. 65, BGHZ 44, 286 = NJW 1965, 2248 f.; OLG Bremen 2 W 83/64 v. 17. 3. 65, NJW 1965, 1152; OLG Frankfurt 6 W 18/70 v. 6. 2. 70, GmbH-Rdsch. 1970, 101 f., nach deren Meinung die Worte „GmbH & Co." zu streichen sind.

bringen, wenn die Firma der GmbH & Co. nicht aus dem Firmennamen der GmbH gebildet worden ist, zB wenn eine frühere Firma gemäß § 22 HGB fortgeführt wird [221]). Tritt eine GmbH als persönlich haftender Gesellschafter in eine bestehende Kommanditgesellschaft ein, so erhebt sich die Frage, ob auch in diesem Fall die Firma der GmbH anzubringen ist. Firmenrechtlich ist es nach § 24 HGB erlaubt, die bisherige Firma unverändert beizubehalten. Nach § 15 a GewO sind aber — anders als nach § 24 HGB, wonach eine einmal nach den Vorschriften des HGB gebildete Firma unter Durchbrechung des Grundsatzes der Firmenwahrheit fortgeführt werden kann — die jeweiligen Rechtsverhältnisse maßgebend. Da die Firma der GmbH in derjenigen der Kommanditgesellschaft nicht enthalten ist, ist demzufolge zusätzlich neben der Firma der Kommanditgesellschaft die der GmbH anzubringen. Will man dieses Ergebnis — die Anbringung zweier Firmen — vermeiden, so muß man auf die Fortführung der bisherigen Firma gemäß § 24 HGB verzichten und eine neue Firma gemäß § 19 Abs. II HGB bilden, und zwar aus der Firma der GmbH. Damit würde eine Anbringung der Firma der GmbH nicht mehr notwendig sein.

e) Auswirkungen auf die Firma der GmbH

Auf die Firma der GmbH ergeben sich im allgemeinen aus der Beteiligung der GmbH an einer GmbH & Co. keine Auswirkungen, ganz gleich ob die GmbH zusammen mit ihren Gesellschaftern oder Dritten eine Kommanditgesellschaft neu gründet oder als Komplementär in eine bereits bestehende Personengesellschaft eintritt. Denn GmbH und GmbH & Co. bleiben getrennte Unternehmen, die ihr Eigenleben nach den für sie geltenden Vorschriften führen.

Probleme können sich lediglich dann ergeben, wenn die GmbH gemäß § 4 Abs. I S. 1 GmbHG eine Sachfirma bildet. Diese muß von dem Gegenstand des Unternehmens entlehnt sein. Es erhebt sich die Frage, ob es zulässig ist, die Sachfirma von dem Gegenstand zu entlehnen, den die GmbH & Co. betreibt. Das ist sicher dann der Fall, wenn gleichzeitig die Beteiligung der GmbH an der GmbH & Co. deutlich gemacht wird (zB X-Fabrik Verwaltungs-GmbH). Ein derartiger Zusatz kann aber nicht verlangt werden. Nach § 4 Abs. I S. 1 GmbHG muß die Sachfirma dem Gegenstand des Unternehmens nur „entlehnt" sein. Es genügt also, daß die Firma einen Hinweis auf den Gegenstand enthält, durch den dieser für das Publikum im wesentlichen erkennbar gemacht wird. Da die GmbH geschäftsführender Gesellschafter der GmbH & Co. ist, betreibt sie mittelbar den Betrieb der GmbH & Co. Demnach kann die Sachfirma der GmbH auch

[221]) So Bundesverwaltungsgericht I C 8.68 v. 16. 2. 71, B 1971, 889; Hesselmann, GmbH-Rdsch. 1960, 203.

von dem Gegenstand der GmbH & Co. entlehnt werden. Aus der Firma der GmbH ist dann zu entnehmen, in welcher Branche das Unternehmen tätig ist; das reicht aus [222]).

Die vorstehend erörterte Frage hat besondere Bedeutung, wenn eine GmbH zB ein Fabrikationsunternehmen betrieben hat, sich dann an einer GmbH & Co. als persönlich haftender Gesellschafter beteiligt und die Produktion auf die GmbH & Co. überträgt, selbst also nur noch die Geschäftsführung der Kommanditgesellschaft ausübt. In einem solchen Fall kann schon nach dem oben Gesagten nicht verlangt werden, daß die GmbH den Hinweis auf die Fabrikation aus ihrer Firma streicht oder einen Zusatz, der auf die Beteiligung an der GmbH & Co. hinweist, aufnimmt. Hinzu kommt noch, daß das GmbHG nur verlangt, daß die Sachfirma dem Gegenstand des Unternehmens im Zeitpunkt der Gründung entlehnt war. Es gibt keine Bestimmung, wonach eine Sachfirma zu berichtigen ist, wenn der Gegenstand, von dem sie entlehnt worden ist, nachträglich sich ändert [223]).

5. Die Anmeldung zum Handelsregister

Gemäß §§ 162, 161 Abs. II, 108 Abs. I HGB ist die Anmeldung der GmbH & Co. zur Eintragung in das Handelsregister von sämtlichen Gesellschaftern, also auch von den Kommanditisten [224]) bei dem Amtsgericht vorzunehmen, in dessen Bezirk die Gesellschaft ihren Sitz hat. Die GmbH wird bei der Anmeldung durch ihre Geschäftsführer vertreten (§ 35 GmbHG).

Ist neben der GmbH auch deren Geschäftsführer persönlich an der GmbH & Co. beteiligt, so genügt es nicht, wenn der Geschäftsführer die Anmeldung nur mit seinem eigenen Namen unterzeichnet; er hat außerdem eine Unterschrift beizufügen, aus der ersichtlich ist, daß auch für die GmbH eine Anmeldungserklärung abgegeben worden ist [225]). Wenn Schilling [226]) diese Handhabung als formalistisch bezeichnet und eine Unterschrift des Geschäftsführers genügen lassen will, so verkennt er, daß es sich bei den beiden Unterschriften um zwei völlig voneinander verschiedene Erklärungen handelt, einmal unterschreibt der Betreffende als Gesellschafter, das andere Mal als gesetzlicher Vertreter der GmbH. Wird nur eine

---

222) Ebenso George, BB 1964, 327; Hesselmann, GmbH-Rdsch. 1965, 14; Veismann, B 1966, 101; aA AG Berlin-Charlottenburg, Beschl. 92 AR 184/64 v. 29. 1. 65 (nicht veröffentlicht).

223) Vgl. KG v. 26. 9. 19, KGJ 59, 95 ff.

224) So Baumbach-Duden, Anm. 1 A zu § 162.

225) So ausdrücklich KG 1 a x 383/18 v. 28. 6. 18, KGJ 51, A 125 ff.; Hesselmann, Rpfleger 1958, 369.

226) bei Hachenburg-Schilling, Anm. 7 zu § 13.

dieser Erklärungen abgegeben, so ist der Formvorschrift des § 108 HGB nicht Genüge geleistet [227]).

Die Anmeldung hat die in §§ 162 Abs. I, 106 Abs. II HGB näher aufgeführten Angaben zu enthalten, u. a. also Namen, Vornamen, Stand und Wohnort des persönlich haftenden Gesellschafters.

Dem „Namen" der natürlichen Person entspricht — wie bereits festgestellt wurde [228]) — die Firma der GmbH [229]). Pinner [230]) hält außerdem eine Anmeldung und Eintragung der gesetzlichen Vertreter der GmbH für erforderlich. Dieser Auffassung kann nicht gefolgt werden. Das Gesetz regelt die einzutragenden Tatsachen abschließend. Weitere Angaben sind unzulässig [231]). Der Gesetzgeber hat zwar bei der Schaffung des § 106 HGB nicht an eine Beteiligung juristischer Personen an einer offenen Handelsgesellschaft oder Kommanditgesellschaft gedacht. Da aber die Eintragung des gesetzlichen Vertreters eines Minderjährigen als unzulässig angesehen wird [232]), kann hinsichtlich der gesetzlichen Vertreter einer juristischen Person nichts anderes gelten [233]). Hueck [234]) weist mit Recht darauf hin, daß eine Eintragung der gesetzlichen Vertreter nicht einmal zweckmäßig wäre, weil dann auch jede Änderung eingetragen werden müßte und eine Nichteintragung weitgehende Folgen nach § 15 HGB mit sich bringen würde.

Dem „Stand" der natürlichen Person entspricht nicht der Gegenstand des Unternehmens bei der GmbH. Die Begriffe Stand und Gegenstand des Unternehmens decken sich nicht. Der Stand der GmbH ist vielmehr ihre gesetzliche Kaufmannseigenschaft (Formkaufmann, § 6 HGB) [235]). Da eine

---

[227]) So KG 1 a x 383/18 v. 28. 6. 18, KGJ 51, A 125 ff.; vgl. auch Köhler, Steuerberater-Jahrbuch 1954/55, 257.

[228]) Vgl. die Ausführungen auf S. 52 d. A.

[229]) So ausdrücklich RG RS II B 8/26 v. 30. 3. 26, RGZ 113, 216 = JW 1926, 1961 = GmbH-Rdsch. 1929, 53; vgl. ferner RGRK-Weipert, Anm. 2, 2 zu § 106 u. Anm. 10 zu § 162; Schlegelberger-Geßler, Anm. 5 zu § 106; Düringer-Hachenburg, Anm. 5 zu § 106.

[230]) Staub-Pinner, Anm. 3 zu § 106; ebenso Neufeld-Schwarz, Anm. 4 zu § 106.

[231]) Vgl. Baumbach-Duden, Anm. 3 zu § 8.

[232]) Schlegelberger-Hildebrandt, Anm. 13 zu § 8; Staub-Bondi, Anm. 6 Anhang zu § 8; Hueck, OHG, 63.

[233]) Ebenso Hueck, OHG, 63; im Ergebnis auch RGRK-Weipert, Anm. 2 zu § 106; Schlegelberger-Geßler, Anm. 5 zu § 106; Düringer-Hachenburg, Anm. 5 zu § 106; Hesselmann, Rpfleger 1958, 369.

[234]) S. 63.

[235]) So Cahn, 37 f.; vgl. auch Köhler, Steuerberater-Jahrbuch 1954/55, 256.

GmbH stets Kaufmann ist, erübrigt sich die Beifügung des Wortes Kaufmann bei der Anmeldung [236]).

An Stelle des „Wohnorts" ist bei einer juristischen Person der Sitz der Gesellschaft, d. h. die polizeiliche Gemeinde, in deren Bezirk sich der Sitz befindet, anzugeben.

Bei der Anmeldung der GmbH & Co. muß zusätzlich ein Auszug über die Eintragung der GmbH vorgelegt werden [237]). Dieses Erfordernis wird zwar vom Gesetz nicht aufgestellt, folgt aber mittelbar aus § 108 Abs. I HGB. Danach haben die natürlichen Personen die Anmeldung persönlich zu bewirken. Da juristische Personen die Anmeldung nur durch ihre gesetzlichen Vertreter vornehmen lassen können, müssen diese das Vorhandensein der juristischen Person in irgendeiner Weise nachweisen. Vor der Eintragung der GmbH in das Handelsregister können deren Geschäftsführer nicht die Anmeldung zur Eintragung der GmbH & Co. vornehmen [238]).

6. Die Firmenzeichnung

a) Zeichnung der Firma zur Aufbewahrung bei Gericht

§§ 161 Abs. II, 108 Abs. II HGB bestimmen, daß die Gesellschafter, die die Gesellschaft vertreten sollen, die Firma nebst ihrer Namensunterschrift zur Aufbewahrung bei dem Registergericht zu zeichnen haben. Die Zeichnung soll der Prüfung der Echtheit der im Rechtsverkehr namens der Gesellschaft geleisteten Unterschriften dienen [239]). Sie kann nach § 14 HGB erzwungen werden [240]).

Für die GmbH als persönlich haftenden Gesellschafter der GmbH & Co. haben alle Geschäftsführer als gesetzliche Vertreter die Zeichnung derart vorzunehmen, daß sie unter die Firma der GmbH & Co. zunächst die Firma der GmbH setzen; sodann folgt die Unterschrift der Geschäftsführer; in den Fällen unechter Gesamtvertretung haben auch die Prokuristen zu zeichnen [241]). Der Grundsatz der Firmenwahrheit erfordert, daß

---

[236]) So Cahn, 37. Soweit mir bekanntgeworden ist, wird von den Registergerichten bei der GmbH der Stand „Kaufmann" auch nicht im Handelsregister eingetragen.

[237]) Ebenso Cahn, 39 f.; vgl. auch Hesselmann, Rpfleger 1958, 369.

[238]) So BayObLG Beschl. B Reg 2 Z 39/66 v. 14. 10. 66, GmbH-Rdsch. 1967, 9 ff. = BB 1966, 1285; vgl. hierzu S. 47 d. A.

[239]) So RG I 19/03 v. 23. 3. 03, RGZ 54, 171.

[240]) So RGRK-Weipert, Anm. 27 zu § 108.

[241]) So ausdrücklich LG Hamburg, Beschl. 26 T 19/52 v. 8. 7. 52, DNotZ 1953, 109; vgl. ferner RGRK-Weipert, Anm. 26 zu § 105 u. Anm. 20 zu § 108; Köhler, Steuerberater-Jahrbuch 1954/55, 257; dagegen Mitteilungen der

aus der Unterschrift ersichtlich ist, daß für die Kommanditgesellschaft eine GmbH als persönlich haftender Gesellschafter zeichnet [242]).

Der Vorschrift des § 108 Abs. II HGB ist nicht damit Genüge getan, daß die Geschäftsführer der GmbH bereits bei der Gründung der GmbH nach § 8 Abs. III GmbHG ihre Unterschrift zur Aufbewahrung bei Gericht gezeichnet haben. Die Gründung der GmbH ist von der Gründung der GmbH & Co. scharf zu trennen [243]).

Die Geschäftsführer der GmbH haben demnach zu zeichnen:

X GmbH & Co.
X GmbH
Müller (bzw. Meier usw.)

Bei unechter Gesamtvertretung in der GmbH zeichnen die Prokuristen:

X GmbH & Co.
X GmbH
ppa. Schulze

Ändern sich die Vertretungsverhältnisse bei der GmbH, so ist die Zeichnung auch von den neuen Geschäftsführern oder Prokuristen vorzunehmen.

b) Firmenzeichnung im Geschäftsverkehr

Über die Firmenzeichnung im Geschäftsverkehr enthält das HGB keine Vorschriften. Es ist zu empfehlen, die Unterschrift in der Form zu leisten, wie sie sich aus der beim Gericht eingereichten und aufbewahrten Zeichnung ergibt. Da dann die Möglichkeit besteht, die Unterschriften miteinander zu vergleichen, können Streitigkeiten über die Echtheit einer Unterschrift weitgehend verhindert werden.

Ist die GmbH einziger persönlich haftender Gesellschafter der GmbH & Co., so ist zu zeichnen [244]):

Bei Einzelvertretung in der GmbH:
X GmbH & Co.
X GmbH
Müller

Bei Gesamtvertretung in der GmbH:
X GmbH & Co.
X GmbH
Müller Meier

Rheinischen Notarkammer 1964, 279, wonach die Firmenzeichnung nur durch die gesetzlichen Vertreter in vertretungsberechtigter Zahl zu erfolgen hat.

[242]) So LG Hamburg, Beschl. 26 T 19/52 v. 8. 7. 52, DNotZ 1953, 109.

[243]) Vgl. Cahn, 39.

[244]) Siehe Böttcher, RWP-Blattei, 4 Wi-R, D Unternehmensformen, Einzelfragen 2, III 2.

Bei unechter Gesamtvertretung in der GmbH:
X GmbH & Co.
X GmbH
Müller ppa. Schulze

Sind außer der GmbH noch weitere persönlich haftende Gesellschafter vorhanden, ist die GmbH jedoch alleinvertretungsberechtigt, so erfolgt die Zeichnung wie oben. Bei Kollektivvertretung in der GmbH & Co. hat neben den vertretungsberechtigten Geschäftsführern der GmbH (unter der Firma der GmbH) ein weiterer persönlich haftender Gesellschafter zu zeichnen:

Bei Einzelvertretung in der GmbH:
X GmbH & Co.
X GmbH Lehmann
Müller

Bei Gesamtvertretung in der GmbH:
X GmbH & Co.
X GmbH Lehmann
Müller Meier

Das letzte Beispiel zeigt einen recht interessanten Fall. Die GmbH & Co. wird hier praktisch durch drei natürliche Personen vertreten, da einmal in der GmbH & Co. Gesamtvertretung gilt, die GmbH ihrerseits aber auch nur kollektiv vertreten werden kann.

Eine Unterschriftsleistung in der hier aufgezeigten Form kann jedoch im Geschäftsverkehr nicht erzwungen werden [245]). Sie ist auch kein Erfordernis für die Rechtswirksamkeit der namens der GmbH & Co. abgegebenen Willenserklärungen. Es genügt vielmehr jede Zeichnung, aus der für einen Dritten erkennbar ist, daß der Unterzeichnende für die Gesellschaft handeln wollte [246]).

Ist die GmbH einziger persönlich haftender Gesellschafter der GmbH & Co. oder alleinvertretungsberechtigt, so genügt es, wenn die gesetzlichen Vertreter der GmbH die Firma der GmbH & Co. nebst ihrem Namen zeichnen. Einer Beifügung der Firma der GmbH bedarf es nicht [247]). Der Wille, für die GmbH & Co. zu handeln, kommt ebenfalls hinreichend zum Ausdruck, wenn unter die vorgedruckte oder gestempelte

---

[245]) So LG Hamburg, Beschl. 26 T 19/52 v. 8. 7. 52, DNotZ 1953, 109.

[246]) Vgl. RGRK-Weipert, Anm. 28 zu § 108 (mit ausführlichen Rechtsprechungsangaben); Schlegelberger-Geßler, Anm. 10 zu § 108; Düringer-Hachenburg, Anm. 3 zu § 108; Staub-Pinner, Anm. 4 zu § 108; Zintzen, GmbH-Rdsch. 1953, 24.

[247]) So Düringer-Hachenburg, Anm. 3 zu § 108; Neufeld-Schwarz, Anm. 3 zu § 108. AA bei abgeleiteter Firma nach § 24 HGB Herrmann, GmbH-Rdsch. 1967, 96 f., jedoch ohne einleuchtende Begründung.

oder handschriftlich von einem Dritten hergestellte Firmenbezeichnung der GmbH & Co. die Namensunterschrift der Geschäftsführer der GmbH gesetzt wird [248]). Auch die Zeichnung der Firma der GmbH & Co. ohne Zusatz des Namens der Geschäftsführer reicht aus [249]). Bei einer Firma „X GmbH & Co." können die Geschäftsführer der GmbH die Firma also rechtsverbindlich mit „X GmbH & Co." zeichnen [250]).

Abschließend möchte ich auf eine Anregung von Cahn hinweisen, die mir beachtenswert erscheint. Cahn [251]) schlägt vor, bei der Eintragung einer GmbH & Co. in der Bemerkungsspalte des Registers A auf das Register B, in dem die GmbH eingetragen ist, und umgekehrt in der Bemerkungsspalte des Registers B auf das Register A zu verweisen. Entsprechende Eintragungen wären bei der Auflösung der GmbH & Co. vorzunehmen [252]). Nur so würde aus dem Handelsregister ersichtlich, daß gerade die betreffende in Abteilung B eingetragene GmbH Komplementär der GmbH & Co. sei.

Daraus, daß das Gesetz diese Verweisung nicht vorsieht, kann nicht ihre Unzulässigkeit gefolgert werden; denn der Gesetzgeber hat an die Möglichkeit einer Beteiligung juristischer Personen an einer offenen Handelsgesellschaft oder Kommanditgesellschaft gar nicht gedacht.

Schwierigkeiten würden auch dann nicht entstehen, wenn die GmbH & Co. und die GmbH einen verschiedenen Sitz haben. Wird eine an einem anderen Orte eingetragene GmbH persönlich haftender Gesellschafter einer GmbH & Co., so muß nach §§ 161 Abs. II, 106 Abs. II HGB Firma und Sitz der GmbH angemeldet und ein Registerauszug der GmbH vorgelegt werden [253]). Auf Grund dieses Auszugs kann in der Bemerkungsspalte des Registers A eine Verweisung auf das auswärtige Register erfolgen. Der Registerrichter müßte dann allerdings dem Registergericht, bei dem die GmbH eingetragen ist, Nachricht geben, damit hier eine entsprechende Verweisung erfolgen kann.

---

[248]) Vgl. Schlegelberger-Geßler, Anm. 10 zu § 108; RGRK-Weipert, Anm. 28 zu § 108.

[249]) RGRK-Weipert, Anm. 28 zu § 108; Schlegelberger-Geßler, Anm. 10 zu § 108; Staub-Pinner, Anm. 4 zu § 108; Baumbach-Duden, Anm. 4 zu §§ 106—108; Köhler, Steuerberater-Jahrbuch 1954/55, 258.

[250]) Vgl. das Beispiel bei Zintzen, GmbH-Rdsch. 1953, 24.

[251]) S. 42; vgl. auch Köhler, Steuerberater-Jahrbuch 1954/55, 262.

[252]) Cahn, 53 f. und 56.

[253]) Vgl. die Ausführungen auf S. 69 d. A.

II. Rechtsverhältnis der Gesellschafter untereinander

1. Die Leistung der Einlagen

Die GmbH kann sich mit ihrem ganzen Vermögen oder einem Teil ihres Vermögens an der GmbH & Co. beteiligen. Sie muß aber nicht notwendig eine Kapitaleinlage leisten [254]). Ihr Beitrag kann auch in der Leistung von Diensten, also in der Geschäftsführung der GmbH & Co. bestehen (vgl. § 706 Abs. III BGB). Hat die GmbH vor der Gründung der GmbH & Co. bzw. vor Eintritt in die Kommanditgesellschaft bereits einen eigenen Geschäftsbetrieb unterhalten, so ist es zweckmäßig, nur das Umlaufvermögen auf die GmbH & Co. zu übertragen, das Anlagevermögen aber bei der GmbH zu belassen und an die GmbH & Co. zu verpachten [255]). Die Steuerbehörden könnten in einer Einbringung des Anlagevermögens zu den Buchwerten eine verdeckte Gewinnausschüttung an die Kommanditisten sehen, falls letztere Gesellschafter der GmbH oder diesen nahestehende Personen sind [256]). Außerdem würde eine Übertragung der Grundstücke Grunderwerbsteuer auslösen [257]). Ebenfalls aus steuerlichen Gründen ist von einer Übertragung von 7 c- und 7 d-Darlehn der GmbH auf die GmbH & Co. abzuraten [258]).

2. Die Geschäftsführung

a) Die GmbH-Geschäftsführer als „mittelbare Geschäftsführer" der GmbH & Co.

Als persönlich haftender Gesellschafter ist die GmbH zur Führung der Geschäfte der GmbH & Co. berechtigt und verpflichtet (§§ 161 Abs. II, 114 Abs. I HGB); die Kommanditisten sind von der Geschäftsführung ausgeschlossen (§ 164 HGB). Da die GmbH zu ihrer Vertretung selbst eines oder mehrerer Geschäftsführer bedarf (§§ 6, 35 Abs. I GmbHG),

---

[254]) Vgl. Böttcher, RWP-Blattei, 14 Steuer-R, D Unternehmensformen, II B 2/59 u. 6/61; Böttcher-Beinert, GmbH & Co., 71 f.; Henninger, GmbH-Rdsch. 1959, 138; Lange, NWB, Fach 18, 350.

[255]) Gegen eine Verpachtung des Anlagevermögens der GmbH an die GmbH & Co. bestehen steuerlich keine Bedenken, vgl. RFH I A 422/30 v. 18. 2. 33, RStBl. 1933, 375 = Kartei AO 1931 § 10 Allg. R. 14.

Umsatzsteuerlich günstiger wäre es allerdings, wenn die GmbH ihr Anlagevermögen der GmbH & Co. nicht auf Grund eines besonderen Pachtvertrages, sondern im Rahmen des Gesellschaftsvertrages als Gesellschafterbeitrag zur Benutzung überlassen würde. Vgl. hierzu S. 191 d. A.

[256]) Näheres zu diesem Problem auf S. 143 ff. d. A.

[257]) Vgl. hierzu die Ausführungen auf S. 155 ff. d. A.

[258]) Näheres zu diesem Problem auf S. 146 d. A.

kann sie ihre Aufgabe nur durch diese wahrnehmen lassen. Die Geschäftsführer der GmbH führen die Geschäfte der GmbH & Co. also kraft einer zweifachen Delegation [259]):

GmbH & Co. — GmbH §§ 161 Abs. II, 114 ff. HGB
GmbH — GmbH-Geschäftsführer §§ 6, 35 ff. GmbHG

Cahn [260]) hat sie deshalb als „mittelbare Geschäftsführer" der GmbH & Co. bezeichnet, eine Formulierung, die sich in der Literatur eingebürgert hat.

b) Das Rechtsverhältnis zwischen den Geschäftsführern der GmbH und der GmbH

Die Bestellung der Geschäftsführer, der Umfang ihrer Rechte und Pflichten, ihre Abberufung ist eine rein interne Angelegenheit der GmbH, auf die die übrigen Gesellschafter der GmbH & Co. keinerlei Einfluß haben.

Die Bestellung der Geschäftsführer erfolgt entweder im Gesellschaftsvertrag der GmbH oder nach Eintragung der GmbH durch einfachen Mehrheitsbeschluß der Gesellschafter der GmbH, soweit der Gesellschaftsvertrag nichts anderes bestimmt. Die Kommanditisten haben keine Möglichkeit, bei der Bestellung der Geschäftsführer mitzuwirken [261]). Zu Geschäftsführern der GmbH können Gesellschafter der GmbH, Kommanditisten oder dritte Personen bestellt werden.

Zwischen der GmbH und ihren Geschäftsführern besteht ein Vertragsverhältnis, das in der Regel als Dienstvertrag (§§ 611 ff., 675 BGB) einzuordnen ist.

Die Geschäftsführer sind der GmbH gegenüber verpflichtet, bei der Vertretung der GmbH die Beschränkungen einzuhalten, die durch die Satzung der GmbH oder durch die Beschlüsse der Gesellschafter festgesetzt sind (§ 37 Abs. I GmbHG). Hat eine Beschränkung der Vertretungsbefugnis der Geschäftsführer auch der GmbH & Co. gegenüber rechtliche Wirkung? Nach § 37 Abs. II GmbHG ist jede Beschränkung in der Vertretung Dritten gegenüber unwirksam. Es fragt sich, ob die GmbH & Co. Dritter im Sinne dieser Bestimmung ist. Dritter ist jeder, demgegenüber die Geschäftsführer die GmbH rechtsgeschäftlich vertreten [262]), somit auch die GmbH & Co.; denn sie steht außerhalb der GmbH. Eine Beschränkung der Vertretungsbefugnis der Geschäftsführer der GmbH hat also der GmbH & Co. gegenüber keine rechtliche Wirkung [263]).

---

[259]) Vgl. hierzu Cahn, 20.

[260]) S. 20.

[261]) Die gegenteilige Auffassung von Barth, GmbH-Rdsch. 1967, 56 findet im Gesetz keine Stütze.

[262]) Vgl. RG Rep. II 603/09 v. 10. 5. 10, RGZ 73, 345.

[263]) Ebenso Cahn, 32.

Wird die Bestellung eines Geschäftsführers der GmbH durch die Gesellschafter der GmbH widerrufen (§ 38 Abs. I GmbHG), so erlöschen seine sämtlichen aus der Geschäftsführung entspringenden Befugnisse, insbesondere verliert er dadurch die Möglichkeit, die Geschäfte der GmbH & Co. weiterzuführen. Da jedoch geschäftsführender Gesellschafter der GmbH & Co. die GmbH selbst ist, hat ein Wechsel der Geschäftsführer auf ihre Stellung keinerlei Einfluß.

Wie ist aber die Rechtslage, wenn es versäumt worden ist, die Beendigung der Vertretungsbefugnis des Geschäftsführers in das Handelsregister eintragen zu lassen, und dieser weiterhin als „mittelbarer Geschäftsführer" der GmbH & Co. tätig ist? Können sich die übrigen Gesellschafter der GmbH & Co. auf § 15 Abs. I HGB berufen, wenn die Gesellschafter der GmbH die Vertretung als nicht rechtsgültig ansehen?

Die Voraussetzungen des § 15 Abs. I HGB liegen an und für sich vor: Die Beendigung der Vertretungsbefugnis ist nach § 35 Abs. I GmbHG eine in das Handelsregister einzutragende Tatsache. Die GmbH & Co. ist — wie oben ausgeführt wurde — im Verhältnis zu der GmbH auch Dritter. Es fragt sich nur, ob die Beendigung der Vertretungsbefugnis des Geschäftsführers der GmbH & Co. bekannt war. Hierbei kommt es nicht auf die Kenntnis aller Gesellschafter an. Es genügt, wenn die einzutragende Tatsache einem vertretungsberechtigten Gesellschafter bekannt ist. Sein Wissen ist zugleich Wissen der Gesellschaft. Da die GmbH als vertretungsberechtigter Gesellschafter der GmbH & Co. von der Beendigung der Vertretungsmacht Kenntnis hatte, muß die GmbH & Co. diese Tatsache gegen sich gelten lassen und kann sich nicht auf § 15 Abs. I HGB berufen. Cahn [264]) weist mit Recht darauf hin, daß dieses Ergebnis nicht durch das Verbot des Selbstkontrahierens (§ 181 BGB) in Frage gestellt wird. Bei der Mitteilung der Beendigung der Vertretungsmacht des Geschäftsführers handelt es sich nicht um die Vornahme eines Rechtsgeschäftes zwischen der GmbH als solcher und der GmbH als Vertreter der GmbH & Co., sondern um eine einfache Rechtshandlung. Mit dem Widerruf nach § 38 Abs. I GmbHG hört der Geschäftsführer der GmbH somit auch der GmbH & Co. gegenüber auf, die Vertretungsbefugnis für die GmbH auszuüben [265]).

c) *Das Rechtsverhältnis zwischen den Geschäftsführern der GmbH und der GmbH & Co.*

Ein Vertragsverhältnis im Sinne der §§ 611 ff., 675 BGB besteht zwischen der GmbH & Co. und den Geschäftsführern der GmbH nicht, sie

[264]) S. 34.

[265]) Ebenso Cahn, 34.

sind eben nur „mittelbare Geschäftsführer" der GmbH & Co. Besteht überhaupt ein Rechtsverhältnis?

C a h n bejaht dies [266]): Die GmbH-Geschäftsführer seien auf Grund ihres mit der GmbH abgeschlossenen Dienstvertrages berechtigt und verpflichtet, die Geschäfte der GmbH & Co zu besorgen. Der Dienstvertrag stelle sich damit als „ein Vertrag zugunsten und zu Lasten eines Dritten" (§§ 328 ff. BGB) dar, aus dem für die GmbH & Co. unmittelbare Rechte und Pflichten entständen.

Der von C a h n aufgezeigte Weg läßt sich jedoch rechtlich nicht halten. Verträge zu Lasten Dritter sind unserem Recht unbekannt [267]). Diesem Argument könnte man zwar immerhin noch entgegenhalten, daß aus einem Vertrag zugunsten Dritter für den Dritten neben Rechten auch gewisse Nebenpflichten erwachsen können [268]), ohne daß gleich ein unzulässiger Vertrag zu Lasten Dritter vorliegen muß. Entscheidend ist vielmehr, daß C a h n von falschen Voraussetzungen ausgeht, wenn er den Dienstvertrag zwischen der GmbH und ihren Geschäftsführern als einen Vertrag „zugunsten und zu Lasten" der GmbH & Co. charakterisiert. Die Geschäftsführer der GmbH sind auf Grund ihres mit der GmbH abgeschlossenen Vertrages nämlich nicht — wie C a h n meint — berechtigt und verpflichtet, die Geschäfte der GmbH & Co. zu besorgen, sondern lediglich die der GmbH, zu denen allerdings auch die Führung der Geschäfte der GmbH & Co. gehören kann. Das zeigt folgendes B e i s p i e l : Eine GmbH bestellt bei ihrer Gründung einen Geschäftsführer. Jahre später tritt sie als Komplementär in eine Kommanditgesellschaft ein. Soll der Geschäftsführer der GmbH hier auf Grund seines Dienstvertrages mit der GmbH berechtigt und verpflichtet sein, die Geschäfte der GmbH & Co. zu besorgen? Stellt sich also der Dienstvertrag als ein Vertrag „zugunsten und zu Lasten" der GmbH & Co. dar? Diese Frage ist eindeutig zu verneinen. Bei Abschluß des Dienstvertrages hat man in keiner Weise an den späteren Eintritt der GmbH in die Kommanditgesellschaft gedacht. Der Geschäftsführer wurde auf Grund des Vertrages allein berechtigt und verpflichtet, die Geschäfte der GmbH zu besorgen. Zu diesen gehört mit dem Eintritt der GmbH in die Kommanditgesellschaft automatisch die Führung der Geschäfte der GmbH & Co.

Auch aus anderen Umständen ergibt sich, daß die Deutung des Dienstvertrages in einen Vertrag „zugunsten und zu Lasten" der GmbH & Co. nicht den Gegebenheiten des Falles entspricht: Die Gesellschafter der GmbH können jederzeit das „Recht" der GmbH & Co., von den Geschäftsführern

---

266) S. 22 ff.
267) Vgl. P a l a n d t - D a n c k e l m a n n , Anm. 5 a zu Einf. vor § 328.
268) Vgl. P a l a n d t - D a n c k e l m a n n , Anm. 2 c zu Einf. vor § 328.

der GmbH die Führung der Geschäfte der GmbH & Co. zu verlangen, einseitig vereiteln, indem sie die Befugnisse der Geschäftsführer beschränken oder sogar ihre Bestellung widerrufen. Zwar ist ein Vertrag zugunsten Dritter auch dann zulässig, wenn sich der Versprechensempfänger im Vertrag vorbehält, das Recht des Dritten ohne dessen Zustimmung aufzuheben oder zu ändern [269]). Man kann aber nicht mehr von einem echten Vertrag zugunsten Dritter reden, wenn — wie hier — das Recht des Dritten von vornherein kein wirkliches Recht ist, weil seine Verwirklichung allein in dem uneingeschränkten Ermessen des Versprechensempfängers steht.

Inhalt und Umfang der Geschäftsführungsbefugnis, Rechte und Pflichten des Geschäftsführers einer GmbH sind zudem völlig anders ausgestaltet als bei dem geschäftsführenden Gesellschafter einer Kommanditgesellschaft. Dieser hat zB bei Erfüllung der ihm obliegenden Verpflichtungen nur für „die Sorgfalt einzustehen, die er in eigenen Angelegenheiten anzuwenden pflegt“ (diligentia quam in suis), §§ 161 Abs. II, 105 Abs. II HGB, 708 BGB, während der Geschäftsführer der GmbH nach § 43 GmbHG füı „die Sorgfalt eines ordentlichen Geschäftsmannes“ einzutreten hat, was dasselbe bedeutet, was § 93 AktG „die Sorgfalt eines ordentlichen und gewissenhaften Geschäftsleiters“ nennt [270]), also eine weitaus strengere Haftung. Folgt man Cahn, so würde sich eine Kommanditgesellschaft nur deshalb besser stehen, weil ihr geschäftsführender Gesellschafter eine juristische Person ist, die die Geschäftsführung nicht selbst ausüben kann, sondern diese Aufgabe von ihren gesetzlichen Vertretern wahrnehmen lassen muß.

Zusammenfassend ist also festzustellen, daß zwischen der GmbH & Co. und den Geschäftsführern der GmbH keinerlei Rechtsbeziehungen bestehen, auch nicht — wie Cahn meint — ein Vertrag „zugunsten oder zu Lasten eines Dritten“. Die Geschäftsführer sind lediglich der GmbH gegenüber berechtigt und verpflichtet, deren Geschäfte zu führen, zu denen auch die Führung der Geschäfte der GmbH & Co. gehören kann [271]).

---

[269]) Vgl. Palandt-Danckelmann, Anm. 4 zu § 328.

[270]) So Baumbach-Hueck, Anm. 2 A zu § 43.

[271]) So auch der BGH VI ZR 28/53 v. 28. 9. 55, Wertpapier-Mitteilungen 1956, Teil IV B, 61 ff., insbes. 63: „Daß die GmbH und damit deren Geschäftsführer die Geschäfte der Kommanditgesellschaft zu führen haben, ist eine gesetzliche Folge (§§ 114, 163, 164 HGB) und kann nicht dazu führen, vertragliche Beziehungen zwischen den Geschäftsführern und der Kommanditgesellschaft zu bejahen.“ Vgl. auch Müller, GmbH-Rdsch. 1972, 18 ff.

Entgegen der Auffassung von Huber, DStR 1965, 721 stellt es keine Durchbrechung dieses Grundsatzes dar, wenn die GmbH & Co. für Schäden haftet, die die Geschäftsführer der GmbH bei ihrer Tätigkeit als „mittelbare

Herschel[272]) will es bei dieser Lösung nicht bewenden lassen. Er möchte die Grundgedanken der Lehre vom Leiharbeitsverhältnis anwenden. Ein Leiharbeitsverhältnis liegt vor, wenn ein Arbeitnehmer von seinem Arbeitgeber in einen fremden Betrieb abgeordnet und dessen Arbeitgeber zur Verfügung gestellt wird, so daß er sich nunmehr in einem gespaltenen Arbeitsverhältnis befindet. Bei dieser Art von Arbeitsvertrag schuldet der Arbeitnehmer auch dem Arbeitgeber, zu dem er abgeordnet und in dessen Unternehmen er eingegliedert worden ist, die Arbeitsleistung. Er hat diesem für die ordnungsgemäße Erfüllung seiner Arbeitspflichten einzustehen.

Die Übertragung dieser Grundsätze auf den Geschäftsführer der GmbH kann sicher nicht mit dem Argument abgelehnt werden, daß der Geschäftsführer nicht als Arbeitnehmer zu der GmbH & Co. abgeordnet wird. Entscheidend dürfte aber gegen die Auffassung von Herschel sprechen, daß ein Leiharbeitsverhältnis eine entsprechende Vereinbarung zwischen Verleiher und Entleiher voraussetzt. Eine solche Vereinbarung kann nicht schon im Abschluß des GmbH & Co.-Gesellschaftsvertrages gesehen werden, da es keineswegs dem Willen der GmbH zu entsprechen braucht, daß die GmbH & Co. direkte Ansprüche gegen den Geschäftsführer erwirbt und damit auch eine Weisungsbefugnis erhält. Es geht auch nicht an, aus einer „tatsächlichen Einordnung" des Geschäftsführers „in das Gefüge der KG" herzuleiten, daß der Geschäftsführer es „hinnehmen muß, unmittelbar auch der KG verpflichtet zu sein". Die Lehre vom Leiharbeitsverhältnis ließe sich daher nur anwenden, wenn eine entsprechende ausdrückliche Vereinbarung zwischen GmbH und GmbH & Co. getroffen wird. Natürlich ist es auch möglich, daß im Einzelfall durch einen Vertrag zwischen dem Geschäftsführer der GmbH und der GmbH & Co. vertragliche Beziehungen geschaffen werden.

d) Der Umfang der Geschäftsführungsbefugnis der GmbH

Die Geschäftsführungsbefugnis der GmbH erstreckt sich gemäß §§ 161 Abs. II, 116 HGB auf alle Handlungen, die der gewöhnliche Betrieb des Handelsgewerbes der GmbH & Co. mit sich bringt. Zu außergewöhnlichen Geschäften ist die Zustimmung der Kommanditisten erforderlich. § 164 HGB scheint diesen zwar nur ein Widerspruchsrecht zu geben; ergänzend ist aber § 116 Abs. II HGB heranzuziehen, der bei außergewöhnlichen

Geschäftsführer" der GmbH & Co. Dritten zufügen (vgl. S. 103 d. A.), oder wenn § 83 GmbHG auf den Geschäftsführer der GmbH, der als „mittelbarer Geschäftsführer" der GmbH & Co. gegen §§ 239—241 KO verstößt, zur Anwendung kommt (vgl. S. 119 d. A.).

[272]) 322 ff.; ders., B 1967, 2201 ff.

Geschäften einen Beschluß sämtlicher Gesellschafter verlangt [273]). Handlungen, die nicht mehr zur Geschäftsführung gehören, sondern die Grundlagen des Gesellschaftsverhältnisses berühren (zB Änderungen des Gesellschaftsvertrages), erfordern ein Zusammenwirken aller Gesellschafter [274]).

Die GmbH ist als geschäftsführender Gesellschafter der GmbH & Co. dieser gegenüber verpflichtet, alle Beschränkungen in der Geschäftsführung einzuhalten, insbesondere also die Ausführung außergewöhnlicher Geschäfte bei fehlender Zustimmung der Kommanditisten zu unterlassen.

Trifft dieselbe Verpflichtung auch die „mittelbaren Geschäftsführer" der GmbH & Co., die Geschäftsführer der GmbH? Das ist zu verneinen; denn zwischen diesen und der GmbH & Co. bestehen — wie oben dargelegt wurde — keinerlei Rechtsbeziehungen.

Die GmbH-Geschäftsführer sind aber der GmbH gegenüber verpflichtet, die dieser von der GmbH & Co. auferlegten Beschränkungen in der Geschäftsführung einzuhalten. Da sie selbst nur die Geschäftsführungsbefugnis der GmbH ausüben, können ihre Befugnisse in keinem Fall die der GmbH übersteigen.

e) Die Haftung für Schäden, die ein Geschäftsführer der GmbH in Ausübung seiner Tätigkeit als „mittelbarer Geschäftsführer" der GmbH & Co. dieser zufügt

Folgt man Cahn, der in dem Dienstvertrag zwischen der GmbH und deren Geschäftsführern einen Vertrag „zugunsten und zu Lasten" der GmbH & Co. sieht, so könnte die GmbH & Co. für einen Schaden nach Maßgabe des § 328 BGB in Verbindung mit §§ 675, 662, 276 BGB unmittelbar von dem Geschäftsführer der GmbH Ersatz beanspruchen [275]).

Wir hatten jedoch festgestellt, daß zwischen der GmbH & Co. und den GmbH-Geschäftsführern keinerlei Rechtsbeziehungen bestehen. Fügt ein Geschäftsführer der GmbH in Ausübung seiner Geschäftsführertätigkeit der GmbH & Co. einen Schaden zu, so verletzt er damit lediglich seine vertraglichen Pflichten gegenüber der GmbH. Soweit der GmbH dadurch

---

[273]) So RG II 58/38 v. 22. 10. 38, RGZ 158, 305, aber bestritten.
Zustimmend zB RGRK-Weipert, Anm. 5 zu § 164; Schlegelberger-Geßler, Anm. 3 zu § 164; Baumbach-Duden, Anm. 1 B zu § 164; J. v. Gierke, § 37 VI 1; Lehmann, Gesellschaftsrecht, 153; Haupt, 83. AA zB Würdinger, Gesellschaften, 152/3.
Vgl. zu diesem Problem insbesondere den Aufsatz von Barella, B 1952, 944, der auch zu der hier vertretenen Auffassung kommt.

[274]) So RGRK-Weipert, Anm. 4 zu § 164; Haupt, 83.

[275]) S. 22 f.

ein Schaden entsteht (zB dadurch, daß sie der GmbH & Co. gegenüber ersatzpflichtig wird), haftet er ihr nach § 43 GmbHG. Die GmbH & Co. dagegen kann sich nur an ihren geschäftsführenden Gesellschafter, die GmbH selbst, halten. Nur wenn die Voraussetzungen der §§ 823 ff. BGB vorliegen, haftet der Geschäftsführer der GmbH & Co. wie jedem Dritten unmittelbar [276]).

Haftet die GmbH der GmbH & Co. für einen Schaden, den einer ihrer Geschäftsführer in Ausübung seiner „mittelbaren Geschäftsführertätigkeit" der GmbH & Co. zufügt?

Cahn [277]) meint diese Frage verneinen zu müssen: Zwischen der GmbH als geschäftsführendem Gesellschafter der GmbH & Co. und der GmbH & Co. bestünde ein Dienstvertrag, der eine Geschäftsbesorgung zum Gegenstand habe (§ 675 BGB). Auf ein solches Rechtsverhältnis fände — obwohl nicht ausdrücklich im Gesetz erwähnt — auch § 664 Abs. I Satz 2 BGB über die Substitution Anwendung (RG in RGZ 78, 310). Die GmbH habe zwar die Ausführung des Auftrags nicht durch Rechtsgeschäft einem Dritten übertragen, vielmehr seien die Rechte und Pflichten aus der Geschäftsführung kraft Gesetzes auf die Geschäftsführer der GmbH übergegangen (§ 6 GmbHG). Wenn aber schon der Beauftragte nach § 664 Abs. I Satz 2 BGB nur ein ihm bei der Übertragung zur Last fallendes eigenes Verschulden, nicht aber das des Substituten zu vertreten habe, so brauche er erst recht bei der gesetzlichen Übertragung für ein Verschulden des Substituten nicht einzustehen. Die GmbH hafte aus diesem Grunde der GmbH & Co. nicht nach § 278 BGB für ein Verschulden ihrer Geschäftsführer. § 31 BGB fände bei der Haftung aus Vertragsverhältnissen grundsätzlich keine Anwendung. In entsprechender Anwendung des § 664 Abs. I S. 2 BGB hafte die GmbH der GmbH & Co. also nur, wenn sie schuldhafterweise einen ungeeigneten Geschäftsführer bestellt oder nach Kenntnis der Ungeeignetheit die Bestellung nicht widerruft.

Cahn ist zunächst darin zu widersprechen, daß zwischen der GmbH und der GmbH & Co. ein Dienstvertrag bestehen soll, der eine Geschäftsbesorgung zum Gegenstand hat. Die Geschäftsführungsbefugnis der GmbH entspringt wie alle gegenseitigen Rechte und Pflichten der Gesellschafter

---

[276]) So auch der BGH VI ZR 28/53 v. 28. 9. 55, Wertpapier-Mitteilungen 1956, Teil IV B, 61 ff., insbes. 64. Dementgegen will Reinfeld (insbes. 109) eine persönliche Haftung des Geschäftsführers gegenüber dem GmbH & Co. mit Hilfe des „Vertrages mit Schutzwirkung für Dritte" erreichen, indem er unterstellt, daß der Anstellungsvertrag zwischen GmbH und Geschäftsführer die Einbeziehung der GmbH & Co. in seinen Schutzbereich einschließt, eine Unterstellung, die — zumindest generell — nicht gerechtfertigt ist.

[277]) S. 23 f.

aus der Mitgliedschaft [278]). Da aber auch nach §§ 161 Abs. II, 105 Abs. II HGB, 713 BGB die §§ 664—670 BGB — also auch § 664 BGB — zur Anwendung gelangen, ist hiermit noch kein entscheidendes Argument gegen die Auffassung Cahns vorgebracht.

Sind aber die Geschäftsführer der GmbH wirklich gesetzliche Substituten der GmbH? Substitution heißt Übernahme des Auftrags an Stelle des Beauftragten zu eigener Verantwortung [279]). Die Rechte und Pflichten aus der Geschäftsführung sind aber nicht — wie Cahn behauptet [280]) — kraft Gesetzes den Geschäftsführern der GmbH übertragen worden. Geschäftsführer ist und bleibt die GmbH, wie Cahn selbst an anderer Stelle betont [281]). Die Geschäftsführer der GmbH führen lediglich die Geschäfte der GmbH und damit als „mittelbare Geschäftsführer" auch die der GmbH & Co. Sie sind also keine Substituten, sondern Organe der GmbH. Aus der Organstellung folgt [282]), daß ihr Handeln Handeln der GmbH, ihr Verschulden Verschulden der GmbH ist. Für jede schadenersatzpflichtige Handlung, die einer der Geschäftsführer in Ausführung der ihm zustehenden Verrichtungen begangen hat — sei es eine Verletzung vertraglicher Pflichten oder eine unerlaubte Handlung — haftet die GmbH demnach nach § 31 BGB wie für eigenes Verschulden [283]) [284]). Den Haftungsmaßstab gibt § 708 BGB [285]). Danach haftet die GmbH nur für die „diligentia quam in suis" [286]).

---

[278]) Vgl. RG II 148/33 v. 10. 10. 33, RGZ 142, 18; ferner RGRK-Weipert, Anm. 13 zu § 114; Baumbach-Duden, Anm. 3 A zu § 114.

[279]) So Palandt-Gramm, Anm. 1 zu § 664.

[280]) S. 23.

[281]) S. 19 u. 25.

[282]) So die herrschende Organtheorie im Gegensatz zu der Vertretertheorie. Vgl. Lehmann, Allg. Teil, § 59 III 2 u. § 60 III 3 c.

[283]) Ob § 31 BGB auch § 278 BGB ausschließt, ist streitig. Nach der Organtheorie ist jedoch für § 278 BGB neben § 31 BGB kein Raum. So RG in RGZ 138, 42 (anders zB in RGZ 122, 355, 359) und weitgehend das Schrifttum. Vgl. Palandt-Danckelmann, Anm. 2 b zu § 278; Lehmann, Allg. Teil, § 60 III 5 b. Beide Auffassungen führen übrigens im wesentlichen zu demselben Ergebnis.

[284]) So auch der BGH VI ZR 28/53 v. 28. 9. 55, Wertpapier-Mitteilungen 1956, Teil IV B, 61 ff., insbes. 64.

[285]) So auch der BGH VI ZR 28/53 v. 28. 9. 55, Wertpapier-Mitteilungen 1956, Teil IV B, 61 ff., insbes. 64; vgl. auch Müller, GmbH-Rdsch. 1972, 22.

[286]) Diese Haftungsbeschränkung gilt nicht nur für die vertragliche, sondern auch für die deliktische Haftung. Denn wenn die vertragliche Haftung auf eine bestimmte Schuldform gesetzlich begrenzt ist, kann auch nach Deliktsrecht keine strengere Haftung eintreten. So das RG in RGZ 66, 363 und RGZ 88, 317.

Das mag bedenklich erscheinen, da § 708 BGB mit Rücksicht auf das enge persönliche Verhältnis, das bei einer Personengesellschaft unter den Gesellschaftern zu bestehen pflegt, geschaffen worden ist. Dieses wird bei der GmbH & Co., bei der eine juristische Person persönlich haftender Gesellschafter ist, fehlen oder doch nur in beschränktem Maße vorhanden sein. Aber einmal findet § 708 BGB auch sonst unabhängig von der Größe einer Gesellschaft und damit ohne Rücksicht darauf Anwendung, ob ein persönliches Band zwischen den Gesellschaftern besteht. Außerdem wäre es unbillig, die GmbH für jede Fahrlässigkeit haften zu lassen, während den übrigen Gesellschaftern der GmbH & Co., insbesondere weiteren persönlich haftenden Gesellschaftern, die mildere Haftung des § 708 BGB zugute kommt. Es besteht lediglich die Möglichkeit, § 708 BGB im GmbH & Co.-Gesellschaftsvertrag für alle Gesellschafter oder für die GmbH auszuschließen. Andernfalls haftet auch die GmbH nur für die „diligentia quam in suis".

Da die GmbH durch Organe, nämlich durch ihre Geschäftsführer, handelt, ist auf die Sorgfalt abzustellen, die diese in Angelegenheiten der GmbH anzuwenden haben, dh. die GmbH haftet der GmbH & Co. dann nicht, wenn die Geschäftsführer der GmbH in Angelegenheiten der GmbH & Co. dieselbe Sorgfalt anwenden, wie sie sie in Angelegenheiten der GmbH anzuwenden haben. Zu beachten ist jedoch § 277 BGB, wonach für grobe Fahrlässigkeit immer zu haften ist. Hat die GmbH keinen eigenen Betrieb, so daß es am Maßstab fehlt, so gilt ebenfalls § 277 BGB.

Die GmbH selbst kann, wie wir sahen, bei ihrem Geschäftsführer Regreß nehmen, § 43 GmbHG, soweit das Fehlverhalten des Geschäftsführers eine Verletzung der Sorgfaltspflicht gegenüber der GmbH darstellt. Das ist dann zB nicht der Fall, wenn der Geschäftsführer auf Grund eines Gesellschafterbeschlusses gehandelt hat. Eine Pflichtverletzung scheidet weiterhin aus, wenn das Fehlverhalten des Geschäftführers gegenüber der GmbH & Co. im Interesse der GmbH gelegen hat.

Auch soweit die GmbH gegenüber der GmbH & Co. nicht schadenersatzpflichtig wird, kann sie von ihrem Geschäftsführer, der der GmbH & Co. einen Schaden zufügt, Schadenersatz verlangen, wenn sein Verhalten die ihm gegenüber der GmbH obliegende Sorgfaltspflicht verletzt [287]). Der Schadenersatzanspruch beschränkt sich aber in diesem Fall auf den Ausgleich der Wertminderung, die der Anteil der GmbH an der GmbH & Co. durch den Vermögensschaden der GmbH & Co. erlitten hat.

---

[287]) So Müller, GmbH-Rdsch. 1972, 24.

f) Die Auswirkung der Beendigung der Geschäftsführungsbefugnis der GmbH auf die Stellung der Geschäftsführer der GmbH

Endet die Geschäftsführungsbefugnis der GmbH (zB durch Ausscheiden der GmbH aus der GmbH & Co., Entziehung der Geschäftsführungsbefugnis nach § 117 HGB [288]) usw.), so verlieren gleichzeitig die GmbH-Geschäftsführer ihre Funktion als „mittelbare Geschäftsführer" der GmbH & Co.; denn steht der GmbH die Geschäftsführungsbefugnis für die GmbH & Co. nicht mehr zu, so können ihre Geschäftsführer sie auch nicht ausüben. Dagegen wird ihre Stellung als Geschäftsführer der GmbH hierdurch nicht beeinflußt.

3. Die Stellung der Kommanditisten (insbesondere im Hinblick auf die Möglichkeit der Übertragung der Kommanditanteile)

Gemäß § 164 HGB sind die Kommanditisten ausdrücklich von der Führung der Geschäfte der GmbH & Co. ausgeschlossen. Durch den Gesellschaftsvertrag kann jedoch eine abweichende Regelung erfolgen [289]). Daß zu Geschäften, die über den gewöhnlichen Betrieb des Handelsgewerbes der GmbH & Co. hinausgehen, nach § 164 HGB die Zustimmung der Kommanditisten erforderlich ist, wurde schon ausgeführt [290]). Auch diese Bestimmung ist nur dispositiver Natur [291]). Handlungen, die nicht mehr zur Geschäftsführung gehören, sondern die Grundlagen des Gesellschaftsverhältnisses berühren (zB Änderungen des Gesellschaftsvertrages), erfordern ein Zusammenwirken aller Gesellschafter [292]). Im übrigen haben die Kommanditisten einen Anspruch auf Mitteilung der jährlichen Bilanz sowie zu deren Prüfung auf Einsicht in die Geschäftsbücher und -papiere (§ 166 HGB). Hierzu können sie Sachverständige heranziehen [293]). Anspruch auf

[288]) Vgl. hierzu S. 101 d. A.

[289]) Mitarbeitende Kommanditisten sind nicht sozialversicherungspflichtig, BAG 3 AZR 436/67 v. 8. 1. 70, GmbH-Rdsch. 1970, 214.

[290]) Vgl. die Ausführungen auf S. 78 d. A.

[291]) So Baumbach-Duden, Anm. 1 C zu § 164.

[292]) So RGRK-Weipert, Anm. 4 zu § 164; doch kann das Stimmrecht der Kommanditisten auch insoweit durch den Gesellschaftsvertrag ausgeschlossen werden. Der Ausschluß eines Kommanditisten von seinem Stimmrecht findet nur dort seine Grenze, wo Gesellschafterbeschlüsse in Frage stehen, die in die Rechtsstellung dieses Kommanditisten eingreifen, indem sie zB seine Beteiligung als Kommanditist oder seine Haftsumme durch eine Neufassung des Gesellschaftsvertrages ändern, oder indem sie auf diesem Wege seine Gewinnbeteiligung oder die Höhe seines Auseinandersetzungsguthabens schmälern. Vgl. BGH II ZR 229/54 v. 14. 5. 56, JZ 1956, 449 f.

[293]) So Baumbach-Duden, Anm. 2 B zu § 166.

Ersatz der Kosten haben sie jedoch nur dann, wenn die Hinzuziehung wegen der Mangelhaftigkeit der Buchführung und Bilanzierung notwendig war [294]). Das Überwachungsrecht der Kommanditisten kann beschränkt und sogar ausgeschlossen werden, soweit dies nicht gegen Treu und Glauben verstößt. Liegt Anlaß zur Annahme unredlicher Geschäftsführung vor, so ist jede einschränkende Vereinbarung nichtig [295]). Das folgt aus § 716 Abs. II BGB.

Gerade bei der GmbH & Co. ist es nun von großer Wichtigkeit, die Rechte der Kommanditisten im Gesellschaftsvertrag genau abzugrenzen. Von einer derartigen Regelung wird es vielfach abhängen, ob die Vorteile, die diese Rechtsform bietet, voll zur Entfaltung kommen können. Der Umfang der Rechte, die den Kommanditisten eingeräumt werden, wird dabei in erster Linie davon abhängig zu machen sein, inwieweit eine Übertragung [296—297]) der Kommanditanteile statthaft sein soll.

---

[294]) Vgl. Baumbach-Duden, Anm. 2 B zu § 166.

[295]) So KG in KGJ 30, A 123; vgl. auch Baumbach-Duden, Anm. 1 A zu § 166.

[296—297]) Eine derartige Übertragung der Mitgliedschaft in einer Kommanditgesellschaft seitens eines Kommanditisten ist mit Zustimmung der übrigen Gesellschafter möglich. Die Zustimmung kann auch generell im Gesellschaftsvertrag erteilt werden. Die frühere hM sah in dem Vorgang eine Doppelmaßnahme, nämlich die Auszahlung des Kapitalkontos an den Ausscheidenden und gleichzeitige Einzahlung als Einlage des neuen Gesellschafters. Sie folgerte daraus eine Haftung des Ausscheidenden nach § 172 Abs. IV HGB.

So RG in RGZ 128, 172 ff.; KG in JW 1934, 2699; Düringer-Hachenburg, Anm. 7, 8 zu § 173; Schlegelberger-Geßler, Anm. 11 zu § 173 (bis zur 2. Aufl.); Groschuff, DR 1943, 975 f.

Diese Betrachtungsweise erscheint gekünstelt. Das Gesellschaftsvermögen bleibt unverändert, nur die Person eines Kommanditisten wechselt. Die bisherigen Gläubiger, zu deren Schutz § 172 Abs. IV HGB dient, erleiden also — ebenso wie beim Einrücken von Erben eines Gesellschafters — keinen Nachteil. Eine Haftung des Ausscheidenden ist deshalb nicht gerechtfertigt. So das RG, Beschl. des Gr. Zivilsenats GSE 39/1943 v. 30. 9. 44, DNotZ 1944, 195 ff.; vgl. auch RG in RGZ 162, 264; RGRK-Weipert, Anm. 24 zu § 173; Schlegelberger-Geßler, Anm. 11 zu § 173 (ab 3. Aufl.); Hueck, Gesellschaftsrecht, 95; Lehmann, Gesellschaftsrecht, 161 f.; Schumann, 285/86; Haupt, 85; Weipert, DR 1943, 270 ff.

Voraussetzung ist jedoch, daß bei Eintragung des Mitgliederwechsels im Handelsregister ein besonderer Vermerk über die Rechtsnachfolge aufgenommen wird. So das RG in seinem Beschl. GSE 39/1943 v. 30. 9. 44, DNotZ 1944, 195 ff. Der Beschl. des KG in DR 1943, 981, der die Eintragung des Rechtsnachfolgevermerks registerrechtlich für unzulässig erklärte, ist durch diesen Beschl. des RG überholt. Dem RG folgt das OLG Köln in seinem Beschl. 8 W 11/52 v. 9. 4. 53, DNotZ 1953, 435.

Da es nicht möglich ist, eine für alle Fälle zweckmäßige Lösung aufzuzeigen, sollen verschiedene Regelungen einer kurzen Betrachtung unterzogen werden.

Häufig ist es notwendig, den Kommanditisten die größte Freizügigkeit in der Verwertung ihrer Kommanditanteile einzuräumen, um einen Ausgleich für die Übertragungsbeschränkung der GmbH-Anteile zu schaffen. Eine Änderung in der Zusammensetzung der Kommanditisten kann aber für eine GmbH & Co. nur dann unbedenklich sein, wenn die Rechte der Kommanditisten sehr eng gezogen sind, dh. ein Einfluß auf die Geschäftsleitung ausgeschlossen ist und die Einsichtsmöglichkeit in Kalkulation und Liquidität des Unternehmens sowie in Vorbereitung befindliche Maßnahmen möglichst gering ist.

Der Gesellschaftsvertrag hat deshalb vorzusehen, daß die Kommanditisten den Handlungen des persönlich haftenden Gesellschafters auch dann nicht widersprechen können, wenn diese Handlungen über den gewöhnlichen Betrieb des Handelsgewerbes der Gesellschaft hinausgehen. Die Kommanditisten erhalten auf Wunsch eine Abschrift der Jahresbilanz. Der persönlich haftende Gesellschafter hat ferner in einer nach Fertigstellung des Abschlusses einzuberufenden Gesellschafterversammlung den Jahresabschluß vorzulegen und zu erläutern und damit einen Bericht über die Lage und Entwicklung der Gesellschaft zu verbinden. Kommanditisten, die allein oder zusammen einen bestimmten Prozentsatz der den Kommanditisten zustehenden Stimmen vertreten, können in der Gesellschafterversammlung verlangen, daß der vorgelegte Jahresabschluß nachträglich durch einen Wirtschaftsprüfer geprüft wird, der von der Gesellschafterversammlung zu wählen ist.

Die Bestimmungen, die die Übertragung der Kommanditanteile regeln, können dann wie folgt gefaßt werden:

„(1) Die Übertragung von Kommanditanteilen oder Teilen davon an Eltern, Abkömmlinge, Ehegatten, Geschwister, Gesellschafter, Eltern oder Abkömmlinge von Gesellschaftern unterliegt keinen Beschränkungen.

(2) Die Übertragung von Kommanditanteilen oder Teilen davon an andere als die in Abs. (1) genannten Personen bedarf der Zustimmung der Gesellschafter. Diese darf nur aus wichtigem Grund versagt werden. Ob ein wichtiger Grund vorliegt, entscheidet im Streitfall das nach dem Schiedsvertrag gebildete Schiedsgericht. Die Zustimmung gilt als erteilt, wenn die Versagung dem Erwerber nicht binnen sechs Monaten mitgeteilt ist. Die Frist beginnt mit dem Zeitpunkt, in dem der Veräußerer oder Erwerber der Gesellschaft die Abtretung anzeigt.

(3) Als Übertragung gilt auch der Übergang des Kommanditanteils oder Teilen davon durch Erbfolge oder Vermächtnis. Wird die Genehmigung zur Übertragung versagt, so scheidet der Erbe oder Vermächtnisnehmer aus der Gesellschaft aus. Die Versagung wirkt auf den Zeitpunkt des Erbfalls zurück.

Bis zur Entscheidung über die Genehmigung der Übertragung von Todes wegen, gegebenenfalls bis zur rechtskräftigen Entscheidung des Schiedsgerichts gemäß Abs. (2), wird der betroffene Kommanditanteil durch einen Treuhänder verwaltet, den der Erblasser bestellt. Hat der Erblasser die Bestellung verabsäumt, so kann dies der Erbe oder Vermächtnisnehmer binnen einer Frist von einem Monat nach Testamentseröffnung nachholen. Erfolgt auch die Bestellung nicht fristgerecht, so ist der persönlich haftende Gesellschafter dazu berechtigt.

Der Treuhänder muß aus dem Kreis der in Abs. (1) genannten Personen gewählt werden.

(4) Die Übertragung wird erst wirksam, wenn der Erwerber den Schiedsvertrag zum Gesellschaftsvertrag rechtsgültig unterzeichnet hat."

Erschwert ist die Übertragung der Kommanditanteile im folgenden Beispiel, wobei zu beachten ist, daß die Übertragung unter Lebenden und von Todes wegen unterschiedlich geregelt ist:

„(1) Die Gesellschafter können ihre Beteiligung oder einen Teil ihrer Beteiligung auf Abkömmlinge, den Ehegatten oder Mitgesellschafter übertragen. Eine Übertragung auf Dritte oder eine Verpflichtung hierzu kann nur mit Zustimmung der Gesellschafterversammlung erfolgen. Der Beschluß bedarf der Mehrheit der abgegebenen Stimmen. Er kann jedoch nicht ohne Zustimmung der GmbH gefaßt werden.

Lehnen der oder die Mitgesellschafter eine Übertragung der Beteiligung auf Dritte ab, ist jedoch der andere Gesellschafter weiterhin zur Abgabe seiner Beteiligung entschlossen, so steht den Mitgesellschaftern innerhalb einer Frist von sechs Monaten, von der Mitteilung seiner weiterhin bestehenden Übertragungsabsicht gegenüber den Mitgesellschaftern an gerechnet, das Recht zu, in ein vorliegendes notarielles Angebot einzutreten, bei Fehlen eines solchen Angebotes aber die Beteiligung zu in den in § .... geregelten Bedingungen zu übernehmen. Machen die Mitgesellschafter von diesen Rechten keinen Gebrauch, so ist der andere Gesellschafter berechtigt, seine Beteiligung an Dritte zu übertragen.

(2) Scheidet ein Gesellschafter durch Tod aus der Gesellschaft aus, so ist diese unter den Beteiligten mit sämtlichen Erben des Verstorbenen als Kommanditisten fortzusetzen, falls der verstorbene Gesellschafter durch Verfügung von Todes wegen keine andere Bestimmung getroffen hat. Die Erben haben sich unverzüglich nach Annahme der Erbschaft bei der Gesellschaft zu legitimieren. Jeder Gesellschafter ist berechtigt, durch Verfügung von Todes wegen die Nachfolge in seinen Anteil am Gesellschaftskapital zu regeln und eine Testamentsvollstreckung, auch hinsichtlich der Ausübung der Mitgliedschaftsrechte, anzuordnen."

Im folgenden Beispiel sind die Übertragungsmöglichkeiten noch weiter beschränkt:

„(1) Eine Übertragung der Beteiligung oder eines Teiles der Beteiligung an andere Personen als Mitgesellschafter, den Ehegatten oder Kinder bedarf einer vorherigen Einwilligung der Gesellschafter mit einer Mehrheit von drei Viertel der abgegebenen Stimmen, wobei der zur Übertragung entschlossene Gesellschafter mitzustimmen berechtigt ist. Sie kann jedoch nicht ohne Zustimmung der GmbH erfolgen. Dasselbe gilt für die Verpflichtung zu einer Übertragung. Die Gesellschafter haben sich binnen eines Monats nach schriftlicher Anzeige durch den zur Übertragung entschlossenen Gesellschafter zu entscheiden; andernfalls gilt die Einwilligung als versagt.

(2) Scheidet ein Gesellschafter durch Tod aus der Gesellschaft aus, so ist diese unter den Beteiligten mit sämtlichen Erben des Verstorbenen als Kommanditisten fortzusetzen, falls der verstorbene Gesellschafter durch Verfügung von Todes wegen keine andere Bestimmung getroffen hat. Die Erben haben sich unverzüglich nach Annahme der Erbschaft bei der Gesellschaft zu legitimieren. Jeder Gesellschafter ist berechtigt, durch Verfügung von Todes wegen die Nachfolge in seinen Anteil am Gesellschaftskapital zu regeln und eine Testamentsvollstreckung, auch hinsichtlich der Ausübung der Mitgliedschaftsrechte, anzuordnen.

Die Mitgesellschafter können beschließen, andere Erben als den Ehegatten und Kinder des verstorbenen Gesellschafters sowie Mitgesellschafter gemäß § ... abzufinden. Eine entsprechende Erklärung muß an die Erben des Verstorbenen innerhalb von sechs Monaten nach deren Legitimation abgeschickt werden. Die abzufindenden Erben sind sodann berechtigt und verpflichtet, die auf sie entfallende Beteiligung auf die Mitgesellschafter im Verhältnis ihrer Festeinlagen zu übertragen. Soweit Mitgesellschafter hiervon keinen Gebrauch machen, steht das Übernahmerecht dem oder den anderen Gesellschaftern zu."

4. Ersatz von Aufwendungen

Machen die GmbH oder einer der Kommanditisten in den Angelegenheiten der GmbH & Co. Aufwendungen oder erleiden sie im Zusammenhang mit der Geschäftsführung Verluste, so ist ihnen die GmbH & Co. zum Ersatz verpflichtet (§§ 161 Abs. II, 110 HGB)[298]). Unter „Aufwendungen" sind nur Vermögensopfer zu verstehen, die ein Gesellschafter im Interesse der Gesellschaft freiwillig gemacht hat. Pflichtleistungen, die der Gesellschafter nach dem Gesellschaftsvertrag zu bewirken hat, insbesondere die Tätigkeit als Geschäftsführer, sind keine Aufwendungen im Sinne dieser Vorschrift[299]).

§ 110 HGB gibt der GmbH somit keinen Anspruch auf eine Vergütung für ihre Tätigkeit als geschäftsführender Gesellschafter der GmbH & Co. Auch die Ausgaben der GmbH für Gehälter und Tantiemen ihrer Geschäftsführer, die bei ihr im Rahmen ihrer Aufgabe als geschäftsführender

298) § 110 HGB gilt für alle Gesellschafter, ganz gleich, ob sie generell zur Geschäftsführung berufen sind oder nicht. Es kommt lediglich darauf an, daß sie in dem Fall, in dem sie Aufwendungen für die Gesellschaft gemacht oder Verluste erlitten haben, die Geschäfte der Gesellschaft befugt geführt haben. Vgl. RGRK-Weipert, Anm. 2 zu § 110; Baumbach-Duden, Anm. 1 A zu § 110.

299) So RGRK-Weipert, Anm. 3 zu § 110.

Gesellschafter der GmbH & Co. anfallen, sind keine Aufwendungen im Sinne des § 110 HGB [300]). Die GmbH & Co. kann jedoch vertraglich verpflichtet werden, die Kosten der Geschäftsführung zu tragen. Nachfolgend sei ein Beispiel für eine derartige Regelung im Gesellschaftsvertrag gegeben:

„Die dem persönlich haftenden Gesellschafter durch seine Geschäftsführer-Tätigkeit entstehenden Aufwendungen, insbesondere an Gehältern, Tantiemen uä. der Geschäftsführer des persönlich haftenden Gesellschafters oder Personen, deren er sich zur Erfüllung seiner Aufgaben als alleiniger Geschäftsführer der Gesellschaft bedient, werden ihm von der Gesellschaft vorab und laufend über Unkosten in vollem Umfange erstattet."

Von wem können nun die Geschäftsführer der GmbH Ersatz verlangen, wenn sie im Rahmen ihrer Tätigkeit als „mittelbare Geschäftsführer" der GmbH & Co. Aufwendungen machen oder Verluste erleiden?

Da sie auch als „mittelbare Geschäftsführer" der GmbH & Co. die Geschäfte der GmbH führen [301]), können sie nach §§ 675, 670 BGB von dieser Ersatz ihrer Aufwendungen verlangen. Erleiden sie durch die Geschäftsführung Verluste, so fehlt es zwar an einer dem § 110 HGB entsprechenden Vorschrift; Rechtsprechung und Schrifttum gewähren aber unter bestimmten Voraussetzungen auch hier einen Ersatzanspruch [302]).

Haben die „mittelbaren Geschäftsführer" der GmbH & Co. auch einen direkten Ersatzanspruch gegen die GmbH & Co.?

Cahn bejaht eine entsprechende Anwendung des § 110 HGB mit folgender Begründung [303]): Da der Dienstvertrag zwischen der GmbH und ihren Geschäftsführern als „Vertrag zugunsten und zu Lasten" der GmbH & Co. anzusehen sei, entständen für die GmbH & Co. auch unmittelbare Pflichten. Eine der Pflichten bestünde darin, den Geschäftsführern den aus der Geschäftsführung erwachsenen Aufwand und Schaden zu ersetzen.

Zu diesem Ergebnis muß man zwangsläufig kommen, wenn man einmal wie Cahn das Vorhandensein unmittelbarer Rechtsbeziehungen zwischen der GmbH & Co. und den Geschäftsführern der GmbH bejaht hat. Daß diese Auffassung nicht richtig ist, wurde bereits aufgezeigt [304]). Damit entfällt auch die Grundlage für eine entsprechende Anwendung des § 110 HGB. Aber selbst wenn man von der rechtlichen Problematik der Lösung Cahns absehen würde, wäre sie doch nicht einmal aus Zweckmäßigkeits-

---

300) Ebenso Böttcher, RWP-Blattei, 14 Steuer-R, D Unternehmensformen, Einzelfragen 12 (GmbH & Co.), II, 2.

301) Vgl. die Ausführungen auf S. 76 d. A.

302) Vgl. zu dieser Frage Palandt-Gramm, Anm. 3 b zu § 670.

303) S. 44.

304) Vgl. die Ausführungen auf S. 76 d. A.

erwägungen vorzuziehen. Je nachdem, ob der GmbH-Geschäftsführer als „mittelbarer Geschäftsführer" der GmbH & Co. oder in eigenen Angelegenheiten der GmbH (zB bei der Vermögensverwaltung der GmbH oder wenn die GmbH einen eigenen Geschäftsbetrieb unterhält) tätig wird, wäre der Ersatzpflichtige verschieden. Unternimmt zB der Geschäftsführer im Interesse beider Gesellschaften eine Geschäftsreise, so müßte er — wenn man Cahn folgen will — sich aus der Kasse der GmbH & Co. und aus der Kasse der GmbH einen Spesenvorschuß geben lassen, müßte jede einzelne Ausgabe auf die GmbH & Co. und die GmbH mit entsprechenden Belegen aufschlüsseln und schließlich an zwei Stellen abrechnen. Kein besonders glückliches Ergebnis!

Richtig ist vielmehr, daß die Geschäftsführer der GmbH, ganz gleich, ob bei ihrer Tätigkeit als „mittelbare Geschäftsführer" der GmbH & Co. oder bei der Erfüllung eigener Aufgaben der GmbH, immer nur die Geschäfte der GmbH führen. Nur von ihr können sie deshalb Ersatz für die ihnen erwachsenen Aufwendungen und Schäden fordern. Leistet die GmbH ihren Geschäftsführern Ersatz, so kann sie selbst über § 110 HGB Rückerstattung der Beträge von der GmbH & Co. verlangen, jedoch nur insoweit, als es sich dabei um Aufwendungen handelt, die in Angelegenheiten der GmbH & Co. gemacht worden sind [305]), bzw. um Verluste, die im Zusammenhang mit der Geschäftsführung der GmbH & Co. eingetreten sind.

§ 110 HGB ist auch bei der GmbH & Co. im engeren Sinn keine leere Rechnungsformel, selbst wenn hier die Gläubiger- und Schuldnergesellschaft dieselben natürlichen Personen umfaßt. Der Ersatzanspruch ist für Verrechnung, Bilanz und insbesondere Versteuerung von größter Bedeutung [306]).

5. Wettbewerbsverbot

Gemäß §§ 161 Abs. II, 112 Abs. I HGB darf die GmbH als persönlich haftender Gesellschafter einer Kommanditgesellschaft weder in dem Handelszweige der Gesellschaft Geschäfte machen noch an einer anderen gleichartigen Handelsgesellschaft als persönlich haftender Gesellschafter teilnehmen. Dieses Wettbewerbsverbot ist in Fällen, in denen die GmbH lediglich zwecks Schaffung einer GmbH & Co. gegründet worden ist, unproble-

[305]) So im Ergebnis anscheinend auch Köhler, Steuerberater-Jahrbuch 1954/55, 255 f.: „Da gemäß §§ 110, 161 Abs. II HGB ein Gesellschafter von der KG Ersatz von Aufwendungen verlangen kann, so ist das auch bei mittelbarer Geschäftsführung auf die Aufwendungen der GmbH für ihre Geschäftsführer (§§ 670, 675 BGB) anzuwenden."

[306]) Vgl. Cahn, 44.

matisch. Ihm kommt in erster Linie dann Bedeutung zu, wenn die GmbH vor der Gründung der GmbH & Co. bzw. vor ihrem Eintritt in die Kommanditgesellschaft einen eigenen Geschäftsbetrieb unterhalten hat und der bisherige Gegenstand ihres Unternehmens mit dem der GmbH & Co. identisch ist. Hier kann die GmbH nur mit Einwilligung aller Gesellschafter einschließlich der Kommanditisten [307]) ihren alten Gesellschaftszweck weiter verfolgen. Duden [308]) meint zwar, daß § 112 Abs. II HGB entsprechende Anwendung finden müsse, die Einwilligung also als erteilt gelte, wenn den übrigen Gesellschaftern der GmbH & Co. die Tätigkeit der GmbH bei Abschluß des Gesellschaftsvertrages bekannt war und die Aufgabe der Tätigkeit nicht ausbedungen worden ist. Gegen diese Auffassung spricht aber, daß § 112 Abs. II HGB ausdrücklich nur die Einwilligung bei der Teilnahme „an einer anderen gleichartigen Handelsgesellschaft" behandelt. Eine ausdehnende Auslegung dieser Vorschrift erscheint deshalb nicht möglich [309]). Die GmbH ist also grundsätzlich zur Aufgabe des Konkurrenzunternehmens verpflichtet. Damit ist nicht gesagt, daß die Einwilligung nicht auch stillschweigend erteilt werden kann [310]). Beweispflichtig hierfür ist aber in jedem Fall die GmbH [311]). Wird die GmbH von dem Wettbewerbsverbot des § 112 Abs. I HGB befreit, so empfiehlt es sich, hierüber eine ausdrückliche Bestimmung in den GmbH & Co.-Gesellschaftsvertrag aufzunehmen [312]). Andernfalls ist es zweckmäßig, bei der bei der Gründung der GmbH & Co. sowieso meist notwendigen Änderung der Satzung der GmbH [313]) den „Gegenstand des Unternehmens" der GmbH dahin zu berichtigen, daß er nicht in Widerspruch zu § 112 Abs. I HGB steht.

Das Wettbewerbsverbot der §§ 161 Abs. II, 112 Abs. I HGB gilt nicht für die Geschäftsführer und Gesellschafter der GmbH, da nicht sie, sondern die GmbH Gesellschafter der GmbH & Co. ist. Zwischen der GmbH & Co. und den Geschäftsführern und Gesellschaftern der GmbH bestehen auch keine Rechtsbeziehungen, aus denen sich eine besondere Treuepflicht der Genannten der GmbH & Co. gegenüber ergeben könnte. Man wird aber annehmen müssen, daß die GmbH auf Grund ihrer gesellschaftlichen Treuepflicht verpflichtet ist, soweit wie möglich auf ihre Geschäftsführer und

---

307) Vgl. Baumbach-Duden, Anm. A zu § 165.
308) Bei Baumbach-Duden, Anm. 1 C zu §§ 112/113.
309) So zB RGRK-Weipert, Anm. 3 zu § 112; Schlegelberger-Geßler, Anm. 8 zu § 112; ferner Lüdtke-Handjery, BB 1973, 69 f.
310) Vgl. Schlegelberger-Geßler, Anm. 8 zu § 112.
311) Vgl. Schlegelberger-Geßler, Anm. 8 zu § 112.
312) Vgl. hierzu Köhler, Steuerberater-Jahrbuch 1954/55, 263.
313) Vgl. S. 49 d. A.

Gesellschafter hinzuwirken, daß diese keine Handlungen vornehmen, die der GmbH & Co. Schaden bringen können. Die GmbH ist hierzu in der Lage, da die Geschäftsführer zwar nicht auf Grund eines gesetzlichen Wettbewerbsverbots, wohl aber auf Grund ihrer Treuepflicht der GmbH gegenüber verpflichtet sind, alle Handlungen zu unterlassen, die sich mit den Pflichten eines Geschäftsführers nicht vertragen [314]). Hierzu kann ein Wettbewerb gegen die GmbH & Co. gehören, da hierin praktisch auch ein Wettbewerb gegen die GmbH liegt. Für die Gesellschafter der GmbH, insbesondere für diejenigen, die infolge der Höhe ihrer Beteiligung einen wesentlichen Einfluß auf die GmbH haben, besteht eine ähnliche, wenn auch schwächere gesellschaftliche Treuepflicht [315]).

Für die Kommanditisten findet § 112 Abs. I HGB gemäß § 165 HGB keine Anwendung. Aus der den Kommanditisten wie jedem anderen Gesellschafter obliegenden Gesellschaftstreue ergibt sich jedoch, daß sie in ihrem außergeschäftlichen Verhalten auf die Belange der Gesellschaft Rücksicht zu nehmen haben [316]). Wieweit diese Rücksichtnahme geht, bestimmt sich nach dem Einfluß der Kommanditisten auf die Geschäftsführung der GmbH & Co. Selbstverständlich kann den Kommanditisten durch den Gesellschaftsvertrag ein Wettbewerbsverbot nach Maßgabe des § 112 Abs. I HGB auferlegt werden [317]). Hierbei ist jedoch § 1 GWB zu beachten [318]).

---

[314]) Vgl. Baumbach-Hueck, Anm. 2 Anhang nach § 35; Scholz, Anm. 8 zu § 35.

[315]) Ob und inwieweit eine Treuepflicht der Gesellschafter der GmbH anzuerkennen ist, ist sehr bestritten. Wenn das RG in RGZ 146, 71 (76) und 385 (395) sogar bei der AG eine Treuepflicht der Aktionäre gegenüber der Gesellschaft annimmt, so muß man dies erst recht für die Gesellschafter der GmbH bejahen, da hier die Beziehungen zu der Gesellschaft wesentlich engere sind. Vgl. Baumbach-Hueck, Ueb. vor § 13, 2 B. Für den Umfang der Treuepflicht wird man es auf die Ausgestaltung der GmbH im Einzelfall (Zahl der Gesellschafter, Höhe der Beteiligung usw.) abzustellen haben. Vgl. hierzu Schumann, 386: „Je stärker eine GmbH auf dem gegenseitigen Vertrauen der Gesellschafter aufgebaut und je mehr das persönliche Element von Einfluß ist, um so mehr müssen sich die Pflichten verdichten, und sie können bei einer kleinen von der Mitarbeit weniger Gesellschafter getragenen GmbH nicht anders zu einer echten Treuepflicht der Gesellschafter erwachsen als bei einer OHG."

[316]) Vgl. RGRK-Weipert, Anm. 5 zu § 165; Baumbach-Duden, Anm. B zu § 165.

[317]) Vgl. Baumbach-Duden, Anm. B zu § 165.

[318]) Zu dem Problemkreis gesellschaftsrechtliche Wettbewerbsverbote und Kartellrecht vgl. BGH v. 6. 12. 62, NJW 1963, 646 ff. = BB 1963, 250 ff.

6. Buchführung und Bilanzierung

Es wurde bereits betont, daß durch die Beteiligung einer GmbH an einer Kommanditgesellschaft die Selbständigkeit der GmbH als solcher nicht berührt wird. GmbH und GmbH & Co. sind getrennte Unternehmen, sie haben also ihre eigene Buchführung und ihren eigenen Jahresabschluß [319]).

Für die Buchführung und Bilanzierung der GmbH & Co. gelten die §§ 38 ff. HGB. Es sollen hierbei die in dem Erlaß des Reichswirtschaftsministers v. 11. 11. 37 für die gewerbliche Wirtschaft aufgestellten Richtlinien befolgt werden [320]). Nach Ziff. II 8 dieses Erlasses ist für die Gliederung der Bilanz die sinngemäße Anwendung des § 131 AktG (1937) erwünscht. Die Bewertung richtet sich nach § 40 HGB. In der Praxis ist jedoch durch die Grundsätze ordnungsmäßiger Buchführung und die steuerlichen Bestimmungen über die Bilanzkontinuität eine weitgehende Anpassung an die aktienrechtlichen Bewertungsvorschriften des § 133 AktG (1937) erfolgt [321]).

Die GmbH hat ihren Jahresabschluß nach §§ 41, 42 GmbHG aufzustellen. In der Bilanz erscheint die Beteiligung an der GmbH & Co. auf der Aktivseite unter dem Anlagevermögen als ein Posten [322]). Denn zu den Aktiven der GmbH gehört nur der Anteil an der GmbH & Co. als einheitliches Vermögensobjekt, nicht aber ein Anteil an den einzelnen Aktiven der GmbH & Co.

Beispiel:

Bilanz der GmbH

Aktiva		Passiva	
Beteiligung an der GmbH & Co.	10 000 DM	Kapital	20 000 DM
Kasse	10 000 DM		

Bilanz der GmbH & Co.

Aktiva		Passiva	
Anlagevermögen	70 000 DM	Einlage der GmbH	10 000 DM
Umlaufvermögen	30 000 DM	Kommanditeinlagen	90 000 DM

Ein etwaiger Anspruch der GmbH auf Ausschüttung des ihr zustehenden Anteils am Jahresgewinn der GmbH & Co. ist auf der Aktivseite der

---

[319]) Vgl. hierzu Ritter, NWB Fach 18, GmbH & Co., 88; Zintzen, GmbH-Rdsch. 1950, 117; Brönner, GmbH-Rdsch. 1952, 146; Priese, BB 1953, 793 (Anm. 7); Köhler, Steuerberater-Jahrbuch 1954/55, 266; Böttcher, RWP-Blattei, 4 Wi-R, D Unternehmensformen, Einzelfragen 2, III 3.

[320]) Abgedruckt bei Schlegelberger-Hildebrandt vor § 38.

[321]) So Zintzen, GmbH-Rdsch. 1950, 117.

[322]) Vgl. § 131 Abs. I A II 6 AktG (1937) = § 151 Abs. I A II B 1 AktG (1965): „Beteiligungen".

Bilanz unter dem Umlaufvermögen aufzuführen [323]). Der Gewinnanteil darf in der Bilanz aber nur ausgewiesen werden, wenn er in dem Zeitpunkt, der für die Bilanzaufstellung der GmbH maßgebend ist, rechtlich bereits zum Vermögen der GmbH gehört, dh. also bei der GmbH & Co. bilanzmäßig festgestellt ist [324]). Das folgt aus §§ 39, 40 HGB. Den in diesen Vorschriften enthaltenen Grundsätzen würde es widersprechen, wenn man in die Bilanz als Aktiva solche Werte einstellen würde, die der Gesellschaft rechtlich noch nicht zustehen [325]).

Je nachdem, ob sich das Geschäftsjahr der GmbH & Co. mit dem Geschäftsjahr der GmbH deckt oder vor bzw. nach dem Geschäftsjahr der GmbH endet, ist zu unterscheiden [326]):

a) Deckt sich das Geschäftsjahr der GmbH mit dem Geschäftsjahr der GmbH & Co., zB bei beiden Gesellschaften ist das Geschäftsjahr das Kalenderjahr (das wird der Normalfall sein), so dürfte bei wörtlicher Auslegung der oben dargelegten Grundsätze der Anspruch der GmbH auf Ausschüttung des ihr zustehenden Gewinnanteils nur dann in die am Ende des Geschäftsjahres aufzustellende Bilanz der GmbH aufgenommen werden, wenn am Bilanzstichtag das Bestehen eines Gewinns bei der GmbH & Co. bereits bilanzmäßig festgestellt ist, was praktisch kaum der Fall sein wird. Diese Auslegung wäre aber zu eng. Es muß genügen, wenn der Jahresabschluß der GmbH & Co. und damit auch die Gewinnfestsetzung vor Beendigung des Abschlusses der GmbH vorgenommen ist [327]). Denn der Abschluß der GmbH & Co. erfolgt rückwirkend auf den Abschlußstichtag der GmbH & Co., der auch Abschlußstichtag der GmbH ist; der Gewinnanteil der GmbH gehörte somit am Abschlußstichtag der GmbH rechtlich bereits zum Vermögen der GmbH [328]).

Ist dagegen das Bestehen eines Gewinns bei der GmbH & Co. vor Beendigung des Abschlusses der GmbH noch nicht bilanzmäßig festgestellt, so darf auch nicht der voraussichtliche Gewinnanteil der GmbH in der Bilanz der GmbH ausgewiesen werden. Der Gewinnanteil kann erst in die Bilanz des nächsten Geschäftsjahres aufgenommen werden, falls bis dahin die Ausschüttung noch nicht erfolgt ist [329]).

---

[323]) Vgl. § 131 Abs. I A III 9 AktG (1937) = § 151 Abs. I A III B 10 AktG (1965): „Forderungen an verbundene Unternehmen".

[324]) Falls vorgesehen, muß auch der Gewinnverteilungsbeschluß gefaßt sein.

[325]) So das RG II 315/24 v. 23. 10. 25, RGZ 112, 23; Teichmann-Köhler, Anm. 4 c zu § 131.

[326]) Vgl. hierzu Hesselmann, GmbH-Rdsch. 1957, 109 f.

[327]) So auch Teichmann-Köhler, Anm. 4 c zu § 131; aA anscheinend das RG II 315/24 v. 23. 10. 25, RGZ 112, 23.

[328]) So auch Lange, NWB Fach 18, 355.

[329]) So auch Lange, NWB Fach 18, 355.

b) Endet das Geschäftsjahr der GmbH & Co. vor dem Geschäftsjahr der GmbH, so gilt das unter a) Gesagte entsprechend. Der Anteil der GmbH am Gewinn der GmbH & Co. ist also in die Bilanz der GmbH aufzunehmen, wenn am Abschlußstichtag der GmbH die Gewinnfestsetzung bei der GmbH & Co. schon erfolgt war oder jedenfalls vor Beendigung des Abschlusses der GmbH noch erfolgt ist.

c) Endet das Geschäftsjahr der GmbH & Co. später als das Geschäftsjahr der GmbH, so darf die GmbH ihren Gewinnanteil selbst dann nicht in die Bilanz aufnehmen, wenn die Gewinnfestsetzung bei der GmbH & Co. noch vor Beendigung des Abschlusses der GmbH erfolgt ist. Denn die Gewinnfestsetzung erfolgt auf den Abschlußstichtag der GmbH & Co. und nicht auf den früheren Abschlußstichtag der GmbH. Am Abschlußstichtag der GmbH gehörte somit der Anteil der GmbH am Gewinn der GmbH & Co. rechtlich noch nicht zum Vermögen der GmbH. Der Gewinnanteil kann erst in der Bilanz des Geschäftsjahres der GmbH ausgewiesen werden, in dem das Geschäftsjahr der GmbH & Co. endet [330]).

Die Gewinn- und Verlustrechnung der GmbH enthält lediglich ihre eigenen Aufwendungen, wie zB die Gehälter für ihre Angestellten, Zinsen für Fremdkapital usw. Diesen Aufwendungen stehen die eigenen Erträge gegenüber, die in der Regel nur in dem Anteil am Gewinn der GmbH & Co. und einer etwaigen besonderen Vergütung für die Tätigkeit der GmbH als geschäftsführender Gesellschafter der GmbH & Co. bestehen werden.

Wird eine Bank in der Rechtsform der GmbH & Co. betrieben, so ist sie nicht zur Veröffentlichung ihrer Bilanzen verpflichtet. Die Vorschrift des § 41 Abs. IV GmbHG gilt für die GmbH & Co. als Kommanditgesellschaft nicht. Eine andere Frage ist es, ob der persönlich haftende Gesellschafter der GmbH & Co., die GmbH, ihre Bilanzen veröffentlichen muß. Ich möchte auch für sie eine Anwendung des § 41 Abs. IV GmbHG ablehnen, da ihr Gegenstand nicht „der Betrieb von Bankgeschäften" ist, sondern die Beteiligung an einem Unternehmen, das den Betrieb von Bankgeschäften zum Gegenstand hat.

7. Die Gewinn- und Verlustverteilung

Es wäre wenig sinnvoll, die recht unterschiedliche Gestaltung der Gewinn- und Verlustverteilung und des Entnahmerechts an Hand von Beispielen aus der Praxis darzustellen, da besonders das Entnahmerecht den

[330]) Steuerlich kommt der Gewinnanteil der GmbH aus der Beteiligung an der GmbH & Co. bei der GmbH im Ergebnis des Wirtschaftsjahres zum Ausdruck, das am Bilanzstichtag der GmbH & Co. läuft; so BFH I 231, 232/62 U v. 30. 9. 64, BStBl. III 1965, 54 = StRK KStG § 5 R. 9.

Erfordernissen des Einzelfalls anzupassen ist und aus diesem Grunde allgemeingültige Vorschläge nicht gemacht werden können. Es soll deshalb nur das allen oder einem Teil der üblichen Gesellschaftsverträge Gemeinsame herausgegriffen und der — weitgehend nachgiebigen — gesetzlichen Regelung gegenübergestellt werden.

Nach §§ 168 Abs. I, 121 Abs. I u. II HGB erhält jeder Gesellschafter einer Kommanditgesellschaft aus dem Gewinn des Geschäftsjahres zunächst eine Vordividende von 4 vH seines Kapitalanteils, bei geringerem Gewinn entsprechend weniger. Der verbleibende Gewinn oder der Verlust ist nach einem „den Umständen nach angemessenen Verhältnis der Anteile" zu verteilen (§ 168 Abs. II HGB).

Damit die Gewinnverteilung auch steuerrechtlich anerkannt wird, muß sie so geregelt werden, daß sie der Tätigkeit, dem Haftungsrisiko und der Kapitaleinlage der einzelnen Gesellschafter innerhalb der GmbH & Co. Rechnung trägt [331]). Wird die Gewinnverteilung wirtschaftlich den Leistungen der Gesellschafter nicht gerecht, so kann „ein Mißbrauch von Formen und Gestaltungsmöglichkeiten des bürgerlichen Rechts" im Sinne des § 6 StAnpG vorliegen und dementsprechend dem Gewinnverteilungsschlüssel die steuerliche Anerkennung versagt werden. Erhält die GmbH einen nicht angemessenen zu niedrigen Gewinnanteil, so kann hierin — selbst wenn die Voraussetzungen des § 6 StAnpG nicht gegeben sein sollten — eine verdeckte Gewinnausschüttung zugunsten der Kommanditisten gesehen werden, wenn diese gleichzeitig Gesellschafter der GmbH sind [332]).

Eine vom Gesellschaftsvertrag abweichende steuerliche Gewinnverteilung kommt allerdings nur in Betracht, wenn die gegen die Angemessenheit der Gewinnverteilung sprechenden steuerlichen Bedenken zu einer wesentlich anderen Verteilung führen würden [333]).

Die GmbH muß zunächst eine Vergütung für ihre Tätigkeit als geschäftsführender Gesellschafter der GmbH & Co. erhalten. Es ist ausreichend, wenn ihr von der GmbH & Co. vorweg die tatsächlichen Ausgaben für die Geschäftsführung erstattet werden. Dem könnte zwar entgegengehalten werden, daß sich im wirtschaftlichen Leben niemand für eine Geschäftsführung mit der Erstattung seiner Auslagen zufriedengibt, demnach eine verdeckte Gewinnausschüttung an die Kommanditisten

---

[331]) So ausdrücklich der BFH in seinen Urteilen IV 246/50 S v. 22. 8. 51, BStBl. III 1951, 181 = StRK StAnpG § 5 R. 3 = Anhang III Nr. 1 und IV R 139/67 v. 15. 11. 67, BStBl. II 1968, 152 = StRK EStG § 15 Ziff. 2 R. 20 = B 1968, 334 = Anhang III Nr. 6.

[332]) Näheres zu diesem Problem auf S. 141 ff. d. A.

[333]) So BFH VI R 279/66 v. 25. 4. 68, BStBl. II 1968, 741 = StRK EStG § 15 Ziff. 2 R. 27; vgl. auch Schuhmann, GmbH-Rdsch. 1971, 166 ff.

vorliegen würde, wenn diese gleichzeitig Gesellschafter der GmbH sind. Dieser Einwand ist aber nicht schlüssig. Es ist zwar richtig, daß eine natürliche Person als persönlich haftender Gesellschafter im allgemeinen eine Vorwegvergütung für die Geschäftsführung erhält. Während bei einer natürlichen Person aber Geschäftsführung und Kapitalbeteiligung in einer Hand liegen, ist dies bei einer GmbH als persönlich haftender Gesellschafter wirtschaftlich nicht der Fall. Die GmbH übt die Geschäftsführung nicht selbst aus, sondern läßt sie durch ihre Geschäftsführer ausführen. Geschäftsführung und Kapitalbeteiligung fallen also hier auseinander. Demzufolge muß es ausreichend sein, wenn die Geschäftsführer von der GmbH & Co. über die GmbH für die Geschäftsführung der GmbH & Co. bezahlt werden und die GmbH ihren Gewinnanteil entsprechend ihrer Kapitaleinlage erhält [334]).

Von einer besonderen Vergütung für die unbeschränkte Haftung der GmbH kann in der Praxis im allgemeinen abgesehen werden. Zwar haftet auch eine GmbH als persönlich haftender Gesellschafter unbeschränkt, dh. mit ihrem ganzen Vermögen; soweit die GmbH aber ihr ganzes Vermögen oder den größten Teil ihres Vermögens als Kapitaleinlage in die GmbH & Co. einbringt, ist ein besonderes Haftungsrisiko nicht gegeben [335]). Eine Risikoprämie käme also nur dann in Betracht, wenn das Haftungsrisiko der GmbH ihre Kapitaleinlage wesentlich übersteigt [336]), es sei denn, daß die GmbH im Innenverhältnis von der Haftung freigestellt wird. Von einer Haftungsfreistellung ist aber abzuraten, da die Gläubiger der GmbH einen solchen Erstattungsanspruch gegen die Kommanditisten pfänden und sich überweisen lassen könnten, was zu einer unbegrenzten Haftung der Kommanditisten führen würde [337]).

Liegt ein besonderes Haftungsrisiko vor, so könnte man die Vergütung entsprechend einer banküblichen Avalprovision (1 bis 3 vH) auf denjeni-

---

[334]) Im Ergebnis ebenso BFH IV R 139/67 v. 15. 11. 67, BStBl. II 1968, 152 = StRK EStG § 15 Ziff. 2 R. 20 = B 1968, 334 = Anhang III Nr. 6; Barth, GmbH-Rdsch. 1967, 55 f.; Esch, B 1967, 569; Herrmann-Heuer, Anm. 29 b zu § 15 EStG; Krollmann, B 1968, 1235; Thiel, B 1968, 1871. AA Rückert, B 1966, 1945.

[335]) Ähnlich Barth, GmbH-Rdsch. 1967, 54; Esch, B 1967, 570; Heinze, B 1967, 263; Herrmann-Heuer, Anm. 29 b zu § 15 EStG; demgegenüber halten Henninger, GmbH-Rdsch. 1959, 138 und Rückert, B 1966, 1945 in jedem Fall eine Risikoprämie für erforderlich. Das würde aber bedeuten, daß auch die Kommanditisten in Höhe ihrer Kommanditeinlagen, also soweit ihr Haftungsrisiko reicht, eine Risikoprämie erhalten müßten.

[336]) So BFH IV R 139/67 v. 15. 11. 67, BStBl. II 1968, 152 = StRK EStG § 15 Ziff. 2 R. 20.

[337]) Siehe hierzu S. 109 d. A; vgl. auch Kormann, B 1972, 696.

gen Teil des Gesamtvermögens der GmbH berechnen, der über die Kapitaleinlage der GmbH bei der GmbH & Co. hinausgeht [338]), wobei allerdings als Obergrenze der Betrag der ungesicherten Schulden anzusetzen wäre [339]).

Der nach einer angemessenen Verzinsung der Privat- und Darlehenskonten der Gesellschafter verbleibende Gewinn wird meist so verteilt, daß zunächst jeder Gesellschafter — entsprechend der gesetzlichen Regelung — eine Vordividende auf sein Kapitalkonto erhält. Der restliche Gewinn oder der Verlust wird nach dem Verhältnis der Kapitaleinlagen verteilt.

Ist die GmbH nicht mit einer Kapitaleinlage an der GmbH & Co. beteiligt, sondern stellt sie — was zulässig ist — nur ihre Arbeitskraft zur Verfügung, so wird man es nicht als ausreichend ansehen können, wenn ihr allein die tatsächlichen Ausgaben für die Geschäftsführung der GmbH & Co. erstattet werden [340]). Denn eine GmbH, deren Gesellschafter im Verhältnis zu den Kommanditisten Dritte sind, würde sich an der GmbH & Co. ohne echte Gewinnbeteiligung nicht beteiligen. Wie bereits oben ausgeführt wurde, liegt es anders, wenn eine Kapitalbeteiligung der GmbH erfolgt, vorausgesetzt, daß diese nicht ganz geringfügig ist. Auch eine GmbH, deren Gesellschafter im Verhältnis zu den Kommanditisten Dritte sind, würde hier in einer der Kapitalbeteiligung entsprechenden Gewinnbeteiligung einen ausreichenden Ersatz dafür sehen, daß nur die tatsächlichen Ausgaben für die Geschäftsführung der GmbH & Co. erstattet werden und daneben keine besondere Vergütung für die Tätigkeit als solche gewährt wird.

Nachdem der BFH mit seinem Urteil v. 15. 11. 67 [340a]) die Angemessenheit der Gewinnbeteiligung einer geschäftsführenden GmbH großzügiger als bisher beurteilt hat, ergibt sich vielfach ein Interesse daran, bestehende Gewinnverteilungsabreden der neuen Rechtslage anzupassen. Ist der Gesellschaftsvertrag kündbar, so kann nach Kündigung eine der neueren Rechtsprechung entsprechende neue Verteilung der Gewinnquoten vereinbart werden. Für den Fall, daß eine Kündigungsmöglichkeit nicht oder

---

[338]) Ebenso Heinze, B 1967, 263; Kormann, B 1972, 696; Littmann, Inf. 1968, 300 f.; Sudhoff, GmbH-Rdsch. 1969, 265 f.; Weissenborn, BB 1969, 990 f. Nach einer Vfg. der OFD Hannover S 2241 — 12 — StH 231 v. 27. 5. 69, GmbH-Rdsch. 1970, 23 ist im allgemeinen von einer Avalprovision von 2 vH auszugehen.

[339]) Vgl. Sudhoff, GmbH-Rdsch. 1969, 265 f.

[340]) So Herrmann-Heuer, Anm. 29 b zu § 15 EStG; Lange, NWB Fach 18, 350; aA Thiel, B 1968, 1873.

[340a]) BFH IV R 139/67 v. 15. 11. 67, BStBl. II 1968, 152 = Anhang III Nr. 6.

noch nicht besteht, vertritt die Finanzverwaltung [340b]) die Auffassung, daß die Minderung der Gewinnquote der GmbH bei Identität zwischen GmbH-Gesellschaftern und Kommanditisten nur dann nicht als verdeckte Gewinnausschüttung zu beurteilen ist, wenn die Änderung auch unter Fremden vereinbart würde [340c]). Dem kann nicht zugestimmt werden. Eine Änderung unter dem Gesichtspunkt eines Wegfalls der Geschäftsgrundlage ist auch dann mit steuerlicher Wirkung zuzulassen, wenn der Anteil der GmbH mit Rücksicht auf die frühere Rechtsprechung des BFH höher angesetzt worden ist, als jetzt vom BFH gefordert wird [340d]).

Der auf die einzelnen Gesellschafter entfallende Gewinn ist nach §§ 167, 120 Abs. II HGB ihren Kapitalanteilen zuzuschreiben, bei den Kommanditisten aber nur so lange, als ihr Kapitalanteil den Betrag der bedungenen Einlage nicht erreicht (§ 167 Abs. II HGB); der auf die einzelnen Gesellschafter entfallende Verlust ist ihren Kapitalanteilen abzuschreiben [341]).

In Abweichung von dieser gesetzlichen Regelung ist vielfach in Gesellschaftsverträgen vorgesehen, daß der Gewinnanteil der einzelnen Gesellschafter nicht laufend ihrem Kapitalkonto zugeschrieben, sondern auf ein Privat- oder Darlehnskonto umgebucht wird. Das Kapitalkonto wird damit zu einer feststehenden Größe und entspricht dem Geldwert der ursprünglichen Einlage. Eine Erhöhung dieser Festeinlagen kann ähnlich wie bei den Kapitalgesellschaften nur durch einen Beschluß der Gesellschafterversammlung herbeigeführt werden.

Abschließend sollen 3 Beispiele für die Gestaltung der Gewinn- und Verlustverteilung und des Entnahmerechts wiedergegeben werden.

Die Regelung im 1. Beispiel mag recht kompliziert erscheinen. Sie schafft aber einen besonders glücklichen Ausgleich zwischen den Bedürfnissen der Gesellschafter und den Interessen des Unternehmens:

„(1) Vor Feststellung des Jahresergebnisses (Gewinn oder Verlust) sind die Aufwendungen des persönlich haftenden Gesellschafters sowie die Zinsen zu verbuchen, die den Gesellschaftern auf Privatkonten — Abs. (5) — oder Darlehenskonten — Abs. (6) — zustehen oder von ihnen zu zahlen sind.

(2) Verbleibt nach Verbuchung dieser Beträge ein Ertragsüberschuß, so sind die Festeinlagen der Gesellschafter, soweit der Überschuß dazu ausreicht, mit 8 vH für das Jahr zu verzinsen, anderenfalls entsprechend niedriger.

[340b]) Koordinierter Ländererlaß v. 13. 4. 70, DStZ/B 1970, 194.

[340c]) Ähnlich FG Düsseldorf V 163/71 F v. 15. 5. 72, zitiert in GmbH-Rdsch. 1972, 140 (nicht rechtskräftig); ferner Lersch-Schaaf, GmbH-Rdsch. 1972, 237.

[340d]) Siehe auch S. 142 d. A; ebenso Deininger, B 1970, 1458; ähnlich Dornfeld, GmbH-Rdsch. 1972, 140 ff.; dagegen Nissen, B 1971, 2230.

[341]) Dabei können sich auch negative Kapitalkonten ergeben; vgl. Henze, 31; Herrmann-Heuer, Anm. 29a zu § 15 EStG. AA, jedoch ohne schlüssige Begründung, Fetsch, 50; Söffing, Information 1971, 551 ff.

(3) Der Gewinn oder Verlust wird auf die Gesellschafter nach folgendem Schlüssel (Beteiligungsquoten) verteilt: . . . .

Verändert sich durch Abtretung von Kommanditanteilen oder aus anderen Gründen das Verhältnis der Festeinlagen zueinander, so sind die Beteiligungsquoten entsprechend zu berichtigen.

(4) Werden die der Ertragsverteilung zugrunde liegenden Ansätze eines Jahresabschlusses — Abs. (1) bis (3) — nachträglich bei einer Steuerveranlagung oder auf Grund einer Betriebsprüfung rechtskräftig geändert, so treffen die Differenzen ausschließlich den persönlich haftenden Gesellschafter. Den weiteren Jahresabschlüssen sind die berichtigten Ansätze zugrunde zu legen.

Sollten aus vorstehenden Bestimmungen dieses Absatzes grobe Unbilligkeiten entstehen, so entscheidet die Gesellschafterversammlung unter Ausschluß des Rechtsweges endgültig, wie ein Ausgleich zu erfolgen hat. Für die Feststellung, daß eine grobe Unbilligkeit vorliegt, ist ein Drittel der Stimmen aller Gesellschafter erforderlich und ausreichend.

(5) Auf die einzelnen Gesellschafter entfallende Gewinnanteile werden diesen, soweit sie nicht zur Auffüllung der durch Verlust angegriffenen Festeinlagen dienen — Abs. (7) —, grundsätzlich auf ein jederzeit verfügbares und seitens der Gesellschaft jederzeit rückzahlbares, mit 1 vH über dem Diskont der Deutschen Bundesbank verzinsliches Privatkonto gutgeschrieben.

(6) Der persönlich haftende Gesellschafter hat aber das Recht, einen Teil der Gewinne zugunsten der Gesellschaft befristet einzubehalten und auf besonderen Darlehenskonten den Berechtigten gutzubringen. Hierfür gelten die nachfolgenden Vorschriften:

a) Zunächst erhält jeder Gesellschafter einen gleichen Prozentsatz seines Gewinnanteils auf Privatkonto gutgeschrieben, der es ihm ermöglicht, die auf seiner Beteiligung und seinem Beteiligungsertrag ruhenden Steuern auf Kapital und Einkommen zu bezahlen. Für die Bestimmung dieses Prozentsatzes ist gleichmäßig die nach den Steuerstaffeln höchstmögliche Belastung, jedoch ohne Berücksichtigung des Lastenausgleichs, maßgebend.

b) Von dem verbleibenden Rest der Gewinnanteile ist mindestens die Hälfte gleichfalls auf Privatkonto zur freien Verfügung der Gesellschafter zu überführen. Dagegen kann die andere Hälfte ganz oder teilweise — aber bei allen Gesellschaftern prozentual gleichmäßig — statt auf Privatkonto auf besondere Darlehenskonten übertragen werden, die mit 10 vH für das Jahr zu verzinsen sind. Die Gesellschafterversammlung kann die Laufzeit dieser Darlehen beschließen; sie darf jedoch drei Jahre nicht übersteigen. Nach Ablauf der Darlehenszeit sind Guthaben auf die jederzeit frei verfügbaren Privatkonten der einzelnen Gesellschafter zu übertragen.

c) Hat ein Gesellschafter kein Guthaben auf Privatkonto, so kann er auch zu Lasten dieser Darlehenskonten vor Ablauf der Darlehenszeit Abhebungen machen, insoweit er der Geschäftsführung nachweist, daß er diese Beträge für die Zahlung von Erbschaftsteuer oder von Prämien für Erbschaftsteuerversicherung verwendet, gleichgültig inwieweit die Erbschaftsteuer mit der Geschäftsbeteiligung zusammenhängt.

d) Die Bestimmungen zu c) gelten bei einem treuhänderisch eingetragenen Kommanditisten sinngemäß für die von ihm der Gesellschaft angezeigten Treugeber.

(7) Auf die einzelnen Gesellschafter entfallende Verlustanteile werden diesen auf Festeinlagekonto belastet.

(8) Solange eine Kommanditeinlage nicht voll eingezahlt oder durch Verlustanteile gemindert ist, werden die Gewinnanteile nach Abzug der auf ihnen ruhenden Einkommen- und Vermögensteuern zur Auffüllung der Festeinlage mit der Maßgabe einbehalten, daß die Belastungen nach der zeitlichen Reihenfolge ausgeglichen werden.

Ist im Falle des Abs. (7) eine Belastung innerhalb von fünf Jahren durch einbehaltenen Gewinn oder Einzahlung nicht ausgeglichen, so werden die Kapital- und Ertragsquoten der nicht ausgeglichenen Belastung entsprechend herabgesetzt. Diese Folge tritt, ohne daß es eines Beschlusses bedarf, mit Wirkung vom Beginn des 7. Geschäftsjahres ein, nach dem die Belastung entstanden und nicht ausgeglichen ist. Bis zum Ablauf des 6. Geschäftsjahres kann die Herabsetzung noch und nur durch Einzahlung abgewendet werden. Die Ertragsquoten der übrigen Gesellschafter erhöhen sich automatisch nach dem Verhältnis ihrer bisherigen Beteiligung."

„(1) Vor Feststellung des Jahresertrages (Gewinn oder Verlust) sind über Unkosten als Aufwand die Auslagen des persönlich haftenden Gesellschafters sowie Zinsen, die den Gesellschaftern auf Darlehenskonten zustehen, zu verbuchen.

(2) Der sich ergebende Gewinn wird auf alle Gesellschafter im Verhältnis ihrer Festeinlagen verteilt.

50 vH des auf jeden Gesellschafter jährlich entfallenden Gewinnanteils werden, soweit der persönlich haftende Gesellschafter nicht einen geringeren Prozentsatz für erforderlich hält, auf einem für jeden Gesellschafter zu errichtenden Darlehenskonto gutgeschrieben, das bis auf weiteres mit 3 vH über dem jeweiligen Bundesbank-Diskontsatz zu verzinsen ist. Von seiten der Gesellschafter sind die Darlehen unkündbar. Der persönlich haftende Gesellschafter ist berechtigt, die auf den Darlehenskonten gutgeschriebenen Beträge ganz oder teilweise mit einer Frist von sechs Monaten auf den Schluß eines Geschäftsjahres zu kündigen. Die Kündigung hat durch eingeschriebenen Brief zu erfolgen, der spätestens am 30. Juni zur Post gegeben sein muß. Werden die Darlehen nicht in voller Höhe gekündigt, so darf allen Gesellschaftern gegenüber nur ein gleicher Prozentsatz der auf den Darlehenskonten gutgeschriebenen Beträge aufgekündigt werden.

Mindestens 50 vH des auf jeden Gesellschafter entfallenden Gewinnanteils werden auf einem für jeden Gesellschafter zu errichtenden Privatkonto gutgeschrieben, das nicht zu verzinsen ist.

Eine Änderung des Zinssatzes der Darlehenskonten bedarf eines Beschlusses der Gesellschafterversammlung, der nicht ohne Zustimmung der GmbH gefaßt werden kann.

(3) Ergibt sich ein Verlust, so wird dieser ebenfalls nach dem Verhältnis der Festeinlagen auf die einzelnen Gesellschafter verteilt und deren Festeinlagekonten belastet. Spätere Gewinne dienen in Abweichung von Abs. (2) zuerst der Wiederauffüllung der Festeinlagekonten."

„(1) Vor der Feststellung des Jahresertrages (Gewinn oder Verlust) sind über Unkosten als Aufwand die Auslagen des persönlich haftenden Gesellschafters sowie Zinsen, die den Gesellschaftern auf Privatkonten zustehen, zu verbuchen.

(2) Von dem verbleibenden Gewinn sind jährlich 5 vH einer Rücklage zuzuführen, bis diese 50 vH des Gesellschaftskapitals erreicht. Die Gesellschafterversammlung kann mit der Mehrheit der abgegebenen Stimmen eine abweichende Regelung oder eine Auflösung der Rücklage beschließen. Der Beschluß kann nicht ohne Zustimmung der GmbH gefaßt werden.

(3) Der restliche Gewinn wird auf alle Gesellschafter im Verhältnis ihrer Festeinlagen verteilt und ihrem Privatkonto gutgeschrieben, das bis auf weiteres mit 2 vH über dem jeweiligen Bundesbankdiskontsatz zu verzinsen ist. Eine Änderung des Zinssatzes bedarf eines Beschlusses der Gesellschafterversammlung, der nicht ohne Zustimmung der GmbH gefaßt werden kann. Auf Verlangen des geschäftsführenden Gesellschafters ist das Privatkonto abzuheben; es wird von der Aufforderung zur Abhebung an nicht mehr verzinst.

(4) Ergibt sich ein Verlust, so wird dieser ebenfalls nach dem Verhältnis der Festeinlagen auf die einzelnen Gesellschafter verteilt und deren Festeinlagen belastet. Spätere Gewinne dienen zuerst der Wiederauffüllung der Festeinlagekonten."

III. Rechtsverhältnis der Gesellschafter zu Dritten

1. Die Vertretung der GmbH & Co.

Die Vertretung der GmbH & Co. liegt in der Hand der GmbH (§§ 161 Abs. II, 125 Abs. I HGB), die wiederum durch ihre Geschäftsführer vertreten wird (§ 35 Abs. I GmbHG). Die GmbH kann auch durch bei ihr bestellte Prokuristen vertreten werden [342]).

Die Vertretungsmacht kann der GmbH nur durch gerichtliche Entscheidung auf Antrag aller übrigen Gesellschafter der GmbH & Co. einschließlich der Kommanditisten entzogen werden, wenn ein wichtiger Grund vorliegt (§§ 161 Abs. II, 127 HGB). Hiervon zu trennen ist die Entziehung der Geschäftsführungsbefugnis (§§ 161 Abs. II, 117 HGB). Beide Maßnahmen werden jedoch in der Praxis meist miteinander verbunden. Die Entziehung der Vertretungsbefugnis ist auch dann zulässig, wenn die GmbH einziger vertretungsberechtigter Gesellschafter der GmbH & Co. ist [343]). Die GmbH & Co. wird damit allerdings handlungsunfähig. Wird die Vertretung der Gesellschaft nicht anderweitig geregelt (zB durch Eintritt eines neuen persönlich haftenden Gesellschafters), so kann auf Antrag eines Gesellschafters die Auflösung der GmbH & Co. durch gerichtliche Entscheidung ausgesprochen werden, da ein wichtiger Grund iS des § 133 Abs. I HGB gegeben ist. Wird von seiten der Gesellschafter nichts unternommen, so muß das Registergericht die Amtslöschung nach § 142 FGG einleiten,

[342]) Vgl. OLG Hamm, Beschl. 15 W 283/67 v. 3. 7. 67, NJW 1967, 2163.

[343]) So die herrschende Meinung. Vgl. RG Rep. I 79/10 v. 24. 10. 10, RGZ 74, 298; BGH II ZR 260/59 v. 11. 7. 60, BGHZ 33, 105 ff.

weil eine Handelsgesellschaft ohne gesetzliche Vertreter unzulässig ist. § 142 FGG trifft zwar seinem Wortlaut nach nur auf den Fall der ursprünglichen Unzulässigkeit zu, ist aber ausdehnend auf den Fall der späteren Unzulässigkeit anzuwenden [344]).

Endet die Vertretungsbefugnis der GmbH, so verlieren gleichzeitig die Geschäftsführer der GmbH ihre Funktion als „mittelbare Vertreter" der GmbH & Co. Dagegen wird ihre Stellung als gesetzliche Vertreter der GmbH hierdurch nicht berührt.

Die Vertretungsmacht der GmbH erstreckt sich gemäß §§ 161 Abs. II, 126 Abs. I HGB auf alle gerichtlichen und außergerichtlichen Geschäfte und Rechtshandlungen einschließlich der Veräußerung und Belastung von Grundstücken sowie der Erteilung und des Widerrufs einer Prokura. Eine Beschränkung dieses gesetzlich festgelegten Umfangs der Vertretungsmacht ist — in völliger Unabhängigkeit vom Innenverhältnis — Dritten gegenüber unwirksam (§ 126 Abs. II HGB). Dasselbe gilt, wenn die GmbH ihrerseits den Umfang der Vertretungsmacht ihrer Geschäftsführer beschränkt. Die Geschäftsführer sind zwar der GmbH gegenüber verpflichtet, diesen Anweisungen Folge zu leisten (§ 37 Abs. I GmbHG), Dritten gegenüber hat eine derartige Beschränkung aber keine rechtliche Wirkung (§ 37 Abs. II GmbHG).

Überschreiten die Geschäftsführer der GmbH ihre Vertretungsbefugnisse, die der GmbH von der GmbH & Co. bzw. ihnen von der GmbH gesetzt sind, so werden Dritte also in jedem Fall durch § 126 Abs. II HGB und § 37 Abs. II GmbHG voll geschützt [344a]).

Die Kommanditisten sind zwingend von der Vertretung der GmbH & Co. ausgeschlossen (§ 170 HGB). Ihnen kann jedoch, ebenso wie anderen Personen, Prokura oder Handlungsvollmacht bei der GmbH & Co. erteilt werden. Dabei kann bestimmt werden, daß jeder Prokurist nur gemeinsam mit dem alleinvertretungsberechtigten Gesellschafter der GmbH & Co., der GmbH, handeln darf. Unzulässig ist jedoch eine Anordnung, daß die GmbH & Co. durch einen Prokuristen der GmbH & Co. und einen gesamtvertretungsberechtigten Geschäftsführer der GmbH vertreten wird. Hierdurch würde die rechtliche Selbständigkeit beider Gesellschaften durchbrochen werden [345]). Die Geschäftsführer der GmbH können jedoch ebenso wie die Prokuristen der GmbH gleichzeitig zu Prokuristen der GmbH & Co. bestellt werden.

---

[344]) RG II B 1/42 v. 16. 5. 42, RGZ 169, 147.

[344a]) Vgl. hierzu BGH VIII ZR 48/70 v. 27. 10. 71, BB 1971, 1477 f.; ferner Konow, GmbH-Rdsch.1972, 70 ff.

[345]) So OLG Hamburg, Beschl. 2 W 190/59 v. 15. 12. 60, GmbH-Rdsch. 1961, 128 f. mit zustimmender Anmerkung von Hesselmann.

2. Die Haftung der GmbH & Co. für Schäden, die die Geschäftsführer der GmbH bei ihrer Tätigkeit als „mittelbare Geschäftsführer" der GmbH & Co. Dritten zufügen

Aus der Organstellung der Geschäftsführer folgt, daß ihr Handeln Handeln der GmbH, ihr Verschulden Verschulden der GmbH ist [346]). Für die GmbH aber haftet die GmbH & Co. ebenso wie für eine natürliche Person in derselben Stellung:
bei zum Schadenersatz verpflichtenden Handlungen der GmbH, dh. ihrer Geschäftsführer, bei der Erfüllung von Verbindlichkeiten nach § 278 BGB, bei außervertraglichen zum Schadenersatz verpflichtenden Handlungen, die die GmbH, dh. ihre Geschäftsführer, in Ausführung der ihnen zustehenden Verrichtungen begehen, in entsprechender Anwendung des § 31 BGB [347]), nicht nach § 831 BGB, so daß ein Entlastungsbeweis unzulässig ist.

3. Die Schuldenhaftung, insbesondere die Frage der Haftung der „geschäftsführenden" Kommanditisten [348])

Für die Verbindlichkeiten der GmbH & Co. haftet den Gläubigern das Gesellschaftsvermögen; daneben haften die Gesellschafter der GmbH & Co. mit ihrem Privatvermögen als Gesamtschuldner persönlich (§§ 161 Abs. II, 128 HGB). Diese persönliche unmittelbare Haftung ist aber nur bei den Komplementären, also der GmbH, unbeschränkt, die Kommanditisten haften lediglich bis zur Höhe ihrer Hafteinlage. Soweit die Einlage geleistet ist, ist die Haftung ausgeschlossen (§ 171 Abs. I HGB) [349]). Nach § 172 Abs. IV HGB lebt die Haftung gegenüber den Gesellschaftsgläubigern aber insoweit wieder auf, als unter Abbedingung von § 169 Abs. I HGB Hafteinlagen zurückgezahlt worden sind. Der Kommanditist haftet nach §§ 172 Abs. IV, 171 Abs. I HGB auch dann nur bis zur Höhe der Haft-

[346]) So die herrschende Organtheorie im Gegensatz zu der Vertretertheorie. Vgl. Lehmann, Allg. Teil, § 59 III 2 u. § 60 III 3 c. Siehe auch S. 81 d. A.

[347]) So das RG in ständiger Rechtsprechung, vgl. zB RGZ 76, 48; Schlegelberger-Geßler, Anm. 25 zu § 126; Schumann, 249.
Nach Auffassung von Lehmann, Gesellschaftsrecht, 121 und Haupt, 49 hat sich die Anwendung des § 31 BGB gewohnheitsrechtlich durchgesetzt.

[348]) Zur Haftung vor der Eintragung im Handelsregister, § 176 HGB; vgl. dazu Hofmann, GmbH-Rdsch. 1970, 182 ff. und Limbach, GmbH-Rdsch. 1962, 165 ff.

[349]) Ein Kommanditist kann sich von seiner Haftung nach § 171 Abs. I HGB auch dadurch befreien, daß er die Gesellschaft von einer Verbindlichkeit entlastet, insbesondere mit einem vertraglichen Schadenersatzanspruch gegen die Gesellschaft aufrechnet; vgl. BGH, Urt. II ZR 222/67 v. 3. 3. 69, GmbH-Rdsch. 1969, 162 f.

summe, wenn ihm aus dem Gesellschaftsvermögen ein höherer Betrag ausgezahlt worden ist. Ist er zugleich Gesellschafter der GmbH, verstößt eine Auszahlung ebenfalls gegen das Verbot des § 30 Abs. I GmbHG, wenn sie aus dem Vermögen der GmbH & Co. erbracht wird und soweit hierdurch mittelbar das Vermögen der GmbH unter den Nennwert des Stammkapitals herabsinkt [349a]).

Wird eine OHG in eine GmbH & Co. und die Rechtstellung ihrer persönlich haftenden Gesellschafter in die von Kommanditisten umgewandelt, so können sich die Kommanditisten ausnahmsweise auf ihre Haftungsbeschränkung trotz Eintragung im Handelsregister gegenüber gutgläubigen Dritten dann nicht berufen, wenn zu den Gläubigern zur Zeit der Umwandlung langfristige, feste Geschäftsbeziehungen bestanden [349b]). Es empfiehlt sich daher in solchen Fällen bei gleichbleibender Firma, die Geschäftspartner von der Umwandlung zu unterrichten.

Weder haften den Gläubigern der GmbH & Co. die Gesellschafter der GmbH — sie sind keine Mitglieder der GmbH & Co. — noch die Geschäftsführer der GmbH [349c]); denn nicht sie, sondern die GmbH selbst ist geschäftsführender Gesellschafter der GmbH & Co.

Die Richtigkeit der hier vertretenen Auffassung, daß lediglich die GmbH den Gläubigern der GmbH & Co. unbeschränkt haften soll, wird man vielleicht aus folgenden Erwägungen in Frage stellen:

Der Gesetzgeber ist bei der unterschiedlichen Ausgestaltung der Haftung in der Kommanditgesellschaft offenbar davon ausgegangen, daß der Komplementär als leitender Unternehmer voll für den geschäftlichen Erfolg seiner Betätigung im Wirtschaftsverkehr einstehen soll, während bei dem Kommanditisten, der nur Repräsentant des von ihm zur Verfügung gestellten Kapitals ist und keinen maßgebenden Einfluß auf die Leitung des Unternehmens und damit auf das Unternehmerrisiko hat, eine beschränkte Haftung gerechtfertigt ist.

[349a]) So BGH II ZR 25/70 v. 29. 3. 73, NJW 1973, 1036 ff. = GmbH-Rdsch. 1973, 163 ff. = BB 1973, 580 ff.

[349b]) So BGH II ZR 170/69 v. 8. 5. 72, GmbH-Rdsch. 1972, 214 mit Anmerkung von Karsten Schmidt, GmbH-Rdsch. 1972, 237 f.

[349c]) Der Geschäftsführer der GmbH hat nach § 103 iV mit § 105 Abs. I AO die steuerlichen Pflichten der GmbH & Co. zu erfüllen. Nach § 109 AO haftet er ausnahmsweise persönlich, wenn durch seine Schuld Lohnsteuern verkürzt werden, vgl. BFH VI R 187/68 v. 21. 1. 72, BStBl. II 1972, 374 = StRK AO § 109 R. 28 = B 1972, 1416 f.

Aus dieser gesetzlichen Gestaltung folgert Müller-Erzbach[350]) und im Anschluß an ihn eine Reihe von Autoren[351]) sowie der Ausschuß für das Recht der Personalgesellschaften der Akademie für Deutsches Recht[352]) — teils schon für das geltende Recht[353]), teils de lege ferenda[354]) —, der Kommanditist müsse dann haftungsmäßig dem Komplementär gleichgestellt werden, wenn er an Stelle des Komplementärs Träger der Geschäftsführung ist und damit maßgebenden Einfluß auf die Leitung des Unternehmens gewinnt. Die Gesundheit des Wirtschaftslebens und das soziale Verantwortungsempfinden müßten leiden, wenn die Verantwortung des einzelnen weniger weit reichen würde als sein Einfluß. Das Recht dürfe deshalb eine haftungsbeschränkte Herrschaft nicht dulden[355]).

Um die Haftung der geschäftsführenden Kommanditisten zu begründen, ist nach der Meinung des Ausschusses für das Recht der Personalgesellschaften[356]) von dem Gesichtspunkt des Formenmißbrauchs auszugehen. Dieser soll dann gegeben sein, wenn die Kommanditisten — vielfach unter Vorschiebung eines vermögenslosen Komplementärs — die Unternehmensleitung an sich bringen, ohne daß es gerechtfertigt ist, daß die Beteiligten die Geschäftsführung in ihrer Eigenschaft als Kommanditisten und nicht in der vom Gesetzgeber dafür vorgesehenen Stellung als persönlich haftende Gesellschafter ausüben. Ein derartiges Verhalten stelle sich als ein Mißbrauch der Form der KG dar und verstoße gegen den wirtschaftsverfassungsrechtlichen Grundsatz, daß der leitende Unternehmer für den geschäftlichen Erfolg seiner Betätigung einstehen soll. Deshalb könne die beschränkte Haftung den Kommanditisten nicht zugute kommen[357]).

---

[350]) Die Haftung, 737 u. D. H., 233.

[351]) zB Haupt, 79; Boesebeck, 66 ff.; vgl. hierzu auch Schumann, 279.

[352]) Arbeitsbericht, 32 ff.

[353]) So zB Müller-Erzbach, D. H., 233; Haupt, 79. Dagegen BGH II ZR 282/63 v. 17. 3. 66, B 1966, 656 f.: „Ein Kommanditist haftet nicht schon dann unbeschränkt, wenn er wirtschaftlich gesehen der alleinige Inhaber des Handelsgeschäftes ist und der persönlich haftende Gesellschafter mittellos ist. Vielmehr müssen besondere Umstände vorliegen, wenn der Kommanditist in einem solchen Fall gehindert sein soll, sich auf die Haftungsbeschränkung zu berufen."

[354]) So zB Boesebeck, 66 ff.; Arbeitsbericht des Ausschusses für das Recht der Personalgesellschaften, 32 ff.

[355]) So Müller-Erzbach, Die Haftung, 737.

[356]) Arbeitsbericht, 36 f. Ähnlich zB Haupt, 79; Müller-Erzbach, Die Haftung, 737.

[357]) Vgl. zu der Frage der Haftung der geschäftsführenden Kommanditisten die Dissertation von H. J. Müller, Die Haftung des Kommanditisten im deutschen, französischen und englischen Recht, die einen ausgezeichneten Überblick über diesen Problemkreis gibt.

Zahlreichen ausländischen Rechtsordnungen, insbesondere dem französischen und englischen Recht, ist die unbeschränkte Haftung des an der Unternehmensleitung beteiligten Kommanditisten bekannt [358]).

Kehren wir zum Ausgangspunkt unserer Betrachtung zurück, so erhebt sich die Frage: Sind die von der Literatur entwickelten Grundsätze über die Haftung der geschäftsführenden Kommanditisten auch auf den Fall der GmbH & Co. anzuwenden?

Dies wird von einigen Autoren bejaht. So meint zB Haupt [359]), bei der GmbH & Co. im engeren Sinn müßten dieselben Grundsätze gelten, da hier die Kommanditisten durch die GmbH, meist als deren Geschäftsführer, die Kommanditgesellschaft leiteten. Derselben Auffassung sind J. v. Gierke [360]) und Boesebeck [361]), letzterer allerdings nur de lege ferenda. Der Ausschuß für das Recht der Personalgesellschaften [362]) schlägt de lege ferenda vor, die geschäftsführenden Kommanditisten auch dann unbeschränkt haften zu lassen, wenn sie der GmbH selbst nicht als Mitglieder angehören.

Ist dieser Meinung zu folgen?

Eine gewisse Ähnlichkeit mit den oben erwähnten Fällen läßt sich nicht leugnen. Dort wird eine mittellose natürliche Person als Komplementär vorgeschoben, hier eine GmbH, die häufig im Verhältnis zum Gesamtkapital der GmbH & Co. mit einem unzureichenden Stammkapital ausgerüstet ist. Ziel ist, die unbeschränkte persönliche Haftung der wirklichen Unternehmer zu umgehen.

Und doch unterscheiden sich beide Fallgruppen in einem entscheidenden Punkt: In der ersten sieht man den Mißbrauch nicht in der Tatsache, daß der persönlich haftende Gesellschafter vermögenslos ist — es gibt keine Vorschrift, wonach der Komplementär ein bestimmtes Kapital zur Verfügung haben muß —, sondern darin, daß die Kommanditisten in ihrer Eigenschaft als Kommanditisten und nicht in der vom Gesetzgeber dafür vorgesehenen Stellung als persönlich haftende Gesellschafter die Geschäftsführung ausüben, daß also — um mit Müller-Erzbach zu sprechen [363–365]) — eine haftungsbeschränkte Herrschaft vorliegt. Ganz anders ist die Sachlage bei der GmbH & Co. Hier liegt die Geschäftsleitung in der

---

358) Vgl. für die Regelung im ausländischen Recht: Arbeitsbericht des Ausschusses für das Recht der Personalgesellschaften, 32 f., Fußnote 2; Boesebeck, 65 ff.; H. J. Müller, 87 ff.

359) S. 44 und 80.

360) S. 229.

361) S. 82.

362) Arbeitsbericht, 38 f. und 83 f.

363–365) Vgl. Die Haftung, 737.

Hand des persönlich haftenden Gesellschafters, der GmbH, die unbeschränkt für die Verbindlichkeiten der Kommanditgesellschaft einsteht. Herrschaft und Haftung fallen also bei ihr zusammen. Die Geschäftsführung wird zwar — um bei unserem Beispiel zu bleiben — von A, B und C ausgeübt, jedoch nicht in ihrer Eigenschaft als Kommanditisten, sondern als Geschäftsführer der GmbH. Ein Formenmißbrauch, wie er bei der ersten Fallgruppe vorliegt, ist demnach hier nicht gegeben, so daß es zumindest nicht aus den gleichen Erwägungen wie dort gerechtfertigt erscheint, eine unbeschränkte Haftung der „geschäftsführenden" Kommanditisten zu befürworten.

Betrachtet man die meist sehr knappen Ausführungen der Autoren, die eine unbeschränkte Haftung der „geschäftsführenden" Kommanditisten bei der GmbH & Co. bejahen, genauer, so wird man feststellen müssen, daß zwar beide Fallgruppen unter dem Gesichtspunkt der Haftung der geschäftsführenden Kommanditisten behandelt werden, in Wirklichkeit aber die Argumentation bei der GmbH & Co. eine ganz andere ist [366]): Es widerspreche dem Sinn der unbeschränkten Haftung des Komplementärs, dem typischen Merkmal der Kommanditgesellschaft, wenn eine juristische Person zum persönlich haftenden Gesellschafter gemacht werde. Um den Interessen der Gläubiger gebührend Rechnung zu tragen, müßten daher diejenigen, die in Wirklichkeit die Leitung des Unternehmens in der Hand hätten, dh. die Kommanditisten, die gleichzeitig als Gesellschafter der GmbH fungieren oder sogar als Geschäftsführer der GmbH die Geschäfte der GmbH & Co. führen, den Gläubigern unbeschränkt haften.

Der Formenmißbrauch wird hier also nicht in der Tatsache gesehen, daß die Kommanditisten unter Umgehung der ihnen vom Gesetz zugewiesenen Stellung die Geschäfte der Kommanditgesellschaft führen, sondern darin, daß eine GmbH als Komplementär vorgeschoben wird, um die unbeschränkte Haftung der Gesellschafter auszuschließen.

Es erscheint bemerkenswert, daß es von hier nur noch ein Schritt bis zu der Ansicht ist, eine Gesellschaft mit „beschränkter" Haftung könne nicht unbeschränkt haften und deshalb auch nicht persönlich haftender Gesellschafter einer Kommanditgesellschaft sein. In der Tat lehnen auch die Autoren, die eine Haftung der „geschäftsführenden" Kommanditisten bei der GmbH & Co. fordern, die Zulässigkeit der GmbH & Co. generell

[366]) Vgl. Haupt, 44 und 80; J. v. Gierke, 230; Arbeitsbericht des Ausschusses für das Recht der Personalgesellschaften, 38 f.

ab [367]) oder stehen zumindest der GmbH & Co. im engeren Sinn ablehnend gegenüber [368]).

Die Argumente, die die unbeschränkte Haftung der „geschäftsführenden" Kommanditisten der GmbH & Co. rechtfertigen sollen, vermögen nicht zu überzeugen. Man kann nicht auf der einen Seite die Zulässigkeit der GmbH & Co. und damit auch der GmbH & Co. im engeren Sinne bejahen (und davon ist heute auszugehen), auf der anderen Seite aber in der Gründung einer GmbH & Co. — sei es generell, sei es in einer bestimmten Gruppe von Fällen, nämlich der GmbH & Co. im engeren Sinne — einen Formenmißbrauch sehen, weil die unbeschränkte Haftung der beteiligten natürlichen Personen vermieden wird. Die Einschaltung einer juristischen Person als persönlich haftender Gesellschafter muß zwangsläufig dazu führen, daß keine natürliche Person unbeschränkt persönlich haftet, es sei denn, neben der GmbH ist noch ein weiterer persönlich haftender Gesellschafter vorhanden. Es würde deshalb einen Widerspruch in sich selbst bedeuten, in diesem, der GmbH & Co. typischen Element einen Formenmißbrauch zu sehen.

Wenn der Ausschuß für das Recht der Personalgesellschaften meint, den Interessen der Gläubiger gebührend Rechnung tragen zu müssen [369–370]), so ist hierzu zu sagen, daß die Gläubiger bei der GmbH & Co. weder über die Person des persönlich haftenden Gesellschafters noch über die Kreditwürdigkeit der Gesellschaft getäuscht werden. Das Handelsregister gibt über die Gesellschaft genaue Auskunft.

Wir können also zusammenfassend feststellen: Weder für das geltende Recht noch de lege ferenda ist es gerechtfertigt, bei der GmbH & Co. eine Haftung der „geschäftsführenden" Kommanditisten anzunehmen [371]).

---

[367]) So Haupt, 44 und 80; J. v. Gierke, 230.

[368]) Arbeitsbericht des Ausschusses für das Recht der Personalgesellschaften, 38 f. und 83 f.; Boesebeck, 81 f.

[369–370]) Arbeitsbericht, 39.

[371]) Bemerkenswert ist, daß das englische Recht, das immer als Vorbild für die Haftung der geschäftsführenden Kommanditisten herangezogen wird, bei der Beteiligung einer juristischen Person als persönlich haftender Gesellschafter an einer offenen Handelsgesellschaft oder Kommanditgesellschaft eine unbeschränkte Haftung der beteiligten natürlichen Personen nicht annimmt.
Howaldt, 99 will einen Haftungsdurchgriff auf die Kommanditisten aus dem Gesichtspunkt des Verbots mißbräuchlicher Rechtsausübung (§ 242 BGB) bei allen Gesellschaften mbH & Co. zulassen, um die Kommanditisten bei Zahlungsunfähigkeit der Gesellschaft bis zur Höhe des nicht aufgebrachten, entzogenen oder durch Gesellschafterdarlehen ersetzten Haftkapitals haftbar zu machen. Die Gläubiger sind aber, ohne daß es einer derartigen Konstruktion bedarf, bereits ausreichend durch die §§ 171 ff. HGB geschützt.

Auch bei einer Einmann-GmbH & Co. [372]), bei der der einzige Gesellschafter der GmbH gleichzeitig einziger Kommanditist der GmbH & Co. ist, kann dieser weder in seiner Eigenschaft als Gesellschafter der GmbH noch in seiner Eigenschaft als Kommanditist persönlich in Anspruch genommen werden [373]). Das Gesetz selbst eröffnet die Möglichkeit, daß der einzige Kommanditist der GmbH & Co. mit dem einzigen Gesellschafter der GmbH identisch ist. Der auf diese Weise mit gesetzlich erlaubten Mitteln erreichten Haftungsbeschränkung kann die Anerkennung nicht versagt werden [374]).

Gelegentlich wird in GmbH & Co.-Gesellschaftsverträgen vereinbart, daß die Kommanditisten verpflichtet sind, die Komplementär-GmbH von jeglicher persönlicher Inanspruchnahme für die Verbindlichkeiten der GmbH & Co. freizustellen. Da eine solche Vereinbarung nur im Innenverhältnis zwischen den Gesellschaftern gilt, wird dadurch die Haftung der GmbH als Komplementär mit ihrem ganzen Vermögen nicht berührt. Lediglich im Innenverhältnis ist § 167 Abs. III HGB als abbedungen anzusehen. Der Freistellungspflicht auf Seiten der Kommanditisten entspricht ein Freistellungsanspruch auf seiten der GmbH. Leistet die GmbH auf eine Gesellschaftsschuld, so wird aus dem Freistellungsanspruch gegen die Kommanditisten ein Zahlungsanspruch, der von den Gesellschaftsgläubigern gepfändet werden kann. Leistet die GmbH nicht, so können die Gesellschaftsgläubiger den Freitstellungsanspruch pfänden und an sich überweisen lassen. Mit der Überweisung verwandelt sich der Freistellungsanspruch in einen Zahlungsanspruch. Im Ergebnis führt diese Regelung zu einer unbegrenzten Haftung der einzelnen Kommanditisten [374a]).

---

[372]) Zu deren Zulässigkeit vgl. S. 12 u. S. 21 d. A.

[373]) Allenfalls kann er in seiner Eigenschaft als Gesellschafter der GmbH persönlich in Anspruch genommen werden, wenn die Tatbestände vorliegen, bei denen die Rechtsprechung eine Haftung des Gesellschafters einer Einmann-GmbH angenommen hat. Vgl. zB BGH II ZR 156/55 v. 29. 11. 56, BGHZ 22, 226; II ZR 54/56 v. 8. 7. 57, B 1957, 795; VIII ZR 301/56 v. 26. 11. 57, BB 1958, 169.

[374]) Vgl. Hesselmann, GmbH-Rdsch. 1961, 216 f.

[374a]) Weitergehend noch Weber-Jansen, NJW 1971, 1678 ff., die sogar eine Vereinbarung, wonach im Verhältnis zwischen den Gesellschaftern der Verlust allein auf die Kommanditisten zu verteilen ist, dahin auslegen, daß damit § 167 Abs. III HGB abbedungen ist. Horn, GmbH-Rdsch. 1972, 287 will die Gefahr einer unbegrenzten Haftung der Kommanditisten dadurch ausräumen, daß im Gesellschaftsvertrag bestimmt wird, daß die GmbH nur solange am Verlust nicht teilnimmt als die Einlagen der Kommanditisten nicht verbraucht sind. Buchheister, BB 1973, 687 will den Gläubigern der GmbH & Co. sogar einen direkten Anspruch gegen die Kommanditisten geben und stellt die Eintragung der GmbH & Co. in Frage.

4. Zulässigkeit der Beteiligung weiterer persönlich haftender Gesellschafter neben der GmbH und die Gestaltung der Geschäftsführung und Vertretung in derartigen Fällen

Jeder persönlich haftende Gesellschafter einer Kommanditgesellschaft ist für sich allein zur Führung der Geschäfte der Gesellschaft und zu deren Vertretung berufen (§§ 161 Abs II, 115 Abs. I, 125 Abs. I HGB). Widerspricht ein anderer geschäftsführender Gesellschafter der Vornahme einer Handlung, so muß diese zwar unterbleiben (§ 115 Abs. I HGB); außerdem ist zu außergewöhnlichen Geschäften die Zustimmung aller Gesellschafter, also auch die der Kommanditisten erforderlich (§ 116 Abs. II HGB). Im Verhältnis zu Dritten ist jedoch ein Rechtsgeschäft trotz Widerspruchs eines geschäftsführenden Gesellschafters oder trotz fehlender Zustimmung der übrigen Gesellschafter zu einem außergewöhnlichen Geschäft voll wirksam (§ 126 Abs. II HGB).

Somit könnte ein weiterer persönlich haftender Gesellschafter die GmbH [375]) verpflichten, ohne daß deren Gesellschafter in der Lage wären, ihren abweichenden eigenen Willen geltend zu machen. Zwar ist die Vertretungsmacht des Geschäftsführers der GmbH nach außen ebenfalls unbeschränkbar (§ 37 Abs. II GmbHG). Die Gesellschafter der GmbH behalten aber dadurch maßgebenden Einfluß auf die Leitung des Unternehmens, daß sie seine Bestellung jederzeit widerrufen können (§ 38 Abs. I GmbHG). Dem geschäftsführenden Gesellschafter der Kommanditgesellschaft kann die Geschäftsführungs- und Vertretungsbefugnis dagegen nur bei Vorliegen eines wichtigen Grundes und nur durch gerichtliche Entscheidung entzogen werden (§§ 161 Abs. II, 117, 127 HGB).

Daß aber selbst diese Verschiedenheit in der Organisation der GmbH und der Kommanditgesellschaft, die ihren Ausdruck in der beherrschenden Stellung des geschäftsführenden Gesellschafters der Kommanditgesellschaft und der weitgehenden Abhängigkeit der Geschäftsführer der GmbH von dem Gesamtwillen der Gesellschafter findet, nicht gegen die Zulässigkeit der GmbH & Co. im allgemeinen spricht, wurde bereits aufgezeigt [376]). Damit ist es aber auch für zulässig zu erachten, daß sich im Einzelfall neben der GmbH noch weitere persönlich haftende Gesellschafter an der GmbH & Co. beteiligen [377]). Hierdurch wird der Einfluß der Gesellschafter der GmbH innerhalb des Geschäftskreises der GmbH nicht geschwächt, wie überhaupt die internen Verhältnisse der GmbH durch den Abschluß des GmbH & Co.-Gesellschaftsvertrages nicht berührt werden. Lediglich

---

375) Richtiger die GmbH & Co., für deren Verbindlichkeiten die GmbH aber nach §§ 161 Abs. II, 128 HGB persönlich haftet.

376) Vgl. die Ausführungen auf S. 9 f. d. A.

377) Vgl. auch Cahn, 24 f.

der Einfluß der GmbH auf die Geschäftsführung der GmbH & Co. wird eingeschränkt, jedoch nicht mehr und nicht weniger, als auch der Einfluß jeder natürlichen Person beschränkt wird, die sich neben anderen persönlich haftenden Gesellschaftern als Komplementär an einer Kommanditgesellschaft beteiligt. Es leuchtet nicht ein, warum eine derartige Beschränkung des Eigenwillens bei einer juristischen Person verboten sein sollte. Nur dann wäre eine Beteiligung als rechtsungültig anzusehen, wenn sich eine Gesellschaft in der Weise an einem anderen Unternehmen beteiligt, daß sie dadurch ihre Selbständigkeit vollkommen aufgeben, sich also sozusagen selbst entmündigen würde [378]). Davon kann hier aber keine Rede sein.

Es wurde auch bereits darauf hingewiesen, daß sich die GmbH durch eine entsprechende Regelung im GmbH & Co.-Gesellschaftsvertrag sichern kann [379]). Abgesehen davon, daß weitere persönlich haftende Gesellschafter ganz von der Geschäftsführung und insbesondere der Vertretung ausgeschlossen werden können (§§ 161 Abs. II, 114 Abs. II, 125 Abs. I HGB), kann vereinbart werden, daß die GmbH allein, die anderen Komplementäre aber nur in Gemeinschaft mit der GmbH zur Geschäftsführung und Vertretung berechtigt sind (§§ 161 Abs. II, 115 Abs. II, 125 Abs. II HGB). Auch die Entziehung der Geschäftsführungsbefugnis und Vertretungsmacht kann für die übrigen geschäftsführenden Gesellschafter abweichend von §§ 117, 127 HGB so gestaltet werden, daß sie entsprechend der Regelung in § 38 Abs. I GmbHG ohne Vorliegen eines wichtigen Grundes durch Beschluß der Gesellschafter der GmbH & Co. erfolgen kann.

Im GmbH & Co.-Gesellschaftsvertrag kann aber auch bestimmt werden, daß die GmbH nur in Gemeinschaft mit den übrigen persönlich haftenden Gesellschaftern zur Geschäftsführung und Vertretung ermächtigt sein soll (§§ 161 Abs. II, 115 Abs. II, 125 Abs. II HGB). Hierin ist noch keine unzulässige Beschränkung des Eigenwillens der GmbH zu sehen [380]).

Kann die GmbH auch ganz von der Geschäftsführung und Vertretung ausgeschlossen werden (§§ 161 Abs. II, 114 Abs. II, 125 Abs. I HGB)? Die Gesellschafter der GmbH würden dann nur noch wenig Einfluß auf die Führung der Geschäfte der GmbH & Co. haben. Immerhin würde die GmbH ihre Selbständigkeit nicht vollkommen aufgeben. Sie hätte noch ein Zustimmungsrecht bei außergewöhnlichen Geschäften (§ 116 Abs. II HGB), die Rechte aus § 118 HGB und könnte unter den Voraussetzungen des § 133 HGB die Auflösung der GmbH & Co. durch gerichtliche Ent-

---

378) Vgl. hierzu die Entscheidungen des RG Rep. I 872/80 v. 19. 2. 81, RGZ 3, 123 und Rep. II 625/12 v. 27. 5. 13, RGZ 82, 308; ferner auch Cahn, 13.

379) Vgl. die Ausführungen auf S. 10 d. A.

380) Ebenso Cahn, 27.

scheidung beantragen. Es besteht also kein Rechtsgrund, den Ausschluß der GmbH von der Geschäftsführung und Vertretung für unzulässig zu halten [381]). Nur wenn der GmbH & Co.-Gesellschaftsvertrag die GmbH völlig entrechtet, ist der Vertrag als rechtsungültig anzusehen; denn ein Vertrag, durch den eine Partei vollkommen dem Willen des Vertragsgegners unterworfen wird, ist als den geltenden Sittenanschauungen widersprechend gemäß § 138 Abs. I BGB in vollem Umfang nichtig [382]).

Die zuletzt aufgeworfene Frage, ob die GmbH von der Geschäftsführung und Vertretung der GmbH & Co. ausgeschlossen werden kann, wird in der Praxis allerdings kaum Bedeutung erlangen. Einer der wesentlichen Vorzüge der GmbH & Co. ist gerade darin zu sehen, daß hier Geschäftsführung und Vertretung bei einer juristischen Person liegen, die „nicht stirbt" und dadurch im Gegensatz zu natürlichen Personen eine gewisse Kontinuität der Gesellschaft garantiert.

IV. Bildung des Betriebsrates und Vertretung der Arbeitnehmer im Aufsichtsrat

1. Bildung des Betriebsrates

Bei der GmbH & Co. ist ein Betriebsrat zu bilden, wenn diese in der Regel mindestens fünf ständige wahlberechtigte Arbeitnehmer beschäftigt, von denen drei wählbar sind (§ 8 Abs. I BVG). Liegen bei der GmbH die Voraussetzungen des § 8 Abs. I BVG vor, so ist bei dieser ebenfalls ein Betriebsrat zu bilden, da durch die Beteiligung der GmbH an der GmbH & Co. die Selbständigkeit der GmbH als solcher nicht berührt wird. Aus der Tatsache, daß GmbH und GmbH & Co. getrennte Unternehmen sind, folgt auch, daß der bei der GmbH gebildete Betriebsrat nur für die Angelegenheiten der GmbH, der bei der GmbH & Co. gebildete Betriebsrat nur für die Angelegenheiten der GmbH & Co. zuständig ist.

Liegen sowohl bei der GmbH als auch bei der GmbH & Co. die Voraussetzungen des § 8 Abs. I BVG vor, so erhebt sich die Frage, ob neben den einzelnen Betriebsräten ein Gesamtbetriebsrat für beide Gesellschaften gebildet werden kann. § 46 BVG sieht die Bildung eines Gesamtbetriebsrates dann vor, wenn ein Unternehmen aus mehreren Betrieben besteht. Diese Voraussetzungen liegen im Verhältnis von GmbH zu GmbH & Co. nicht vor. Träger der GmbH und der GmbH & Co. sind verschiedene Rechtspersönlichkeiten. Es handelt sich also um zwei selbständige

---

381) Ebenso Cahn, 25 f.

382) Vgl. die Entscheidungen des RG Rep. I 872/80 v. 19. 2. 81, RGZ 3, 123 und Rep. II 625/12 v. 27. 5. 13, RGZ 82, 308.

Unternehmen, nicht um ein einheitliches Unternehmen iS des § 46 BVG [383]).

2. Vertretung der Arbeitnehmer im Aufsichtsrat

Nach § 77 BVG ist bei Gesellschaften mbH mit mehr als 500 Arbeitnehmern ein Aufsichtsrat zu bilden; dieser muß gemäß §§ 77 Abs. I Satz 2, 76 Abs. I BVG zu einem Drittel aus Vertretern der Arbeitnehmer bestehen [384]). Für Personengesellschaften schreibt das BVG die Bildung eines Aufsichtsrats unter Beteiligung der Arbeitnehmer nicht vor.

Daraus folgt für die GmbH & Co.:

Die GmbH & Co. selbst ist als Personengesellschaft unabhängig von der Zahl der beschäftigten Arbeitnehmer nicht aufsichtsratspflichtig. Man könnte zwar daran denken, § 77 BVG im Wege der erweiterten Auslegung auf die GmbH & Co. anzuwenden, da sie wirtschaftlich gesehen den Kapitalgesellschaften nahesteht. Das wird aber mit Recht allgemein abgelehnt [385]). § 77 BVG ist bereits eine Ausnahmevorschrift, die die nach dem AktG für AG und Kommanditgesellschaften auf Aktien bestehende Pflicht zur Bildung eines Aufsichtsrats auf bestimmte abschließend aufgezählte Körperschaften erstreckt. Besteht bei der GmbH & Co. ein Aufsichtsrat, was bei größeren Gesellschaften manchmal der Fall sein wird, so ist eine Beteiligung der Arbeitnehmer gesetzlich nicht vorgesehen.

Ist die GmbH Arbeitgeber von mehr als 500 Arbeitnehmern, so ist bei dieser, nicht bei der GmbH & Co., gemäß § 77 BVG nach Maßgabe des § 76 Abs. I BVG ein Aufsichtsrat zu bilden.

Die hier vertretene Auffassung, daß die GmbH & Co. nicht verpflichtet ist, einen Aufsichtsrat zu bilden, wird von Knur [386]) nur bedingt geteilt. Er lehnt zwar auch eine Anwendung der §§ 77, 76 BVG auf die GmbH & Co. ab, will aber in jedem einzelnen Fall die Eingliederung einer GmbH in eine GmbH & Co. unter dem Gesichtspunkt einer Umgehung der Beteiligung der Arbeitnehmer im Aufsichtsrat prüfen, indem er den in § 6 StAnpG normierten Mißbrauchstatbestand auf das Arbeitsrecht über-

---

[383]) So auch Galperin, Anm. 8, 9 zu § 46 BVG für den Fall der Betriebsaufspaltung in eine OHG und eine GmbH. Speziell für die GmbH & Co. vgl. Hesselmann, GmbH-Rdsch. 1958, 67.

[384]) Auf die Besonderheiten des Gesetzes „über die Mitbestimmung der Arbeitnehmer in den Aufsichtsräten und Vorständen der Unternehmen des Bergbaus und der Eisen und Stahl erzeugenden Industrie“ v. 21. 5. 51 und 7. 8. 56 soll hier nicht eingegangen werden.

[385]) Vgl. Hachenburg-Schmidt, Anm. 6 zu § 52 Anh. I; Hueck, BB 1953, 326; Knur, DNotZ 1953, 18; Köhler, Steuerberater-Jahrbuch 1954/55, 264; Zintzen, GmbH-Rdsch. 1953, 24.

[386]) DNotZ 1953, 18 ff.

trägt[387]). Als Auslegungsmaßstab will Knur auch für den Bereich des Arbeitsrechts die durch die Rechtsprechung für die Anwendung des § 6 StAnpG entwickelten zwei Voraussetzungen zu Hilfe nehmen:

a) Der beschrittene Weg muß im Hinblick auf die vorhandenen Verhältnisse und den wirtschaftlichen Erfolg ungewöhnlich sein.

b) Der Weg muß in der Absicht beschritten sein, eine Steuerpflicht zu umgehen, dh. an den Wirkungen des Steuergesetzes vorbeizukommen[388]).

Die erste Voraussetzung hält Knur[389]) ohne weiteres für gegeben. Die GmbH & Co. sei im Hinblick auf das wirtschaftliche Ergebnis ein ungewöhnliches Rechtsinstitut. Die zweite Voraussetzung treffe allerdings nur dann eindeutig zu, wenn die Form der GmbH & Co. gewählt werde, um an den Bestimmungen der §§ 77, 76 BVG vorbeizukommen. Beim Vorhandensein sonstiger Gründe für die Wahl der GmbH & Co. müsse aber schon der als bloßer Mitzweck vorhandene Wille, die Beteiligung der Arbeitnehmer im Aufsichtsrat zu umgehen, ja sogar das bloße bewußte Inkaufnehmen, sich die Mitwirkung der Arbeitnehmer im Aufsichtsrat zu ersparen — ähnlich dem dolus eventualis im Strafrecht —, zur Annahme einer Gesetzesumgehung ausreichen. Die Beweislast will Knur anscheinend in Form einer Exkulpationspflicht dem Unternehmer auferlegen. Gelingt diesem der Entlastungsbeweis nicht, so soll die GmbH & Co. für den Bereich der §§ 77, 76 BVG nicht als Personengesellschaft, sondern als eine der dort genannten Körperschaften zu behandeln sein[390]). Bei allem Verständnis für die Motive, aus denen Knur seine Ansicht entwickelt hat, scheint es mir unmöglich zu sein, eine Sonderbegriffsbildung des Steuerrechts, die sich dort aus der besonderen Situation dieses Rechtsgebiets als unentbehrlich erwiesen hat, auf das Arbeitsrecht zu übertragen[391]).

Hiervon abgesehen geht Knur aber auch in der Anwendung des Mißbrauchstatbestandes fehl. Denn selbst wenn man diesen Begriff im Arbeitsrecht zuließe, könnte man hinsichtlich seiner Voraussetzungen nicht anders verfahren als im Steuerrecht. Hier ist aber die GmbH & Co. als Personen-

---

387) DNotZ 1953, 19. Hueck, BB 1953, 326 meint zwar auch, die Form der GmbH & Co. dürfe nicht lediglich gewählt werden, um das BVG zu umgehen. Eine Antwort auf die Frage, welche Rechtsfolgen im Falle einer Umgehung eintreten sollen, gibt er jedoch nicht. Hachenburg-Schmidt, Anm. 6 zu § 52 Anh. I vertreten — allerdings ohne nähere Begründung — die Auffassung, daß bei der GmbH ein Aufsichtsrat unter Beteiligung der Arbeitnehmer gebildet werden muß, wenn die Gründung der GmbH & Co. zur Umgehung des BVG erfolgt ist.

388) Vgl. Thoma, Steuerberater-Jahrbuch 1950, 61.

389) DNotZ 1953, 19 f.

390) Vgl. DNotZ 1953, 20.

391) Ebenso Köhler, Steuerberater-Jahrbuch 1954/55, 265.

gesellschaft anerkannt. Den Standpunkt, daß sie ein ungewöhnliches Rechtsinstitut sei, hat die Rechtsprechung schon seit mehr als 40 Jahren aufgegeben [392]). Es wird auch nicht als ein Mißbrauch von Gestaltungsmöglichkeiten des bürgerlichen Rechts angesehen, wenn ein Steuerpflichtiger zur Ersparung von Steuern die für ihn günstigste Rechtsform wählt [393]). Knur verkennt schließlich, daß der Beweis für das Vorliegen eines Mißbrauchs im Sinne des § 6 StAnpG seit der Entscheidung des RFH v. 13. 3. 29 [394]) den Finanzbehörden obliegt. Würde man diese Grundsätze auf das Arbeitsrecht übertragen, so könnte weder der bei der Gründung der GmbH & Co. als bloßer Mitzweck vorhandene Wille, die Beteiligung der Arbeitnehmer im Aufsichtsrat auszuschließen, und erst recht nicht das bloße Inkaufnehmen dieser Tatsache ausreichen, um eine Umgehung der Bestimmungen des BVG bejahen zu können. Einem Unternehmer nachzuweisen, daß er die Gründung der GmbH & Co. lediglich zur Umgehung der §§ 77, 76 BVG vorgenommen habe, wird ein unmögliches Unterfangen sein. Der Einfluß der Arbeitnehmer im Aufsichtsrat ist nicht so bedeutend, daß sich allein aus diesem Grunde die Mühe und die Kosten der Gründung einer GmbH & Co. lohnen würden.

Aber hierauf kommt es nicht entscheidend an. Die GmbH & Co. ist eine Personengesellschaft und keine Kapitalgesellschaft. Sie unterliegt damit in keinem Fall den Bestimmungen der §§ 77, 76 BVG [395]).

V. Auflösung und Abwicklung der GmbH & Co.

1. Auflösung

Die GmbH & Co. wird wie jede Kommanditgesellschaft aufgelöst (§§ 161 Abs. II, 131 HGB):

a) durch den Ablauf der Zeit, für welche sie eingegangen ist;
b) durch Beschluß der Gesellschafter;
c) durch die Eröffnung des Konkurses über das Vermögen der Gesellschaft;

---

[392]) Vgl. zB RFH I A 422/30 v. 18. 2. 33, RStBl. 1933, 375 ff. Siehe S. 17 f. d. A.

[393]) So ausdrücklich der BFH in seinem Urteil IV 246/50 S v. 22. 8. 51, BStBl. III 1951, 181 = StRK StAnpG § 5 R. 3 = Anhang III Nr. 1. Siehe S. 18 f. d. A.

[394]) RFH I A 174—176/28 v. 13. 3. 29, RStBl. 1929, 329 = Kartei AO § 5 R. 73, 74. Siehe S. 16 d. A.

[395]) Es ist erwähnenswert, daß in einem Fall der bei der GmbH nach §§ 77, 76 BVG bestehende Aufsichtsrat nach Umwandlung des Unternehmens in eine GmbH & Co. aus freien Stücken beibehalten wurde, obwohl bei der GmbH die Voraussetzungen der §§ 77, 76 BVG (mehr als 500 Arbeitnehmer) nach der Umgründung nicht mehr vorlagen. Man wollte aber einen Bruch

d) durch den Tod eines persönlich haftenden Gesellschafters, sofern nicht aus dem Gesellschaftsvertrag sich ein anderes ergibt. Der Tod eines Kommanditisten hat nach § 177 HGB die Auflösung der Gesellschaft nicht zur Folge. An die Stelle des verstorbenen Kommanditisten tritt dessen Erbe [396]);
e) durch die Eröffnung des Konkurses über das Vermögen eines Gesellschafters;
f) durch Kündigung und durch gerichtliche Entscheidung.

Doch ergeben sich bei der GmbH & Co. auf Grund der Tatsache, daß persönlich haftender Gesellschafter der Kommanditgesellschaft eine juristische Person ist, einige besondere Probleme:

Nach §§ 161 Abs. II, 131 Ziff. 4 HGB wird die GmbH & Co. durch den Tod des persönlich haftenden Gesellschafters aufgelöst. Dem Tod der natürlichen Person entspricht nach Ansicht des RG [397]) und der überwiegenden Meinung in der Literatur [398]) nicht die Auflösung der GmbH nach §§ 60 ff. GmbHG. Eine juristische Person — so argumentiert man — gehe mit ihrer Auflösung regelmäßig nicht unter, sie bestehe als Abwicklungsgesellschaft mit geändertem Zweck bis zum Abschluß der Liquidation fort. Erst die Vollbeendigung der juristischen Person könne deshalb gesetzlicher Auflösungsgrund im Sinne der §§ 161 Abs. II, 131 Ziff. 4 HGB sein. Die Vollbeendigung trete allerdings nicht ein, solange die juristische Person Mitglied einer Gesellschaft sei; denn damit habe sie noch personen- und vermögensrechtliche Rechte und Pflichten, die ihrer Vollbeendigung entgegenstän-

---

gegenüber dem bisherigen Zustand vermeiden. Die Wahl der Vertreter der Arbeitnehmer zum Aufsichtsrat, der nun bei der GmbH & Co. gebildet wird, soll künftig durch die Arbeitnehmer der GmbH und der GmbH & Co. erfolgen.

396) Bei mehreren Erben rückt nicht die Erbengemeinschaft als solche in die Rechtsstellung des Erblassers ein. Die Kommanditbeteiligung des Erblassers zerfällt in eine der Zahl der Miterben entsprechende Anzahl einzelner Kommanditbeteiligungen, und jeder einzelne Erbe wird für seine Person Kommanditist.
So BGH II ZR 222/55 v. 22. 11. 56, NJW 57, 180 und beinahe das gesamte Schrifttum: zB RGRK-Weipert, Anm. 16 zu § 177; Schlegelberger-Geßler, Anm. 6 zu § 177; Baumbach-Duden, Anm. zu § 177; Haupt, 85; Schumann, 286 f.; Lehmann, Gesellschaftsrecht, 159.
Zur Verhütung einer zu großen Ausdehnung der Gesellschaft kann im Gesellschaftsvertrag bestimmt werden, daß bei mehreren Erben die Beteiligung des Erblassers unverändert bestehen bleibt und die Erben einen gemeinsamen Vertreter als treuhänderischen Kommanditisten eintragen lassen müssen.

397) Vgl. die Entscheidung RG II 295/28 v. 12. 2. 29, RGZ 123, 289.

398) zB RGRK-Weipert, Anm. 26 zu § 131; Schlegelberger-Geßler, Anm. 25 zu § 131; Baumbach-Duden, Anm. 3 E zu § 131; Düringer-Hachenburg, Anm. 7 zu § 131.

den [399]). Die Auflösung der juristischen Person könne aber im Einzelfall einen wichtigen Grund zur Auflösung der Gesellschaft durch gerichtliche Entscheidung nach § 133 HGB, zu einer Ausschließung der juristischen Person nach § 140 HGB bzw. zu einer Geschäftsübernahme nach § 142 HGB bilden [400]). Auch für die juristische Person könne sich aus ihrer Auflösung und der sich daraus ergebenden Unmöglichkeit, auf die Geschäftsführung der Personengesellschaft sachgemäß einzuwirken, ein wichtiger Grund im Sinne des § 133 HGB ergeben.

Der Auffassung, daß erst die Vollbeendigung der GmbH und nicht schon ihre Auflösung Auflösungsgrund für die GmbH & Co. nach §§ 161 Abs. II, 131 Ziff. 4 HGB sein soll, kann nicht gefolgt werden. Zwar ist es richtig, daß die Auflösung der juristischen Person nicht dem Tod der natürlichen Person gleichzusetzen ist; denn eine juristische Person besteht nach ihrer Auflösung bis zur Beendigung der Liquidation fort. Es geht aber nicht an, in § 131 Ziff. 4 HGB an Stelle des „Todes" der natürlichen Person einfach das bei der juristischen Person dem Tod Entsprechende, also deren Vollbeendigung einzusetzen. Der Gesetzgeber hat bei der Schaffung des § 131 Ziff. 4 HGB an eine Beteiligung juristischer Personen an einer Personengesellschaft nicht gedacht. Man kann deshalb allein aus dem Zweck, den der Gesetzgeber mit dieser Bestimmung verfolgt hat, zu entnehmen versuchen, was bei einer juristischen Person dem Tode der natürlichen Person im Sinne des § 131 Ziff. 4 HGB entspricht: Der Tod eines Gesellschafters einer offenen Handelsgesellschaft oder eines persönlich haftenden Gesellschafters einer Kommanditgesellschaft soll die Auflösung der Gesellschaft bewirken, weil die Personengesellschaft auf der Verbundenheit und dem Vertrauen der Gesellschafter zueinander beruht und es den Gesellschaftern daher nicht zugemutet werden kann, mit den Erben eines verstorbenen Gesellschafters die Gesellschaft fortzusetzen. § 131 Ziff. 4 HGB will also in erster Linie die Interessen der verbleibenden Gesellschafter schützen. Ist eine juristische Person Gesellschafter einer Personengesellschaft, so liegt es aber im Interesse der übrigen Gesellschafter, daß die Personengesellschaft bereits mit der Auflösung der juristischen Person und nicht erst mit ihrer Vollbeendigung aufgelöst wird. Das gilt in verstärktem Maße, wenn die juristische Person einziger persönlich haftender Gesellschafter einer Kommanditgesellschaft ist und allein die Geschäfte der Gesellschaft führt. Denn es ist untragbar, daß eine juristische Person, die zwar als solche noch besteht, deren Zweck aber lediglich ihre Liquidation ist, die Leitung des Unternehmens auf unbestimmte Zeit in der Hand hat. Denn da die juristische Person so lange nicht vollbeendet ist, als sie noch Rechte und Pflichten gegen-

---

[399]) Vgl. RGRK - Weipert, Anm. 26 zu § 131.

[400]) So zB RGRK - Weipert, Anm. 26 zu § 131.

über der Personengesellschaft hat, tritt ihre Vollbeendigung so lange nicht ein, bis eine Auflösung der Personengesellschaft nach § 133 HGB oder ein Ausschluß der GmbH nach § 140 HGB erfolgt. Aber auch für die juristische Person selbst wäre es eine starke Belastung, wenn sie nach der Auflösung weiterhin ihre Pflichten als geschäftsführender Gesellschafter der Personengesellschaft zu erfüllen hätte und dadurch der Abschluß ihrer Liquidation auf unbestimmte Zeit hinausgezögert würde.

Aus der Interessenlage heraus ergibt sich somit, daß bei Beteiligung einer juristischen Person an einer Personengesellschaft nicht erst deren Vollbeendigung, sondern bereits deren Auflösung Auflösungsgrund im Sinne des § 131 Ziff. 4 HGB [401]) ist. Die GmbH & Co. wird also mit der Auflösung der GmbH aufgelöst. Wenn § 137 HGB vorsieht, daß der Erbe des verstorbenen Gesellschafters bei Gefahr im Verzuge die von seinem Erblasser zu besorgenden Geschäfte fortzuführen hat, so obliegt diese Aufgabe den Liquidatoren der GmbH.

Da die hier vertretene Auffassung von der herrschenden Meinung, insbesondere aber der Rechtsprechung nicht geteilt wird, empfiehlt es sich, im GmbH & Co.-Gesellschaftsvertrag festzulegen, daß die Auflösung der GmbH Auflösungsgrund für die GmbH & Co. ist bzw. die GmbH mit ihrer Auflösung aus der GmbH & Co. ausscheidet und die Gesellschaft unter den übrigen Gesellschaftern fortbesteht (§§ 161 Abs. II, 138 HGB).

Praktische Bedeutung kommt dem Auflösungsgrund des § 131 Ziff. 4 HGB bei der GmbH & Co. nicht zu. Die Auflösung der GmbH wird meist eine Verletzung ihrer Pflichten als Gesellschafter der GmbH & Co. darstellen und Schadenersatzansprüche auslösen, insbesondere dann, wenn die Auflösung der GmbH beschlossen wird, um sich der Verpflichtung als Geschäftsführer der GmbH & Co. zu entziehen [402]). Mittelbar wird durch diese Schadenersatzansprüche ein Druck auf die Gesellschafter der GmbH ausgeübt, es nicht zu einer Auflösung der Gesellschaft kommen zu lassen.

Ist die GmbH nach § 75 GmbHG für nichtig erklärt und die Nichtigkeit der Gesellschaft in das Handelsregister eingetragen worden, so finden gemäß § 77 Abs. I GmbHG zum Zwecke der Abwicklung ihrer Verhältnisse die für den Fall der Auflösung der GmbH geltenden Vorschriften Anwendung. Folgt man der hier vertretenen Auffassung, so wird die GmbH & Co. mit der Eintragung der Nichtigkeit nach § 131 Ziff. 4 HGB aufgelöst [403]), andernfalls erst mit dem Abschluß der Liquidation. Entsprechendes gilt bei einer Löschung von Amts wegen nach § 144 Abs. I FGG.

[401]) Ebenso W i e l a n d, I, 833; speziell für die GmbH & Co.: C a h n, 53; K ö h l e r, Steuerberater-Jahrbuch 1954/55, 263. C a h n und K ö h l e r scheinen aber zu übersehen, daß die herrschende Meinung eine andere Ansicht vertritt.

[402]) So RGRK - W e i p e r t, Anm. 26 zu § 131.

[403]) Ebenso C a h n, 56; K ö h l e r, Steuerberater-Jahrbuch 1954/55, 263 f.

Die Eröffnung des Konkurses über das Vermögen der GmbH [404]) führt nach § 131 Ziff. 5 HGB zur Auflösung der GmbH & Co. Meist wird der Konkurs der GmbH auch einen Konkursgrund für die GmbH & Co. bilden. Notwendig ist dies aber nicht; denn über das Vermögen der GmbH findet das Konkursverfahren außer bei Zahlungsunfähigkeit auch bei Überschuldung statt (§ 63 Abs. I GmbHG), über das Vermögen der GmbH & Co. nur bei Zahlungsunfähigkeit (§ 209 KO) [404a]).

Gemäß § 60 Abs. I Ziff. 4 GmbHG können die Gesellschafter der GmbH nach Aufhebung des Konkursverfahrens, nach Abschluß eines Zwangsvergleichs oder nach Einstellung auf Antrag des Gemeinschuldners die Fortsetzung der Gesellschaft beschließen. Die durch die Konkurseröffnung aufgelöste GmbH & Co. kann aber durch einen Beschluß nach § 60 Abs. I Ziff. 4 GmbHG nicht wieder aufleben. Der entsprechende Beschluß der Gesellschafter der GmbH & Co. nach § 144 HGB betrifft einen anderen Fall: den Konkurs der GmbH & Co. selbst. Die Vorschrift des § 144 HGB kann daher hier nicht angezogen werden [405]).

Nach §§ 131 Ziff. 6, 133 HGB kann auf Antrag eines Gesellschafters die Auflösung der GmbH & Co. durch gerichtliche Entscheidung ausgesprochen werden, wenn ein wichtiger Grund vorliegt. Ein solcher Grund ist nach § 133 Abs. II HGB insbesondere dann vorhanden, wenn ein Gesellschafter eine ihm nach dem Gesellschaftsvertrag obliegende wesentliche Verpflichtung vorsätzlich oder aus grober Fahrlässigkeit verletzt. Ist dieser Auflösungsgrund auch dann gegeben, wenn ein Geschäftsführer der GmbH die ihm als „mittelbarer Geschäftsführer" der GmbH & Co. obliegende Verpflichtung zur Geschäftsführung vorsätzlich oder aus grober Fahrlässigkeit verletzt? An sich trifft die Vorschrift des § 133 Abs. II HGB auf den „mittelbaren Geschäftsführer" nicht zu. Denn dieser ist weder geschäftsführender Gesellschafter der GmbH & Co., noch steht er als „mittelbarer Geschäftsführer" zu ihr in irgendeinem Rechtsverhältnis [406]). Aus der Organstellung des Geschäftsführers folgt jedoch, daß sein Handeln Handeln der GmbH, sein Verschulden Verschulden der GmbH ist [407]). Die übrigen

---

404) Zur Anwendbarkeit des § 83 GmbHG auf den Geschäftsführer der GmbH, der als „mittelbarer Geschäftsführer" der GmbH & Co. gegen §§ 239—241 KO verstößt, vgl. BGH 1 StR 391/63 v. 17. 12. 63, GmbH-Rdsch. 1964, 51 f. mit kritischer Anm. von Hesselmann.

404a) Zu insolvenzrechtlichen Problemen bei der GmbH & Co. vgl. Uhlenbruck, GmbH-Rdsch. 1971, 70 ff.; Veismann, BB 1971, 940 ff.

405) Vgl. Cahn, 55; Köhler, Steuerberater-Jahrbuch 1954/55, 263.

406) Vgl. die Ausführungen auf S. 76 f. d. A.

407) So die herrschende Organtheorie im Gegensatz zu der Vertretertheorie. Vgl. Lehmann, Allg. Teil § 59 III 2 und § 60 III 3 c. Siehe auch S. 81 d. A.

Gesellschafter der GmbH & Co. können daher durch gerichtliche Entscheidung nach § 133 HGB die Auflösung der GmbH & Co. oder nach § 140 HGB die Ausschließung der GmbH herbeiführen [408]).

Für alle Auflösungsgründe ist zu beachten, daß die Auflösung der GmbH & Co. auf den Bestand der GmbH keinen Einfluß hat, wenn nicht im Gesellschaftsvertrag der GmbH gemäß § 60 Abs. II GmbHG etwas Abweichendes bestimmt ist.

Es sei schließlich noch darauf hingewiesen, daß im Gesellschaftsvertrag der GmbH & Co. gemäß §§ 161 Abs. II, 138 HGB bestimmt werden kann, daß, wenn ein Gesellschafter kündigt oder der persönlich haftende Gesellschafter stirbt (bzw. die GmbH aufgelöst wird) oder wenn der Konkurs über das Vermögen eines Gesellschafters eröffnet wird, die Gesellschaft bei gleichzeitigem Ausscheiden des betreffenden Gesellschafters unter den übrigen Gesellschaftern fortbestehen soll. Wenn § 138 HGB das Recht, das Fortbestehen der Gesellschaft unter Ausscheiden eines Gesellschafters zu vereinbaren, auch nur für diese drei Auflösungsfälle vorsieht, so ist es doch anerkannt, daß eine derartige Regelung allgemein zulässig ist [409]). Sie kann insbesondere in Abweichung von § 177 HGB auch für den Fall des Todes eines Kommanditisten getroffen werden [410]).

Voraussetzung der Fortdauer der Gesellschaft ist allerdings, daß trotz des Ausscheidens des einen Gesellschafters noch zwei Gesellschafter übrigbleiben und daß mindestens ein persönlich haftender Gesellschafter vorhanden ist. Bleibt kein persönlich haftender Gesellschafter, so ist die Gesellschaft aufgelöst, falls nicht gleichzeitig ein neuer eintritt. Denn eine Kommanditgesellschaft, die nur aus Kommanditisten besteht, ist nicht möglich [411]). Scheidet der einzige Kommanditist aus, so verwandelt sich die Gesellschaft ohne weiteres in eine offene Handelsgesellschaft, wenn noch zwei persönlich haftende Gesellschafter übrigbleiben [412]).

2. Abwicklung

Nach Auflösung der GmbH & Co. findet gemäß §§ 161 Abs. II, 145 ff. HGB die Liquidation der Gesellschaft statt. Die Liquidation erfolgt regelmäßig durch sämtliche Gesellschafter als Liquidatoren (§§ 161 Abs. II, 146

---

408) Im Ergebnis ebenso Cahn, 52.

409) Vgl. RGRK-Weipert, Anm. 2 zu § 138; Schlegelberger-Geßler, Anm. 2 zu § 138; Baumbach-Duden, Anm. 1 B zu § 138; Lehmann, Gesellschaftsrecht, 141.

410) Vgl. KGJ 44, 132; Schlegelberger-Geßler, Anm. 8 zu § 177; Haupt, 85.

411) RGRK-Weipert, Anm. 32 zu § 177.

412) RGRK-Weipert, Anm. 32 zu § 177.

Abs. I HGB). Ist über das Vermögen eines Gesellschafters der Konkurs eröffnet, so tritt der Konkursverwalter an die Stelle des Gesellschafters (§§ 161 Abs. II, 146 Abs. III HGB)[413]).

Gemäß § 145 HGB kann auch eine andere Art der Auseinandersetzung vereinbart werden. Vielfach wird zB in den GmbH & Co.-Gesellschaftsvertrag eine Bestimmung aufgenommen, wonach die GmbH berechtigt ist, im Falle der Auflösung der GmbH & Co. das Anlage- und Umlaufvermögen der GmbH & Co. ohne eine Liquidation zu angemessenen Werten zu übernehmen. Einer Übertragung der einzelnen Vermögenswerte bedarf es in diesem Fall nicht, entsprechend §§ 142 HGB, 738 BGB tritt Anwachsung ein[414]).

D. Steuerrechtliche Probleme bei der GmbH & Co.

Auch für das Steuerrecht ist heute davon auszugehen, daß die GmbH & Co. eine Kommanditgesellschaft ist[415]), die als solche zu behandeln ist. Da persönlich haftender Gesellschafter keine natürliche Person, sondern eine Kapitalgesellschaft ist, ergibt sich jedoch eine Reihe von Sonderproblemen.

I. Einkommen- und Körperschaftsteuer

Für die Einkommensteuer ist die GmbH & Co. als Personengesellschaft nicht selbständiges Steuersubjekt; die einzelnen Beteiligungen sind vielmehr als selbständige Gewerbebetriebe der einzelnen Mitunternehmer anzusehen. Die Gesellschafter selbst werden mit ihrem Anteil am Gesamtgewinn zur Steuer herangezogen. Der auf die natürlichen Personen (Kommanditisten) entfallende Gewinnanteil unterliegt nach § 2 Abs. III Ziff. 2 EStG iV mit § 15 Ziff. 2 EStG als Einkünfte aus Gewerbebetrieb der Einkommensteuer, der auf die GmbH entfallende Anteil der Körperschaftsteuer.

Voraussetzung ist allerdings, daß die Gesellschaft einen Gewerbebetrieb hat und die Gesellschafter als Mitunternehmer anzusehen sind. Aus der

---

413) Cahn, 56 und Köhler, Steuerberater-Jahrbuch 1954/55, 263 übersehen anscheinend § 146 Abs. III HGB. Nach ihrer Ansicht kann, wenn die GmbH & Co. aufgelöst wird, weil die GmbH in Konkurs geraten ist (§ 131 Ziff. 5 HGB), weder die GmbH noch deren Konkursverwalter Liquidator werden. Es müsse deshalb auf Antrag der Beteiligten die Ernennung von Liquidatoren durch das Gericht erfolgen (§ 146 Abs. II HGB).

414) So RG in RGZ 68, 415; RGRK-Weipert, Anm. 32 zu § 177; Baumbach-Duden, Anm. 2 C zu § 145.

415) Vgl. hierzu die Ausführungen auf S. 19 f. d. A.

Formulierung des § 15 Ziff. 2 EStG ist jedoch zu folgern, daß die Gesellschafter einer Personengesellschaft regelmäßig als Mitunternehmer behandelt werden müssen. Trotz Eintragung der Gesellschaft im Handelsregister ist eine Mitunternehmerschaft ausnahmsweise dann zu verneinen, wenn eine abweichende Beurteilung aus gewichtigen, insbesondere aus wirtschaftlichen Gründen geboten erscheint [416]). Nicht notwendig ist eine Beteiligung der Gesellschafter am Anlagevermögen und an den stillen Reserven. Die Einbringung der Arbeitskraft durch einen Gesellschafter ist ausreichend, wenn der Gesellschafter an der Leitung der Gesellschaft unternehmerisch beteiligt ist [417]). Etwas anderes gilt nur dann, wenn der Gesellschafter lediglich eine formale Geschäftsführerfunktion ausübt und gesellschaftsrechtlich nicht als Unternehmer, sondern als bezahlter Angestellter zu behandeln ist.

Der auf die GmbH entfallende Gewinnanteil unterliegt einem festen Körperschaftsteuersatz von 51 vH des steuerlichen Reingewinns, für Ausschüttungen ermäßigt sich die Körperschaftsteuer auf 15 vH (§ 19 Abs. I Ziff. 1 iV mit § 19 Abs. III KStG). Unter den Voraussetzungen des § 19 Abs. I Ziff. 2 KStG kann auch eine Besteuerung der GmbH als personenbezogene Kapitalgesellschaft in Betracht kommen, wenn mindestens 76 vH der Anteile natürlichen Personen gehören. Maßgebend sind die zivilrechtlichen Eigentumsverhältnisse, selbst wenn die Anteile steuerlich als Betriebsvermögen der GmbH & Co. behandelt werden [418]).

Soweit die GmbH Gewinne an die GmbH-Gesellschafter ausschüttet, sind sie von diesen nochmals nach § 2 Abs. III Ziff. 5 EStG iV mit § 20 Abs. I Ziff. 1 EStG als Einkünfte aus Kapitalvermögen zu versteuern. Sind die GmbH-Anteile jedoch Betriebsvermögen der GmbH & Co., so stellen die von der GmbH ausgeschütteten Gewinne bei deren Gesellschaftern Einkünfte aus Gewerbebetrieb dar (§ 2 Abs. III Ziff. 2 EStG iV mit § 15 Ziff. 2 EStG).

1. Betriebsvermögen

Bei der GmbH & Co. gelten für die Abgrenzung zwischen notwendigem Betriebsvermögen, gewillkürtem Betriebsvermögen und Privatvermögen die allgemeinen für Personengesellschaften aufgestellten Grundsätze. Danach sind Wirtschaftsgüter, die ein Gesellschafter der Gesell-

---

[416]) Besonders bei Familiengesellschaften ist die Mitunternehmerschaft sorgfältig zu prüfen; vgl. BFH IV R 178/68 v. 22. 1. 70, GmbH-Rdsch. 1970, 187 f.

[417]) Vgl. BFH I 146/59 U v. 16. 2. 60, BStBl. III 1960, 156 = StRK EStG § 15 R. 173.

[418]) So Nissen, B 1971, 2228; Winter, GmbH-Rdsch. 1969, 115 ff.

Hesselmann, Malte | DM 48,--

Handbuch der GmbH & Co.

Autor · Titel

3 504 32513 5	gbd	14.	
ISBN	Einb.	Aufl.	Bd.

Reihe u.ä.

O. Schmidt	15689
Verlag	Verkehrs-Nr.

BUCHLAUFKARTE

schaft für betriebliche Zwecke überläßt, steuerlich in der Regel notwendiges Betriebsvermögen, selbst wenn der Gesellschafter zivilrechtlich Eigentümer der Wirtschaftsgüter bleibt [419]). Bei der GmbH & Co. gilt dieser Grundsatz gleichermaßen für die Kommanditisten wie für die GmbH [419a]), nicht jedoch für die Gesellschafter der GmbH, da diese nicht Gesellschafter der GmbH & Co. sind. Verpachtet zB die GmbH ihr Anlagevermögen an die GmbH & Co., so wird dieses steuerlich notwendiges Betriebsvermögen der GmbH & Co. Strenggenommen müßten die von der GmbH verpachteten Wirtschaftsgüter in Abweichung von der handelsrechtlichen Bilanzierung in die Bilanz der GmbH & Co., zumindest in eine Ergänzungsbilanz aufgenommen werden. Das würde insbesondere dann zu erheblichen praktischen Schwierigkeiten führen, wenn die GmbH der GmbH & Co. eine große Zahl von Vermögensgegenständen überläßt. Es wird deshalb als zulässig angesehen, abweichend von den sonst geltenden Grundsätzen auch steuerrechtlich der handelsrechtlichen Bilanzierung zu folgen und demgemäß die von der GmbH der GmbH & Co. auf Grund eines Pachtvertrages zur Nutzung überlassenen Vermögensgegenstände weiterhin in der Steuerbilanz der GmbH zu führen [420]).

Die für die Überlassung der Wirtschaftsgüter gezahlte Vergütung — nach Abzug der Unkosten — ist selbstverständlich gemäß § 15 Ziff. 2 EStG bei der GmbH & Co. als Teil des gewerblichen Gesamtgewinns einheitlich festzustellen.

In diesem Zusammenhang erhebt sich die Frage, ob die Geschäftsanteile an der GmbH notwendiges Betriebsvermögen der GmbH & Co. sind. In der Literatur wurde früher unter Billigung der Finanzverwaltung die Auffassung vertreten, daß die Geschäftsanteile nur dann notwendiges Betriebsvermögen der GmbH & Co. sind, wenn sie zivilrechtlich als Einlage in das Vermögen der GmbH & Co. überführt worden sind. Ist dies nicht

---

419) Die Zurechnung eines Grundstücks, das ein Gesellschafter seiner Personengesellschaft mietweise überläßt, zum Betriebsvermögen der Personengesellschaft bei der Veranlagung zur Einkommensteuer ist verfassungsrechtlich nicht zu beanstanden; vgl. BVerfG, Beschl. 1 BvR 457/66 v. 15. 7. 69, StRK EStG § 15 Ziff. 2 R. 35 = B 1969, 1441.

419a) AA, jedoch ohne schlüssige Begründung, Märkle, GmbH-Rdsch. 1971, 121 ff., wonach die von der GmbH an die GmbH & Co. überlassenen Wirtschaftsgüter nicht Betriebsvermögen der GmbH & Co. werden. Folgerichtig will Märkle die für die Überlassung gezahlte Vergütung auch nicht als Teil des gewerblichen Gesamtgewinns der GmbH & Co., sondern bei der GmbH direkt erfassen.

420) Vgl. Vfg. der OFD Hannover S 2150 — 208 — StH 221 (S 2150 — 110 — StO 221) v. 2. 9. 63, DStZ/B 1963, 452 ff.; Herrmann-Heuer, Anm. 29 b zu § 15 EStG; Nissen, B 1971, 2231; Richter, GmbH-Rdsch. 1970, 77.

der Fall, so wurden die Geschäftsanteile als Privatvermögen der Gesellschafter der GmbH angesehen, unabhängig davon, ob diese gleichzeitig Kommanditisten sind oder nicht [421]). Zur Begründung wurde auf Folgendes hingewiesen: Die GmbH hat als Komplementär die Geschäfte der GmbH & Co. zu führen und beherrscht damit rechtlich und wirtschaftlich das Unternehmen. Sie entfaltet also kein betriebliches Dienen, sondern nur eine gesellschaftsrechtliche Funktion. Die GmbH ist selbständiger Gesellschafter, und ein einzelner Gesellschafter einer Personengesellschaft als solcher kann nicht als dem Betrieb förderlich angesehen werden. Die GmbH & Co. ist zwar darauf angewiesen, daß ein Gesellschafter Mitunternehmer ist, der die Rechtsform der Kapitalgesellschaft besitzt. Wer die Anteile an dieser Gesellschaft sein eigen nennt, ist für ihr Bestehen aber bedeutungslos.

Der BFH [421a]) ist dagegen der Auffassung, daß die Geschäftsanteile an der GmbH notwendiges Betriebsvermögen der GmbH & Co. sind, soweit sie Kommanditisten der GmbH & Co. gehören (Sonderbetriebsvermögen der Kommanditisten), da die Beteiligung an der Komplementär-GmbH den Kommanditisten im Hinblick auf ihre Beteiligung an der GmbH & Co. förderlich sei.

Die Auswirkungen dieser Auffassung sind einschneidend. Die GmbH-Anteile sind rückwirkend [422]) über eine Ergänzungsbilanz der GmbH & Co. als Aktivvermögen einzubuchen unter gleichzeitiger Erhöhung der Kapitalkonten der an der GmbH beteiligten Kommanditisten. Die Einbuchung muß nach § 6 Abs. I Ziff. 5 a und b EStG zu den Anschaffungskosten oder Herstellungskosten erfolgen, wenn die GmbH-Anteile innerhalb der letzten drei Jahre vor der Einbuchung angeschafft oder hergestellt wurden oder der Stpfl. an der GmbH wesentlich beteiligt ist, andernfalls mit dem Teilwert [422a]).

Aus der Einbuchung ergeben sich folgende Konsequenzen: Etwaige Gewinnausschüttungen der GmbH sind für die Gesellschafter nicht Ein-

---

[421]) So zB Felix, DStR 1964, 340; Fetsch, 29 f.; Herrmann-Heuer, Anm. 7 zu § 4 EStG; ebenso die Vorauflagen d. A.

[421a]) BFH IV R 139/67 v. 15. 11. 67, BStBl. II 1968, 152 = Anhang III Nr. 6; BFH III 244/65 v. 27. 5. 70, BStBl. II 1970, 734 f. = StRK BewG § 54 Abs. 1 R. 56; BFH I R 230/70 v. 5. 7. 72, BStBl. II 1972, 928 = FR 1972, 561 = StRK EStG § 15 Ziff. 2 R. 61.

[422]) Nach einer Verfügung der OFD Hamburg braucht die Einbuchung erst zum 1. 1. 68 zu erfolgen; vgl. auch Behrens, B 1968, 1647. Die übrigen Oberfinanzdirektionen verlangen aber Einbuchung zum letzten noch nicht rechtskräftigen Zeitpunkt.

künfte aus Kapitalvermögen aus der GmbH, sondern Einkünfte aus Gewerbebetrieb aus der GmbH & Co. Bei der Gewerbeertragsteuer ergibt sich allerdings wegen § 9 Ziff. 2 a GewStG keine Mehrbelastung, ebenso bei der Gewerbekapitalsteuer wegen § 12 Abs. III Ziff. 2 a GewStG [422b]). Dagegen führt bei der Vermögensteuer die Behandlung der GmbH-Anteile statt als Kapitalvermögen der Gesellschafter als Betriebsvermögen dazu, daß der Freibetrag nach § 110 Abs. II BewG außer Ansatz bleibt. Die einschneidendsten Folgen ergeben sich im Fall der Veräußerung der GmbH-Anteile. Der Veräußerungsgewinn, der sonst bei Gesellschaftern, die nicht wesentlich beteiligt sind, steuerfrei ist, wird voll zur Steuer herangezogen, bei wesentlich beteiligten Gesellschaftern ist statt des begünstigten Steuersatzes der §§ 17, 34 EStG der volle Steuersatz zu entrichten. Nur bei einer gleichzeitigen Veräußerung des GmbH-Anteils und des KG-Anteils wird der ermäßigte Steuersatz gemäß §§ 16, 34 EStG in Betracht kommen. Bei einer Überführung von GmbH-Anteilen in das Privatvermögen gelten dieselben Grundsätze [422c]).

Die Auffassung des BFH wird mit den oben aufgeführten Argumenten von der Literatur [422d]) überwiegend abgelehnt. Die Finanzverwaltung folgt jetzt verständlicherweise der Auffassung des BFH.

[422a]) Das FG Baden-Württemberg I 57/68 v. 22. 6. 71, EFG 1971, 541 ist der Auffassung, daß die Einbuchung nach Treu und Glauben stets mit dem Teilwert zu erfolgen hat, wenn das FA in den zurückliegenden Jahren die Anteile als Privatvermögen behandelt hat.

[422b]) So Vfg. OFD Hamburg S 2134 — 6/68 St 21 v. 24. 9. 68, StEK EStG § 5 Bil. Nr. 21 = GmbH-Rdsch. 1969, 72; Meyer, Bericht, C 2c; Schulze zur Wiesche, B 1969, 1907; aA Barth, GmbH-Rdsch. 1969, 76, der zu Recht darauf hinweist, daß sowohl § 9 Ziff. 2 a GewStG als auch § 12 Abs. III Ziff. 2 a voraussetzen, daß die Personengesellschaft als solche an der Kapitalgesellschaft mit mindestens 25 vH beteiligt ist, was hier zivilrechtlich nicht zutrifft. Wenn man aber schon der Auffassung des BFH folgt, dann muß man die vorstehenden Bestimmungen des GewStG so auslegen, daß es nicht auf die zivilrechtlichen Verhältnisse ankommen kann, da andernfalls eine gewerbesteuerliche Doppelbelastung in Betracht käme, was vom Gesetzgeber in allen Fällen verhindert worden ist.

[422c]) So Kormann, B 1972, 699; a A Nissen, B 1971, 2233.

[422d]) Neben den in Fußn. 421 Genannten Barth, GmbH-Rdsch. 1969, 14 f.; ders., GmbH-Rdsch. 1969, 73 ff.; Glade, GmbH-Rdsch. 1969, 46 f.; Heyden, B 1968, 2192; Hörstel-Fett, B 1968, 1833 f.; wohl auch Behrens, B 1968, 1646; aA Kormann, B 1972, 694; Lersch-Schaaf, FR 1972, 389; Nissen, B 1971, 2231; Schulze zur Wiesche, B 1969, 1905, allerdings nur für den Fall, daß die GmbH keinen eigenen unabhängigen Geschäftsbetrieb hat.

Nachfolgend soll aufgeführt werden, zu welchen praktischen Problemen die Auffassung des BFH führt.

a) Folgt man der Auffassung des BFH, so müßte auf der Passivseite der Bilanz der GmbH & Co. nicht nur die Einlage der GmbH, sondern noch einmal der Wert der GmbH-Anteile eingebucht werden, und zwar auf den Kapitalkonten der Kommanditisten als Gegenposten zu der Einbuchung der GmbH-Anteile auf der Aktivseite. Mithin wäre das Kapital der GmbH in der Bilanz der GmbH & Co. doppelt erfaßt, was nicht angängig ist [422e]).

b) Ist die GmbH Komplementär bei mehreren Gesellschaften mbH & Co., was in der Praxis durchaus vorkommt, so wären die GmbH-Anteile bei jeder GmbH & Co., bei der Gesellschafter der GmbH als Kommanditisten beteiligt sind, als notwendiges Betriebsvermögen zu führen [422f]).

c) Hat die GmbH neben ihrer Tätigkeit als geschäftsführender Gesellschafter der GmbH & Co. einen eigenen Geschäftsbetrieb, so wird dieser ebenfalls notwendiges Betriebsvermögen der GmbH & Co., unabhängig davon, ob der Geschäftsbetrieb der GmbH mit dem Geschäftsbetrieb der GmbH & Co. identisch ist und unabhängig von den Größenverhältnissen [422g]).

[422e]) Ebenso Heyden, B 1968, 2192; dagegen Nissen, B 1971, 2232.

[422f]) In der Literatur ist versucht worden, für diese Fallgruppe eine befriedigende Lösung zu finden: Behrens, B 1968, 1646 will die GmbH-Anteile bei der „wichtigsten" KG als notwendiges Betriebsvermögen behandeln; falls dies nicht festzustellen ist, will er dem Stpfl. ein Wahlrecht geben. Kormann, B 1972, 694, Lersch-Schaaf, FR 1972, 390 und Nissen, B 1971, 2231 wollen dem Stpfl. stets ein Wahlrecht geben. Schulze zur Wiesche, B 1969, 1906 will zwischen zwei Fallgruppen unterscheiden: Sind die Gesellschafter der GmbH bei allen Gesellschaften mbH & Co. als Kommanditisten beteiligt, so sollen alle Unternehmen steuerlich als eine Gesellschaft behandelt werden, andernfalls sollen die GmbH-Anteile dort als notwendiges Betriebsvermögen behandelt werden, wo die Gesellschafter der GmbH Kommanditisten sind. Am sinnvollsten dürfte es sein, die GmbH-Anteile in der Bilanz der zuerst gegründeten GmbH & Co. zu bilanzieren; ebenso Erl. FinMin. NRW S 2134 — 2 — VB 1 v. 17. 9. 70, FR 1970, 509 f.; Vfg. der OFD Hannover S 2741 — 140 — StH 231 v. 29. 3. 71, GmbH-Rdsch. 1972, 47 = Anhang III Nr. 12; Runge, B 1970, 754.

[422g]) So Rosenau, Beilage Nr. 13 zu B 1971, 4. Schulze zur Wiesche, B 1969, 1905, der der Auffassung des BFH beipflichtet, will die Geschäftsanteile an der GmbH dann nicht als notwendiges Betriebsvermögen der GmbH & Co. behandeln, wenn die GmbH einen eigenen unabhängigen Geschäftsbetrieb hat, vorausgesetzt, daß es sich nicht um eine

d) Die Unhaltbarkeit der Auffassung des BFH zeigt sich insbesondere dann, wenn einer der Gesellschafter seinen Wohnsitz im Ausland hat, und zwar in einem Land, mit dem ein Doppelbesteuerungsabkommen besteht. In diesem Fall war bisher die Steuer auf die Dividende der GmbH in der Bundesrepublik durch den Kapitalertragsteuerabzug mit 25 vH abgegolten. Nach der Theorie des BFH unterliegt der Gesellschafter sowohl mit dem auf die KG-Beteiligung entfallenden Gewinn als auch mit der GmbH-Dividende dem vollen Tarifsatz als beschränkt Steuerpflichtiger. Ob es Rechtens ist, daß die Rechtsprechung in bestehende Doppelbesteuerungsabkommen eingreifen kann, erscheint mehr als zweifelhaft.

Ist ein Kaufmann Alleingesellschafter und Geschäftsführer der Komplementär-GmbH, während die Kommanditanteile von seinen Familienmitgliedern gehalten werden, so sind die GmbH-Anteile kein Betriebsvermögen der GmbH & Co., da die Kommanditisten nicht Eigentümer der GmbH-Anteile sind[422h]). Ist eine GmbH lediglich als Kommanditist an einer KG beteiligt, so findet die Rechtsprechung des BFH keine Anwendung[422 i]).

2. Einheitliche Gewinnfeststellung[423])

Der Gewinn einer Personengesellschaft ist gemäß §§ 215 Abs. II, 216 AO durch das Betriebsfinanzamt einheitlich und gesondert festzustellen und auf die einzelnen Gesellschafter zu verteilen. Die der Gewinnermittlung zugrunde liegende Bilanz der Gesellschaft ist steuerlich nur eine Zusammenfassung der an sich für jeden einzelnen Mitunternehmer besonders aufzustellenden Bilanz. Denn bei der einheitlichen Gewinnfeststellung

---

reine Vermögensverwaltung handelt. Diese Auffassung wird von Behrens, B 1969, 1647 und Meyer, Bericht, C 3 u. 4 geteilt, wobei aber beide Autoren der Auffassung des BFH ablehnend gegenüberstehen. Nach Nissen, B 1971, 2232 kann der Stpfl. nicht gezwungen werden, seinen GmbH-Anteil in vollem Umfang als Betriebsvermögen zu behandeln. Es soll eine Aufteilung entsprechend den auf längere Sicht gegebenen durchschnittlichen Verhältnissen zwischen der eigenen gewerblichen Tätigkeit der GmbH und ihrer Geschäftsführertätigkeit vorgenommen werden. Nach Lersch-Schaaf, FR 1972, 389, kann die Zurechnung zum Betriebsvermögen der GmbH & Co. nicht erzwungen werden, eine teilweise Aktivierung des Anteils ist nicht möglich.

422h) So Kormann, B 1972, 694; aA Lersch-Schaaf, FR 1972, 389.

422i) So Lersch-Schaaf, FR 1972, 370.

423) Zur einheitlichen Gewinnfeststellung bei der GmbH & Co. vgl. Kraus, GmbH-Rdsch. 1972, 113 ff.; vgl. auch S. 20 d. A.

handelt es sich nicht um die Feststellung des Gewinns oder Verlustes der Gesellschaft, sondern um die Feststellung der Summe der Gewinne oder Verluste der an der Gesellschaft beteiligten Mitunternehmer.

Ist wie bei der GmbH & Co. eine Kapitalgesellschaft an der Personengesellschaft beteiligt, so sind deren Einkünfte, wie der OFH in einem Urteil v. 7. 12. 49 [424]) ausdrücklich bestätigt, ebenfalls bei der einheitlichen Gewinnfeststellung der Personengesellschaft festzustellen. Die Tatsache, daß bei der Kapitalgesellschaft der Gewinnanteil, der aus der einheitlichen Gewinnfeststellung auf sie entfällt, der Körperschaftsteuer und nicht wie bei natürlichen Personen der Einkommensteuer unterliegt, berührt die einheitliche Gewinnfeststellung nicht.

Im übrigen gelten die allgemeinen Regeln für Personengesellschaften:

Die betrieblichen Sondereinnahmen der einzelnen Gesellschafter müssen, soweit sie im Abschluß der GmbH & Co. noch nicht erfaßt sind, im Rahmen der einheitlichen Gewinnfeststellung berücksichtigt werden. Dabei kann als Grundsatz gelten, daß alles, was die GmbH oder einer der Kommanditisten aus der GmbH & Co. erhalten, Gewinn aus Gewerbebetrieb und bei der einheitlichen Gewinnfeststellung einzubeziehen ist. Ob bürgerlich-rechtlich besondere Rechtsbeziehungen zwischen der GmbH & Co. und ihren Gesellschaftern bestehen, spielt keine Rolle; einkommensteuerlich handelt es sich stets um innerbetriebliche Vorgänge [425]). Insbesondere rechnen Vergütungen, die ein Gesellschafter von der Gesellschaft für seine Tätigkeit im Dienst der Gesellschaft oder für die Hingabe von Darlehen oder für die Überlassung von Wirtschaftsgütern bezogen hat, zum Gewinn des Gesellschafters (vgl. § 15 Ziff. 2 EStG).

Ausgaben der Gesellschafter, die durch den Betrieb, dh. durch die Beteiligung an der GmbH & Co. veranlaßt worden sind, sind ebenfalls bei der einheitlichen Gewinnfeststellung zu berücksichtigen, auch wenn sie nicht durch die Bücher der GmbH & Co. gelaufen sind und die anderen Mitunternehmer nicht berühren [426]). Hat die GmbH allein die Aufgabe,

---

[424]) OFH I 18/48 v. 7. 12. 49, StRK AO § 147 R. 1 a—c = StuW 1950 II Nr. 41.

[425]) Vgl. die Entscheidung des RFH VI 704/39 v. 10. 1. 40, RStBl. 1940, 134 = GW-StRK III, 475.

[426]) Vgl. die Entscheidung des RFH VI A 422/37 v. 14. 7. 37, RStBl. 1937, 937 = Kartei AO 1931 § 215 Abs. 2 Nr. 2 R. 11 = StuW 1937 II Nr. 454. Die Kosten der Gründung der GmbH entstehen im Bereich der GmbH und können daher nicht bei der einheitlichen Gewinnfeststellung der GmbH & Co. abgesetzt werden, so BFH IV 324/65 v. 1. 8. 68, BStBl. II 1968, 678 = StRK EStG § 4 BetrAusg. R. 38 = BB 1968, 1737; aA Remmlinger, B 1969, 277 f., jedoch ohne schlüssige Begründung.

die Geschäfte der GmbH & Co. zu führen, so rechnen zu ihren Sonderbetriebsausgaben, die im Rahmen der einheitlichen Gewinnfeststellung geltend zu machen sind, auch die gesamten Personal- und Verwaltungskosten [426a]).

Beispiel:

Im Gesellschaftsvertrag einer GmbH & Co. ist vorgesehen, daß von dem in der Handelsbilanz ausgewiesenen Gewinn die GmbH 10 vH, der Kommanditist A 45 vH und der Kommanditist B 45 vH erhalten. Die GmbH & Co. weist in ihrer Bilanz einen Gewinn von 20 000 DM aus. Sie hat der GmbH deren Auslagen für den Geschäftsführer, der ausschließlich für die GmbH & Co. tätig und nicht als Kommanditist an der GmbH & Co. beteiligt ist, in Höhe von 50 000 DM erstattet. An den Kommanditisten A sind Pachtzinsen von 4000 DM, an den Kommanditisten B Darlehenszinsen von 7000 DM gezahlt worden. Der Kommanditist B hat an Steuerberater-Gebühren für seine Beteiligung 1000 DM gezahlt.

Einheitliche Gewinnfeststellung

	Gewinnanteil laut Handelsbilanz	Vergütungen an Gesellschafter	Auslagen der Gesellschafter	Steuerlicher Gewinnanteil
GmbH	2 000 DM	50 000 DM	50 000 DM	2 000 DM
A	9 000 DM	4 000 DM	—	13 000 DM
B	9 000 DM	7 000 DM	1 000 DM	15 000 DM
	20 000 DM	61 000 DM	51 000 DM	30 000 DM

Der nach der einheitlichen Gewinnfeststellung auf die GmbH entfallende Anteil am Gewinn oder Verlust ist von dieser in ihre Bilanz aufzunehmen. Die GmbH und das Finanzamt, das die Körperschaftsteuer der GmbH berechnet, sind an den Gewinn- oder Verlustanteil aus der einheitlichen Gewinnfeststellung gebunden [427]). Daneben kann die GmbH noch weitere Einkünfte und/oder Verluste aus anderen Ertragsquellen haben, die nicht mit der Beteiligung an der GmbH & Co. zusammenhängen, ebenso wie natürliche Personen neben dem Gewinn oder Verlust aus der Beteiligung an einer Personengesellschaft noch andere Einkünfte und/oder Verluste haben können.

Die GmbH darf über den in der einheitlichen Gewinnfeststellung festgestellten Verlust hinaus keine Abschreibungen an dem in ihrer Bilanz

[426a]) So BFH IV R 166/67 v. 21. 3. 68, BStBl. II 1968, 579 = StRK EStG § 15 Ziff. 2 R. 25.

[427]) Vgl. Ritter, NWB Fach 18, GmbH & Co., 88.

aktivierten Wert der Beteiligung an der GmbH & Co. vornehmen [428]). Dasselbe gilt auch für die übrigen Gesellschafter.

Es erhebt sich die Frage, ob die GmbH als Komplementär Organ der GmbH & Co. mit der Folge sein kann, daß die Doppelbelastung des Gewinns der GmbH entfällt [429]). Voraussetzung für die Anerkennung eines Organschaftsverhältnisses oder besser eines wegen gegebenen Organschaftsverhältnisses abgeschlossenen Ergebnisabführungsvertrages ist die finanzielle, organisatorische und wirtschaftliche Eingliederung der Organgesellschaft im Unterordnungsverhältnis in die Unternehmung des Organträgers (§ 7 a KStG). Diese Tatbestandsmerkmale sind im einzelnen zu prüfen, da die Mitunternehmerschaft der GmbH in der GmbH & Co. und die Organeigenschaft der GmbH gegenüber der GmbH & Co. sich keinesfalls generell ausschließen [429a]). Die finanzielle Eingliederung ist gegeben, wenn die GmbH & Co. Alleingesellschafter oder wenigstens mit Mehrheit beteiligter Gesellschafter der GmbH ist (§ 7 a Abs. I Ziff. 1 KStG) [429b]). Die organisatorische Eingliederung läßt sich dadurch erreichen, daß man die Komplementär-GmbH von der Geschäftsführung ausschließt und dieses Recht auf die Kommanditisten überträgt [429c]). Von einer wirtschaftlichen Eingliederung wird man dann, wenn die GmbH lediglich die Aufgabe hat, Komplementär der GmbH & Co. zu sein, nicht sprechen können; sie wird nur dann gegeben sein, wenn die GmbH eine eigene, auf Gewinnerzielung gerichtete wirtschaftliche Tätigkeit im Interesse der GmbH & Co. ausübt [429d]).

3. Einkommensteuerliche Behandlung der Geschäftsführergehälter

Ein sehr umstrittenes Problem ist die steuerliche Behandlung der Gehälter der GmbH-Geschäftsführer, die für die GmbH die Geschäftsfüh-

---

[428]) So Zintzen, GmbH-Rdsch. 1950, 119; Ritter, NWB Fach 18, GmbH & Co., 88; Köhler, Steuerberater-Jahrbuch 1954/55, 266; vgl. auch die Entscheidung des RFH I A 131/33 v. 15. 1. 35, RStBl. 1935, 700 = Kartei KStG 1934 § 6 S. 1 m. EStG § 6 Ziff. 2 R. 9, 10. Behandelt man allerdings mit dem BFH die GmbH-Anteile als notwendiges Betriebsvermögen der GmbH & Co.,so kann — auch wenn die Anteile nur in den Ergänzungsbilanzen der Gesellschafter ausgewiesen sind — eine Abschreibung auf den niedrigeren Teilwert vorgenommen werden, wenn die GmbH eigene Geschäfte betreibt und hieraus Verluste auftreten; vgl. Socher, GmbH-Rdsch. 1971, 243.

[429]) Zur Organschaft im Umsatzsteuerrecht vgl. S. 196 f. d. A.

[429a]) So Weipert, B 1973, 249 ff.

[429b]) Zur Zulässigkeit vgl. S. 12 und S. 218 f. d. A.

[429c]) Zur Zulässigkeit vgl. S. 111 d. A.

[429d]) So Weipert, B 1973, 249 ff.

rung der GmbH & Co. ausüben, der sogenannten „mittelbaren Geschäftsführer" der GmbH & Co. [430]).

Unterschiede in der Behandlung ergeben sich daraus, ob die Geschäftsführer ihr Gehalt von der GmbH oder unmittelbar von der GmbH & Co. erhalten und ob sie selbst an der GmbH & Co. als Kommanditisten beteiligt sind oder nicht. Es sind demnach vier Fälle zu unterscheiden:

Fall 1: Der Geschäftsführer der GmbH, der an der GmbH & Co. nicht als Kommanditist beteiligt ist, erhält sein Gehalt von der GmbH. Die GmbH & Co. zahlt der GmbH für die Geschäftsführung eine Vergütung [431]).

Die der GmbH für die Geschäftsführung gewährte Vergütung stellt sich — wie wir bereits feststellten [432]) — steuerlich für die GmbH als Einkünfte aus Gewerbebetrieb dar (§ 6 Abs. I KStG iV mit § 15 Ziff. 2 EStG) und ist bei der einheitlichen Gewinnfeststellung der GmbH & Co. zu berücksichtigen. Für die GmbH & Co. liegt keine Betriebsausgabe vor. Das von der GmbH gezahlte Geschäftsführergehalt bildet bei der GmbH eine Betriebsausgabe, die als Ausgabe, die von einem einzelnen Mitunternehmer persönlich zu tragen ist, ebenfalls bei der einheitlichen Gewinnfeststellung zu berücksichtigen ist [433]), bei dem Geschäftsführer Einkünfte aus nichtselbständiger Arbeit (§ 2 Abs. III Ziff. 4 EStG iV mit § 19 EStG).

---

[430]) Vgl. hierzu Barth, Die steuerliche Behandlung der Bezüge des Kommanditisten, der für die GmbH die Geschäftsführung der Kommanditgesellschaft übernimmt, Festschrift Scherpf, S. 317 ff.; ferner Hesselmann, GmbH-Rdsch. 1966, 37 ff.

[431]) Es wurde bereits auf S. 87 d. A. darauf hingewiesen, daß das HGB dem geschäftsführenden Gesellschafter einer offenen Handelsgesellschaft oder Kommanditgesellschaft keinen Anspruch auf eine Vergütung für seine Tätigkeit gibt. Die GmbH & Co. kann jedoch vertraglich verpflichtet werden, die Kosten für die Geschäftsführung zu tragen und darüber hinaus der GmbH eine besondere Vergütung für ihre Tätigkeit zu gewähren. Vgl. hierzu S. 95 f. d. A.

[432]) Vgl. S. 128 d. A.

[433]) So RFH VI A 1685/29 v. 7. 4. 30, Kartei EStG 1925 § 13 R. 261 = StuW II 1930 Nr. 766; BFH IV 135/64 U v. 6. 5. 65, BStBl. III 1965, 502 = StRK EStG § 15 R. 584 = Anhang III Nr. 5; Hesselmann, GmbH-Rdsch. 1958, 67 ff.; derselbe, GmbH-Rdsch. 1966, 37 ff. mit weiteren Hinweisen. Werden die Geschäftsführer der GmbH nicht nur als „mittelbare Geschäftsführer" der GmbH & Co., sondern daneben auch in eigenen Angelegenheiten der GmbH (zB bei der Vermögensverwaltung der GmbH oder wenn die GmbH einen eigenen Geschäftsbetrieb unterhält) tätig, so ist hinsichtlich desjenigen Teils des Gehalts, der als Vergütung für die Tätigkeit in eigenen Angelegenheiten der GmbH anzusehen ist, Abzugsfähigkeit im Rahmen der einheitlichen Gewinnfeststellung nicht gegeben; denn es handelt sich hierbei nicht um Ausgaben, die der GmbH aus der Beteiligung an der GmbH & Co. erwachsen sind. Die Bezüge sind jedoch insoweit bei der Gewinnfeststellung der GmbH gewinnmindernd zu berücksichtigen.

Ist der Geschäftsführer zugleich Gesellschafter der GmbH, so ergeben sich keine Besonderheiten, abgesehen davon, daß auf die Angemessenheit des Gehalts zu achten ist, da andernfalls eine verdeckte Gewinnausschüttung im Sinne des § 6 Abs. I Satz 2 KStG vorliegen kann [434]).

Fall 2: Der Geschäftsführer der GmbH, der an der GmbH & Co. nicht als Kommanditist beteiligt ist, erhält von der GmbH & Co. unmittelbar eine Vergütung für die Geschäftsführung.

Die Vergütung bildet bei der GmbH & Co. eine Betriebsausgabe, bei dem Geschäftsführer Einkünfte aus nichtselbständiger Arbeit (§ 2 Abs. III Ziff. 4 EStG iV mit § 19 EStG). Die GmbH wird nicht berührt. Ist der Geschäftsführer zugleich Gesellschafter der GmbH, so ändert sich hierdurch nichts.

Erhält der Geschäftsführer jedoch die Vergütung von der GmbH & Co. nicht persönlich, sondern in seiner Eigenschaft als Organ der GmbH, zahlt also die GmbH & Co. die Vergütung zu Lasten der GmbH an deren Geschäftsführer, wobei die Zahlung im Verhältnis zwischen der GmbH und dem Geschäftsführer auf dessen Gehaltsanspruch angerechnet wird, so liegt steuerlich eine Gewinnentnahme der GmbH vor. Es gilt dasselbe wie in Fall 1 [435]).

Fall 3: Der Geschäftsführer der GmbH, der an der GmbH & Co. als Kommanditist beteiligt ist, bezieht sein Gehalt von der GmbH. Die GmbH & Co. zahlt der GmbH für die Geschäftsführung eine Vergütung.

Logischerweise müßte dieser Fall wie Fall 1 behandelt werden, dh.: Die der GmbH von der GmbH & Co. gewährte Vergütung für die Geschäftsführung stellt sich für die GmbH als Einkünfte aus Gewerbebetrieb dar (§ 6 Abs. I KStG iV mit § 15 Ziff. 2 EStG); bei der GmbH & Co. liegt keine Betriebsausgabe vor. Das Geschäftsführergehalt bildet bei der GmbH eine Betriebsausgabe, bei dem Geschäftsführer Einkünfte aus nichtselbständiger Arbeit (§ 2 Abs. III Ziff. 4 EStG iV mit § 19 EStG).

Der RFH, der sich in zwei Entscheidungen v. 7. 4. 30 [436]) und v. 30. 8. 32 [437]) mit der Frage der steuerlichen Behandlung der Geschäftsführergehälter bei der GmbH & Co. zu befassen hatte, ist jedoch anderer Auffassung:

---

[434]) Vgl. § 19 Beispiel 1 KStDV 1968 in der Fassung v. 26. 3. 69.

[435]) So Zintzen, GmbH-Rdsch. 1950, 119; Heuer, GmbH-Rdsch. 1952, 105; Brönner, GmbH-Rdsch. 1952, 147.

[436]) RFH VI A 1685/29 v. 7. 4. 30, Kartei EStG 1925 § 13 R. 261 = StuW II 1930 Nr. 766.

[437]) RFH VI A 501/31 v. 30. 8. 32, Kartei EStG 1925 § 29 R. 27 = StuW II 1932 Nr. 995.

„Das Gehalt eines Geschäftsführers einer GmbH, die alleinige persönlich haftende Gesellschafterin einer GmbH & Co. Kommanditgesellschaft ist, stellt sich als gewerblicher Vorausgewinnanteil dar, wenn der Geschäftsführer zugleich Kommanditist ist" [438]).

Er behandelt demnach das Gehalt des GmbH-Geschäftsführers bei diesem nicht als Einkünfte aus nichtselbständiger Arbeit aus der GmbH (§ 2 Abs. III Ziff. 4 EStG iV mit § 19 EStG), sondern als Vorausgewinn aus der GmbH & Co., also als Einkünfte aus Gewerbebetrieb (§ 2 Abs. III Ziff. 2 EStG iV mit § 15 Ziff. 2 EStG); bei der GmbH & Co. würde dann keine Betriebsausgabe vorliegen.

Nach der Auffassung des RFH wird es also steuerlich so angesehen, als ob die GmbH & Co. das Gehalt direkt an den Geschäftsführer zahlt. Die GmbH hat mit der Bezahlung des Geschäftsführers für die in ihrem Auftrage vorgenommene Ausübung der Geschäftsführung der GmbH & Co. nichts zu tun. Das Gehalt des Geschäftsführers bildet bei ihr nur einen „durchlaufenden Posten".

Zur Begründung dieser Ansicht führt der RFH in seiner Entscheidung v. 7. 4. 30 [439]) aus:

Es sei zwar richtig, daß der Geschäftsführer der GmbH die Geschäfte der GmbH & Co. nicht deshalb führe, weil er Kommanditist ist, sondern weil die GmbH die Geschäfte der GmbH & Co. zu führen hat und er ihr Geschäftsführer ist. Auf die juristische Form, wonach er Angestellter der GmbH und diese geschäftsführender Gesellschafter ist, komme es für das Steuerrecht aber nicht ausschlaggebend an. Wenn der Geschäftsführer zugleich auch als Kommanditist an der GmbH & Co. beteiligt ist, müsse er wirtschaftlich als geschäftsführender Gesellschafter der GmbH & Co. angesehen werden.

Diese Auffassung hat der RFH in der Entscheidung v. 30. 8. 32 [440]) aufrechterhalten. Sie wird von Kohrs [441]), Priese [442]) und mit Einschränkungen von Ritter [443]) gebilligt. Demgegenüber steht die herr-

[438]) Leitsatz des Urteils des RFH VI A 501/31 v. 30. 8. 32 (wie Fußnote 437).

[439]) RFH VI A 1685/29 v. 7. 4. 30 (wie Fußnote 436).

[440]) RFH VI A 501/31 v. 30. 8. 32, Kartei EStG 1925 § 29 R. 27.

[441]) GmbH-Rdsch. 1960, 188 f.

[442]) BB 1953, 794.

[443]) NWB Fach 18, 89. Ritter will unterscheiden, ob der GmbH-Geschäftsführer, der als Kommanditist an der GmbH & Co. beteiligt ist, gleichzeitig auch Gesellschafter der GmbH ist oder nicht. Nur im ersteren Fall will er dem RFH folgen. Da er sich aber bei seinen Ausführungen gerade auf die hier zitierten Entscheidungen des RFH beruft, ist anzunehmen, daß er verkannt hat, daß der RFH es lediglich darauf abstellt, ob der Geschäftsführer der GmbH zugleich Kommanditist der GmbH & Co. ist oder nicht.

schende Meinung in der Literatur [444]) auf dem Standpunkt, daß bei der steuerlichen Behandlung der Geschäftsführergehälter kein Unterschied gemacht werden könne, ob der Geschäftsführer gleichzeitig Kommanditist der GmbH & Co. ist oder nicht.

Der BFH hat sich in seinem Grundsatz-Urteil v. 2. 8. 60 [445]) der Auffassung des RFH angeschlossen. In den Gründen des Urteils, das eine Auseinandersetzung mit der in der Literatur vertretenen gegenteiligen Auffassung vermissen läßt, heißt es:

„Es trifft wohl zu, daß der Kommanditist als Geschäftsführer der GmbH in der Weise tätig wird, daß seine Handlungen als diejenigen eines Organs einer juristischen Person unmittelbar solche der GmbH selbst sind. Indes darf die Doppelstellung nicht unbeachtet bleiben, die der Kommanditist als natürliche Person in einem solchen Fall einnimmt: Er ist sowohl Organ der GmbH als auch Gesellschafter der KG. Bei einer wirtschaftlichen Betrachtung aber kann seine Geschäftsführertätigkeit nicht von seiner Gesellschafter-Eigenschaft und damit von seiner Eigenschaft als Unternehmer der KG losgelöst werden. Über die GmbH wird er — wenn auch bei einer formaljuristischen Betrachtung nur mittelbar — im Dienste der KG für diese tätig. Die ihm hierfür gewährte Vergütung ist nach § 15 Ziff. 2 EStG von der KG bezogen und seinem Gewinnanteil als weiterer Teil seines gewerblichen Gewinns hinzuzurechnen."

Der BFH folgt also in seiner Begründung dem RFH, wenn er ausführt, daß nach der wirtschaftlichen Betrachtungsweise der Geschäftsführer der GmbH seine Tätigkeit unmittelbar für die GmbH & Co. ausübe.

Der BFH hat seine Auffassung in einer Entscheidung v. 11. 2. 65 [446]), die sehr viel sorgfältiger begründet ist, aufrechterhalten. Er setzt sich hier insbesondere mit der Frage auseinander, ob es gerechtfertigt ist, den vom BVerfG [447]) aufgestellten Grundsatz der Maßgeblichkeit des Privatrechts,

---

[444]) Böttcher, RWP-Blattei, 14 Steuer-R, D Unternehmensformen, Einzelfragen 12, GmbH & Co., II 3; Fetsch, 35 ff.; Henze, 73 ff.; ders., RWP-Blattei, 14 Steuer-R, D Unternehmensformen, II B 1/63; Herrmann-Heuer, Anm. 35 b zu § 15 EStG; Hesselmann, GmbH-Rdsch. 1965, 16; Heuer, GmbH-Rdsch. 1952, 106 f.; Köhler, Steuerberater-Jahrbuch 1954/55, 267 f.; Storch, StWKurzpost, Gruppe 5, 235; Lange, NWB Fach 18, 354; ders., BB 1963, 507; Wöhe, 52 f.; anscheinend auch Brönner, GmbH-Rdsch. 1952, 147; Zintzen, GmbH-Rdsch. 1950, 119; Ganßmüller, 88.

[445]) BFH I 221/59 S v. 2. 8. 60, BStBl. III 1960, 408 = StRK EStG § 15 R. 198 = Anhang III Nr. 2.

[446]) BFH IV 284/64 v. 11. 2. 65, GmbH-Rdsch. 1965, 116 = BB 1965, 529 = Anhang III Nr. 4.

[447]) BVerfG 1 BvL 32/57 und 1 BvR 845/58 v. 24. 1. 62, BStBl. I 1962, 492 und 500 = StRK GewStG § 8 Ziff. 2—9 R. 34—35 m. Anm. Krüger und Laule = BB 1962, 122.

insbesondere der Rechtsform für das Steuerrecht, im vorliegenden Fall außer acht zu lassen und einen Durchgriff durch die GmbH auf Grund der wirtschaftlichen Betrachtungsweise vorzunehmen. Der BFH meint, daß auch nach der Rechtsprechung des BVerfG der Durchgriff gerechtfertigt sei. Es entspreche der Steuergerechtigkeit, daß ein Gesellschafter, wenn er seine Arbeitskraft seinem eigenen Unternehmen zur Verfügung stellt, auch dann wie ein Einzelunternehmer behandelt wird, wenn formaljuristisch, aber nicht wirtschaftlich die Dienste von einer GmbH geleistet werden.

Die gegen dieses Urteil eingelegte Verfassungsbeschwerde ist am 23. 11. 65 [448]) als offensichtlich unbegründet nicht zur Entscheidung angenommen worden. Für die Praxis ist die Rechtslage nunmehr geklärt. Der entschiedene Fall wies zwar die Besonderheit auf, daß es sich um eine Einmann-GmbH & Co. handelte, der Geschäftsführer der GmbH also gleichzeitig einziger Gesellschafter der GmbH und einziger Kommanditist war; aus der Entscheidung des BFH ist aber nicht zu entnehmen, daß er diesem Sondertatbestand Bedeutung zugemessen hat. Das BVerfG scheint die allgemein gehaltene Begründung des BFH auch für den Normalfall der GmbH & Co. zu billigen.

Der Auffassung des BFH und des BVerfG kann nicht beigepflichtet werden. Hat der Geschäftsführer der GmbH einen festen Gehaltsanspruch gegen die GmbH und steht der GmbH ein bestimmter Anteil am Gewinn der GmbH & Co., eventuell zuzüglich einer Vorausvergütung für die Geschäftsführung, zu — das ist der Normalfall, von dem wir ausgingen —, so geht es nicht an, den Geschäftsführer der GmbH als geschäftsführenden Gesellschafter der GmbH & Co. zu behandeln, nur weil er gleichzeitig als Kommanditist an der GmbH & Co. beteiligt ist. Wenn sich der BFH zur Begründung seiner Ansicht auf die wirtschaftliche Betrachtungsweise beruft, so überspannt er diese. Die wirtschaftliche Betrachtungsweise kann dann nicht Platz greifen, wenn sich wie hier zwischen die Beteiligten ein steuerlich selbständiges Gebilde — die GmbH — einschiebt.

Da die GmbH & Co. steuerrechtlich als Gesellschaftsform anerkannt ist, darf man auch für den Bereich des Steuerrechts nicht darüber hinweggehen, daß die GmbH selbst geschäftsführender Gesellschafter der GmbH & Co. ist und diese Geschäftsführung lediglich durch Geschäftsführer ausgeübt wird, unabhängig davon, ob diese zugleich Gesellschafter der GmbH & Co. sind oder nicht [449]). Hieraus folgt — und das ist für das Steuerrecht

[448]) BVerfG 1 BvR 271/65 v. 23. 11. 65, GmbH-Rdsch. 1966, 38.

[449]) Ebenso Henze, RWP-Blattei, 14 Steuer-R, D Unternehmensformen II B 1/63; Lange, BB 1963, 508; Uecker, GmbH-Rdsch. 1962, 260; aA Krohn, BB 1967, 1284.

bindend [450]) —, daß die der GmbH von der GmbH & Co. gewährte Vergütung für die Geschäftsführung dieser selbst und nicht dem Geschäftsführer zusteht.

Das Geschäftsführergehalt des Geschäftsführers stellt sich demnach nicht als ein Vorausgewinn aus der GmbH & Co., sondern lediglich als eine Gehaltszahlung seitens der GmbH dar.

Neben diesen theoretischen Erwägungen sprechen aber auch praktische Bedenken gegen die Auffassung des BFH: Hat die GmbH zB mehrere Geschäftsführer, die für sie die Geschäftsführung der GmbH & Co. ausüben, so müßte man — wollte man der Ansicht des BFH folgen — die Bezüge der Geschäftsführer bei gleichem Gehalt und gleicher Tätigkeit unterschiedlich behandeln, je nachdem, ob diese Geschäftsführer als Kommanditisten an der GmbH & Co. beteiligt sind oder nicht. Vollends gerät man in Schwierigkeiten, wenn ein Geschäftsführer der GmbH, der zugleich als Kommanditist an der GmbH & Co. beteiligt ist, nicht nur als „mittelbarer Geschäftsführer" der GmbH & Co., sondern daneben auch für die GmbH in ihren eigenen Angelegenheiten tätig ist. Hier müßte man das Gehalt in eine Vergütung für die Tätigkeit bei der GmbH & Co. und eine Vergütung für die Tätigkeit bei der GmbH aufschlüsseln und es dann teilweise als Vorausgewinn aus der GmbH & Co., also als Einkünfte aus Gewerbebetrieb, teilweise als Einkünfte aus nichtselbständiger Arbeit behandeln. Entsprechend geht der BFH denn auch in seiner Entscheidung vom 2. 8. 60 vor. Ist das Gehalt des Geschäftsführers nicht von vornherein in ein Gehalt für seine Tätigkeit bei der GmbH und ein Gehalt für seine Tätigkeit als „mittelbarer Geschäftsführer" bei der GmbH & Co. aufgeschlüsselt — was für die Praxis zu empfehlen ist —, so ist nach Auffassung des BFH eine Schätzung der anteiligen Bezüge gemäß § 217 AO geboten [451]).

Da die Finanzverwaltung nach der Entscheidung des BVerfG der Auffassung des BFH folgt, ist zu überlegen, welche Konsequenzen sich aus den Entscheidungen des BFH ergeben.

In erster Linie wirkt sich der Unterschied zwischen der hier vertretenen Auffassung und der Auffassung des BFH bei der Gewerbesteuer aus.

---

[450]) Der BFH führt in seinem Urteil VI 55/61 U v. 11. 5. 62, BStBl. III 1962, 310 = StRK EStG § 19 Abs. 1 Ziff. 1 R. 252 selbst aus, daß die steuerliche Beurteilung grundsätzlich an die bürgerlich-rechtlichen Formen anzuknüpfen habe.

[451]) Übt die GmbH außer der Führung der Geschäfte der GmbH & Co. keine ins Gewicht fallende, von der Tätigkeit der GmbH & Co. abgrenzbare gewerbliche Tätigkeit aus, so ist allerdings eine Aufteilung der Vergütung steuerlich nicht anzuerkennen; vgl. BFH IV R 166/67 v. 21. 3. 68, BStBl. II 1968, 579 = StRK EStG § 15 Ziff. 2 R. 25.

Das Gehalt eines an der GmbH & Co. als Kommanditist beteiligten Geschäftsführers ist nur dann von dem der Gewerbeertragsteuer unterliegenden Gewinn abzugsfähig, wenn man es — wie vorgeschlagen — als Einkünfte aus nichtselbständiger Arbeit aus der GmbH und nicht wie der Bundesfinanzhof als Vorausgewinn aus der GmbH & Co. ansieht [452]).

Man denke ferner an die Steuerbegünstigung des nicht entnommenen Gewinns, § 10 a EStG. Sie wird nur für Einkünfte aus Gewerbebetrieb, nicht jedoch für Einkünfte aus nichtselbständiger Arbeit gewährt. Folgt man dem BFH, so könnte für das Geschäftsführergehalt diese Vergünstigung in Anspruch genommen werden.

Nach der hier vertretenen Auffassung ist, wenn der Geschäftsführer zugleich Gesellschafter der GmbH ist, auf die Angemessenheit seines Gehaltes zu achten, da andernfalls eine verdeckte Gewinnausschüttung iS des § 6 Abs. I Satz 2 KStG vorliegen kann [453]). Folgt man dem BFH, so würde der Geschäftsführer kein Gehalt von seiten der GmbH, sondern einen Vorausgewinn aus der GmbH & Co. erhalten. Eine verdeckte Gewinnausschüttung könnte nur vorliegen, wenn der Anteil der GmbH am Gewinn der GmbH & Co. durch ein unangemessenes Gehalt des Geschäftsführers gemindert würde. Im übrigen könnte die Angemessenheit des Gehaltes nur unter dem Gesichtspunkt der Angemessenheit der Gewinnverteilung unter den einzelnen Gesellschaftern geprüft werden [454]).

Am entscheidendsten muß sich der Meinungsunterschied jedoch hinsichtlich der Pensionsrückstellungen für die GmbH-Geschäftsführer auswirken. Denkt man die Auffassung des BFH, wonach die Geschäftsführer der GmbH, soweit sie als Kommanditisten an der GmbH & Co. beteiligt sind, steuerlich als geschäftsführende Gesellschafter der GmbH & Co. anzusehen sind, folgerichtig weiter, so wären auch Pensionsrückstellungen für die Geschäftsführer bei der GmbH steuerlich nicht anzuerkennen [455]). Pensionsrückstellungen könnten also höchstens bei der GmbH & Co. erfolgen. Rückstellungen für geschäftsführende Gesellschafter einer Personengesellschaft sind aber unzulässig [456]).

---

[452]) Hierzu Näheres auf S. 151 f. d. A. [453]) Vgl. hierzu S. 141 f. d. A.

[454]) So Böttcher, RWP-Blattei, 14 Steuer-R, D Unternehmensformen II B 5/61; eine verdeckte Gewinnausschüttung kann allerdings vorliegen, wenn die GmbH an ihren Gesellschafter-Geschäftsführer eine Tantieme ohne Erstattung seitens der GmbH & Co. zahlt; vgl. FG Nürnberg V 88/68 v.8. 9. 71, EFG 1972, 126.

[455]) Vgl. Beinert-Böttcher, RWP-Blattei, 14 Steuer-R, D GmbH & Co., I Übersicht, A V; Kohrs, GmbH-Rdsch. 1960, 190; Weissenborn, BB 1967, Beilage zu Heft 10, 6 = GmbH-Rdsch. 1967, Beilage zu Heft 12, 6.

[456]) So BFH IV R 62/66 v. 16. 2. 67, BStBl. III 1967, 222 = StRK EStG § 15 Ziff. 2 R. 8. Zur Übergangsregelung vgl. Erl. FinMin. Niedersachsen S 2176 — 2 v. 5. 7. 67, StEK EStG § 6 a Nr. 55 = B 1967, 1197.

Zunächst hatte der BFH die Konsequenzen aus seiner Auffassung, daß der Geschäftsführer der GmbH steuerlich als geschäftsführender Gesellschafter der GmbH & Co. anzusehen ist, für die Frage der Zulässigkeit der Pensionsrückstellungen für die Geschäftsführer bei der GmbH nicht gezogen. In dem seiner Entscheidung v. 2. 8. 60 zugrunde liegenden Fall erfolgten für den Geschäftsführer bei der GmbH Zuführungen für eine Pensionsrückstellung. Erst in der Entscheidung v. 22. 1. 70 [457]) hat der BFH klar zum Ausdruck gebracht, daß für Geschäftsführer der GmbH, die gleichzeitig als Kommanditisten beteiligt sind, Pensionsrückstellungen bei der GmbH unzulässig sind [457a]), es sei denn, sie erfolgen für eine Tätigkeit in eigenen Angelegenheiten der GmbH [458]).

Die Arbeitgeberanteile der Sozialversicherungsbeiträge von Geschäftsführern sind, soweit diese Kommanditisten sind, als Vorausgewinn nach § 15 Ziff. 2 EStG anzusetzen und stellen bei der zahlenden Gesellschaft keine Betriebsausgaben dar [459]).

Ist der Geschäftsführer der GmbH nicht selbst Kommanditist, sondern Gesellschafter einer Personengesellschaft, die die Stellung als Kommanditistin einnimmt, so ist dieser Fall im Hinblick auf die Bilanzbündeltheorie genauso zu behandeln, wie wenn der Geschäftsführer selbst Kommanditist ist [460]).

Anders liegt es dagegen, wenn der Geschäftsführer Gesellschafter einer Kapitalgesellschaft ist, die Kommanditist ist. Hier bildet das von der GmbH gezahlte Geschäftsführergehalt bei dem Geschäftsführer Einkünfte aus nichtselbständiger Arbeit.

Abschließend sei auf die sogenannte „atypische Ehegatten-GmbH & Co." hingewiesen, die Verwendung findet, um den Konsequenzen der Rechtsprechung des BFH zur Behandlung der Geschäftsführergehälter zu entgehen [461]). Dies geschieht in der Form, daß der Ehemann die Geschäftsanteile der Komplementär-GmbH hält, deren Geschäftsführer er ist, wäh-

[457]) BFH IV R 47/68 v. 22. 1. 70, GmbH-Rdsch. 1970, 241 = B 1970, 1109.

[457a]) Über die Zulässigkeit einer in der GmbH-Bilanz ausgewiesenen Pensionsrückstellung wird im Verfahren über die Gewinnfeststellung der GmbH & Co. (§ 215 AO) entschieden; vgl. BFH I R 76/70 v. 21. 4. 71, B 1971, 2341 f. = StRK AO § 215 R. 111.

[458]) Zur Frage der Pensionsrückstellungen für Gesellschafter-Geschäftsführer einer GmbH vgl. im übrigen Spitaler-Niemann, 51 ff.; ferner Henninger, GmbH-Rdsch. 1972, 160 ff.

[459]) So Beschl. BFH GrS 1/70 v. 19. 10. 70, BStBl. II 1971, 177 = StRK EStG § 15 Ziff. 2 R. 47 = B 1971, 604; zustimmend Nissen, B 1971, 2233; ablehnend Wündisch, FR 1971, 329 ff.

[460]) So BFH I R 159/68 v. 23. 2. 72, BStBl. II 1972, 530 = StRK EStG § 15 Ziff. 2 R. 55.

[461]) So Felix, GmbH-Rdsch. 1971, 147; Nissen, B 1971, 2226.

rend die Ehefrau Kommanditistin wird. Bei dieser Gestaltung mindert das Geschäftsführergehalt des Ehemanns den Gewerbeertrag, es kann eine Pensionsrückstellung gebildet werden und die Geschäftsanteile der GmbH werden nicht Betriebsvermögen der GmbH & Co.

Fall 4: Der Geschäftsführer der GmbH, der an der GmbH & Co. als Kommanditist beteiligt ist, erhält von der GmbH & Co. unmittelbar eine Vergütung für die Geschäftsführung.

Nach der Auffassung des RFH und des BFH ist dieser Fall der zu Fall 3 entwickelten Lösung entsprechend zu behandeln, dh.: Bei dem Geschäftsführer handelt es sich um eine Vorauszahlung auf den Gewinn der GmbH & Co. und damit um Einkünfte aus Gewerbebetrieb (§ 2 Abs. III Ziff. 2 EStG iV mit § 15 Ziff. 2 EStG), bei der GmbH & Co. liegt keine Betriebsausgabe vor.

Soweit die Vergütung für die Geschäftsführung unmittelbar an den Geschäftsführer persönlich in seiner Eigenschaft als Gesellschafter der GmbH & Co. gezahlt wird, kann man dem folgen; hier erscheint es gerechtfertigt, von der wirtschaftlichen Betrachtungsweise Gebrauch zu machen und den Geschäftsführer der GmbH als geschäftsführenden Gesellschafter der GmbH & Co. anzusehen.

Etwas anderes hat aber dann zu gelten, wenn die Vergütung an den Geschäftsführer in seiner Eigenschaft als Organ der GmbH gezahlt wird. Dieser Fall ist entsprechend unserer zu Fall 3 entwickelten Lösung zu behandeln[462]); denn es ist lediglich eine Frage der Zahlungsmodalität, ob die GmbH & Co. die Vergütung für die Tätigkeit der GmbH an diese oder zu Lasten der GmbH an den Geschäftsführer zahlt, wobei die Zahlung im Verhältnis zwischen der GmbH und ihrem Geschäftsführer auf dessen Gehaltsanspruch angerechnet wird. Der Geschäftsführer erhält hier keinen Vorausgewinn aus der GmbH & Co., sondern lediglich eine Gehaltszahlung seitens der GmbH.

4. Besteuerung der Bezüge der Mitglieder eines bei der GmbH & Co. bestehenden Beirats

Hier ergeben sich für die GmbH & Co. keine Besonderheiten. Die an die Mitglieder eines Beirats (Gesellschafterausschusses) der GmbH & Co. gezahlten Vergütungen sind für Gesellschafter der GmbH & Co. Einkünfte aus Gewerbebetrieb (§ 2 Abs. III Ziff. 2 EStG iV mit § 15 Ziff. 2 EStG), für gesellschaftsfremde Personen, wozu auch Gesellschafter der GmbH rechnen, die an der GmbH & Co. nicht beteiligt sind, Einkünfte

[462]) Ebenso Heuer, GmbH-Rdsch. 1952, 106; vgl. auch Böttcher, RWP-Blattei, 14 Steuer-R, D Unternehmensformen, Einzelfragen 12, GmbH & Co., II 3 c; Zintzen, GmbH-Rdsch. 1950, 119.

aus selbständiger Arbeit (§ 2 Abs. III Ziff. 3 EStG iV mit § 18 Abs. I Ziff. 3 EStG).

Für die GmbH & Co. selbst sind die Vergütungen insoweit Betriebsausgaben, als sie an Beiratsmitglieder gezahlt werden, die nicht Gesellschafter der GmbH & Co. sind. Das für Kapitalgesellschaften bestehende Abzugsverbot des § 12 Ziff. 3 KStG [462a]) für „Vergütungen jeder Art, die an Mitglieder des Aufsichtsrats, Verwaltungsrats, Grubenvorstands oder andere mit der Überwachung der Geschäftsführung beauftragte Personen gewährt werden", gilt für die GmbH & Co. nicht [463]). Sie ist — wie bereits hervorgehoben wurde — auch für das Steuerrecht als Personengesellschaft anerkannt.

Ist bei der GmbH ein Aufsichtsrat oder Beirat gebildet, so ist zu unterscheiden: Wird der Aufsichtsrat oder Beirat nur in eigenen Angelegenheiten der GmbH tätig, so stellen die Vergütungen bei den Mitgliedern Einkünfte aus selbständiger Arbeit dar. Eine Abzugsfähigkeit bei der GmbH ist nach § 12 Ziff. 3 KStG ausgeschlossen [464]). Wird der Aufsichtsrat oder Beirat in Angelegenheiten der GmbH & Co. tätig und erstattet diese der GmbH die Vergütungen, so sind diese für Mitglieder, die Gesellschafter der GmbH & Co. sind, Einkünfte aus Gewerbebetrieb — bei der GmbH handelt es sich insoweit um einen durchlaufenden Posten —, für gesellschaftsfremde Personen Einkünfte aus selbständiger Arbeit — bei der GmbH stellt die Erstattung durch die GmbH & Co. Einkünfte aus Gewerbebetrieb, die Weitergabe an die Mitglieder eine Betriebsausgabe dar.

5. GmbH & Co. und verdeckte Gewinnausschüttung [465])

a) Ist bei der GmbH & Co. eine verdeckte Gewinnausschüttung möglich?

Das Problem der verdeckten Gewinnausschüttung taucht regelmäßig nur im Verhältnis von Kapitalgesellschaften und ihren Gesellschaftern wegen

[462a]) § 12 Ziff. 3 KStG ist mit dem Grundgesetz vereinbar, vgl. BVerfG Beschl. 1 BvR 338/68 v. 7. 11. 72, FR 1973, 198 f.

[463]) Ebenso Böttcher, RWP-Blattei, 14 Steuer-R, D Unternehmensformen, Einzelfragen 12 b, GmbH & Co., IV; Köhler, Steuerberater-Jahrbuch 1954/55, 268. Vgl. auch Heuer, B 1968, 196.

[464]) Sudhoff, 175 und GmbH-Rdsch. 1967, 164 macht darauf aufmerksam, daß das Abzugsverbot nur für eine überwachende, nicht jedoch für eine beratende oder geschäftsführende Tätigkeit gilt; vgl. auch Skibbe, GmbH-Rdsch. 1972, 161.

[465]) Die Wirksamkeit von Steuerklauseln gegen verdeckte Gewinnausschüttungen ist umstritten; vgl. Beckmann, BB 1967, 532 ff.; Gruß, Inf. 1968, 79 f.; Tipke, NJW 1968, 865. Die steuerliche Rückwirkung verneint FG Hannover VII 225—227/65 v. 19. 11. 70, GmbH-Rdsch. 1972, 69 f. (nicht rechtskräftig). Vgl. auch S. 224 d. A. u. S. 232 d. A.

der hier durchgeführten scharfen Scheidung zwischen Gesellschaftseinkommen und Einkommen der Gesellschafter aus der Gesellschaft auf.

Eine verdeckte Gewinnausschüttung liegt vor, wenn allen oder einzelnen Gesellschaftern [465a]), gleichviel unter welcher Bezeichnung, Vorteile zugewendet werden, die die Gesellschaft dritten, der Gesellschaft fremd gegenüberstehenden Personen nicht zuwenden würde, ohne daß es sich hierbei um eine förmliche Gewinnausschüttung oder eine echte Kapitalrückzahlung handelt [466]). Die Absicht der Gewinnminderung oder der Steuerumgehung braucht nicht vorzuliegen [467]). Als verdeckte Gewinnausschüttung ist beispielsweise der Differenzbetrag zwischen dem vereinbarten Kaufpreis und demjenigen Preis anzusehen, zu dem die Gesellschaft an einen ihr fremd gegenüberstehenden Dritten verkauft haben würde [468]). Verdeckt ausgeschüttete Gewinne sind nach § 6 Abs. I Satz 2 KStG dem Einkommen der Körperschaft und nach § 20 Abs. I Ziff. 1 EStG dem Einkommen der begünstigten Gesellschafter hinzuzurechnen. Eine etwaige Einkommensteuer vom Veräußerungsgewinn ist darauf anzurechnen.

Da die GmbH & Co. auch steuerrechtlich eine Personengesellschaft ist, liegt es nahe, bei ihr die Möglichkeit einer verdeckten Gewinnausschüttung zu verneinen, weil hier alles Einkommen der Gesellschaft ohne weiteres Einkommen der Gesellschafter ist. Vergegenwärtigt man sich aber, daß steuerlich die Bilanz einer Personengesellschaft als Bündel der Bilanzen der einzelnen an ihr beteiligten Gesellschafter anzusehen ist, so leuchtet sofort ein, daß, soweit die GmbH anteilig nach dem Gewinn- und Verlustschlüssel der GmbH & Co. bei Geschäften mit den Kommanditisten — vorausgesetzt, daß diese gleichzeitig Gesellschafter der GmbH oder diesen nahestehende Personen sind — als Verkäufer, Käufer usw. in Betracht kommt, sehr wohl eine verdeckte Gewinnausschüttung vorliegen kann, und zwar immer dann, wenn durch zu niedrige Verkaufspreise, zu hohe

---

465a) Eine verdeckte Gewinnausschüttung kann unter gewissen Umständen sogar dann vorliegen, wenn der Empfänger überhaupt nicht beteiligt, aber eine einem Gesellschafter nahestehende Person ist. Vgl. Blümich-Klein-Steinbring, Anm. 3 Abs. 9 zu § 6 KStG.

466) Vgl. RFH I A 621/29 v. 15. 1. 30, RStBl. 1930, 548 = Kartei KStG 1925 § 13 R. 98; Blümich-Klein-Steinbring, Anm. 3 Abs. 9 zu § 6 KStG; Bühler, 121 f.

467) So Blümich-Klein-Steinbring, Anm. 3 Abs. 9 zu § 6 KStG.

468) Beispiele für verdeckte Gewinnausschüttungen in § 19 KStDV 1968 in der Fassung v. 26. 3. 69, BGB. I 1969, 270.

Einkaufspreise usw. „der Gewinnanteil der GmbH im Rahmen der GmbH & Co. nach unten beeinflußt wird“ [469]).

Auch bei zu niedriger Beteiligung der GmbH am Gewinn der GmbH & Co. [470]) kann eine verdeckte Gewinnausschüttung vorliegen. Erhält nämlich die GmbH nur einen nicht angemessenen, zu niedrigen Gewinnanteil von der GmbH & Co., so ist hierin ein Verzicht der GmbH zugunsten der Kommanditisten in ihrer Eigenschaft als Gesellschafter der GmbH zu erblicken, da ein Dritter auf einer angemessenen, üblich hohen Beteiligung am Gewinn bestehen würde [471]). Dasselbe gilt, wenn der Auslagenersatz, den die GmbH & Co. der GmbH gewährt, zu niedrig, also nicht angemessen ist [471a]).

In diesem Zusammenhang erhebt sich die Frage, ob es möglich ist, den Gewinnanteil der Komplementär-GmbH durch eine Änderung der vereinbarten Gewinnverteilung herabzusetzen, ohne daß eine verdeckte Gewinnausschüttung angenommen werden kann. Diese Frage ist dann zu bejahen, wenn der Gesellschaftsvertrag gekündigt wird und auf den Zeitpunkt des Wirksamwerdens der Kündigung neue angemessene Vereinbarungen über die Gewinnverteilung getroffen werden. Selbst wenn eine Kündigung nicht möglich ist, wird man eine Anpassung der Gewinnverteilung an die neuere Rechtsprechung des BFH unter dem Gesichtspunkt des Wegfalls der Geschäftsgrundlage für unbedenklich halten können, wenn die frühere, für die GmbH zu günstige Gewinnverteilung von der Finanzverwaltung veranlaßt war [472]). Hiervon abgesehen dürfte jede Änderung der Gewinnverteilung, die eine Schlechterstellung der GmbH mit sich bringt und der eine GmbH mit fremden Gesellschaftern nicht zustimmen würde, zu einer verdeckten Gewinnausschüttung führen. Gleiches gilt, wenn die GmbH sich nicht an einer Kapitalerhöhung bei der GmbH

---

469) So Böttcher, RWP-Blattei, 14 Steuer-R, D Unternehmensformen, Einzelfragen 12 a, GmbH & Co., II 3; derselbe, Steuerberater-Jahrbuch 1954/55, 268; Fetsch, 61; Lange, NWB Fach 18, 353.

470) Zur Gewinnverteilung bei der GmbH & Co. vgl. S. 94 ff. d. A.

471) Vgl. FG Bremen I 188 u. 209/60 v. 4. 5. 62, EFG 1963, 55 f. mit Anm. von Hesselmann, GmbH-Rdsch. 1963, 134 f.; ferner Henninger, GmbH-Rdsch. 1959, 139; Lange, NWB Fach 18, 353; Böttcher, RWP-Blattei, 14 Steuer-R, D Unternehmensformen, II B 2/59.

471a) Vgl. Lersch-Schaaf, GmbH-Rdsch. 1973, 71.

472) Ebenso Deininger, B 1970, 1458 ff.; Dornfeld, GmbH-Rdsch. 1972, 140 ff.; Kormann, B 1972, 697; Richter, GmbH-Rdsch. 1971, 21 f.; aA Lersch-Schaaf, GmbH-Rdsch. 1972, 237 und Nissen, B 1971, 2230, die nur dann eine verdeckte Gewinnausschüttung ausschließen, wenn die Änderung des Vertrages auch unter Fremden vereinbart worden wäre; vgl. auch S. 98 d. A.

& Co beteiligt, obwohl sie gesellschaftsrechtlich und finanziell dazu in der Lage ist [472a]).

Die verdeckte Gewinnausschüttung darf bei der Körperschaftsteuerveranlagung nicht neben dem festgestellten Gewinnanteil angesetzt werden, weil sonst eine unzulässige Korrektur der einheitlichen Gewinnfeststellung eintreten würde. Sie kann nur durch Berichtigung der einheitlichen Gewinnfeststellung erfaßt werden [473]). Die Gewinnanteile des Kommandisten bestehen dann allerdings nicht mehr allein aus unmittelbarem Gewinn der GmbH & Co., sondern sie setzen sich zusammen aus dem angemessenen Anteil am unmittelbaren Gewinn der GmbH & Co. und der Ausschüttung vom Gewinn der GmbH. Dabei tritt bei der GmbH keine Tarifbegünstigung für begünstigte Ausschüttungen (§ 19 Abs. III KStG) ein [473a]).

b) Kann bei Gründung einer GmbH & Co. das Betriebsvermögen der GmbH zu den Buchwerten in die GmbH & Co. eingebracht werden?

Hat die GmbH vor der Gründung der GmbH & Co. bzw. vor Eintritt in die Kommanditgesellschaft bereits einen eigenen Geschäftsbetrieb unterhalten, so fragt es sich, ob sie ihr Betriebsvermögen zu den Buchwerten in die GmbH & Co. einbringen kann, da eine Auflösung der stillen Reserven bei der Einbringung in den meisten Fällen kaum tragbar sein wird.

Für den Fall, daß ein Einzelkaufmann seinen Betrieb in eine neu zu gründende Personengesellschaft einbringt, an der er weiter beteiligt ist, ist anerkannt, daß die letzten steuerlich maßgebenden Buchwerte durch die Gesellschaft fortgeführt werden können [474]).

Bei einer Kapitalgesellschaft liegt es insofern anders, als dort sichergestellt werden muß, daß jeder Gewinn, der den Gesellschaftern aus der Gesellschaft zufließt, einmal bei der Gesellschaft selbst von der Körperschaftsteuer, zum andern bei den Gesellschaftern von der Einkommensteuer erfaßt wird. Haben sich bei einem Wirtschaftsgut stille Reserven gebildet,

---

[472a]) Vgl. hierzu BFH I 261/63 v. 16. 3. 67, BStBl. III 1967, 626 = StRK KStG § 6 Abs. 1 S. 2 R. 132.

[473]) BFH I 231, 232/62 U v. 30. 9. 64, BStBl. III 1965, 54 = StRK KStG § 5 R. 9; Kraus, GmbH-Rdsch. 1972, 112; Littmann, GmbH-Rdsch. 1971, 28; Nissen, B 1971, 2234.

[473a]) So Kormann, B 1972, 697.

[474]) RFH VI A 1856/32 v. 1. 2. 34, RFH 35, 248 = RStBl. 1934, 540 = Kartei EStG 1925 § 29 Nr. 3 R. 55, 56; BFH IV 48/52 U v. 3. 7. 52, BStBl. III 1952, 256 = StRK EStG § 10 Abs. 1 Ziff. 3 R. 7; Herrmann-Heuer, Anm. 35 zu § 16 EStG; Littmann, GmbH-Rdsch. 1971, 25 ff. Die vom RFH VI A 83/37 v. 17. 2. 37, StuW II 1937 Nr. 196 vertretene Auffassung, daß der bisherige Inhaber des Einzelunternehmens wenigstens die Hälfte des Kapitals der neuen Gesellschaft besitzen muß, ist als überholt anzusehen.

so ist der letzte Zeitpunkt, in dem für die Heranziehung zur Körperschaftsteuer eine Gewinnrealisierung möglich ist, der, in dem das betreffende Wirtschaftsgut aus dem Betriebsvermögen der Kapitalgesellschaft ausscheidet [474a]). Diesem Ziel, die stillen Reserven eines Wirtschaftsgutes, das in das Vermögen eines Gesellschafters übergeht, spätestens in dem Augenblick zur Körperschaftsteuer heranzuziehen, in dem es aus dem Betriebsvermögen ausscheidet, dienen § 6 Abs. I Satz 2 KStG und §§ 14, 15 KStG.

§§ 14, 15 KStG finden nur dann Anwendung, wenn die übertragende Kapitalgesellschaft aufgelöst wird und erlischt [475]), was hier nicht der Fall ist. Eine Einbringung zu den Buchwerten kann demnach erfolgen, vorausgesetzt, daß die Kommanditisten nicht gleichzeitig Gesellschafter der GmbH oder diesen nahestehende Personen sind.

In diesem Fall wird in der Einbringung des Betriebsvermögens in die GmbH & Co. zu den Buchwerten in der Regel eine verdeckte Gewinnausschüttung iS des § 6 Abs. I Satz 2 KStG liegen. Ist nämlich der Teilwert der in die GmbH & Co. eingebrachten Wirtschaftsgüter höher als ihr Buchwert, so ist der auf die Kommanditisten entfallende Anteil an dem Betriebsvermögen der GmbH diesen unmittelbar zugeflossen. Der Differenzbetrag zwischen dem Buchwert und der Summe der Teilwerte ist als verdeckte Gewinnausschüttung anzusehen [476]). Nach dem Grundsatz, daß

[474a]) Littmann, GmbH-Rdsch. 1971, 26 hält dies nicht für gegeben, wenn Absprachen getroffen werden, daß der einbringenden GmbH die stillen Reserven im Wege der Gewinnverteilung zukommen.

[475]) So Blümich-Klein-Steinbring, Anm. 1 zu § 15; Henze, BB 1964, 80; Hesselmann, GmbH-Rdsch. 1965, 40; Herrmann-Heuer, Anm. 4 zu § 15 KStG. AA Fetsch, 63, nach dessen Auffassung der Fortbestand der GmbH die Anwendung des § 15 Abs. I KStG nicht hindert.

[476]) Nach Auffassung der Körperschaftsteuer-Referenten (vgl. GmbH-Rdsch. 1964, 256) ist auch der bei der GmbH entstandene Geschäftswert bei der Beurteilung der Frage der verdeckten Gewinnausschüttung mit zu berücksichtigen. Demgegenüber hat der BFH in seinem Grundsatzurteil I 39/56 S v. 29. 5. 56, BStBl. III 1956, 226 = StRK KStG § 15 R. 2 ausdrücklich festgestellt, daß im Falle der Umwandlung einer Kapitalgesellschaft in eine Personengesellschaft der Betrag, den ein fremder Erwerber über die Summe der Teilwerte der einzelnen Wirtschaftsgüter hinaus für die Übernahme des Betriebes zahlen würde, in dem im allgemeinen der Geschäftswert des Unternehmens zum Ausdruck kommt, in der Umwandlungsbilanz nicht anzusetzen ist. Vorstehende Entscheidung ist zwar zu § 15 KStG ergangen; § 15 KStG und § 6 Abs. I Satz 2 KStG dienen aber — wie oben ausgeführt wurde — demselben Zweck. Man kann daher im Rahmen dieser Bestimmungen nicht zu einer unterschiedlichen Besteuerung kommen. Demzufolge steht der Beschluß der Körperschaftsteuer-Referenten im Gegensatz zur Rechtsprechung; vgl. Hesselmann, GmbH-Rdsch. 1965, 40. Im Ergebnis ebenso Böttcher,

spätestens bei der Überführung eines Wirtschaftsgutes in das Vermögen eines Gesellschafters eine Gewinnrealisierung eintreten muß, ist dies auch nicht anders möglich; denn andernfalls würde bei einer späteren Liquidation der GmbH & Co. der auf die Kommanditisten entfallende Anteil an den stillen Reserven nicht mehr zur Körperschaftsteuer herangezogen werden.

Zur Verdeutlichung folgendes Beispiel:

Eine GmbH bringt ihr Betriebsvermögen zu dem Buchwert von 100 000 DM in eine GmbH & Co. ein, während sich ihre beiden Gesellschafter mit Geldeinlagen von zusammen 100 000 DM als Kommanditisten beteiligen. Das Beteiligungsverhältnis beträgt also 1:1. Sind nun in dem Betriebsvermögen der GmbH stille Reserven in Höhe von 100 000 DM enthalten, so fließen den Kommanditisten ohne Gegenleistung ihrerseits Werte in Höhe von 50 000 DM zu. Denn bei dem gewählten Beteiligungsverhältnis von 1:1 sind sie an dem Effektivvermögen der GmbH & Co. von 300 000 DM mit 150 000 DM beteiligt, obwohl sie selbst nur 100 000 DM eingebracht haben. In dem Differenzbetrag von 50 000 DM liegt dann eine verdeckte Gewinnausschüttung. Diese ist dem Einkommen der GmbH hinzuzurechnen. Die Kommanditisten müssen den Mehrbetrag als zusätzliche Anschaffungskosten für ihren Kapitalanteil in einer Ergänzungsbilanz ausweisen [477]).

Um der Gefahr einer Besteuerung des Differenzbetrages zwischen dem Buchwert und der Summe der Teilwerte an dem Betriebsvermögen in Höhe des Anteils der Kommanditisten an der GmbH & Co. zu entgehen, ist es

---

B 1965, 126; Söffing, Inf. 1966, 121 ff.; wohl auch Sudhoff, GmbH-Rdsch. 1969, 263.

[477]) Wird das Betriebsvermögen der GmbH bei Einbringung in die GmbH & Co. über den Teilwert hinaus bewertet, bringt also in dem oben angeführten Beispiel die GmbH ihr Betriebsvermögen zu dem Buchwert von 100 000 DM in die GmbH & Co. ein, während es tatsächlich nur einen Teilwert von 50 000 DM hat, so leisten die beiden Kommanditisten durch die Einräumung einer Gesamthandsbeteiligung am Gesellschaftsvermögen, die wertmäßig über die Einlage der GmbH hinausgeht, praktisch eine Kapitaleinlage an die GmbH. Sind die Kommanditisten — wie oben angenommen wurde — gleichzeitig Gesellschafter der GmbH, so ist „diese Leistung geeignet, den Wert ihrer Gesellschaftsrechte an der GmbH zu erhöhen". 25 000 DM sind deshalb nach § 2 Ziff. 4 KVStG nF gesellschaftsteuerpflichtig. Schenkungsteuer fällt dagegen im vorstehenden Beispiel nicht an, da die beteiligten Personen nur eine Vermögensumschichtung vorgenommen haben.

Bei der Bewertung von Sacheinlagen, die die GmbH in die GmbH & Co. einbringt, muß also sehr sorgfältig darauf geachtet werden, daß wirklich der Teilwert zugrunde gelegt wird.

deshalb zweckmäßig, nicht das gesamte Betriebsvermögen der GmbH auf die Gesellschafter der GmbH & Co. zur gesamten Hand zu übertragen, sondern nur das Umlaufvermögen in die GmbH & Co. einzubringen, das Anlagevermögen aber bei der GmbH zu belassen und an die GmbH & Co. zu einem angemessenen Pachtzins zu verpachten [478]). Da ein eventueller Ansatz eines Firmenwertes (vgl. Fußn. 476) erhebliche steuerliche Auswirkungen haben kann, sollte man den sicheren Weg gehen und auch den Firmenwert nur pachtweise der GmbH & Co. überlassen [479]). Bei dem Umlaufvermögen werden sich kaum stille Reserven gebildet haben. Das Kapitalkonto der GmbH kann in diesem Fall nach der Höhe des Buchwertes des Umlaufvermögens abzüglich etwa übernommener Verbindlichkeiten festgesetzt werden.

Ebenfalls ist von einer Einbringung der 7c- und 7d-Darlehen der GmbH abzuraten. Werden diese Darlehen auf die Gesellschafter der GmbH & Co. zur gesamten Hand übertragen, so liegt bezüglich des auf die Kommanditisten entfallenden Anteils an den Darlehen ein Rückfluß vor, der zur Heranziehung des zurückgeflossenen Teils der Darlehen zur Körperschaftsteuer führt. Verbleiben die 7c- und 7d-Darlehen dagegen bei der GmbH, so ist kein Rückfluß anzunehmen, da bei einer Personengesellschaft nicht nur die Gesellschaft als solche, sondern auch die einzelnen Gesellschafter 7c- und 7d-Darlehen geben können.

6. Kann die GmbH & Co. für körperschaftsteuerpflichtig erklärt werden?

Es wurde bereits ausgeführt, daß die GmbH & Co. als Personengesellschaft kein selbständiges Steuersubjekt ist und damit auch nicht der Körperschaftsteuer unterliegt. Das Körperschaftsteuergesetz v. 16. 10. 34 enthielt jedoch in § 22 eine Bestimmung, wonach der Reichsminister der Finanzen ermächtigt wurde,

> „auch andere Personenvereinigungen als die in § 1 genannten für unbeschränkt steuerpflichtig zu erklären und ihre Besteuerung zu regeln".

[478]) Gegen eine derartige Verpachtung des Anlagevermögens der GmbH an die GmbH & Co. bestehen keine Bedenken. Vgl. das Urteil des RFH I A 422/30 v. 18. 2. 33, RStBl. 1933, 375 = Kartei AO 1931 § 10 Allg. R. 14, wo der RFH die bei Gründung einer GmbH & Co. vorgenommene Verpachtung des Betriebsvermögens der GmbH an die GmbH & Co. nicht beanstandet hat.
Umsatzsteuerlich günstiger wäre es allerdings, wenn die GmbH ihr Anlagevermögen der GmbH & Co. nicht auf Grund eines Miet- oder Pachtvertrages, sondern im Rahmen des Gesellschaftsvertrages als Gesellschafterbeitrag zur Verfügung stellen würde. Vgl. S. 191 d. A.

[479]) Selbstverständlich muß dafür von der GmbH & Co. eine Vergütung gezahlt werden; vgl. Brendle-Schaaf, GmbH-Rdsch. 1970, 286.

In der amtlichen Begründung [480]) hieß es u. a. wörtlich:

„Die Vorschrift soll auch die Möglichkeit geben, Gebilde wie die G. m. b. H. und Co. (Kommanditgesellschaft) wie eine Kapitalgesellschaft zur Körperschaftsteuer heranzuziehen.“

Diese Ermächtigung war gemäß Art. 129 Abs. III GG mit dem Stichtag des Art. 123 Abs. I GG erloschen. Sie wurde aber durch Art. III Ziff. 7 des Gesetzes zur Änderung des Einkommensteuergesetzes und des Körperschaftsteuergesetzes v. 29. 4. 50 [481]) für die Bundesregierung (mit Zustimmung des Bundesrates, § 23 a Abs. I Ziff. 3 KStG) erneuert.

Diese Bestimmung war als grundgesetzwidrig anzusehen, da hierin ein Verstoß gegen Art. 80 Abs. I GG lag [482]). So ist es wohl zu erklären, daß § 22 KStG durch Art. 4 Ziff. 11 des Gesetzes zur Neuordnung von Steuern v. 16. 12. 54 ersatzlos gestrichen worden ist [483]).

7. Besteuerung der Gewinne aus der Veräußerung von Kommandit- und GmbH-Anteilen

Führt die Veräußerung eines Kommanditanteils zu einem Veräußerungsgewinn iS des § 16 Abs. II EStG, so ist dieser Gewinn als Einkünfte aus Gewerbebetrieb zu versteuern, § 16 Abs. I Ziff. 2 EStG. Es kommt dabei der ermäßigte Steuersatz des § 34 EStG zur Anwendung. Ferner sind § 16 Abs. IV und Abs. V EStG zu beachten.

Der Gewinn aus der Veräußerung eines GmbH-Anteils löst dagegen nur dann Einkommensteuerpflicht auf den Gewinn aus, wenn der Anteil zum Betriebsvermögen des Veräußerers gehört oder wenn er zu dessen Privatvermögen gehört und dieser innerhalb der letzten fünf Jahre am Kapital der Gesellschaft wesentlich [484]) beteiligt war, § 17 Abs. I Satz 1 EStG. Die Fälle, in denen der Anteil an der GmbH zum Betriebsvermögen des Gesellschafters gehört, werden von der Einkommensteuer normal erfaßt. Im übrigen gilt der Sondertarif des § 34 EStG, wobei auch § 17 Abs. III zu beachten ist. — Für Spekulationsgeschäfte vgl. § 23 EStG.

II. Gewerbesteuer

Nach § 2 Abs. I GewStG unterliegt der Gewerbesteuer jeder stehende Gewerbebetrieb, soweit er im Inland betrieben wird. Die Tätigkeit der

[480]) Siehe RStBl. 1935, 86.

[481]) BGBl. I 1950, 95.

[482]) Ebenso Hachenburg-Schilling, Anm. 7a zu § 13; Köhler, Steuerberater-Jahrbuch 1954/55, 249.

[483]) BGBl. I 1954, 373.

[484]) Eine wesentliche Beteiligung iS des § 17 Abs. I Satz 1 EStG ist nach § 17 Abs. I Satz 3 EStG dann gegeben, wenn der Veräußerer zu mehr als einem Viertel unmittelbar oder mittelbar, zB durch Treuhänder oder durch eine Kapitalgesellschaft, beteiligt war.

GmbH & Co. gilt dann als Gewerbebetrieb, wenn die Gesellschafter als Mitunternehmer des Gewerbebetriebes anzusehen sind, § 2 Abs. II Ziff. 1 GewStG, was die Regel darstellt. Es ist also in jedem Fall zu prüfen, ob die Voraussetzungen für das Vorliegen eines Gewerbebetriebes gegeben sind [485]). Das ist zB dann nicht der Fall, wenn die GmbH & Co. Land- oder Forstwirtschaft betreibt.

Anderer Auffassung ist der BFH in einer Entscheidung v. 17. 3. 66 [486]). Er steht auf dem Standpunkt, daß eine GmbH & Co. jedenfalls dann, wenn eine GmbH alleiniger persönlich haftender Gesellschafter ist, nur gewerbliche Einkünfte hat und ihre Tätigkeit stets ein Gewerbebetrieb ist. Der BFH begründet seine Ansicht damit, daß die GmbH, die als Kapitalgesellschaft nur gewerbliche Einkünfte haben kann (§ 5 Abs. II KStG, § 16 KStDV) und stets ein Gewerbebetrieb ist (§ 2 Abs. II Ziff. 2 GewStG), wirtschaftlich der GmbH & Co. das Gepräge gibt [487]).

Für Gesellschaften in der Rechtsform der GmbH & Co., die sich mit der Errichtung von Häusern und Wohnungen und deren Verkauf oder Vermietung oder der Verwaltung befassen, bedeutet das BFH-Urteil in Abweichung von der bisher herrschenden Meinung regelmäßig die Gewerbesteuerpflicht.

Das Urteil gilt darüber hinaus für alle Gesellschaften mbH & Co. wegen ihrer Rechtsform, wenn die GmbH dem „Gesamtgebilde das Gepräge" gibt und als Geschäftsführer in Erscheinung tritt, was — jedenfalls nach Meinung der Finanzverwaltung — immer der Fall ist, auch wenn mehrere Komplementäre vorhanden sind oder wenn ein Angestellter und nicht die GmbH die Geschäfte führt [487a]).

Dieser Auffassung kann nicht gefolgt werden. Es geht nicht an, die GmbH & Co. nicht wie die anderen Personengesellschaften, sondern als Personengesellschaft besonderer Form zu behandeln. Die Einkünfte einer

485) Zum Begriff des Gewerbebetriebes vgl. die Entscheidung des BFH I 11/45 U v. 28. 9. 51, BStBl. III 1952, 15 = StRK GewStG § 2 Abs. 2 R. 3; ferner die Gewerbesteuerrichtlinien zu § 2 GewStG. Eine GmbH & Co. entbehrt nicht deswegen der gewerbesteuerlichen Selbständigkeit, weil ihre Kommanditistin eine Organgesellschaft der Komplementärin ist; vgl. FG Hamburg II 247/67 v. 16. 2. 70, EFG 1970, 571.

486) BFH IV 233, 234/65 v. 17. 3. 66, BStBl. III 1966, 171 = StRK EStG § 15 R. 636 m. Anm.; hierzu FinMin. Niedersachsen, Erl. v. 14. 2. 67 — G 1400—1—311, B 1967, 318.

487) Ebenso Grieger, BB 1966, 396; Littmann, GmbH-Rdsch. 1966, 116 ff.; Nissen, B 1971, 2228.

487a) So BFH IV R 235/67 v. 3. 8. 72, BStBl. II 1972, 799 = StRK GewStG § 2 Abs. 2 Ziff. 1 R. 7; vgl. auch Behrens, GmbH-Rdsch. 1973, 67 ff. Bei mehreren Komplementären zweifelnd Wihtol, GmbH-Rdsch. 1973, 141.

GmbH & Co. müssen wie die jeder anderen Personengesellschaft beurteilt werden. Anderenfalls würde ein Verstoß gegen Art. 3 Abs. I GG vorliegen [488]).

Besteuerungsgrundlagen sind gemäß § 6 Abs. I GewStG der Gewerbeertrag und das Gewerbekapital [489]).

Steuersubjekt ist die GmbH & Co. als solche. Die Gesellschafter trifft nur „eine Haftung im Sinne des Einstehenmüssens für eine Steuer, deren Tatbestand ein anderer verwirklicht" [490]). Gemäß § 5 Abs. I GewStG haften sie als Gesamtschuldner, dh. jeder schuldet die ganze Leistung (§ 7 Abs. III StAnpG). Die Kommanditisten haften nach § 5 Abs. I S. 2 GewStG jedoch nur insoweit, als sie nach den Vorschriften des bürgerlichen Rechts haften.

Für die Geltendmachung des Gewerbeverlustes ergibt sich folgende Besonderheit: Trotz des Objektcharakters der Gewerbesteuer ist das Recht auf den Verlustvortrag an die Person der Mitunternehmer geknüpft. Bei einem Gesellschafterwechsel ist daher der Gewerbeverlust nur insoweit berücksichtigungsfähig, als es die vor und nach der Veränderung beteiligten Mitunternehmer tatsächlich belastet hat. Das Recht auf den Verlustvortrag geht also in Höhe der Beteiligung des ausscheidenden Gesellschafters verloren.

Die GmbH & Co. kann im Gewerbesteuerrecht nicht Organgesellschaft sein, wenngleich sie wegen der Beteiligung der GmbH nach Auffassung des BFH stets gewerbesteuerpflichtig ist; denn Organgesellschaften können nach § 2 Abs. II Nr. 2 Satz 2 GewStG nur Kapitalgesellschaften sein, zu denen die GmbH & Co. nicht gehört [490a]).

Eine Unternehmereinheit zwischen einer KG, die nur aus natürlichen Personen besteht, und einer GmbH & Co. ist rechtlich nicht möglich, weil es an der erforderlichen Unternehmergleichheit fehlt [490b]).

1. Gewerbeertragsteuer

Für die Feststellung des Gewerbeertrages ist gemäß § 7 GewStG auszugehen von dem nach den Vorschriften des Einkommensteuergesetzes zu

[488]) Wie hier Fetsch, 17 ff.; Herrmann-Heuer, Anm. 29 b zu § 15 EStG; Priese, BB 1953, 794; Sudhoff, B 1967, 613 ff.; aA wohl Behrens, GmbH-Rdsch. 1973, 67 f.

[489]) Daneben kann gemäß § 6 Abs. II GewStG auch noch die Lohnsumme als Besteuerungsgrundlage gewählt werden.

[490]) So Bühler, 40.

[490a]) So BFH I R 253/71 v. 17. 1. 73, BStBl. II 1973, 269 = GmbH-Rdsch. 1973, 116 f. = StRK GewStG § 2 Abs. 2 Ziff. 2 R. 19; ebenso Wihtol, GmbH-Rdsch. 1973, 141.

[490b]) So BFH IV R 194/71 v. 26. 4. 72, BStBl. II 1972, 794 = StRK GewStG § 2 Abs. 2 Ziff. 1 R. 6.

ermittelnden Gewinn aus dem Gewerbebetrieb. Der einheitlich festgestellte Gewinn der GmbH & Co. ist demnach grundsätzlich auch für die Gewerbeertragsteuer maßgebend. Er ist jedoch um die in § 8 GewStG bezeichneten Beträge, soweit diese bei der Ermittlung des Gewinns abgesetzt sind, wieder zu vermehren und um die in § 9 GewStG bezeichneten Beträge zu kürzen.

Verpachtet ein Gesellschafter an die GmbH & Co. Grundstücke, so sind die Pachterträge des Gesellschafters, auch wenn sie handelsrechtlich über Unkosten verbucht worden sind, in den einheitlich festzustellenden Gewinn der GmbH & Co. einzubeziehen. Die damit in Zusammenhang stehenden Ausgaben, zB die Absetzung für Abnutzung, sind ebenfalls im Rahmen der einheitlichen Gewinnfeststellung zu berücksichtigen. Entsprechendes gilt bei der Berechnung der Gewerbeertragsteuer der GmbH & Co. Zu beachten ist, daß bereits bei der Ermittlung des Gewerbeertrages der GmbH & Co. eine Kürzung in Höhe von 3 vH des Einheitswertes des Grundbesitzes gemäß § 9 Ziff. 1 GewStG vorzunehmen ist [491]).

a) Gewerbeertragsteuerliche Behandlung der GmbH

Für die gewerbeertragsteuerliche Behandlung der GmbH, die als Kapitalgesellschaft gemäß § 2 Abs. II Ziff. 2 GewStG kraft ihrer Rechtsform ohne Rücksicht auf das Vorliegen eines Gewerbebetriebes gewerbesteuerpflichtig ist, ergibt sich infolge ihrer Beteiligung an der GmbH & Co. insofern eine Besonderheit, als der Gewerbeertrag der GmbH um den bei der GmbH & Co. bereits festgestellten und zur Gewerbeertragsteuer herangezogenen Gewinnanteil gemäß § 9 Ziff. 2 GewStG zu kürzen ist. Hat die GmbH neben ihrem Gewinnanteil aus der GmbH & Co. keine weiteren Einkünfte, so bleibt sie also gewerbeertragsteuerfrei.

Auf der anderen Seite sind bei Vorliegen sonstiger Einkünfte etwaige Verlustanteile der GmbH aus der Beteiligung an der GmbH & Co. bei der Ermittlung des gewerbesteuerpflichtigen Ertrages der GmbH nach § 8 Ziff. 8 GewStG dem Gewerbeertrag wieder hinzuzurechnen, da sie bereits bei der GmbH & Co. gewerbeertragsteuermindernd berücksichtigt worden sind. Das Gewerbesteuerrecht vermeidet also nicht nur Doppelerfassungen, es verhindert auch den Ausgleich von Verlusten aus einer Beteiligung mit anderen Gewinnen (anders in beiden Beziehungen die Einkommensteuer). Gewerbeertragsteuerlich wirkt sich demnach bei der GmbH ein Gewinn oder Verlust nur dann aus, wenn er aus anderen Quellen als der Beteiligung an der GmbH & Co. stammt.

[491]) So auch Nissen, B 1971, 2235; Schindele, StBp. 1962, 273. Der Einheitswert der von der GmbH an die GmbH & Co. verpachteten GmbH-Grundstücke ist dagegen unmittelbar vom Einheitswert der GmbH zu kürzen (§ 12 Abs. III Ziff. 1 GewStG), vgl. Kormann, B 1972, 694.

Ist die GmbH & Co. selbst nicht gewerbeertragsteuerpflichtig, weil sie zB einen land- oder forstwirtschaftlichen Betrieb betreibt, so gelten die Vorschriften über die Hinzu- und Abrechnungen nicht. Der auf die GmbH entfallende Gewinnanteil aus der GmbH & Co. ist dann bei der GmbH voll zur Gewerbeertragsteuer heranzuziehen.

Verpachtet die GmbH an die GmbH & Co. Wirtschaftsgüter, die einen Teilbetrieb darstellen und bei der GmbH & Co. als notwendiges Betriebsvermögen behandelt werden, so erhebt sich die Frage, ob bei einer Veräußerung des Teilbetriebes der Veräußerungsgewinn als bei der GmbH oder als bei der GmbH & Co. entstanden anzusehen ist. Da die Wirtschaftsgüter im Zeitpunkt der Veräußerung zum notwendigen Betriebsvermögen der GmbH & Co. gehörten, ist der Veräußerungsgewinn im Rahmen der einheitlichen Gewinnfeststellung der GmbH & Co. zu erfassen und bleibt daher bei dieser gewerbeertragsteuerfrei [492]). Der Anteil der GmbH aus der einheitlichen Gewinnfeststellung bleibt der GmbH gemäß § 9 Ziff. 2 GewStG gewerbeertragsteuerfrei.

b) Gewerbeertragsteuerliche Behandlung der Geschäftsführergehälter [493])

Für die gewerbeertragsteuerliche Behandlung der Geschäftsführergehälter und der der GmbH von der GmbH & Co. gewährten Vergütung für die Geschäftsführung gelten im wesentlichen die gleichen Grundsätze wie bei der Einkommensteuer [494]):

Die der GmbH gewährte Vergütung wird im Rahmen der einheitlichen Gewinnfeststellung bei der GmbH & Co. einkommensteuerlich dem Gewinn und damit gewerbeertragsteuerlich dem Gewerbeertrag hinzugerechnet. Die von der GmbH gezahlten Geschäftsführergehälter sind wie alle Unkosten, die der GmbH aus der Beteiligung an der GmbH & Co. erwachsen, bei der einheitlichen Gewinnfeststellung gewinn- und damit gewerbeertragsmindernd zu berücksichtigen [495]).

---

[492]) Vgl. RFH VI 688/37 v. 1. 12. 37, RStBl. 1938, 356 = Kartei Lüb. GewStG § 9 Abs. 3 R. 1.

[493]) § 8 Ziff. 6 GewStG ist nach der Entscheidung des Bundesverfassungsgerichts 1 BvR 845/58 v. 24. 1. 62, BStBl. I 1962, 500 = StRK GewStG § 8 Ziff. 2—9 R. 35 m. Anm. Laule nichtig und durch GewStÄndG v. 30. 7. 63 (BGBl. I, 563) gestrichen worden.

[494]) So BFH VI R 129/66 v. 26. 1. 68, StRK EStG § 15 Ziff. 2 R. 23 = B 1968, 830.

[495]) Vgl. die Ausführungen in Fußn. 433 auf S. 131 d. A.; ferner Herrmann-Heuer, Anm. 39 zu § 15 EStG; Hesselmann, GmbH-Rdsch. 1960, 201; 1961, 133. Werden die Geschäftsführer der GmbH nicht nur als „mittelbare Geschäftsführer der GmbH & Co.“, sondern daneben auch in eigenen Angelegenheiten der GmbH tätig, so ist hinsichtlich desjenigen Teils des Gehalts, der als Vergütung für die Tätigkeit in eigenen Angelegenheiten der GmbH anzu-

Ist ein Geschäftsführer als Kommanditist an der GmbH & Co. beteiligt, so ist das Ergebnis dann ein anderes, wenn man die Bezüge des Geschäftsführers nicht als Einkünfte aus nichtselbständiger Arbeit aus der GmbH, sondern — wie der RFH und BFH — als Vorweggewinn aus der GmbH & Co. behandelt. Während nach der hier vertretenen Auffassung das Gehalt als Betriebsausgabe der GmbH im Rahmen der einheitlichen Gewinnfeststellung abzugsfähig ist und gewerbeertragsmindernd wirkt, ist nach der Auffassung der RFH und des BFH Abzugsfähigkeit nicht gegeben.

Erhält der Geschäftsführer der GmbH sein Gehalt unmittelbar von der GmbH & Co., so ist wie bei der Einkommensteuer zu unterscheiden:

Ist er an der GmbH & Co. nicht beteiligt, so wird sein Gehalt bei der einheitlichen Gewinnfeststellung nicht erfaßt. Es stellt einkommensteuerlich keinen Gewinn aus der GmbH & Co., sondern Einkünfte aus nichtselbständiger Arbeit dar und hat damit auch für den Gewerbeertrag außer Ansatz zu bleiben [496]).

Ist der Geschäftsführer an der GmbH & Co. als Kommanditist beteiligt, so werden seine Bezüge im Rahmen der einheitlichen Gewinnfeststellung einkommensteuerlich dem Gewinn und damit gewerbeertragsteuerlich dem Gewerbeertrag hinzugerechnet [497]).

Erhält der Geschäftsführer das Gehalt jedoch von der GmbH & Co. in seiner Eigenschaft als Organ der GmbH, so sind — wie bereits bei der einkommensteuerlichen Behandlung der Geschäftsführergehälter betont wurde [498]) — die Bezüge steuerlich so zu behandeln, als ob die GmbH eine Vergütung von der GmbH & Co. erhalten und hiervon das Gehalt an ihren Geschäftsführer gezahlt hat; denn es ist lediglich eine Frage der Zahlungsmodalität, ob die GmbH & Co. die Vergütung für die Tätigkeit der GmbH an diese oder zu Lasten der GmbH an deren Geschäftsführer zahlt.

2. Gewerbekapitalsteuer

Als Gewerbekapital gilt gemäß § 12 Abs. I GewStG der Einheitswert des gewerblichen Betriebes im Sinne des Bewertungsgesetzes, vermehrt um die in § 12 Abs. II GewStG und vermindert um die in § 12 Abs. III GewStG bezeichneten Beträge.

sehen ist, Abzugsfähigkeit vom Gewinn im Rahmen der einheitlichen Gewinnfeststellung und damit vom Gewerbeertrag der GmbH & Co. nicht gegeben. Die Bezüge sind jedoch insoweit bei der Gewinnfeststellung der GmbH gewinn- und damit gewerbeertragsmindernd zu berücksichtigen. Ebenso L a n g e, NWB Fach 18, 356.

496) Ebenso P r i e s e, Formeln zur Berechnung der Gewerbesteuer, 19.

497) Ebenso P r i e s e, Formeln zur Berechnung der Gewerbesteuer, 19.

498) Vgl. die Ausführungen auf S. 132 bzw. 139 d. A.

Für die Gewerbekapitalsteuer der GmbH ergibt sich — ähnlich der Regelung bei der Gewerbeertragsteuer — insofern eine Besonderheit, als der Wert der zum Gewerbekapital der GmbH gehörenden Beteiligung an der GmbH & Co. gemäß § 12 Abs. III Ziff. 2 GewStG bei der GmbH vom Einheitswert zu kürzen ist. Die GmbH ist somit nur für den Teil ihres Gewerbekapitals gewerbekapitalsteuerpflichtig, der nicht auf die GmbH & Co. entfällt.

III. Vermögensteuer

Die GmbH & Co. ist als Personengesellschaft nicht selbständig vermögensteuerpflichtig. Ihr Vermögen ist nach § 215 AO einheitlich festzustellen und im Feststellungsbescheid nach Maßgabe der Beteiligung auf die einzelnen Gesellschafter — GmbH und Kommanditisten — zu verteilen (§§ 216 AO, 3 BewG). Diese werden mit ihrem Anteil und ihrem übrigen Vermögen zur Vermögensteuer herangezogen. Das Vermögen der GmbH wird außer bei dieser auch bei deren Gesellschaftern versteuert insofern, als diese mit ihren Anteilen an der GmbH der Vermögensteuer unterliegen. Die bei Kapitalgesellschaften bestehende steuerliche Doppelbelastung beschränkt sich bei der GmbH & Co. demnach auf den Anteil der GmbH.

Während die gezahlte Vermögensteuer bei den Kommanditisten in voller Höhe als Sonderausgabe von dem Gesamtbetrag der Einkünfte abgesetzt werden kann (§ 10 Abs. I Ziff. 5 EStG), ist sie bei der GmbH nicht abzugsfähig (§ 12 Ziff. 2 KStG).

Für die Vermögensteuer maßgebend ist der für die GmbH & Co. nach § 97 Abs. I Ziff. 5 BewG festzustellende Einheitswert des Betriebsvermögens. Zum Betriebsvermögen rechnen nach einem Urteil des RFH v. 9. 3. 44 [499]) auch die den einzelnen Mitunternehmern gehörenden, notwendig dem Betrieb gewidmeten Wirtschaftsgüter, wobei es gleichgültig ist, ob sie bürgerlich-rechtlich in das Vermögen der Gesellschaft überführt worden sind oder nicht. Es gehe — so meint der RFH — wirtschaftlich nicht an, ein einem Betriebsinhaber gehörendes, dem Betrieb gewidmetes und betriebsnotwendiges Wirtschaftsgut lediglich deshalb nicht zum Betriebsvermögen zu rechnen, weil der Gesellschafter nicht allein Betriebsinhaber ist. Voraussetzung für die Zurechnung zum Betriebsvermögen ist allerdings nach Abschn. 15 Abs. I Vermögensteuer-Richtlinien 1963 [500]), daß das Wirtschaftsgut dem Betrieb überwiegend, dh. zu mehr als 50 vH, gewidmet ist.

Danach ist also zB ein einem Kommanditisten gehörendes Wirtschaftsgut, das an die GmbH & Co. verpachtet ist, nicht Grundvermögen des Kommanditisten, sondern Betriebsvermögen der GmbH & Co. Entsprechend

[499]) RFH III 81/43 v. 9. 3. 44, RStBl. 1944, 491 = GW-StRK I, 50, 575.
[500]) v. 13. 9. 63.

müssen auch die von der GmbH verpachteten Wirtschaftsgüter in den Einheitswert des Betriebsvermögens der GmbH & Co. einbezogen werden. Hier wird jedoch in der Praxis vielfach eine Ausnahme gemacht, da die Wirtschaftsgüter auch nicht in die Steuerbilanz der GmbH & Co. aufgenommen werden, sondern in der Steuerbilanz der GmbH verbleiben, um praktische Schwierigkeiten zu vermeiden. Da die Wirtschaftsgüter schon bei der GmbH selbst notwendiges Betriebsvermögen sind, hätte die Aufnahme in den Einheitswert des Betriebsvermögens der GmbH & Co. praktisch auch keine Bedeutung [501]).

Bestehen zwischen dem Gewerbebetrieb eines Gesellschafters der GmbH & Co., zB der GmbH, und der GmbH & Co. regelmäßige Geschäftsbeziehungen, so sind Forderungen und Schulden, die ihre Grundlagen in den beiderseitigen regelmäßigen Geschäftsbeziehungen haben, bei der Feststellung der Einheitswerte für das Betriebsvermögen der Gesellschaft und des Gesellschafters anzusetzen. Die Bilanzbündeltheorie steht dieser Behandlung nicht entgegen [502]).

In § 21 des Vermögensteuergesetzes v. 16. 10. 34 wurde der Reichsminister der Finanzen ermächtigt, auch andere Personenvereinigungen als die in § 1 Abs. I Ziff. 2 VStG genannten — also zB die GmbH & Co. — für unbeschränkt vermögensteuerpflichtig zu erklären und ihre Besteuerung zu regeln. Auch das VStG in der Neufassung v. 16. 1. 52 und in der Fassung v. 10. 6. 54 enthielt in § 21 die Bestimmung, daß durch Rechtsverordnung andere Personenvereinigungen als die in § 1 Abs. I Ziff. 2 VStG genannten für unbeschränkt steuerpflichtig erklärt werden können. § 21 VStG entsprach damit dem auf S. 172 erwähnten, heute aufgehobenen § 22 KStG. Er war wie dieser als grundgesetzwidrig anzusehen, da die in ihm enthaltene Ermächtigung gegen Art. 80 Abs. I GG verstieß. So ist es wohl zu erklären, daß er durch das Steueränderungsgesetz v. 13. 7. 61 [503]) ersatzlos gestrichen worden ist.

Für die Ermittlung des gemeinen Werts der Anteile an der Komplementär-GmbH gilt folgendes [504]): Wenn sich der gemeine Wert nicht aus Ver-

---

501) Vgl. Erl. FinMin. NRW S 3320 — 16 — VC 1 v. 24. 8. 70, FR 1970, 511; Beinert-Böttcher, RWP-Blattei, 14 Steuer-R, D GmbH & Co., I Überblick C; siehe auch S. 123 d. A.

502) So BFH III R 108/67 v. 14. 3. 69, BStBl. II 1969, 480 = StRK BewG § 62 R. 79.

503) BGBl. I 1961, 981.

504) Mit Urt. III 161/63 v. 3. 2. 67, BStBl. III 1967, 303 = StRK BewG § 56 R. 19 = BB 1967, 619 hat der BFH für das Gebiet der Einheitsbewertung

käufen ableiten läßt, ist er nach § 11 Abs. II Satz 2 BewG unter Berücksichtigung des Vermögens und der Ertragsaussichten der GmbH zu schätzen [505]). Infolgedessen sind auch hier die Abschn. 76 ff. VStR zu beachten und beim Vorliegen der Voraussetzungen sowohl beim Vermögenswert als auch bei den Ertragsaussichten entsprechende Korrekturzuschläge bzw. -abschläge vorzunehmen. Das gilt auch dann, wenn das Vermögen der GmbH hauptsächlich in dem Anteil an der GmbH & Co. besteht. Der betragsmäßige Anteil am Einheitswert des Betriebsvermögens der GmbH & Co. kann also nicht unbesehen übernommen werden, sondern ist auf seine Zusammensetzung zu untersuchen. Gehören zB zum Betriebsvermögen der GmbH & Co. Grundstücke, dann kann nach Abschn. 77 Abs. III VStR ein der Beteiligung der GmbH entsprechender Korrekturzuschlag erforderlich werden, oder aber ein Korrekturabschlag, wenn zB im Einheitswert des Betriebsvermögens der GmbH & Co. Rückstellungen nicht berücksichtigt werden können, diese aber bei wirtschaftlicher Betrachtung als wertmindernd anzusehen sind. Korrekturen können auch bei den Ertragsaussichten notwendig werden, weil nach Abschn. 78 Abs. II VStR in erster Linie die künftigen Ertragsaussichten maßgebend sind. Dabei dürfen auch die Ertragsaussichten aus der Beteiligung an der GmbH & Co. nicht außer Betracht bleiben. Da es um die Bewertung der Anteile an der GmbH geht, ist hinsichtlich der Anwendung des Abschn. 80 VStR, also hinsichtlich der Frage des Einflusses auf die Geschäftsführung, auf den Einfluß der Anteilseigner auf die GmbH abzustellen.

IV. Grunderwerbsteuer

Die GmbH & Co. ist als Gemeinschaft zur gesamten Hand im Grunderwerbsteuerrecht selbständiger Rechtsträger. Erwirbt oder veräußert sie ein Grundstück, so ist sie selbst Steuerschuldner. Auf sie ist der Steuerbescheid auszustellen. Für die Steuerschuld der GmbH & Co. haften

---

und Vermögensteuer die Konsequenzen aus seiner Rechtsprechung zur ertragsteuerlichen Behandlung der Geschäftsführergehälter gezogen. Er läßt Rückstellungen der GmbH auf die Geschäftsführergehälter insoweit bei der Einheitswertfeststellung ihres gewerblichen Betriebes nicht zu, als die Verbindlichkeiten sich auf eine Tätigkeit beziehen, die die Kommanditisten als Organ der GmbH für die GmbH & Co. ausüben.

[505]) So BFH III 115/65 v. 22. 11. 68, BStBl. II 1969, 225 = StRK BewG § 13 R. 31; vgl. auch GmbH-Rdsch. 1969, 297. Die Auffassung von Horn, GmbH-Rdsch. 1966, 58, daß die Ertragsaussichten bei einer Komplementär-GmbH außer acht gelassen werden können, findet im Gesetz keine Stütze; vgl. auch GmbH-Rdsch. 1967, 61 f.

die Gesellschafter — GmbH und Kommanditisten — gemäß § 113 AO nach den Vorschriften des bürgerlichen Rechts, also als Gesamtschuldner (§ 128 HGB). Die Haftung der Kommanditisten ist jedoch ausgeschlossen, soweit sie ihre Einlagen geleistet haben (§ 171 HGB).

1. Grunderwerbsteuerfragen bei der Einbringung von Grundstücken in die GmbH & Co.

Bringen die GmbH oder einer der Kommanditisten ein Grundstück in die GmbH & Co. ein, so unterliegt dieser Vorgang nach § 1 Abs. I Ziff. 1 GrErwStG der Grunderwerbsteuer. Die Steuer wird gemäß § 10 Abs. I GrErwStG vom Wert der Gegenleistung berechnet. Als Gegenleistung gilt der vereinbarte Übernahmepreis [506]). Dies wird in der Regel der Verkehrswert des Grundstücks sein. Übernimmt die Gesellschaft als weitere Gegenleistung Hypotheken oder sonstige Verpflichtungen des Einbringenden, so ist auch ihr Wert Teil der Besteuerungsgrundlage.

Gemäß § 5 Abs. II GrErwStG wird die Steuer in Höhe des Anteils nicht erhoben, zu dem der Veräußerer am Vermögen [507]) der GmbH & Co. beteiligt ist. Maßgebend ist hierbei nur die unmittelbare Beteiligung an der Gesamthand. Sind zB A und B Gesellschafter einer GmbH, die persönlich haftender Gesellschafter einer GmbH & Co. ist, an der A und B gleichzeitig als Kommanditisten beteiligt sind, und bringt A ein Grundstück in die GmbH & Co. ein, so wird die Steuer nur in Höhe des Anteils nicht erhoben, zu dem er als Kommanditist am Vermögen der GmbH & Co. beteiligt ist. Daß er außerdem über die GmbH auch mittelbar an der GmbH & Co. beteiligt ist, kann keine Berücksichtigung finden [508]).

Von der Besteuerung ausgenommen ist gemäß § 3 Ziff. 7 GrErwStG der Grunderwerb durch eine ausschließlich aus dem Veräußerer [509]) und seinen

---

[506]) Vgl. Boruttau-Klein, Bem. 293 zu § 11.

[507]) Maßgebend ist die Beteiligung am Vermögen und nicht die Beteiligung am Gewinn und Verlust der Gesamthand. Vgl. BFH II 46/56 U v. 14. 11. 56, BStBl. III 1957, 19 = StRK GrErwStG § 3 R. 12.

[508]) Hesselmann, GmbH-Rdsch. 1957, 159; Lange, NWB Fach 18, 360.

[509]) Auf der Veräußererseite können auch mehrere Personen beteiligt sein, sie müssen dann aber sämtlich Verwandte aufsteigender Linie der Mitglieder oder der übrigen Mitglieder der Vereinigung sein. Vgl. RFH II A 583/21 v. 24. 1. 22, RFH 8, 115 = Kartei GrErwStG § 8 Nr. 5 R. 3.

Abkömmlingen [510]) oder aus diesen allein bestehende Vereinigung [511]). Storch [512]) hält diese Befreiungsvorschrift bei der GmbH & Co. nicht für anwendbar, da ein Verwandtschaftsverhältnis nur zwischen natürlichen Personen, nicht aber zu der an der GmbH & Co. notwendigerweise stets beteiligten GmbH denkbar sei. Dieser Auffassung kann nicht gefolgt werden, sie verkennt den Zweck und die wirtschaftliche Bedeutung des § 3 Ziff. 7 GrErwStG. Durch diese Vorschrift soll die Begründung und Fortführung von Familiengesellschaften begünstigt werden. Hierbei kann nicht der juristische Aufbau, sondern nur die wirtschaftliche Lage ausschlaggebend sein. Es ist deshalb so anzusehen, als wären die Mitglieder der GmbH unmittelbar Mitglieder der GmbH & Co. Daß dies der Standpunkt des Gesetzes ist, kann man daraus entnehmen, daß die Befreiungsvorschrift des § 3 Ziff. 7 GrErwStG nicht nur Gemeinschaften zur gesamten Hand, sondern auch juristische Personen betrifft, obwohl bei diesen unmittelbar nicht die Abkömmlinge des Einbringenden, sondern die von diesen verschiedene juristische Person begünstigt wird. § 3 Ziff. 7 GrErwStG findet demzufolge auch bei der Familien-GmbH & Co. Anwendung [513]).

Mit der Aufnahme eines Gesellschafters, der nicht zu den Abkömmlingen des Veräußerers oder zu den diesen gleichgestellten Personen gehört, wird der Erwerb des Grundstücks nachträglich gemäß § 3 Ziff. 7 Satz 3 GrErwStG steuerpflichtig. Gleiches gilt, wenn ein Gesellschafter stirbt und zu seinen Erben Nichtabkömmlinge des Veräußerers gehören, zB der Veräußerer stirbt und an seine Stelle tritt seine Witwe als Erbin. Steuerpflichtiger Tatbestand ist das Einbringen des Grundstücks in die GmbH &

---

[510]) Den Abkömmlingen stehen gemäß § 3 Ziff. 7 Satz 2 iV mit § 3 Ziff. 6 Satz 2 und 3 GrErwStG die durch Annahme an Kindes Statt Verbundenen, den Kindern die Stiefkinder gleich. Den Abkömmlingen stehen außerdem ihre Ehegatten gleich, wenn sie auf Grund bestehenden Güterstandes das Grundstück ohne besondere rechtsgeschäftliche Übertragung miterwerben.

[511]) „Vereinigung" im Sinne des § 3 Ziff. 7 GrErwStG kann sowohl eine juristische Person, zB eine GmbH, als auch eine Gesamthandgemeinschaft sein. Vgl. Boruttau-Klein, Bem. 115 zu § 3.

[512]) StW-Kurzpost, Gruppe 5, 237.

[513]) Hesselmann, GmbH-Rdsch. 1957, 160; Böttcher, Steuerberater-Jahrbuch 1956/57, 170; Dueball, BB Beilage 3/65, 2 f.; Lange, NWB Fach 18, 360. Der RFH hat in seiner Entscheidung II A 145/22 v. 23. 6. 22, RFH 10, 22 = RStBl. 1922, 311 = Kartei GrErwStG § 8 Nr. 5 und 6 R. 4, 5 Steuerfreiheit in einem Fall bejaht, in dem ein Grundstück in eine GmbH eingebracht wurde, die aus dem Veräußerer und einer GmbH bestand, deren Gesellschafter die Abkömmlinge des Veräußerers waren. Vgl. auch Boruttau-Klein, Bem. 119 zu § 3.

Co.[514]). Die spätere Aufnahme des Fremden bestimmt nur den Zeitpunkt des Eintritts der Steuerpflicht. Dieser ist für den Steuersatz und die Verjährung, nicht aber für den Zeitpunkt der Ermittlung der Gegenleistung maßgebend[515]). Die Steuer ist also von dem Gegenwert, der für das Einbringen des Grundstücks gewährt worden ist, oder, falls ein solcher nicht zu ermitteln ist, von dem Wert des Grundstücks zur Zeit des Einbringens zu berechnen.

Die Steuerbefreiung nach § 3 Ziff. 7 GrErwStG geht nicht verloren, wenn in eine Familien-Personengesellschaft nachträglich eine GmbH als persönlich haftender Gesellschafter eintritt, deren Gesellschafter die Personen sind, die seinerzeit grunderwerbsteuerfrei die Personengesellschaft gegründet haben[516]). Wäre das Grundstück unmittelbar in die aus dem Veräußerer und seinen Abkömmlingen gebildete GmbH & Co. eingebracht worden, hätte Steuerfreiheit nach § 3 Ziff. 7 GrErwStG bestanden. Dementsprechend kann sich auch keine Steuerpflicht ergeben, wenn die GmbH nachträglich als persönlich haftender Gesellschafter in die aus dem Veräußerer und seinen Abkömmlingen gebildete Personengesellschaft eintritt. Denn die GmbH kann trotz ihrer rechtlichen Selbständigkeit nicht als familienfremde Person im Sinne des § 3 Ziff. 7 Satz 3 GrErwStG angesehen werden.

Wird der Grunderwerb gemäß § 3 Ziff. 7 Satz 3 GrErwStG nachträglich steuerpflichtig, so ist die Vergünstigungsvorschrift des § 5 Abs. II GrErwStG anwendbar[517]). Geht man davon aus, daß steuerpflichtiger Tatbestand das Einbringen des Grundstücks ist und die Steuer nach der hierfür gewährten Gegenleistung, gegebenenfalls nach dem Wert des Grundstücks zur Zeit des Einbringens zu berechnen ist, so muß man auch für die Berechnung der Steuervergünstigung des § 5 Abs. II GrErwStG von dem Beteiligungsverhältnis bei Einbringung des Grundstücks in die GmbH & Co. und nicht von dem Beteiligungsverhältnis bei Eintritt

---

[514]) Vgl. RFH II A 165/33 v. 9. 8. 33, RStBl. 1933, 945 = Kartei GrErwStG § 8 Nr. 5 R. 2; Boruttau-Klein, Bem. 123 zu § 3.

[515]) Vgl. RFH II A 165/33 v. 9. 8. 33, RStBl. 1933, 945 = Kartei GrErwStG § 8 Nr. 5 R. 2; Boruttau-Klein, Bem. 123 zu § 3.

[516]) So Böttcher, Steuerberater-Jahrbuch 1956/57, 170; Hesselmann, GmbH-Rdsch. 1957, 161; vgl. ferner GmbH-Rdsch. 1967, 241 und die dort zitierte Vfg. OFD Düsseldorf S 4502 A — St 222 v. 14. 11. 66, StEK GrErwStG § 3 Nr. 1.

[517]) So BFH II 165/57 U v. 25. 3. 59, BStBl. III 1959, 305 f. = StRK GrErwStG § 3 R. 18; FG Münster IV d 6/53 v. 19. 1. 54, EFG 1953/54, 132; Boruttau-Klein, Bem. 124 zu § 3.

des Fremden ausgehen [518]). Der Erwerb wird also so versteuert, als ob er zwar unter den gleichen Personen stattgefunden hätte, diese aber die persönlichen Voraussetzungen der Steuerbefreiungsvorschrift des § 3 Ziff. 7 GrErwStG nicht erfüllt hätten. In diesem Fall wäre der Erwerb durch die GmbH & Co. steuerpflichtig gewesen, aber nur mit den Einschränkungen des § 5 Abs. II GrErwStG. Danach wäre die Steuer in Höhe des Anteils des Veräußerers an der GmbH & Co. nicht zu erheben gewesen.

Der Grunderwerbsteuersatz, der nach § 13 Abs. I GrErwStG 3 vH beträgt (Stammsteuer) [519–520]), ermäßigt sich nach § 13 Abs. II Ziff. 1 GrErwStG auf 2 vH, wenn ein Grundstück in eine Kapitalgesellschaft, die keine Grundstücksgesellschaft ist, gegen Gewährung von Gesellschaftsrechten eingebracht wird. Kapitalgesellschaften im Sinne dieser Bestimmung sind die in § 5 Abs. I und Abs. II KVStG nF aufgeführten Gesellschaften, zu denen die GmbH & Co. nach der Neufassung des KVStG gehört.

2. Sonstige Grunderwerbsteuerfragen

Ein Wechsel im Personenstand der Gesamthand, sei es dadurch, daß ein Gesellschafter hinzutritt oder ausscheidet, sei es dadurch, daß an die Stelle eines Gesellschafters ein anderer tritt, begründet bei bestehender Gesamthand keine Steuerpflicht [521]). Das gilt auch, wenn eine GmbH als persönlich haftender Gesellschafter in eine Kommanditgesellschaft oder in eine offene Handelsgesellschaft unter Umwandlung dieser in eine Kommanditgesellschaft eintritt. Anders ist die Rechtslage nur, wenn erst durch den Hinzutritt eines Gesellschafters die Gesamthand gebildet oder durch das Ausscheiden eines Gesellschafters die Gesamthand aufgelöst wird [522]). Scheidet der einzige Komplementär oder der einzige Kommanditist aus der GmbH & Co. aus, so ist dann nach einer Entscheidung des RFH v. 2. 2. 32 [523]) eine Grunderwerbsteuerpflicht nicht gegeben, wenn zugleich ein neuer

---

[518]) So BFH II 165/57 U v. 25. 3. 59, zitiert Fußn. 517; FG Münster IV d 6/53 v. 19. 1. 54, EFG 1953/54, 132; Boruttau-Klein, Bem. 124 zu § 3 unter Aufgabe der früher vertretenen Auffassung, daß von dem Beteiligungsverhältnis bei Eintritt des Fremden auszugehen ist; Hesselmann, GmbH-Rdsch. 1957, 160.

[519–520]) Die Länder erheben Zuschläge von 4 vH.

[521]) So der RFH in seiner Entscheidung GrS 4/22 v. 9. 4. 23, RFH 12, 76 = Kartei AO § 80 Abs. II R. 1; vgl. auch Boruttau-Klein, Bem. 14 zu § 1.

[522]) Für den Fall, daß einem Gesellschafter das Vermögen der GmbH & Co. nach dem analog anzuwendenden § 738 BGB anwächst, vgl. Knoppe, GmbH-Rdsch. 1965, 56 ff.

[523]) RFH II A 15/32 v. 2. 2. 32, RStBl. 1932, 651 = Kartei GrErwStG § 23 Abs. I zu a Nr. 3 R. 27.

Gesellschafter eintritt. Wird die Gesellschaft jedoch durch das Ausscheiden des einzigen Komplementärs oder Kommanditisten aufgelöst und erst später eine neue Gesellschaft mit einem hinzutretenden Dritten errichtet, so liegen zwei grunderwerbsteuerpflichtige Vorgänge vor.

Vereinigen sich die Anteile an der GmbH und die Kommanditanteile in einer Hand, entsteht also eine Einmann-GmbH & Co., so fragt es sich, ob ein Erwerbsvorgang nach § 1 Abs. III GrErwStG vorliegt. Wirtschaftlich gesehen liegt zwar eine Einzelfirma vor. Das Grunderwerbsteuerrecht kennt die wirtschaftliche Betrachtungsweise jedoch nicht. Es ist vielmehr an die zivilrechtliche Gestaltung gebunden. Danach liegt eine Gesellschaft zwischen der GmbH und dem Kommanditisten vor. Es ist also keine Vereinigung aller Anteile in einer Hand eingetreten. § 1 Abs. III GrErwStG findet demnach keine Anwendung [524]).

Erwerben die GmbH oder einer der Kommanditisten ein Grundstück von der GmbH & Co., so wird die Steuer in Höhe des Anteils nicht erhoben, zu dem der Erwerber am Vermögen der Gesamthand beteiligt ist (vgl. § 6 Abs. II GrErwStG).

V. Kapitalverkehrsteuer bis 31. 12. 1971 [525])

1. Gesellschaftsteuerpflicht bei der GmbH & Co.

Die GmbH & Co. rechnet auch im Kapitalverkehrsteuerrecht zu den Personengesellschaften; denn sie fällt nicht unter § 5 KVStG, der die Kapitalgesellschaften erschöpfend aufzählt. Man könnte zwar meinen, daß § 5 Abs. II Ziff. 3 KVStG auf die GmbH & Co. zutrifft. Hiernach gelten als Kapitalgesellschaften im Sinne des Kapitalverkehrsteuergesetzes auch „Personenvereinigungen, die Erwerbszwecke verfolgen, wenn alle Mitglieder nur mit ihrem Anteil für die Schulden der Vereinigung haften und ihre Anteile an Dritte übertragen können". Bei der GmbH & Co. haften aber einmal nicht alle Mitglieder nur mit ihrem Anteil für die Schulden der Gesellschaft. Die GmbH — sie ist Mitglied der GmbH & Co., nicht etwa ihre Gesellschafter — haftet als Komplementär unbeschränkt. Zum anderen fehlt es bei der GmbH & Co. an der in § 5 Abs. II Ziff. 3 KVStG

[524]) So Dueball, BB Beilage 3/65, 3; Sudhoff, 77; ebenso Horn, GmbH-Rdsch. 1972, 286, es sei denn, daß die GmbH keine Einlage geleistet hat, weil sie dann nicht beteiligt ist. Für die besondere, teilweise abweichende Gesetzgebung in Bayern vgl. Luckow, BB 1973, 603 ff.

[525]) Es sollen hier nur die Gesellschaftsteuerfragen behandelt werden, die die GmbH & Co. betreffen. Unabhängig davon unterliegt selbstverständlich die Gründung der GmbH ebenfalls der Gesellschaftsteuer. Zur Gesellschaftsteuerpflicht einer Bürgschaft der GmbH & Co. für ein der GmbH gegebenes Bankdarlehen vgl. FG Schleswig-Holstein III 55/66 v. 5. 3. 70, EFG 1970, 415.

geforderten freien Übertragbarkeit der Anteile. Die Anteile an einer Personengesellschaft sind vertraglich personenmäßig gebunden. Eine Übertragung der Mitgliedschaft ist nur mit Zustimmung der übrigen Gesellschafter möglich [526]).

Der Grundsatz, daß die GmbH & Co. im Steuerrecht als Personengesellschaft zu behandeln ist, ist allerdings für das Kapitalverkehrsteuerrecht durch § 6 Abs. I Ziff. 4 KVStG insoweit eingeschränkt, als hiernach als Gesellschaftsrechte an Kapitalgesellschaften auch die Anteile der Kommanditisten an einer Kommanditgesellschaft gelten, wenn zu den persönlich haftenden Gesellschaftern der Kommanditgesellschaft eine Kapitalgesellschaft gehört. Die Personen, denen die Gesellschaftsrechte zustehen, gelten nach § 6 Abs. II KVStG als Gesellschafter der Kapitalgesellschaft. Keineswegs darf aber § 6 KVStG dahin erweiternd ausgelegt werden, daß die GmbH & Co. als solche als Kapitalgesellschaft zu behandeln ist.

Diese Vorschrift wurde im Jahre 1922 geschaffen [527]), um dem sich damals ausbreitenden Mißbrauch entgegenzutreten, daß einer mit geringem Stammkapital geschaffenen GmbH auf dem Umweg über die Gründung einer GmbH & Co. durch Kommanditeinlagen weiteres Kapital zugeführt und auf diese Weise die Gesellschaftsteuer vermieden wurde. Der Gesetzgeber glaubte offenbar, mit der Generalklausel des § 5 AO (heute § 6 StAnpG) diese Steuerumgehungen nicht wirksam genug bekämpfen zu können. § 6 Abs. I Ziff. 4 KVStG geht insoweit noch über § 6 StAnpG hinaus, als er im Einzelfall ohne Rücksicht darauf Anwendung findet, ob die GmbH & Co. zum Zwecke der Steuerumgehung oder aus sonstigen Gründen errichtet ist.

Ob die Vorschrift des § 6 Abs. I Ziff. 4 KVStG und insoweit auch die Vorschrift des § 6 Abs. II KVStG mit Art. 3 GG vereinbar sind, war lange Zeit streitig. Während die herrschende Meinung in der Literatur [528]) die Verfassungsmäßigkeit der Vorschriften verneinte, hatten mehrere Finanzgerichte [529]) die Verfassungsmäßigkeit bejaht. Der BFH hatte in einer Grund-

---

[526]) Vgl. zu dieser Frage auch die Ausführungen in Fußn. 296—297 auf S. 84 d. A.

[527]) Dem § 6 Abs. I Ziff. 4 KVStG entsprach der § 5 Abs. II KVStG v. 1922.

[528]) ZB Felix, GmbH-Rdsch. 1962, 202; Hesselmann, GmbH-Rdsch. 1963, 135; Lange, NWB Fach 18, 358; Seifert, BB 1962, 132 ff.; ders., BB 1963, 1330 ff.; Weisse, NWB Fach 4, 374.

[529]) FG Hannover III v 103/59 v. 29. 9. 60, EFG 1961, 169; FG Düsseldorf VI 2/60 Verk. v. 29. 5. 62, EFG 1963, 118 f.; FG Hamburg IV 18/62 v. 31. 1. 64, EFG 1964, 450; FG Hamburg IV 39/63 v. 29. 9. 64 (nicht veröffentlicht).

satz-Entscheidung v. 3. 12. 64 [530]) die Verfassungswidrigkeit des § 6 Abs. I Ziff. 4 KVStG und des § 6 Abs. II KVStG, soweit er sich auf § 6 Abs. I Ziff. 4 KVStG bezieht, bejaht.

Der BFH stützt seine Entscheidung insbesondere auf das Urteil des BVerfG v. 24. 1. 62 [531]), wonach eine Sonderregelung, welche die benutzte zivilrechtliche Ordnung und damit die vom Gesetz selbst statuierte Sachgesetzlichkeit durchbricht, nur dann iS des Art. 3 Abs. 1 GG sachlich hinreichend gerechtfertigt ist, wenn sie von überzeugenden Gründen getragen ist. Die Fiktion des § 6 Abs. I Ziff. 4 KVStG und des § 6 Abs. II KVStG bedeutet nach Auffassung des BFH eine Durchbrechung der zivilrechtlichen Ordnung an maßgebender Stelle, da das KVStG nur Kapitalgesellschaften erfaßt, während die GmbH & Co. eine Personengesellschaft ist. Überzeugende Gründe für die Durchbrechung seien nicht vorhanden. Die GmbH & Co. unterscheide sich von den übrigen Kommanditgesellschaften nur wenig. Lediglich im „extremen" Fall des Konkurses sei es von Bedeutung, ob persönlich haftender Gesellschafter eine natürliche Person oder eine Kapitalgesellschaft sei. Auch aus dem Sinn und Zweck des KVStG lasse sich eine unterschiedliche Behandlung nicht rechtfertigen. Eine Zusammenballung anonymen Kapitals, wie sie den Gegenstand der Kapitalverkehrsteuer bilde, finde bei den Personengesellschaften nicht statt, auch nicht bei der GmbH & Co. Die Einlagen der Kommanditisten befänden sich im gesamthänderischen Eigentum der Gesellschafter der GmbH & Co., nicht aber im Eigentum der GmbH. Die Begründung könne auch nicht darin liegen, die Wahl dieser Rechtsform einzuschränken, dafür sei der Steuersatz von 2,5 vH zu niedrig, oder darin, Steuerumgehungen zu verhindern, dafür sei die Regelung zu generell. Da sich somit eine einleuchtende Begründung für die unterschiedliche Behandlung der GmbH & Co. im Vergleich zu anderen Personengesellschaften nicht finden lasse, verstoße die Regelung gegen Art. 3 GG und sei deshalb verfassungswidrig und nichtig.

Während der BFH das Urteil v. 3. 12. 64 in einer Entscheidung v. 10. 3. 65 [532]) bestätigt hatte, hatte die Bayerische Staatsregierung am 17. 9. 65 vor dem BVerfG Normenkontrollklage nach Art. 93 Abs. I Ziff. 2 GG mit dem Antrag erhoben, festzustellen, daß § 6 Abs. I Ziff. 4 KVStG verfassungsgemäß sei. Diesem Antrag ist das BVerfG in seinem Beschluß

[530]) BFH II 12/61 S v. 3. 12. 64, BStBl. III 1965, 19 ff. = StRK KVStG § 6 R. 4 = FR 1965, 33 f. = GmbH-Rdsch. 1965, 8 = Anhang III Nr. 3, mit zustimmender Anm. von Hesselmann, FR 1965, 33 f. u. GmbH-Rdsch. 1965, 40 f.

[531]) BVerfG 1 BvR 845/58 v. 24. 1. 62, BVerfGE 13, 331 = BStBl. I 1962, 500 = StRK GewStG § 8 Ziff. 2—9 R. 35 m. Anm. Laule.

[532]) BFH II 132/64 U v. 10. 3. 65, BStBl. III 1965, 201 = StRK KVStG § 2 R. 65 m. Anm. Dueball.

v. 2. 10. 68 [533]) gefolgt, in dem es festgestellt hat, daß § 6 Abs. I Ziff. 4 KVStG mit dem Grundgesetz vereinbar ist. Zur Frage der Verfassungsmäßigkeit des § 6 Abs. II KVStG hat sich das BVerfG nicht geäußert.

Das BVerfG hält es für verfassungsgemäß, daß die GmbH & Co. anders als die sonstigen Personengesellschaften behandelt wird. Dem Gesetzgeber stehe es frei, von den Grundregeln einer Rechtsmaterie abzuweichen, wenn solche Sonderbestimmungen hinreichend gerechtfertigt seien. Angesichts der im Gesellschaftsrecht zulässigen „Grundtypenvermischung“ gebe es Personengesellschaften mit einer derart starken Annäherung ihrer rechtlichen Struktur an Kapitalgesellschaften, daß ihre steuerliche Gleichstellung mit diesen gerechtfertigt erscheine. Das treffe zu bei einer Kommanditgesellschaft, deren persönlich haftender Gesellschafter eine GmbH sei. Trotz ihres Charakters als Personengesellschaft biete diese Rechtsfigur die Möglichkeit, im Ergebnis wie bei einer Kapitalgesellschaft die beschränkte Haftung der Beteiligten herbeizuführen.

Mit diesem Beschluß des BVerfG steht nunmehr fest, daß § 6 Abs. I Ziff. 4 KVStG verfassungsgemäß ist [534]), während es bezüglich des § 6 Abs. II KVStG bei der Entscheidung des BFH verbleibt, wonach Verfassungswidrigkeit gegeben ist.

Es erhebt sich die Frage, inwieweit Gesellschaftsteuer für die Vergangenheit nachgefordert werden kann. Soweit noch keine rechtskräftige Veranlagung erfolgt ist, kann Gesellschaftsteuer nachgefordert werden, wenn keine Verjährung eingetreten ist (§§ 143 ff. AO). Eine Verwirkung ist nicht eingetreten [535]), da die Stpfl. auf Grund der die Steuerpflicht verneinenden Urteile des BFH nicht annehmen konnten, daß sich die Finanzverwaltung mit diesen Urteilen zufriedengeben würde. Kurze Zeit nach dem Urteil des BFH v. 10. 3. 65 wurde nämlich bekannt, daß vor dem BVerfG Normenkontrollklage erhoben werden soll. Die Klage wurde auch sechs Monate nach diesem Urteil eingelegt.

---

[533]) BVerfG 1 BvF 3/65 v. 2. 10. 68, BStBl. II 1968, 762 = StRK KVStG § 6 R. 12 = Anhang III Nr. 7 mit Anm. v. Risse, GmbH-Rdsch. 1968, 255 ff.

[534]) Felix, Bericht, A 15 vertritt die Auffassung, daß § 6 Abs. I Ziff. 4 KVStG nur noch anwendbar sei, wenn Identität zwischen GmbH-Gesellschaftern und Kommanditisten besteht oder GmbH-Gesellschafter und Kommanditisten sich nahestehen. Genaust, B 1969, 1035 und Heyden, B 1969, 1574 ff. wollen § 6 Abs. I Ziff. 4 KVStG dann nicht mehr anwenden, wenn die GmbH lediglich zu dem Zweck gegründet worden ist, die Geschäftsführung und Vertretung der GmbH & Co. zu übernehmen. Beide Auffassungen lassen sich mit dem Beschluß des BVerfG und dem Wortlaut des § 6 Abs. I Ziff. 4 KVStG nicht vereinbaren.

[535]) So BFH II B 55—56/70 v. 25. 3. 71, BStBl. II 1971, 336 = StRK KVStG § 6 R. 22; aA Bader, Inf. 1969, 485 f.

Ist eine rechtskräftige Veranlagung erfolgt, so kommt eine Nachforderung von Gesellschaftsteuer nur insoweit in Betracht, als die Voraussetzungen des § 222 AO eingreifen, da § 223 AO nicht anwendbar ist. Dabei ist festzuhalten, daß auch in den Fällen, bei denen bei der Neugründung einer GmbH & Co. gleichzeitig oder im zeitlichen Zusammenhang damit die Komplementär-GmbH gegründet worden ist, die Gesellschaftsteuer für die Kommanditanteile gemäß § 6 Abs. I Ziff. 4 KVStG durch gesonderten Steuerbescheid festgesetzt werden kann, auch wenn die Besteuerung der Komplementär-GmbH bereits rechtskräftig ist; denn es handelt sich insoweit nicht um die Änderung des vorherigen Steuerbescheides, so daß § 222 AO nicht zum Zuge kommt. Die Gesellschaftsteuerpflicht bei der Komplementär-GmbH und die Gesellschaftsteuer für die Kommanditanteile sind klar zu trennen [536]).

2. Gesellschaftsteuerpflichtige Tatbestände

Die Sonderregelung des § 6 Abs. I Ziff. 4 KVStG beschränkt sich auf die Gesellschaftsteuer, sie gilt nicht für die beiden anderen Kapitalverkehrsteuern, die Wertpapier- und die Börsenumsatzsteuer. Daraus folgt, daß Anteile an einer GmbH & Co. bei ihrer Veräußerung nicht zur Börsenumsatzsteuer heranzuziehen sind.

Der Gesellschaftsteuer unterliegen auch nur die Anteile der Kommanditisten an einer GmbH & Co., gleichgültig, ob es sich um natürliche oder juristische Personen handelt, nicht die Einlagen der GmbH und weiterer persönlich haftender Gesellschafter.

Sind neben der GmbH natürliche Personen als persönlich haftende Gesellschafter an der GmbH & Co. beteiligt, so werden auch in diesem Fall die Kommanditeinlagen in vollem Umfang zur Gesellschaftsteuer herangezogen, nicht etwa nur mit der Beschränkung auf das Verhältnis, in dem das Kapital der GmbH zum Kapital der persönlich haftenden Gesellschafter insgesamt steht [537]). Sind mehrere Kapitalgesellschaften persönlich haftende Gesellschafter der GmbH & Co., so ist die auf die Kommanditeinlagen entfallende Gesellschaftsteuer auf die Kapitalgesellschaften im Verhältnis ihrer Einlagen aufzuteilen.

---

[536]) Ebenso Heise, B 1969, 1124; Wunder, BB 1969, 1759; aA Brodowski, B 1969, 361 ohne einleuchtende Begründung.

[537]) Vgl. RFH II A 568/27 v. 31. 1. 28, RStBl. 1928, 101 = RFH 23, 5 = Kartei KVStG § 5 R. 16; BVerfG 1 BvF 3/65 v. 2. 10. 68, BStBl. II 1968, 762 = StRK KVStG § 6 R. 12; BFH II B 1/71 v. 11. 5. 71, BStBl. II 1971, 494 = StRK KVStG § 6 R. 23 = B 1971, 1394. Rosenau, B 1969, 62; aA Bader, Inf. 1969, 482 f., der Steuerfreiheit annimmt; Bedenken gegen eine Steuerpflicht äußern Küchenhoff und Felix in Anm. zur Entscheidung des BVerfG v. 2. 10. 68, StRK-Anm. KVStG § 6 R. 12.

Der Tatbestand des § 6 Abs. I Ziff. 4 KVStG ist nicht erfüllt, wenn eine natürliche Person als persönlich haftender Gesellschafter einer Kommanditgesellschaft Treuhänder einer Kapitalgesellschaft ist [537a]).

Ist eine GmbH & Co. persönlich haftender Gesellschafter einer anderen GmbH & Co. (sogenannte „dreistufige" GmbH & Co.), so entsteht unstreitig Gesellschaftsteuer für die Kommanditeinlagen bei der „kleinen" GmbH & Co. Für die Kommanditeinlagen bei der „großen" GmbH & Co. wäre bei formaler Auslegung des § 6 Abs. I Ziff. 4 KVStG die Gesellschaftsteuerpflicht zu verneinen, da der persönlich haftende Gesellschafter, die „kleine" GmbH & Co., keine Kapitalgesellschaft, sondern eine Personengesellschaft ist [538]). Gegen diese Ansicht wendet sich die Finanzverwaltung [538a]), die über § 6 StAnpG stets eine Gesellschaftsteuerpflicht konstruieren will. Dies erscheint nicht angängig. Einmal kann es Fälle geben, wo die „dreistufige" GmbH & Co. wirtschaftlich sogar zwingend geboten ist. Zum anderen — und das ist entscheidend — verstößt die Wahl einer Rechtsform aus Gründen der Steuerersparnis nicht gegen § 6 StAnpG. Nach der Rechtsprechung [538b]) liegen die Voraussetzungen des § 6 StAnpG nur dann vor, wenn die gewählte Gesellschaftsform nicht ernsthaft gewollt ist, nach außen also eine Form gezeigt wird, die tatsächlich nicht zur Durchführung gelangen soll. Die Gesellschaftsteuerpflicht für die Kommanditeinlagen bei der „großen"GmbH & Co. ergibt sich aber aus einer anderen Erwägung. Die Kommanditanteile bei der „kleinen" GmbH & Co. gelten auf Grund der Fiktion des § 6 Abs. I Ziff. 4 KVStG zunächst als Gesellschaftsrechte an der GmbH. Die Kommanditanteile bei der „großen" GmbH & Co. gelten wiederum auf Grund der Fiktion des § 6 Abs. I Ziff. 4 KVStG

537a) So BFH II R 98/69 v. 5. 5. 70, BStBl. II 1970, 757 = StRK KVStG § 6 R. 19.

538) Für Steuerfreiheit: FG Bremen II 77/69 v. 17. 12. 70, EFG 1971, 198 ff.; Hessisches FG V 63/70 v. 12. 2. 71, EFG 1971, 299 ff. und V 30/70 v. 26. 10. 71, GmbH-Rdsch. 1971, 290 f.; Bader, Inf. 1969, 483; Bark, BB 1969, 1169 ff.; Böttcher, Steuerberater-Jahrbuch 1969/70, 178; ders., B 1970, 314; Böttcher-Beinert, GmbH & Co., 22; Böttcher-Beinert-Hennerkes, B 1971, 260 ff.; Dornfeld, GmbH-Rdsch. 1970, 131; Fasolt, GmbH-Rdsch. 1970, 79; Felix, Bericht, A 19; Graf, BB 1970, 439 ff.; Sudhoff, NJW 1969, 1825 ff.; Veismann, BB 1970, 1159.

538a) Vgl. Erlaß des Hessischen Finanzministeriums S 5104 A — 6 — II A 42 v. 31. 1. 68, DVR 1968, 79; einschränkend Erl. FinMin. NRW S 5104 — 2 — V C 4 v. 30. 11. 70, GmbH-Rdsch. 1971, 22 f. = B 1970, 2350 f. = Anhang III Nr. 10, wonach die Voraussetzungen des § 6 StAnpG im Einzelfall zu prüfen sind.

538b) Vgl. S. 19 d. A.

als Gesellschaftsrechte an dieser GmbH [538c]). Meßmer [538d]) kommt allerdings mit anderer Begründung zu demselben Ergebnis: Der Komplementär der „großen" GmbH & Co. ist eine Personengesellschaft. Ein Mitglied dieser Gesellschaft, die zur gesamten Hand Komplementär ist, ist eine Kapitalgesellschaft. Die GmbH ist nicht nur persönlich haftender Gesellschafter der „kleinen" GmbH & Co., sie ist auch, zusammen mit den anderen Gesellschaftern der „kleinen" GmbH & Co., in gesamthänderischer Bindung Komplementär der „großen" GmbH & Co. Da einer dieser Gesamthänder eine Kapitalgesellschaft ist, ist der Tatbestand des § 6 Abs. I Ziff. 4 KVStG erfüllt. Diese Vorschrift schließt es ihrem Wortlaut nach nicht aus, daß die Steuerpflicht auch dann eintritt, wenn der Komplementäranteil einer ausschließlich oder zum Teil aus Kapitalgesellschaften gebildeten Personengesellschaft zur gesamten Hand zusteht.

Ist eine ausländische Kapitalgesellschaft Komplementär-GmbH, so entfällt die Gesellschaftsteuerpflicht [538e]). Gemäß § 2 Abs. I Ziff. 1 KVStG unterliegt nämlich nur der Ersterwerb von Gesellschaftsrechten an einer inländischen Kapitalgesellschaft der Gesellschaftsteuer. Nach § 5 Abs. IV KVStG gelten Kapitalgesellschaften als ausländische, wenn sie weder ihre Geschäftsleitung noch ihren Sitz im Inland haben. Besonderes Augenmerk ist dabei auf den Ort der Geschäftsleitung zu legen. Es dürfte jedoch ausreichen, wenn der oder die Geschäftsführer der Kapitalgesellschaft ihren Wohnsitz im Ausland haben und dort für die Gesellschaft tätig werden. Will man über eine ausländische Komplementär-GmbH die Gesellschaftsteuerersparnis erreichen, so muß diese also durch die mit der Verlegung von Geschäftsführung und Sitz ins Ausland verbundenen organisatorische und wirtschaftliche Belastung erkauft werden.

Der innere Grund für die Bestimmung des § 6 Abs. I Ziff. 4 KVStG wird darin erblickt, daß im praktischen Ergebnis die Kommanditeinlagen das Kapital der GmbH vergrößern. Hieraus ist zu folgern:

Gesellschaftsteuerpflicht entsteht nicht, wenn eine Stammeinlage bei der GmbH in eine Kommanditeinlage umgewandelt wird, da dadurch eine steuerpflichtige Bindung neuen Kapitals in der GmbH nicht eintritt. Die Fiktion des § 6 Abs. I Ziff. 4 KVStG führt nur dazu, daß das neue Kommanditkapital, das vor der Umwandlung Kapital der GmbH war, auch weiterhin als Kapital der GmbH zu behandeln ist, daß also bei der

538c) Im Ergebnis ebenso Schleswig-Holsteinisches FG III 53/6 v. 20. 8. 70, EFG 1970, 625; Mertens, GmbH-Rdsch. 1967, 47; Wiethölter, Aktuelle Probleme der GmbH & Co., 17; einschränkend Neuhaus, NJW 1972, 139.

538d) Steuerberater-Jahrbuch 1970/71, 247 f.

538e) So Böttcher-Hennerkes, B 1970, 315; Höppner, B 1970, 1710 f.; aA FinMin. NRW Erl. S 5104 — 2 — V A 2 v. 30. 7. 71, B 1971, 1698.

GmbH der Kapitalzusammenschluß unterstellt wird, der auch vor der Umwandlung bestand [539]). Auch im umgekehrten Fall, wenn eine Kommanditeinlage in eine Stammeinlage bei der GmbH umgewandelt wird, oder sogar die GmbH & Co. ganz dergestalt in eine GmbH umgewandelt wird, daß die Kommanditisten Gesellschafter der GmbH werden, die bisher persönlich haftender Gesellschafter der GmbH & Co. war, fällt keine Gesellschaftsteuer an. Da die Kommanditeinlagen bereits vor der Umwandlung als Gesellschaftsrechte an der GmbH galten, wird der GmbH durch die Umwandlung der Kommanditeinlagen in Stammeinlagen kein neues Kapital zugeführt [540]). Schließlich löst auch ein Wechsel der Kommanditisten ohne Vergrößerung der Kommanditeinlagen keine neue Gesellschaftsteuer aus [541]).

Es entsteht ferner keine Gesellschaftsteuerpflicht, wenn Vermögensteile seitens einer GmbH & Co. auf eine andere GmbH & Co. mit denselben Gesellschaftern übertragen werden, wobei das Kommanditkapital der einen GmbH & Co. erhöht, gleichzeitig das Kommanditkapital der anderen GmbH & Co. entsprechend herabgesetzt wird. Denn für die Frage der Gesellschaftsteuer ist nur eine Kapitalgesellschaft, und zwar der persönlich haftende Gesellschafter beider Gesellschaften, als vorhanden anzusehen. Mit dem Stammkapital dieser GmbH sind die Kommanditeinlagen beider Kommanditgesellschaften zusammengefaßt. Es findet nur eine Kapitalverschiebung innerhalb dieser Gesellschaft statt, ohne daß dabei von außen dem GmbH-Kapital einschließlich der Kommanditanteile neues Kapital zugeführt wird [542]).

---

[539]) So Dahl, GmbH-Rdsch. 1962, 54 f.; Heckmann, GmbH-Rdsch. 1964, 163 ff.; Heinemann, GmbH-Rdsch. 1963, 151; Hesselmann, GmbH-Rdsch. 1962, 17. Dagegen vertritt der BFH II 208/65 v. 13. 1. 70, BStBl. II 1970, 463 = StRK KVStG § 6 R. 16 die Auffassung, daß Gesellschaftsteuer ausgelöst wird. Das führt dazu, daß die GmbH & Co. der GmbH nicht — wie es der Wille des Gesetzgebers ist — gleichgestellt, sondern gegenüber der GmbH benachteiligt wird.

[540]) Vgl. Hesselmann, GmbH-Rdsch. 1962, 17.

[541]) RFH II A 289/29 v. 16. 7. 29, RStBl. 1929, 525 = Kartei KVStG § 5 Abs. 2 R. 1; Dahl, GmbH-Rdsch. 1961, 55; Ritter, NWB Fach 18, GmbH & Co., 90.

[542]) So Boruttau, DVR 1960, 177 ff.; Dahl, GmbH-Rdsch. 1961, 55; Sandkaulen, DVR 1960, 81 ff.; Lange, NWB Fach 18, 359. AA Erlaß des Finanzministers Schleswig-Holstein S 5100 — 55 II/33 v. 29. 8. 60, DStZ Eild. 1960, 406, in dem in Verkennung des Sinns des § 6 Abs. I Ziff. 4 KVStG die Auffassung vertreten wird, es beständen auch kapitalverkehrsteuerlich zwei Kommanditgesellschaften. Die Anteile an den beiden Kommanditgesellschaften seien dabei als verschiedene Gesellschaftsrechte an einer Kapitalgesellschaft anzusehen. Demzufolge trete durch eine Kapitalverschiebung zwischen beiden

Dagegen löst die Auswechselung einer GmbH als persönlich haftender Gesellschafter einer GmbH & Co. durch eine andere GmbH Gesellschaftsteuer aus, da die Kommanditanteile nunmehr als Gesellschaftsrechte an der neuen GmbH gelten [543]).

Im übrigen sind alle bei Kapitalgesellschaften gesellschaftsteuerpflichtigen Vorgänge auch bei den Kommanditisten gesellschaftsteuerpflichtig, gleichgültig, ob die Kommanditisten natürliche Personen oder Kapitalgesellschaften sind, also zunächst einmal der Erwerb von Gesellschaftsrechten bei der Errichtung der GmbH & Co. oder bei nachträglichem Beitritt eines Kommanditisten zu einer schon bestehenden GmbH & Co. (§ 2 Abs. I Ziff. 1 KVStG). In welcher Form die Beteiligung der Kommanditisten erfolgt, ob durch Geldeinlagen, Sacheinlagen usw., macht dabei keinen Unterschied.

Tritt in eine bestehende Kommanditgesellschaft eine GmbH als persönlich haftender Gesellschafter ein, so entsteht für die Kommanditanteile ebenfalls nach § 2 Abs. I Ziff. 1 KVStG Gesellschaftsteuerpflicht. Die bisherige Kommanditgesellschaft wird durch den Eintritt der GmbH zwar nicht zur Kapitalgesellschaft, die bisherigen Kommanditisten erwerben aber dadurch Gesellschaftsrechte an einer Kapitalgesellschaft (§ 6 Abs. I Ziff. 4 KVStG) [544]). Gesellschaftsteuerpflicht nach § 2 Abs. I Ziff. 1 KVStG entsteht auch dann, wenn die eintretende GmbH keine Einlage bei der GmbH & Co. leistet und am Verlust nicht beteiligt ist [544a]).

Wird das Kapital einer GmbH & Co. erhöht, so liegt bei den Kommanditisten ebenfalls ein gesellschaftsteuerpflichtiger Vorgang nach § 2 Abs. I Ziff. 1 KVStG vor. Gesellschaftsteuerpflicht entsteht nur dann nicht, wenn

---

Gesellschaften Gesellschaftsteuerpflicht ein; so auch FG Düsseldorf VI 134/71 A v. 16. 11. 71, EFG 1972, 141 f.; FG Düsseldorf VI 133/71 Verk. v. 25. 1. 72 (nicht veröffentlicht); Westenberger, GmbH-Rdsch. 1969, 134.

543) So Böttcher, RWP-Blattei, 14 Steuer-R, D Unternehmensformen, II B 4/60; Boruttau, DVR 1960, 180; Dahl, GmbH-Rdsch. 1961, 55; Hesselmann, GmbH-Rdsch. 1962, 17; Pleiß, B, Beilage Nr. 7/60; v. Wallis, NWB Fach 8 a, 74. AA Erlaß FinMin. NRW S 5104 — 2 — V C 4 v. 30. 11. 70, GmbH-Rdsch. 1971, 23 = Anhang III Nr. 10, in dem die Auffassung vertreten wird, Gesellschaftsteuerpflicht entstehe nicht, da die Kommanditistin nach wie vor an derselben KG beteiligt seien. Es wird verkannt, daß maßgebend nicht die Beteiligung an der KG, sondern die fingierte Beteiligung an der GmbH ist; gegen die hier vertretene Auffassung FG Düsseldorf VI 134/71 A v. 16. 11. 71, EFG 1972, 141 f.; FG Düsseldorf VI 133/71 Verk. v. 25. 1. 72 (nicht veröffentlicht); Meyer-Arndt, Steuerberater-Jahrbuch 1971/72, 170 f.; Westenberger, GmbH-Rdsch. 1969, 134.

544) So BFH II 196/65 v. 11. 11. 69, BStBl. II 1970, 335 = StRK KVStG § 2 R. 86 mit kritischer Anm. von Kamprad, FR 1970, 428; Steuerpflicht verneint Bader, Inf. 1969, 483.

544a) So BFH II R 27/71 v. 8. 10. 71, B 1972, 220.

die Kapitalerhöhung aus einbehaltenen Gewinnen erfolgt. Gemäß § 2 des Gesetzes über steuerrechtliche Maßnahmen bei Erhöhung des Nennkapitals aus Gesellschaftsmitteln vom 2. 11. 61 unterliegt bei einer Kapitalgesellschaft der Erwerb der neuen Anteilsrechte durch die Gesellschafter nicht der Besteuerung nach § 2 Abs. I Ziff. 1 KVStG, wenn die Kapitalerhöhung aus Gesellschaftsmitteln erfolgt ist. Das vorgenannte Gesetz findet zwar seinem Wortlaut nach nur auf Kapitalgesellschaften Anwendung, da bei Personengesellschaften — dazu gehört auch die GmbH & Co. — gesellschaftsrechtlich eine Kapitalerhöhung aus Gesellschaftsmitteln nicht denkbar ist, weil eine Personengesellschaft keine eigene Rechtspersönlichkeit besitzt und die erwirtschafteten Gewinne den Gesellschaftern anteilmäßig zustehen. Das Gesetz muß aber bei einer GmbH & Co. auf eine Kapitalerhöhung aus einbehaltenen Gewinnen entsprechend angewandt werden [545]). Die Kommanditeinlagen bei einer GmbH & Co. werden im Wege einer Fiktion den Gesellschaftsrechten an einer Kapitalgesellschaft gleichgestellt. Deshalb müssen auch Befreiungsvorschriften, die für Kapitalgesellschaften gelten, über die Fiktion den Kommanditisten einer GmbH & Co. zugute kommen. Selbst wenn man eine entsprechende Anwendung des 2 des Gesetzes über steuerrechtliche Maßnahmen bei Erhöhung des Nennkapitals aus Gesellschaftsmitteln verneinen würde, wäre eine Besteuerung nicht zulässig, da diese gegen den Grundsatz des Art. 3 GG verstoßen würde. Die GmbH & Co. soll im Bereich der Gesellschaftsteuer den Kapitalgesellschaften gleichgestellt werden. Keinesfalls wollte der Gesetzgeber die GmbH & Co. gegenüber den Kapitalgesellschaften schlechter stellen. Wenn man nun für die Kapitalgesellschaften die Möglichkeit eröffnet hat, das Kapital gesellschaftsteuerfrei zu erhöhen, eine entsprechende Möglichkeit für die GmbH & Co. aber nicht bestände, so läge eine ungleiche Behandlung vor, für die kein rechtfertigender Grund ersichtlich ist.

Der BFH [546]) folgt der hier vertretenen Auffassung zumindest dann nicht, wenn das Kapital der GmbH & Co. unmittelbar aus einbehaltenen Gewinnen erhöht wird; ob bei einer Kapitalerhöhung aus vorher gebildeten Rücklagen § 2 KapErhStG anwendbar ist, läßt er offen. Nach Meinung des BFH kann § 2 KapErhStG deshalb bei einer Kapitalerhöhung aus einbehaltenen Gewinnen nicht zur Anwendung kommen, da einmal in diesem Fall die Besteuerung nicht nach § 2 Abs. I Ziff. 1 KVStG, sondern nach § 2 Abs. I Ziff 2 KVStG erfolgen soll, den § 2 KapErhStG nicht erfaßt, zum anderen eine Kapitalerhöhung bei einer Personengesellschaft

---

[545]) So Bader, Inf. 1969, 483; Barth, BB 1969, 1030 ff.; Conze, FR 1971, 499; Felix, Bericht, A 29; Sudhoff, NJW 1969, 1829; Hesselmann, GmbH-Rdsch. 1963, 32; ders., GmbH-Rdsch. 1963, 212 f.

[546]) BFH II 141/65 v. 21. 10. 69, BStBl. II 1970, 99 = StRK KVStG § 2 R. 84.

wie der GmbH & Co. gesellschaftsrechtlich etwas anderes ist als die Kapitalerhöhung bei einer Kapitalgesellschaft.

Sind die Einlagen der Kommanditisten durch eingetretene Verluste unter die vereinbarte Einlage herabgesunken und werden sie durch spätere Gewinnanteile wieder aufgefüllt, so entsteht keine Gesellschaftsteuerpflicht [547]). Denn nach § 169 Abs. I Satz 2 HGB hat ein Kommanditist keinen Anspruch auf Auszahlung des auf ihn entfallenden Gewinns, solange seine Einlage durch Verluste unter die vereinbarte Einlage abgesunken ist. Werden dagegen die Verluste durch neue Einlagen aufgefüllt, so entsteht Gesellschaftsteuerpflicht.

Nach § 29 UmwStG v. 14. 8. 69 sind Rechtsvorgänge iS des § 2 Abs. I Ziff. 1 KVStG von der Gesellschaftsteuer befreit, wenn und soweit als Gegenleistung für den Erwerb der Gesellschaftsrechte das Vermögen eines Unternehmens als Ganzes, ein Betrieb, ein Teilbetrieb oder ein Mitunternehmeranteil auf die Kapitalgesellschaft übertragen wird, vorausgesetzt, daß das übertragende Unternehmen am 1. 1. 68 bestanden hat. Die Befreiungsvorschrift des § 29 UmwStG muß auch bei der Einbringung von Betrieben in eine GmbH & Co. und bei Eintritt einer GmbH in eine bestehende Kommanditgesellschaft anwendbar sein, da sonst die GmbH & Co. schlechter behandelt würde als eine Kapitalgesellschaft [547a]).

Daß die Tatbestände des § 2 Abs. I Ziff. 3 und 4 KVStG auf die GmbH & Co. hinsichtlich der Kommanditisten nicht mehr anzuwenden sind, wird allgemein anerkannt [548]). Dagegen gehen die Meinungen bezüglich der Anwendbarkeit des § 2 Abs. I Ziff. 2 KVStG auseinander. Der BFH [549]) bejaht die Fortgeltung dieser Vorschrift. Offensichtlich übersieht er aber,

547) So v. Wallis, NWB Fach 8 a, 74; aA FinMin. NRW S 5104 — 2 — V A 2 v. 14. 10. 71 (koord. Ländererlaß), GmbH-Rdsch. 1971, 267 = FR 1971, 518.

547a) So FG Düsseldorf III 64/71 Verk. v. 3. 2. 72, EFG 1972, 254; FG Baden-Württemberg V 53/71 v. 26. 5. 71, EFG 1972, 37 f.; Böttcher-Beinert-Hennerkes, FR 1972, 11 f., Conze, FR 1971, 499; Dornfeld, GmbH-Rdsch. 1970, 131; Zweifel an der Versagung der Steuerfreiheit hat das FG Saarland 84/71 v. 21. 7. 71, EFG 1971, 504; gegen Steuerfreiheit Niedersächsisches FG III 57/70 v. 27. 2. 73, EFG 1973, 344 (nicht rechtskräftig); FG Schleswig-Holstein III 54/70 v. 14. 12. 71, EFG 1972, 252 f. (nicht rechtskräftig); Bundesminister der Finanzen IV A/4 — S 5104 — 5/70 II v. 15. 9. 70, BStBl. I 1970, 995 = Anhang III Nr. 9; Karig, B 1971, 355 folgt zwar der hier vertretenen Auffassung, verneint aber eine Anwendung von § 29 UmwStG, wenn eine GmbH als Komplementär in eine nur aus natürlichen Personen bestehende KG eintritt.

548) So Bundesminister der Finanzen IV A/4 — S 5104 — 5/70 II v. 15. 9. 70, BStBl. I 1970, 995 = Anhang III Nr. 9; Meßmer, BB 1970, 875; ders., Steuerberater-Jahrbuch 1970/71, 241; Hesselmann, GmbH-Rdsch. 1970, 100.

549) BFH II 141/65 v. 21. 10. 69, BStBl. II 1970, 99 = StRK KVStG § 2 R. 84 = B 1970, 617.

daß er in seinem Urteil v. 3. 12. 64 [549a]) § 6 Abs. II KVStG für verfassungswidrig erklärt hat, ohne daß das BVerfG in seiner Entscheidung v. 2. 10. 1968 [550]) insoweit eine gegenteilige Auffassung geäußert hat. Der Tatbestand des § 2 Abs. I Ziff. 2 KVStG erfaßt Leistungen von Gesellschaftern einer Kapitalgesellschaft. Wenn die Fiktion des § 6 Abs. II KVStG, wonach die Kommanditisten als Gesellschafter der GmbH gelten, verfassungswidrig ist, kann der Tatbestand des § 2 Abs. I Ziff. 2 KVStG hinsichtlich von Leistungen der Kommanditisten nicht mehr zur Anwendung kommen, da die Kommanditisten weder Gesellschafter der GmbH sind noch als solche fingiert werden [550a]). Folgt man der Auffassung des BFH, daß § 2 Abs. I Ziff. 2 KVStG fortgilt, so führt die Bildung von Rücklagen zur Gesellschaftsteuerpflicht [550b]).

Dagegen kann § 3 KVStG, wonach Darlehen eines Gesellschafters an die Kapitalgesellschaft der Gesellschaftsteuer unterliegen, wenn die Darlehensgewährung eine durch die Sachlage gebotene Kapitalzuführung ersetzt, entgegen der in den Vorauflagen vertretenen Auffassung auf Darlehen der Kommanditisten an die GmbH & Co. nicht mehr zur Anwendung kommen.

Auf Grund der Urteile des BFH v. 3. 22. 64 [551]) und v. 10. 3. 65 [552]) ist auch unter Berücksichtigung der Entscheidung des BVerfG v. 2. 10. 68 [553]) eine ausdehnende Auslegung des KVStG über den Wortlaut hinaus nicht mehr möglich. § 3 Abs. I KVStG beinhaltet das Tatbestandsmerkmal, daß die Darlehensgewährung an eine „Kapitalgesellschaft" erfolgen muß. Die GmbH & Co. ist aber keine Kapitalgesellschaft. Auch aus § 6 Abs. I

[549a]) BFH II 12/61 S v. 3. 12. 64, BStBl. III 1965, 19 ff. = StRK KVStG § 6 R. 4 = Anhang III Nr. 3.

[550]) BVerfG 1 BvF 3/65 v. 2. 10. 68, BStBl. II 1968, 762 = StRK KVStG § 6 R. 12 = Anhang III Nr. 7.

[550a]) Ebenso Bader, Inf. 1969, 485; Dornfeld, FR 1970, 105; Hesselmann, GmbH-Rdsch. 1970, 100; Hopfenmüller, BB 1969, 271. Die Fortgeltung des § 2 Ziff. 2 KVStG bejahen: Heise, B 1969, 1124 f.; Meßmer, BB 1970, 875; ders., Steuerberater-Jahrbuch 1970/71, 241; v. Wallis, NWB Fach 8 a, 74.

[550b]) So FG Baden-Württemberg I 71/69 v. 17. 11. 70, EFG 1971, 198; Erlaß FinMin. NRW S 5104 — 2 — V A 2 v. 14. 10. 71 (koordinierter Ländererlaß), GmbH-Rdsch. 1971, 267 = FR 1971, 518; dagegen Conze FR 1971, 499.

[551]) BFH II 12/61 S v. 3. 12. 64, BStBl. III 1965, 19 ff. = StRK KVStG § 6 R. 4 = Anhang III Nr. 3.

[552]) BFH II 132/64 U v. 10. 3. 65, BStBl. III 1965, 201 = StRK KVStG § 2 R. 65.

[553]) BVerfG 1 BvF 3/65 v. 2. 10. 68, BStBl. II 1968, 762 = StRK KVStG § 6 R. 12 = Anhang III Nr. 7.

Ziff. 4 KVStG läßt sich die Gesellschaftsteuerpflicht nicht begründen, da die in § 3 KVStG genannten Tatbestände nur rein schuldrechtliche Beziehungen, also keine Gesellschaftsrechte begründen[554]). Demzufolge unterliegen Darlehen von Kommanditisten an die GmbH & Co. nicht der Gesellschaftsteuer[555]).

Ebenfalls unterliegt der Gesellschaftsteuer nicht eine stille Beteiligung an der GmbH & Co., ganz gleich, ob der stille Gesellschafter gleichzeitig als Kommanditist an der GmbH & Co. beteiligt ist oder nicht[556]). Man könnte zwar daran denken, daß die stille Beteiligung nach § 2 Abs. I Ziff. 1 KVStG iV mit § 6 Abs. I Ziff. 3 KVStG gesellschaftsteuerpflichtig ist. Hiernach gelten als Gesellschaftsrechte an Kapitalgesellschaften „Forderungen, die eine Beteiligung am Gewinn der Gesellschaft gewähren". Die stille Beteiligung an einer GmbH & Co. gewährt jedoch nur eine Beteiligung am Gewinn der GmbH & Co., nicht am Gewinn der GmbH. Die GmbH & Co. rechnet aber — wie wir gesehen hatten — auch im Kapitalverkehrsteuerrecht zu den Personengesellschaften.

Notwendiges Betriebsvermögen, durch das steuerlich das Vermögen einer GmbH & Co. erhöht wird, unterliegt nicht der Gesellschaftsteuer. Wenn eine GmbH & Co. Wirtschaftsgüter, die im Eigentum der Kommanditisten stehen, betrieblich nutzt, so stellen diese Wirtschaftsgüter zwar ertragsteuerlich und vermögensteuerlich notwendiges Betriebsvermögen dar; zivilrechtlich bleiben derartige Wirtschaftsgüter aber Eigentum der Kommanditisten. Da für die Frage der Gesellschaftsteuerpflicht die zivilrecht-

---

[554]) Vgl. Dornfeld, GmbH-Rdsch. 1969, 186.

[555]) Ebenso BFH II 210/65 v. 21. 10. 69, BStBl. II 1969, 736 = StRK KVStG § 3 R. 75 = GmbH-Rdsch. 1970, 21; FG Düsseldorf VI 13/63 Verk. v. 28. 10. 65, EFG 1966, 131 f. = GmbH-Rdsch. 1966, 97; Bader, Inf. 1969, 484 f.; Beinert-Böttcher, RWP-Blattei, 14 Steuer-R, D GmbH & Co., I Übersicht, F V; Dornfeld, GmbH-Rdsch. 1969, 186; ders., FR 1970, 101 ff.; Felix, Bericht, A 54; Hopfenmüller, BB 1969, 267 ff.; Schuwardt, GmbH-Rdsch. 1969, 47 f. § 3 KVStG halten für anwendbar: BFH II 70/52 U v. 29. 5. 53, BStBl. III 1953, 201 = StRK KVStG § 3 R. 7 unter Aufrechterhaltung der Entscheidung des RFH II A 126/27 v. 29. 3. 27, RStBl. 1927, 127 = Kartei KVStG § 5 aF R. 8 u. 9 = StuW 1927 Nr. 448; Heise, B 1969, 1124 f.; Rosenau, B 1969, 62; Sudhoff, NJW 1969, 1828.

[556]) So RFH II A 372/27 v. 5. 8. 27, RFH 22, 1 = Kartei KVStG § 5 aF R. 15; BFH II 107/55 U v. 24. 10. 56, BStBl. III 1956, 351 = StRK KVStG § 3 R. 13 = FR 1957, 89 R. 1585 = GmbH-Rdsch. 1957, 121; vgl. ferner Hesselmann, GmbH-Rdsch. 1957, 38 f.; Kinnebrock, Anm. IV zu § 6; Glöggler, Anm. III 4 zu § 6; aA Böttcher, Steuerberater-Jahrbuch 1961/62, 161 f., der die GmbH & Co. als Kapitalgesellschaft behandeln will.

liche Betrachtungsweise maßgebend ist [557]), kann für diese Werte Gesellschaftsteuer nicht anfallen [558]), jedenfalls dann nicht, wenn sie auf Grund eines Miet- oder Pachtvertrages genutzt werden [559-560]).

Die Betrachtung der gesellschaftsteuerlichen Tatbestände hat gezeigt, daß die Rechtslage unklar und verworren ist. Unbestritten ist nur noch die Gesellschaftsteuerpflicht nach § 2 Abs. I Ziff. 1 KVStG. Ein Eingreifen des Gesetzgebers erscheint deshalb unumgänglich.

3. Berechnung der Gesellschaftsteuer

Beim Ersterwerb von Gesellschaftsrechten an einer GmbH & Co. (§ 2 Abs. I Ziff. 1 KVStG) ist Maßstab für die Berechnung der Steuer — der Steuersatz beträgt nach § 9 Abs. I KVStG 2½ vH — die zum Erwerb der Gesellschaftsrechte erforderliche Gegenleistung (§ 8 Ziff. 1 KVStG). Besteht diese in Geld, so wird die Steuer vom Geldbetrag berechnet (§ 8 Ziff. 1 a KVStG). Maßgebend ist die tatsächlich geleistete Einlage, nicht — wie Köhler meint [561]) — die Hafteinlage und auch nicht die Pflichteinlage [562]). Das ergibt sich daraus, daß weitere Leistungen der Kommanditisten, die auf Grund einer im Gesellschaftsverhältnis begründeten Verpflichtung bewirkt werden, nach § 2 Abs. I Ziff. 2 KVStG der Gesellschaftsteuer unterliegen, wobei sehr zweifelhaft ist, ob die Bestimmung auf die GmbH & Co. noch anwendbar ist.

Die hier vertretene Auffassung wird außerdem durch die amtliche Begründung zu § 8 KVStG v. 1934 [563]) gestützt, wo es wörtlich heißt:

„Werden die Gesellschaftsrechte zu einer Gegenleistung erworben, die in Geld besteht, dann wird die Steuer von dem Geldbetrag berechnet. Werden also zB bei der Gründung einer AG auf das Grundkapital zunächst nur 25 vH eingezahlt, so

---

[557]) RFH II A 160/28 v. 1. 5. 28, RFH 23, 186 = RStBl. 1928, 203 = Kartei KVStG § 17 R. 14.

[558]) So Böttcher, RWP-Blattei, 14 Steuer-R, D Unternehmensformen II B 2/62; Hesselmann, GmbH-Rdsch. 1963, 33; Rosenau, B 1969, 62; Sudhoff, NJW 1969, 1828; v. Wallis, NWB Fach 8 a, 75; ferner Erlaß FinMin. NRW S 5104 — 2 — V A 2 v. 14. 10. 71 (koordinierter Ländererlaß), GmbH-Rdsch. 1971, 267 = FR 1971, 518.

[559-560]) Werden Wirtschaftsgüter nicht auf Grund eines Miet- oder Pachtvertrages, sondern auf Grund einer im Gesellschaftsvertrag übernommenen Verpflichtung zur Verfügung gestellt, kann Gesellschaftsteuerpflicht nach § 2 Ziff. 2 KVStG entstehen, vorausgesetzt, daß diese Bestimmung noch auf die GmbH & Co. anwendbar ist; vgl. Egly, 103.

[561]) Steuerberater-Jahrbuch 1954/55, 272.

[562]) Im Ergebnis auch Fetsch, 99 f.

[563]) RStBl. 1934, 1468 f.

ist die Steuer von dieser Einzahlung zu berechnen. Die Verpflichtung zur Resteinzahlung scheidet für die Steuerberechnung anläßlich des Erwerbs der Gesellschaftsrechte aus. Der Gesellschafter hat sein Gesellschaftsrecht schon mit der Einzahlung der 25 vH in vollem Umfange erlangt. Die Resteinzahlungen sind Leistungen, die nach § 2 Ziff. 2 KVStG der Steuer unterliegen. Bei Einzahlung der restlichen 75 vH ist die Steuer also nach § 8 Ziff. 2 KVStG zu berechnen".

Zu beachten ist, daß eine Bareinlage auch vorliegt, wenn ein Gesellschafter seine Bareinzahlungsverpflichtung durch Aufrechnung mit einer Darlehensforderung gegen die Gesellschaft erfüllt, vorausgesetzt, daß der Gesellschaft die zur Tilgung ihrer Schuld erforderlichen Geldmittel zur Verfügung stehen. Zu den Mitteln in diesem Sinne gehören aber nicht nur die Eigenmittel, sondern auch solche, die im Kreditweg zu den üblichen Bedingungen kurzfristig beschafft werden können [564]).

Besteht die zum Erwerb der Gesellschaftsrechte erforderliche Gegenleistung nicht in Geld (Sacheinlagen), so wird die Steuer vom Wert der Gegenleistung berechnet. Als Gegenleistung gilt mindestens der Wert der Gesellschaftsrechte (§ 8 Ziff. 1 b KVStG). Bei Sacheinlagen ist also mindestens der Wert der Gesellschaftsrechte, die für die Sacheinlagen gewährt werden, zu versteuern. Die Bewertung der Sacheinlagen richtet sich nach den allgemeinen Vorschriften des Bewertungsgesetzes (§§ 2 bis 16 BewG), die gemäß § 1 BewG für alle Steuern gelten, soweit sich nicht aus den Steuergesetzen etwas anderes ergibt. Die einzelnen Wirtschaftsgüter sind demnach nach § 10 BewG mit dem Teilwert und, soweit diese Vorschrift nicht eingreift, nach § 9 Abs. I BewG mit dem gemeinen Wert anzusetzen.

Werden die Gesellschaftsrechte ohne Gegenleistung erworben, so ist die Steuer vom Wert der Gesellschaftsrechte zu berechnen (§ 8 Ziff. 1 c KVStG). Maßgebend ist der gemeine Wert gemäß § 9 Abs. I BewG. Ein Erwerb ohne Gegenleistung liegt zB vor, wenn eine GmbH als persönlich haftender Gesellschafter in eine bestehende Kommanditgesellschaft eintritt. In diesem Falle erhalten die bisherigen Kommanditanteile auf Grund der Fiktion des § 6 Abs. I Ziff. 4 KVStG nachträglich die Eigenschaft von Gesellschaftsrechten an einer Kapitalgesellschaft. Für den Erwerb dieser Gesellschaftsrechte ist eine Gegenleistung nicht zu bewirken. Die Kommanditisten leisten weder Bar- noch Sacheinlagen. Es ist auch nicht möglich, auf Grund des § 6 Abs. I Ziff. 4 KVStG eine Gegenleistung zu fingieren. § 8 Ziff. 1 KVStG stellt es für die Berechnung der Gesellschaftsteuer darauf ab, ob effektiv eine Gegenleistung vorliegt oder nicht. Da die Kommanditisten eine Gegenleistung iS des § 8 Ziff. 1 a oder b KVStG nicht zu bewir-

[564]) BFH II 80/53 U v. 19. 5. 54, BStBl. III 1954, 213 = StRK KVStG § 8 R. 9.

ken haben, ist somit für die Berechnung der Steuer der Wert der Gesellschaftsrechte maßgebend (§ 8 Ziff. 1 c KVStG) [565]).

Strittig ist die Frage, ob in den Fällen des § 8 Ziff. 1 b und c KVStG bei der Bewertung der Gesellschaftsrechte immaterielle Werte heranzuziehen sind, insbesondere, ob ein Firmenwert anzusetzen ist, wenn ein Kommanditist ein bereits bestehendes Unternehmen in die Gesellschaft einbringt oder die Gesellschaft bei Eintritt der Gesellschaftsteuerpflicht schon länger bestanden hat (Eintritt einer GmbH in eine bestehende Kommanditgesellschaft als persönlich haftender Gesellschafter). Die Finanzverwaltung vertrat bisher den Standpunkt, daß ein Firmenwert anzusetzen ist, wobei für die Ermittlung des Firmenwertes im allgemeinen nach der sogenannten indirekten Methode vorgegangen wird. Der geschätzte Jahresgewinn wird nach dem Branchenzinsfuß kapitalisiert und um den Substanzwert gekürzt. Der sich ergebende Betrag wird halbiert.

Demgegenüber war die überwiegende Meinung in Rechtsprechung [566]) und Literatur [567]) der Auffassung, daß nach der Neufassung des Kapitalverkehrsteuergesetzes v. 24. 7. 59 immaterielle Werte, insbesondere ein Firmenwert, nur noch dann anzusetzen sind, wenn hierfür ausdrücklich Gesellschaftsrechte gewährt werden. Werden dagegen immaterielle Werte

[565]) So RFH II A 175/27 v. 7. 5. 27, RStBl. 1927, 181 = Kartei KVStG § 5 aF R. 10. Das Urteil ist zwar zu der vor 1934 geltenden alten Fassung des KVStG ergangen, aber der dort zitierte § 6 d KVStG, der den Erwerb von Gesellschaftsrechten durch den ersten Erwerber in den Fällen der Gesellschaftsteuer unterwarf, in denen eine Zahlung oder Leistung zum Erwerb der Gesellschaftsrechte nicht erforderlich war, entspricht inhaltlich bei gleicher Rechtslage dem § 2 Ziff. 1 iV mit § 8 Ziff. 1 c KVStG. Vgl. amtliche Begründung zu § 8 KVStG 1934, RStBl. 1934, 1468 f. Gleicher Auffassung sind Brönner, KVStG, Anm. 5 zu § 8; Glöggler, RWP-Blattei, 14 Steuer-R, D Kapitalverkehrsteuer II B 2/61; Hesselmann, GmbH-Rdsch. 1960, 202. Das FG Düsseldorf VI 107/71 A v. 1. 12. 71, EFG 1972, 88 will es auf die Leistungen der Kommanditisten im Zeitpunkt der Gründung der GmbH & Co. abstellen. Sind die Leistungen in Geld erbracht worden, so soll die Gesellschaftsteuer nach § 8 Ziff. 1 a KVStG berechnet werden.

[566]) So FG Düsseldorf VI 13/64 Verk. v. 20. 9. 66, EFG 1967, 189.

[567]) Beinert-Böttcher, RWP-Blattei, 14 Steuer-R, D Unternehmensformen, II B 1/62; dies., RWP-Blattei, 14 Steuer-R, D GmbH & Co., I Übersicht, F II 4 c; Böttcher, RWP-Blattei, 14 Steuer-R, D Unternehmensformen, II B 4/60; Hesselmann, GmbH-Rdsch. 1962, 17 f.; ders., GmbH-Rdsch. 1963, 213; v. Wallis, NWB Fach 8 a, 77; im Ergebnis auch Felix, Bericht, A 81. AA Erlaß des FinMin. Nordrhein-Westfalen S 5110 — 7 — VC 2 v. 14. 8. 63, StEK KVStG § 6 Nr. 2 = B 1963, 1203 = GmbH-Rdsch. 1963, 213 mit kritischer Anm. von Hesselmann; ferner Fetsch, 132 ff. und Sudhoff, NJW 1969, 1829, jedoch ohne nähere Begründung.

ohne Gewährung von Gesellschaftsrechten zur Verfügung gestellt, so können diese zur Gesellschaftsteuer nicht herangezogen werden. Dies ergibt sich zwar nicht unmittelbar aus § 2 Abs. I Ziff. 3 und 4 KVStG. Diese Bestimmungen betreffen Leistungen einer Person, die bereits Gesellschafter ist. § 2 Abs. I Ziff. 1 KVStG, der den Fall des Ersterwerbs von Gesellschaftsrechten betrifft, muß aber durch § 2 Abs. I Ziff. 3 und 4 KVStG näher interpretiert werden. Nach § 2 Abs. I Ziff. 3 und 4 KVStG ist die Einbringung immaterieller Werte nur dann steuerpflichtig, wenn dafür Gesellschaftsrechte gewährt werden. Würde man § 2 Abs. I Ziff. 1 KVStG nicht entsprechend auslegen, so würde ein unterschiedliches Ergebnis eintreten, je nachdem, ob jemand beim Ersterwerb von Gesellschaftsrechten oder später immaterielle Werte einbringt. Soweit nach § 2 KVStG für immaterielle Werte keine StPflicht entsteht, können diese auch nicht nach § 8 KVStG für die Berechnung der Gesellschaftsteuer herangezogen werden.

Der BFH hat sich jetzt in einer Entscheidung v. 16. 6. 70 [568]) der Auffassung der Finanzverwaltung angeschlossen. Er meint zwar, daß die Erwägung beachtlich sei, das Einbringen eines Betriebes in eine Kapitalgesellschaft könne nicht verschieden behandelt werden, je nachdem, ob es Gegenleistung des Gründungsvorganges ist oder erst später erfolgt. Um der inneren Geschlossenheit des KVStG willen sei es jedoch nicht geboten, den Wert eines Betriebes nur als die Summe der Werte der einzelnen in ihm enthaltenen Wirtschaftsgüter zu verstehen (wie es allerdings der hier nicht anwendbare § 109 Abs. IV Satz 1 BewG 1965 für den Bereich der Besonderen Bewertungsvorschriften des Bewertungsgesetzes vorschreibt). Vielmehr sei der Wert des Betriebes im Ganzen einschließlich der immateriellen Werte, insbesondere des Firmenwertes zu erfassen (§ 2 Abs. I Satz 2 BewG) und die Frage zu stellen, welcher Preis nach der Beschaffenheit gerade dieses Betriebes bei einer Veräußerung zu erzielen wäre [569]).

Wenn auch die Begründung des BFH nicht überzeugt, so ist doch mit dem Urteil des BFH für die Praxis entschieden, daß in den Fällen des § 8 Ziff. 1 b und c KVStG bei der Bewertung der Gesellschaftsrechte immaterielle Werte heranzuziehen sind, insbes. ein Firmenwert anzusetzen ist.

Allerdings folgt der BFH nicht den bisherigen Berechnungsmethoden zur Ermittlung des Firmenwertes. Er führt u.a. aus: Jede Methode zur Berechnung des Wertes eines Betriebes im Rahmen der Gesellschaftsteuer sei nur dann und nur solange richtig, als ihr die Übung im Wirtschaftsleben folge. Die sog. indirekte Methode vermittle nur scheinbar rechnerische Genauigkeit. Indem sie für die Berechnung des Ertragswerts einen jeweils erst anzusetzenden Zinsfuß und Risikoabschlag zugrunde legen

---

568) BFH II 95—96/64 v. 16. 6. 70, GmbH-Rdsch. 1970, 287 = StRK KVStG § 6 R. 17 = B 1970, 1863.

569) Zustimmend Böttcher-Beinert, B 1970, 2046 f.

muß, enthalte diese Methode mehr oder minder frei gewählte Variablen. Die indirekte Methode könne daher nicht juristisch verbindlich sein, sondern sei allenfalls pragmatisch anwendbar. Sie gelte nur, soweit ihr die Übung der Wirtschaft folge. Wenn der Geschäftswert die Summe der Substanzwerte um ein Vielfaches übersteige, werde ein Kaufmann für den Betrieb nicht den methodisch errechneten Preis bezahlen, ohne aufzuklären, worauf der große Unterschied beider Werte beruhe. Vielleicht seien Werte für einzelne Wirtschaftsgüter zu niedrig oder überhaupt nicht angesetzt. Die hohen Erträge könnten aber auch auf Umständen beruhen, deren Fortbestand ungewiß sei. Dann würde der Erwerber die künftigen Erträge niedriger einschätzen oder kürzere Laufzeiten für die Erhaltung des übernommenen Geschäftswerts ansetzen. Lägen die hohen Erträge in der persönlichen Leistung des Unternehmers, so möge zwar ein Teil des Wertes auf das Unternehmen übergegangen sein. Der Erwerber dürfe aber nicht darauf vertrauen, diesen Vorteil zu behalten, wenn er nicht Gleichwertiges leiste. Halte der Erwerber aber seine künftige persönliche Leistung für gleichwertig, werde er die künftigen Erträge nicht als Vorteil ansehen, den er durch den Erwerb des Betriebs erlangt. Er werde nur die durch den goodwill erworbene Ausgangsposition honorieren. Den Wert eines Betriebes könne man also nicht ausschließlich aus dem Betriebsergebnis bestimmen; vielmehr bedürfe es einer Analyse der bisherigen Betriebsführung und der Gegebenheiten der Branche.

Für die Praxis dürfte es zweckmäßig sein, vom sogenannten Mittelwertverfahren auszugehen dh. (Substanzwert + Ertragswert) : 2. Von entscheidender Bedeutung bei der Errechnung des Ertragswertes ist der Zinsfuß, der zugrunde gelegt wird. Da nach der Erfahrung Unternehmenskaufpreise mit dem 6—8fachen des voraussichtlichen künftigen Unternehmensertrags berechnet werden, sollte von einem Zinsfuß von 12 vH bis 15 vH ausgegangen werden [569a]).

Bei den Tatbeständen des § 2 Abs. I Ziff. 2, 3 und 4 KVStG wird die Steuer vom Wert der Leistung berechnet (§ 8 Ziff. 2 KVStG). Der Steuersatz beträgt $2^1/_2$ vH (§ 9 Abs. I KVStG). Werden Verluste der GmbH & Co. durch Nachschüsse der Gesellschafter ausgeglichen, die bei den Kommanditisten nach § 2 Abs. I Ziff. 2, 3 oder 4 KVStG der Gesellschaftsteuer unterliegen, so ermäßigt sich der Steuersatz für die Einzahlungen der Kommanditisten auf 1 vH (§ 9 Abs. II KVStG) [570]). Die GmbH & Co. ist zwar keine Kapitalgesellschaft. Wenn aber § 6 Abs. I Ziff. 4 KVStG bestimmt, daß die Anteile der Kommanditisten als Anteile an der GmbH

569a) Vgl. Horn, GmbH-Rdsch. 1971, 213 ff.

570) RFH II A 503/26 v. 29. 12. 26, Kartei KVStG § 13 b aF R. 10 (§ 13 b KVStG aF entspricht sachlich dem § 9 Abs. II KVStG 1934 bzw. 1959); Bött-

gelten, so sind auch die Nachschüsse auf die Kommanditanteile dem bei Kapitalgesellschaften anzuwendenden Steuersatz zu unterwerfen. Bei der Feststellung, ob ein Verlust am Gesellschaftskapital eingetreten ist, hat die Berechnung so zu erfolgen, als ob für das Gesamtunternehmen nur eine Gesellschaft als GmbH bestünde [571]).

4. Zeitpunkt des Entstehens der Steuerschuld

Die Steuerschuld entsteht: für die Gründungs-Kommanditeinlagen mit dem Abschluß des GmbH & Co.-Gesellschaftsvertrages, sofern ein Handelsgewerbe nach § 1 HGB vorliegt [571a]); in den Fällen der §§ 2 und 3 HGB mit der Eintragung der GmbH & Co. in das Handelsregister [572]); bei Eintritt eines neuen Kommanditisten in eine schon bestehende GmbH & Co. mit dessen Eintragung in das Handelsregister (§ 176 HGB); bei Umwandlung einer bestehenden Kommanditgesellschaft in eine GmbH & Co. durch Eintritt einer GmbH als persönlich haftender Gesellschafter mit dem Abschluß des Gesellschaftsvertrages.

Bei den nach § 2 Abs. I Ziff. 2, 3 und 4 KVStG gesellschaftsteuerpflichtigen Leistungen der Kommanditisten entsteht die Steuerschuld mit der Bewirkung der Leistung [572a]).

5. Steuerschuldner und Steuerhaftung

Steuerschuldner der Gesellschaftsteuer ist nach § 10 Abs. I KVStG die GmbH und nicht die GmbH & Co. [573]). Das gilt selbst dann, wenn eine

---

cher, Steuerberater-Jahrbuch 1961/62, 159; Glöggler, Anm. II 2 f zu § 9; Klapper, Steuer-Warte 1957, 8.

571) RFH II A 503/26 v. 29. 12. 26, Kartei KVStG § 13 b aF R. 10.

571a) So auch FinMin. NRW Erl. v. 25. 1. 73, B 1973, 260; Schmitz, B 1973, 991; nach Gürtzgen, B 1973, 1326 f. soll erst die Eintragung die Steuerschuld zur Entstehung bringen.

572) AA Fetsch, 88: mit dem Abschluß des Gesellschaftsvertrages.

572a) Nach FG Hannover III 79/69 v. 30. 3. 71, EFG 1971, 402 (nicht rechtskräftig) soll bei Erhöhung der Kommanditeinlagen die Steuerschuld erst mit der Eintragung in das Handelsregister entstehen.

573) So der RFH in seinen Entscheidungen II A 654/26 v. 3. 5. 27, RFH 21, 150 = Kartei KVStG § 5 aF R. 12 und II A 175/27 v. 7. 5. 27, Kartei KVStG § 5 aF R. 10; BFH II R 22/70 v. 16. 6. 70, StRK KVStG § 6 R. 18 = B 1970, 1766 = GmbH-Rdsch. 1970, 270; ferner: Kinnebrock, Anm. I zu § 10; Glöggler, Anm. I zu § 10; derselbe, RWP-Blattei, 14 Steuer-R, D Kapitalverkehrsteuer, II B 19, GmbH & Co. D; Kluckhohn, RWP-Blattei, 14 Steuer-R, D Kapitalverkehrsteuer VIII, Gesellschaftsteuer, VIII (C) I; Boruttau, 55; Köhler, Steuerberater-Jahrbuch 1954/55, 272; Zintzen, GmbH-Rdsch. 1950, 121; Meßmer, BB 1970, 877. Nach Dornfeld, FR 1970, 105 ff. kommt weder die GmbH noch die GmbH & Co. als Steuerschuldner in Betracht, so daß eine Gesellschaftsteuerpflicht entfällt.

GmbH als persönlich haftender Gesellschafter in eine bereits bestehende Kommanditgesellschaft eintritt.

Böttcher vertritt zwar dementgegen die Ansicht, daß Steuerschuldner die GmbH & Co. sei [574]). Diese Auffassung läßt sich aber mit § 10 Abs. I KVStG nicht in Einklang bringen, wonach Steuerschuldner stets die Kapitalgesellschaft ist. Diese Regelung ist auch folgerichtig, da die Anteile der Kommanditisten nach § 6 Abs. I Ziff. 4 KVStG nicht als Gesellschaftsrechte an der GmbH & Co., sondern als Gesellschaftsrechte an der GmbH gelten. Wenn der Gesetzgeber auf Grund dieser Fiktion die Gesellschaftsteuerpflicht der Kommanditanteile begründet, so kann die Frage, wer Steuerschuldner ist, nicht anders entschieden werden; die Fiktion muß für diese Frage aufrechterhalten werden [575]). Auch die Entscheidung des RFH v. 7. 4. 30 [576]) vermag Böttchers Ansicht nicht zu stützen. Wenn der RFH hier ausführt, die Ausgaben für die Gesellschaftsteuer gehörten wirtschaftlich zu den Kosten der Gründung der GmbH & Co. und fielen ihr deshalb (in diesem Fall) mit Recht zur Last, so nimmt er damit lediglich zur Frage der Abzugsfähigkeit der Gesellschaftsteuer Stellung, auf die Frage, wer Steuerschuldner ist, geht er nicht ein. In seinen Entscheidungen v. 3. 5. [577]) und 7. 5. 27 [578]) hebt der RFH dagegen ausdrücklich hervor, daß Steuerschuldner nicht die GmbH & Co., sondern die GmbH sei.

Neben der GmbH als Steuerschuldner haften gemäß § 10 Abs. II KVStG die Kommanditisten als Gesamtschuldner für die Gesellschaftsteuer. Zintzen [579]), Köhler [580]) und Glöggler [581]) wollen außerdem auch eine Haftung der GmbH & Co. annehmen. Glöggler beruft sich dabei auf eine Entscheidung des RFH v. 2. 8. 27 [582]), wo eine Haftung der GmbH & Co. ausdrücklich bejaht wird. Der Entscheidung liegt aber die alte Fassung des § 10 Abs. II KVStG zugrunde, wonach für die Steuer

---

[574]) Das ergibt sich jedenfalls aus seinen Ausführungen in RWP-Blattei, 14 Steuer-R, D Unternehmensformen, Einzelfragen 12 b, GmbH & Co. III; vgl. auch Einzelfragen 12 a, GmbH & Co., II und Steuerberater-Jahrbuch 1953/54, 265.

[575]) So RFH II A 654/26 v. 3. 5. 27, RFH 21, 150 = Kartei KVStG § 5 aF R. 12.

[576]) RFH VI A 1685/29 v. 7. 4. 30, Kartei EStG 1925 § 13 R. 261 = StuW II 1930 Nr. 766.

[577]) RFH II A 654/26 v. 3. 5. 27, RFH 21, 150 = Kartei KVStG § 5 aF R. 12.

[578]) RFH II A 175/27 v. 7. 5. 27, Kartei KVStG § 5 aF R. 10.

[579]) GmbH-Rdsch. 1950, 121.

[580]) Steuerberater-Jahrbuch 1954/55, 272.

[581]) Anm. II 6 zu § 10 KVStG; eine andere Auffassung vertritt Glöggler, RWP-Blattei, 14 Steuer-R, D Kapitalverkehrsteuer II B 19 E: hiernach sollen lediglich die Kommanditisten haften.

[582]) RFH II A 95/27 v. 2. 8. 27, RFH 22, 34 = RStBl. 1927, 204 = Kartei KVStG § 5 aF R. 14.

haftete, „wer durch den die Steuerschuld begründenden Rechtsvorgang Rechte oder Pflichten erwarb". Nach der heutigen Fassung des § 10 Abs. II KVStG haften nur der Erwerber von Gesellschaftsrechten, der Leistende, der Darlehensgeber oder der Sicherheit für ein Darlehen Leistende, also nicht mehr die GmbH & Co. und die Kommanditisten, sondern allein die Kommanditisten [583]).

6. Abzugsfähigkeit der Gesellschaftsteuer

Nach einer Entscheidung des BFH v. 16. 9. 58 [584]) ist die Gesellschaftsteuer, die gemäß § 6 Abs. I Ziff. 4 KVStG entsteht, für die GmbH & Co. abzugsfähige Betriebsausgabe. Diese Auffassung ist wirtschaftlich zweckmäßig. Es ist daher zu empfehlen, in der Praxis entsprechend zu verfahren.

Rechtlich ist die Entscheidung des BFH allerdings nicht haltbar. Ob die Gesellschaftsteuer bei der GmbH & Co. oder aber bei der GmbH abzugsfähig ist, kann sich nur danach richten, wer Steuerschuldner ist. Steuerschuldner ist — wie oben dargelegt worden ist — nach durchaus herrschender Meinung [585]) die GmbH. Demnach ist die Gesellschaftsteuer bei ihr und nicht bei der GmbH & Co. abzugsfähige Betriebsausgabe [586]), und zwar nach § 11 Abs. I Ziff. 1 KStG, da sie zu den nicht aktivierungsfähigen „Kosten der Ausgabe von Aktien und sonstigen Gesellschaftsanteilen" gehört [587]). Da der GmbH diese „Kosten" aus der Beteiligung an der GmbH & Co. erwachsen, sind sie bereits im Rahmen der einheitlichen Gewinnfeststellung gewinnmindernd zu berücksichtigen.

---

[583]) Ebenso Kinnebrock, Anm. II zu § 10; Kluckhohn, RWP-Blattei, 14 Steuer-R, D Kapitalverkehrsteuer, VIII Gesellschaftsteuer, VIII (C) II; Storch, StW-Kurzpost, Gruppe 5, 237; Klapper, Steuer-Warte 1957, 8.

[584]) BFH I 351/56 U v. 16. 9. 58, BStBl. III 1958, 462 = StRK EStG § 15 R. 122 = GmbH-Rdsch. 1959, 13.

[585]) Vgl. Fußnote 573.

[586]) Ebenso Glöggler, RWP-Blattei, 14 Steuer-R, D Körperschaftsteuer II B 11 (Wann ist die Gesellschaftsteuer als Ausgabe abzugsfähig?), III und RWP-Blattei, 14 Steuer-R, D Kapitalverkehrsteuer, II B 19, GmbH & Co., D; Köhler, Steuerberater-Jahrbuch 1954/55, 273; Storch, StW-Kurzpost, Gruppe 5, 237; Hesselmann, GmbH-Rdsch. 1959, 13 f.
Böttcher, nach dessen Ansicht Steuerschuldner die GmbH & Co. ist (vgl. S. 178 d. A.), muß damit zwangsläufig auch zu dem Ergebnis kommen, daß die Gesellschaftsteuer bei dieser abzugsfähig ist, vgl. RWP-Blattei, 14 Steuer-R, D Unternehmensformen, Einzelfragen 12 b, GmbH & Co., III; ferner Einzelfragen 12 a, GmbH & Co., II und Steuerberater-Jahrbuch 1953/54, 265; ebenso Henze, 58.

[587]) Vgl. die Entscheidung des RFH I A 372/31 v. 4. 11. 32, RStBl. 1932, 1108 = Kartei KStG 1925 § 15 Nr. 4 R. 2.

Eine andere Frage ist es, ob die GmbH & Co. die Steuerschuld der GmbH im Wege der Vereinbarung übernehmen und selbst als Betriebsausgabe absetzen kann. Köhler[588]) bejaht diese Frage. Dementgegen ist Glöggler[589]) der Ansicht, es sei nicht zulässig, daß die GmbH & Co. die Steuerschuld der GmbH übernehme und bei sich als Betriebsausgabe absetze.

Glöggler ist zu folgen. Für die Gültigkeit einer Übernahme der Steuerschuld mit befreiender Wirkung wäre in Analogie zu §§ 414 ff. BGB ein Vertrag zwischen dem neuen Schuldner und der Steuerverwaltung oder ein Vertrag zwischen dem alten und dem neuen Schuldner und Genehmigung der Steuerverwaltung, auf jeden Fall also ihre Disposition über die Forderung erforderlich. Hierzu bedürfte sie einer besonderen gesetzlichen Ermächtigung[590]); in Ermangelung einer solchen sind Übernahmeabreden in Beziehung auf Steuern für die Steuerbehörden unbeachtlich. Auch einer kumulativen Schuldübernahme kann aus denselben Erwägungen nur bürgerlich-rechtliche Wirkung zukommen[591]). Es ist daher nicht möglich, daß die GmbH & Co. die Steuerschuld der GmbH übernimmt und dann bei sich als Betriebsausgabe absetzt.

Dem steht auch nicht entgegen, daß wirtschaftlich gesehen die Kosten für die Gesellschaftsteuer durch die Gründung der GmbH & Co. entstanden sind. Für die Frage der Abzugsfähigkeit der Gesellschaftsteuer ist lediglich davon auszugehen, wer Steuerschuldner ist.

Damit ist das Problem aber nicht zu Ende durchdacht. Wenn es auch nicht zulässig ist, daß die GmbH & Co. die Steuerschuld der GmbH übernimmt und bei sich als Betriebsausgabe absetzt, so kann doch die GmbH & Co. im Gesellschaftsvertrag verpflichtet werden, der GmbH die für die Gesellschaftsteuer verauslagten Beträge bei der Gründung der GmbH & Co., bei einer späteren Erhöhung der Kommanditeinlagen, bei Eintritt eines weiteren Kommanditisten usw. zu erstatten.

Steuerlich wäre eine derartige Vergütung wie alles, was die GmbH aus der GmbH & Co. erhält, als Gewinn, also als Einkünfte aus Gewerbebetrieb, anzusehen. Dem würden aber bei der GmbH Betriebsausgaben in gleicher Höhe gegenüberstehen, die wie die Vergütung bereits im Rahmen der einheitlichen Gewinnfeststellung zu berücksichtigen wären, da sie der GmbH aus der Beteiligung an der GmbH & Co. erwachsen.

---

588) Steuerberater-Jahrbuch 1954/55, 273.

589) RWP-Blattei, 14 Steuer-R, D Körperschaftsteuer II B 11 (Wann ist die Gesellschaftsteuer als Ausgabe abzugsfähig?), III.

590) So Bühler, Lehrbuch, I. Band, 224.

591) So Bühler, Lehrbuch, I. Band, 224.

Zusammenfassend ist festzuhalten [592]):

a) Zahlt die GmbH & Co. die Gesellschaftsteuer, so ist die Steuer bei ihr nach der Entscheidung des BFH abzugsfähige Betriebsausgabe.

b) Zahlt die GmbH die Gesellschaftsteuer, so ist die Steuer ungeachtet der Entscheidung des BFH bei ihr abzugsfähig, da die GmbH nach § 10 Abs. I KVStG Steuerschuldner ist. Das verdeutlicht folgendes Beispiel: Wird die Gesellschaftsteuer nicht entrichtet, so kann sich die Steuerbehörde nur an die GmbH als Steuerschuldner halten. Die GmbH & Co. haftet nicht einmal für die Steuer. Wird die Steuer zwangsweise von der GmbH beigetrieben, so hat diese keinen Erstattungsanspruch gegen die GmbH & Co., es sei denn, daß nach dem Gesellschaftsvertrag ein solcher Anspruch ausdrücklich gegeben ist. Die GmbH muß deshalb die Gesellschaftsteuer als Betriebsausgabe absetzen können. Da der Aufwand in unmittelbarem Zusammenhang mit der Beteiligung bei der GmbH & Co. steht, ist die Betriebsausgabe bereits im Rahmen der einheitlichen Gewinnfeststellung der GmbH & Co. zu berücksichtigen. Sie mindert dort den Gewinnanteil der GmbH.

c) Zahlt die GmbH die Gesellschaftsteuer und ist die GmbH & Co. nach dem Gesellschaftsvertrag verpflichtet, der GmbH den für die Gesellschaftsteuer verauslagten Betrag zu erstatten, so ist der vergütete Betrag für die GmbH steuerlich als Gewinn, also als Einkünfte aus Gewerbebetrieb, anzusehen, dem eine Betriebsausgabe in gleicher Höhe gegenübersteht, die, wie die Vergütung, bereits im Rahmen der einheitlichen Gewinnfeststellung zu berücksichtigen ist.

VI. Kapitalverkehrsteuer ab 1. 1. 1972 [592a])

1. Gesellschaftsteuerpflicht bei der GmbH & Co.

Nach § 5 Abs. II Ziff. 3 KVStG nF gelten Kommanditgesellschaften, zu deren persönlich haftenden Gesellschaftern eine Kapitalgesellschaft iS des § 5 Abs. I oder § 5 Abs. II Ziff. 1 und Ziff. 2 KVStG nF gehört, als Kapi-

[592]) Vgl. Hesselmann, GmbH-Rdsch. 1960, 202; ders., GmbH-Rdsch. 1964, 67 in Übereinstimmung mit OFD Hamburg, Vfg. S 2520 - 43/63 - St 24 v. 20. 12. 63, GmbH-Rdsch. 1964, 127 = B 1964, 127; ferner Horn, GmbH-Rdsch. 1971, 265 f.

[592a]) Die Vorschriften des KVStG für die Gesellschaftsteuer sind durch das Gesetz zur Änderung des KVStG und anderer Gesetze v. 23. 12. 1971, BGBl. I 71, 2134 geändert worden. Diese Gesetzesänderung dient der Harmonisierung der Gesellschaftsteuer innerhalb der Europäischen Gemeinschaften gemäß den Artikeln 1—9 der Richtlinie des Rates der Europäischen Gemeinschaften vom 17. 7. 69 betreffend die indirekten Steuern auf die Ansammlung von Kapital (Amtsblatt der Europäischen Gemeinschaften Nr. L 249/25 vom 3. 10. 1969).

talgesellschaften. § 6 Abs. I Ziff. 4 KVStG aF, wonach die Kommanditanteile an einer GmbH & Co. als Gesellschaftsrechte an einer Kapitalgesellschaft galten, ohne daß der GmbH & Co. selbst die Eigenschaft einer Kapitalgesellschaft hätte zugesprochen werden können, ist gestrichen worden. Während also nach dem KVStG aF die GmbH & Co.. auch im Kapitalverkehrsteuerrecht zu den Personengesellschaften zählte, gilt sie jetzt als Kapitalgesellschaft.

Zweifelhaft ist, ob ab 1. 1. 1972 eine GmbH & Co. oder die Erhöhung der Kommanditeinlagen erst dann in das Handelsregister eingetragen werden dürfen, wenn eine Unbedenklichkeitsbescheinigung des Finanzamtes vorgelegt wird (§ 189 d AO). Da die GmbH & Co. keine Kapitalgesellschaft iS der AO ist, wird man diese Frage verneinen müssen.

Die Anteile der persönlich haftenden Gesellschafter der GmbH & Co., also auch der Komplementär-GmbH, gelten nach § 6 Abs. I Ziff. 1 KVStG nF konsequenterweise nicht als Gesellschaftsrechte an einer Kapitalgesellschaft um eine doppelte Erfassung bei der Gesellschaftsteuer zu verhindern. Außerdem wird durch § 6 Abs. I Ziff. 1 KVStG nF klargestellt, daß auch die Anteile von natürlichen Personen, die als weitere Komplementäre vorhanden sind, wie bisher der Gesellschaftsteuer nicht unterliegen [592b]).

Während sich früher die Sonderregelung des § 6 Abs. I Ziff. 4 KVStG aF auf die Gesellschaftsteuer beschränkte und nicht für die beiden anderen Kapitalverkehrsteuern, die Wertpapier- und die Börsenumsatzsteuer galt, ist jetzt — offenbar durch einen Irrtum des Gesetzgebers — insofern eine Änderung eingetreten, als die Bestimmungen über die Börsenumsatzsteuer (§ 17 KVStG nF) auch für die Kommanditisten einer GmbH & Co. gelten, da die GmbH & Co. als Kapitalgesellschaft gilt (§ 19 KVStG nF) [592c]). Die Wertpapiersteuer ist im Zusammenhang mit der Neufassung des KVStG aufgehoben worden.

[592b]) So auch Freudling, GmbH-Rdsch. 1973, 20; die gegenteilige Auffassung von Schulze zur Wiesche, GmbH-Rdsch. 1972, 210 findet im Gesetz keine Stütze.

[592c]) So Erlaß Bayern S 5142 — 32/2 — 47280 I v. 9. 8. 72 und Erlaß Bremen III c 3 — S 5140 — 1/72 v. 4. 8. 72, beide zitiert in FR 1972, 472; ferner Hildebrandt, BB 1972, 535; Kormann, BB 1973, 239; Kroll, GmbH-Rdsch. 1973, 46 f.; Link, B 1972, 164; Schmitz, B 1973, 991; aA Gonella, GmbH-Rdsch. 1972, 287 und GmbH-Rdsch. 1973, 47 mit der Begründung, daß der Gesetzgeber nicht die Absicht hatte, die Vorschriften über die Börsenumsatzsteuer zu ändern; kritisch auch Brönner-Kamprad, Anm. 4 zu § 19 KVStG.

2. Gesellschaftsteuerpflichtige Tatbestände [592d])

Für die Gesellschaftsteuer bewirkt die neue gesetzliche Regelung ein Entfallen fast aller bisherigen Streitfragen. Die Gleichstellung der GmbH & Co. mit den Kapitalgesellschaften führt dazu, daß bei den Kommanditisten alle Steuertatbestände des § 2 KVStG nF der Gesellschaftsteuer unterliegen. Andererseits ist der bisherige Streit über die Anwendbarkeit der Befreiungsvorschriften auf die GmbH & Co. hinfällig geworden, da der Gesetzgeber die GmbH & Co. auch bezüglich der Befreiungsvorschriften den Kapitalgesellschaften gleichgestellt hat (§ 7 KVStG nF).

Ausdrücklich klargestellt ist, daß die „dreistufige" GmbH & Co. der Gesellschaftsteuer unterliegt. Nach § 5 Abs. II Ziff. 3 Satz 2 KVStG nF gilt eine GmbH & Co. auch dann als Kapitalgesellschaft, wenn zu deren persönlich haftenden Gesellschaftern eine als Kapitalgesellschaft geltende Komanditgesellschaft gehört.

Wie schon bisher ist es unerheblich, ob neben der GmbH noch natürliche Personen als persönlich haftende Gesellschafter beteiligt sind. In jedem Fall werden die Kommanditeinlagen im vollen Umfang zur Gesellschaftsteuer herangezogen. Des weiteren ist es gleichgültig, ob eine inländische oder eine ausländische Kapitalgesellschaft Komplementär ist, wenn es sich bei der ausländischen Kapitalgesellschaft um eine EWG-Kapitalgesellschaft (§ 5 Abs. I KVStG nF), um eine Gesellschaft mit börsenfähigen Anteilen (§ 5 Abs. II Ziff. 1 KVStG nF) oder um eine Gesellschaft mit frei veräußerbaren Anteilen und mit beschränkter Haftung aller Gesellschafter (§ 5 Abs. II Ziff. 2 KVStG nF) handelt.

Der Gesellschaftsteuerpflicht unterliegt zunächst gemäß § 2 Abs. I Ziff. 1 KVStG nF der Erwerb von Gesellschaftsrechten an einer inländischen Kapitalgesellschaft durch den ersten Erwerber. Eine GmbH & Co. gilt als inländisch, wenn entweder der Ort der Geschäftsleitung sich im Inland befindet oder wenn sie ihren satzungsmäßigen Sitz im Inland hat und der Ort ihrer Geschäftsleitung nicht in einem Mitgliedstaat der Europäischen Gemeinschaft liegt (§ 5 Abs. III KVStG nF).

Daraus, daß die GmbH & Co. nunmehr als Kapitalgesellschaft gilt, folgert, daß anders als bisher Gesellschaftsteuerpflicht entsteht, wenn Vermögensteile seitens einer GmbH & Co. auf eine andere GmbH & Co. mit denselben Gesellschaftern übertragen werden. Eine Auswechslung der Komplementär-GmbH löst dagegen ebensowenig Gesellschaftsteuer aus wie

[592d]) Vgl. hierzu Schreiben des Bundesministers für Wirtschaft und Finanzen F IV A 4 — S 5000 3/72 vom 16. 3. 72, GmbH-Rdsch. 1972, 117 ff. = Anhang III Nr. 13.

ein Wechsel der Kommanditisten ohne Vergrößerung der Kommanditeinlagen.

Von der Besteuerung ausgenommen ist die Umwandlung einer Kapitalgesellschaft in eine Kapitalgesellschaft anderer Rechtsform (§ 7 Abs. III Ziff. 1 KVStG nF). Es muß sich dabei um eine Umwandlung im rechtstechnischen Sinn handeln [592e]). Nicht erfüllt sind die Voraussetzungen des § 7 Abs. III Ziff. 1 KVStG nF bei Umwandlung einer GmbH in eine GmbH & Co., bei der die GmbH selbst bestehen bleibt und unter Herabsetzung ihres Kapitals als persönlich haftender Gesellschafter in eine Personengesellschaft eintritt, während die auf die Kommanditanteile zu leistenden Einlagen mit den durch die Kapitalherabsetzung entstandenen Forderungen verrechnet werden. Steuerpflicht gemäß § 2 Abs. I Ziff. 1 KVStG nF entsteht auch, wenn eine GmbH & Co. in eine GmbH umgewandelt wird, indem die Komanditisten aus der GmbH & Co. ausscheiden und sich in Höhe ihrer bisherigen Komanditeinlagen am entsprechend erhöhten Kapital der GmbH beteiligen [592f]).

Im übrigen sind alle bei Kapitalgesellschaften gesellschaftsteuerpflichtigen Vorgänge gesellschaftsteuerpflichtig, gleichgültig, ob die Kommanditisten natürliche Personen oder Kapitalgesellschaften [592g]) sind, also zunächst einmal der Erwerb von Gesellschaftsrechten bei der Errichtung der GmbH & Co. oder bei nachträglichem Beitritt eines Kommanditisten zu einer schon bestehenden GmbH & Co. In welcher Form die Beteiligung des Kommanditisten erfolgt, ob durch Geldeinlagen, Sacheinlagen usw., macht dabei keinen Unterschied. Tritt in eine bestehende Kommanditgesellschaft eine GmbH als persönlich haftender Gesellschafter ein, so entsteht für die Kommanditanteile ebenfalls nach § 2 Abs. I Ziff. 1 KVStG nF Gesellschaftsteuerpflicht, da die bisherige Komanditgesellschaft nunmehr als Kapitalgesellschaft gilt.

Ebenso wie der Tatbestand des § 2 Abs. I Ziff. 1 KVStG nF sind auch die übrigen Tatbestände des § 2 Abs. I KVStG nF auf die GmbH & Co. anzuwenden. Im Gegensatz zur bisherigen Rechtslage unterliegen auch freiwillige Leistungen, die die Kommanditisten gegenüber der GmbH & Co. erbringen, der Gesellschaftsteuer, weil die GmbH & Co. als Kapitalgesellschaft gilt (§ 2 Abs. I Ziff. 3 und Ziff. 4 KVStG nF).

Verzichten die Komanditisten auf die Verteilung des Gewinns und werden diese Beträge in Kommanditeinlagen umgewandelt, so entsteht Gesellschaftsteuerpflicht, und zwar nach § 2 Abs. I Ziff. 4 KVStG nF,

---

[592e]) S Link, B 1972, 163; Schulze zur Wiesche, GmbH-Rdsch. 1972, 211.

[592f]) AA Kroll, Inf. 1972, 258.

[592g]) So FG Bremen II 28/70 v. 12. 7. 72, EFG 1973, 40 ff. (nicht rechtskräftig).

soweit der Verzicht freiwillig erfolgt, und nach § 2 Abs. I Ziff. 2 KVStG nF, wenn er auf einer im Gesellschaftsverhältnis begründeten Verpflichtung beruht [592h]). Verpflichten sich die Kommanditisten, Gewinnanteile in der Gesellschaft auf einem Sonderkonto stehen zu lassen, so handelt es sich bei diesen Beträgen im Zweifel nicht um Rücklagen. Sie werden als nicht steuerpflichtige Darlehen angesehen, nachdem § 3 KVStG aF gestrichen worden ist. Gesellschaftsteuerpflicht entsteht erst, wenn diese Beträge in Kommanditeinlagen umgewandelt werden [592i]).

Als gesellschaftsteuerpflichtige Leistung iS des § 2 Abs. I Ziff. 2 KVStG nF bzw. § 2 Abs. I Ziff. 4 KVStG nF ist es anzusehen, wenn die Kommanditisten auf Grund einer im Gesellschaftsverhältnis begründeten Verpflichtung oder freiwillig auf die Verteilung des Gewinns verzichten und der Gewinn einer Rücklage zugeführt wird, soweit die Rücklage den Zweck hat, das Kapital generell zu verstärken und nicht nur vorübergehender Art ist [592k]). Kapitalerhöhungen aus offenen Rücklagen sind nach § 7 Abs. III Ziff. 2 KVStG nF von der Besteuerung ausgenommen.

Da es bei der GmbH & Co. demnach nicht möglich ist, das Kommanditkapital wie bei Kapitalgesellschaften steuerfrei aus Gesellschaftsmitteln zu erhöhen, ist durch das neue KVStG die Gleichbehandlung der GmbH & Co. mit den Kapitalgesellschaften nicht vollständig erfolgt. Dies erscheint verfassungsrechtlich bedenklich.

Sind die Einlagen der Kommanditisten durch entstandene Verluste unter die vereinbarte Einlage herabgesunken und werden sie durch spätere Gewinnanteile wieder aufgefüllt, so entsteht keine Gesellschaftsteuerpflicht [592l]). Denn nach § 169 Abs. I Satz 2 HGB hat ein Kommanditist keinen Anspruch auf Auszahlung des auf ihn entfallenden Gewinns, solange seine

[592h]) So Kormann, BB 1973, 238; Riepen, B 1973, 448; aA Rettig, BB 1972, 1452; wohl auch Kübler, B 1972, 945.

[592i]) So FG Rheinland-Pfalz IV 68/69 v. 19. 10. 72, EFG 1973, 177; Kormann, BB 1973, 238; Riepen, B 1973, 448; aA Rettig, BB 1972, 1452; Kübler, B 1972, 944 f.

[592k]) So Kormann, BB 1973, 238; Kübler, B 1972, 944; aA Rettig, BB 1972, 1452, Schulze zur Wiesche, GmbH-Rdsch. 1972, 213 und Sudhoff, GmbH-Rdsch. 1972, 187 ff., die generell eine Steuerpflicht bei der Rücklagenbildung ablehnen, vgl. auch Brönner-Kamprad, Anm. 34 a zu § 2 KVStG, oder Riepen, B 1973, 447, der eine Steuerpflicht dann ablehnt, wenn zuvor kein Gewinnanspruch der Gesellschafter entstanden war.

[592l]) So Brönner-Kamprad, Anm. 34 zu § 2 KVStG; Kormann, BB 1973, 238; Kroll, Inf. 1972, 259; Sudhoff, GmbH-Rdsch. 1972, 190; aA Erlaß FinMin. NRW S 5104 — 2 — V A 2 v. 14. 10. 71 (koord. Ländererlaß), GmbH-Rdsch. 1971, 267 = FR 1971, 518. Link, B 1972, 162; Kübler, B 1972, 945.

Einlage durch Verluste unter die vereinbarte Einlage abgesunken ist. Eine Leistung iS des § 2 Abs. I Ziff. 2 KVStG nF liegt demnach nicht vor. Werden dagegen die Verluste durch neue Einlagen aufgefüllt, so entsteht Gesellschaftsteuerpflicht.

Nach der Neufassung des KVStG kann es nicht mehr zweifelhaft sein, daß § 29 UmwStG auch auf die GmbH & Co. anwendbar ist, gleichgültig ob eine GmbH sich bereits bei der Gründung einer GmbH & Co. beteiligt oder erst zu einem späteren Zeitpunkt in eine Personengesellschaft eintritt [592m]). Zu der Frage, ob diese Steuerbefreiung nur für den Anteilserwerb der bisherigen Kommanditisten oder auch für den Erwerb des Kommanditanteils durch den bisherigen Komplementär gilt, wenn dessen Komplementäranteil nach Eintritt der GmbH in einen Kommanditanteil umgewandelt wird, äußert sich der Erlaß des FinMin. NRW v. 16. 5. 1972 [592n]). Danach ist in diesen Fällen § 29 UmwStG ebenfalls anzuwenden, da der bisherige Komplementär als Gegenleistung für den Erwerb des Kommanditanteils seinen bisherigen Mitunternehmeranteil auf die Gesellschaft überträgt. Dasselbe gilt, wenn eine bisher als Kommanditistin an der KG beteiligte GmbH die persönliche Haftung übernimmt und statt dessen der bisherige persönlich haftende Gesellschafter Kommanditist wird oder wenn eine OHG in eine GmbH & Co. umgewandelt wird, indem eine GmbH die persönliche Haftung übernimmt und die übrigen bisher voll haftenden Gesellschafter ihre Mitunternehmeranteile gegen Gewährung von Kommanditanteilen auf die Gesellschaft übertragen.

§ 29 UmwStG ist am 31. 12. 1972 ausgelaufen. Für die Wahrung der Schlußfrist ist die Anmeldnug zum Handelsregister, nicht die Eintragung maßgeblich [592o]).

Abweichend von der bisherigen Regelung löst auch die typische und die atypische stille Beteiligung an einer GmbH & Co. Gesellschaftsteuer aus (§ 6 Abs. I Ziff. 3 KVStG nF). Darlehen an eine GmbH & Co. unterliegen dagegen nicht der Gesellschaftsteuerpflicht. § 3 KVStG aF ist ersatzlos gestrichen worden. In Ausnahmefällen kann jedoch Steuerpflicht dann gegeben sein, wenn zB der Erwerb einer Kommanditbeteiligung davon abhängig gemacht wird, daß der GmbH & Co. ein Darlehen gewährt wird, das bis zum Untergang der Gesellschaftsrechte unkündbar ist (§ 6 StAnpG).

592m) So Kroll, Inf. 1972, 257; Kübler, B 1972, 1258 f.; Schulze zur Wiesche, GmbH-Rdsch. 1972, 211 f.; Schmitz, B 1973, 991.

592n) S 5104 — 2 — V A 2, zitiert in Mitteilungen der Bundesrechtsanwaltskammer 1972, 93.

592o) So Wittmann, BB 1973, 240 f.

3. Berechnung der Gesellschaftsteuer

Der Steuersatz beträgt bis zum 31. 12. 1973 2 vH und wird für die Folgezeit auf 1 vH gesenkt (§ 9 Abs. I KVStG nF). Abweichend von der bisherigen Regelung ist die Steuerermäßigung um 50 vH nach § 9 Abs. II Ziff. 1 KVStG nF beim Erwerb von Gesellschaftsrechten anläßlich einer Kapitalerhöhung nur zu gewähren, wenn die Kapitalerhöhung dem Ausgleich einer nicht mehr als vier Jahre zurückliegenden Herabsetzung des Kapitals dient.

Hinsichtlich des Maßstabes für die Berechnung der Steuer hat die Neufassung des KVStG eine bedeutsame Änderung gebracht. Beim Ersterwerb von Gesellschaftsrechten unterscheidet § 8 Ziff. 1 KVStG nF nur noch zwischen einem Erwerb mit und ohne Gegenleistung. Ist eine Gegenleistung zu bewirken, so berechnet sich die Steuer nach dem Wert der Gegenleistung. Als Wert der Gegenleistung gilt mindestens der Wert der Gesellschaftsrechte (§ 8 Ziff. 1 a KVStG nF). Während bisher bei einer Gegenleistung in Geld der Steuermaßstab seiner Höhe nach zweifelsfrei feststand, kann es künftig auch bei Bargründungen, insbesondere bei Kapitalerhöhungen, zu Meinungsverschiedenheiten über den Wert der Gegenleistung mit der Finanzverwaltung kommen [592p]).

Ist beim Erwerb von Gesellschaftsrechten eine Gegenleistung nicht zu bewirken, so berechnet sich die Steuer nach dem Wert der Gesellschaftsrechte (§ 8 Ziff. 1 b KVStG nF). Hauptanwendungsfall ist der nachträgliche Eintritt einer Kapitalgesellschaft als persönlich haftender Gesellschafter in eine bestehende Kommanditgesellschaft.

Für den Wert der Gesellschaftsrechte ist in jedem Fall der gemeine Wert gemäß § 9 BewG maßgebend. Für die Feststellung des gemeinen Wertes kann auf die Ausführungen zum KVStG aF verwiesen werden [592q]).

Bei gesellschaftsteuerlichen Leistungen im Sinne des § 2 Abs. I Ziff. 2 bis 4 KVStG nF bemißt sich die Steuer vom Wert der Leistung (§ 8 Ziff. 2 KVStG nF).

4. Zeitpunkt des Entstehens der Steuerschuld

Hier hat die Neufassung des KVStG keine Änderungen gebracht. Es kann auf die Ausführungen zum KVStG aF verwiesen werden [592r]).

[592p]) Mayer-Wegelin, BB 1972, 1321 und Hager, BB 1973, 399 ff. möchten die neue Vorschrift entgegen ihrem Wortlaut wie früher anwenden, wobei ihre unterschiedlichen Begründungen nicht zu überzeugen vermögen.

[592q]) Vgl. S. 174 ff. d. A.

[592r]) Vgl. S. 178 d. A.

5. Steuerschuldner und Steuerhaftung

Steuerschuldner ist anders als bisher gemäß § 10 Abs. I KVStG nF die GmbH & Co. da sie einer Kapitalgesellschaft gleichgestellt ist. Für die Steuerschuld der GmbH & Co. haften gemäß § 10 Abs. II KVStG nF die Komplementär-GmbH und die Kommanditisten [592s]).

6. Abzugsfähigkeit der Gesellschaftsteuer

Da Steuerschuldner die GmbH & Co. ist, ist die Gesellschaftsteuer bei ihr abzugsfähige Betriebsausgabe.

VII. Umsatzsteuer

Im Bereich des Umsatzsteuerrechts sind die GmbH & Co. und ihre Gesellschafter, die GmbH und die Kommanditisten, als selbständige Unternehmer anzusehen, § 2 Abs. I UStG. Die GmbH ist auch dann Unternehmer und damit zum Vorsteuerabzug gemäß § 15 UStG berechtigt, wenn ihre Aufgabe sich auf die Geschäftsführung der GmbH & Co. beschränkt [593]). Schließt die GmbH & Co. mit einem ihrer Gesellschafter oder der Gesamtheit der Gesellschafter ein Rechtsgeschäft ab, so liegt ein umsatzsteuerbarer Leistungsaustausch vor, vorausgesetzt, daß der Gesellschafter oder die Gesamtheit der Gesellschafter außerhalb der GmbH & Co. dieser gegenübertreten [594]). Soweit dagegen die Gesellschafter — die GmbH oder einer der Kommanditisten — sich nur im Rahmen der Gesellschaft und in Ausübung der speziell gesellschaftsrechtlichen Funktionen betätigen, werden sie nicht als Unternehmer tätig. Es fehlt an einem umsatzsteuerbaren Leistungsaustausch, so daß die Umsatzsteuerpflicht entfällt [595]).

1. Umsatzsteuerfragen bei der Gründung der GmbH & Co.

Werden bei der Gründung der GmbH & Co. von den Gesellschaftern Vermögenswerte in die GmbH & Co. eingebracht, so ist bereits hierin

---

[592s]) So De Schmidt, BB 1971, 1505.

[593]) Vgl. UStR 1969, 226.

[594]) Zur Frage, ob zwischen GmbH und GmbH & Co. Unternehmereinheit vorliegen und damit Umsatzsteuerfreiheit von Umsätzen zwischen GmbH und GmbH & Co. (sog. Innenumsätze) gegeben sein kann, vgl. S. 194 ff. d. A.

[595]) Der BFH stellt in seinem Urteil V 241/53 U v. 25. 3. 54, BStBl. III 1954, 162 = StRK UStG § 1 Ziff. 1 R. 24 ausdrücklich steuerbare Umsatzgeschäfte und Gesellschaftsleistungen, die nicht der Umsatzsteuer unterliegen, gegenüber. Vgl. hierzu auch BFH V 200/65 v. 18. 7. 68, BStBl. II 1968, 702 = StRK UStG § 1 Ziff. 1 R. 455 u. V 210/65 v. 19. 6. 69, BStBl. II 1969, 606 = StRK UStG § 1 Ziff. 1 R. 472.

ein Leistungsaustausch zu sehen, da die Gesellschafter als Gegenwert Gesellschaftsrechte erwerben. Der Vorgang unterliegt der Umsatzsteuer, soweit der Einbringende Unternehmer iS des § 2 Abs. I UStG ist, dh. bisher bereits eine gewerbliche oder berufliche Tätigkeit ausübte und das Einbringen im Rahmen seines Unternehmens liegt, eine Voraussetzung, die bei der einbringenden GmbH im allgemeinen gegeben ist. Für die Einlagen der Kommanditisten — wenn sie Unternehmer sind — besteht Umsatzsteuerfreiheit gemäß § 4 Ziff. 9 a UStG, da gemäß § 5 Abs. II Ziff. 3 KVStG Gesellschaftsteuerpflicht besteht [596]).

Umsatzsteuerfrei sind Einlagen in Form von Geldforderungen, Wertpapieren, Anteilen an Gesellschaften und Geld (§ 4 Ziff. 8 UStG), ferner Umsätze, die unter das Grunderwerbsteuergesetz fallen (§ 4 Ziff. 9 a UStG) [597]).

2. Überlassung von Gegenständen an die GmbH & Co. zur Benutzung

a) Überlassung auf Grund eines Miet- oder Pachtvertrages

Überläßt ein Gesellschafter der GmbH & Co. Gegenstände auf Grund eines Miet- oder Pachtvertrages zur Benutzung und wird die Überlassung durch ein Sonderentgelt unabhängig von dem dem Gesellschafter zustehenden Gewinnanteil abgegolten, so liegt ein umsatzsteuerbarer Leistungsaustausch vor. Während es ertragsteuerlich keinen Miet- oder Pachtvertrag zwischen Personengesellschaften und ihren Anteilseignern gibt, vielmehr die Entgelte hieraus bei der einheitlichen Gewinnfeststellung erfaßt werden, ist umsatzsteuerlich stets ein steuerbarer Leistungsaustausch gegeben. Umsatzsteuerfrei sind nach § 4 Ziff. 12 a UStG jedoch die Einnahmen aus Vermietungen und Verpachtungen von Grundstücken. Werden gleichzeitig Maschinen oder Betriebsvorrichtungen mitverpachtet, dann liegt ein sogenannter gemischter Pachtvertrag vor [598]). Das Gesamtentgelt ist in einen umsatzsteuerfreien Teil für die Grundstücke und einen

---

[596]) Bemerkenswert ist die Entscheidung des BFH V 290/61 U v. 23. 7. 64, BStBl. III 1964, 536 = StRK UStG § 1 Ziff. 1 R. 319, wonach selbst bei Bestehen einer Gesellschaftsteuerpflicht § 4 Ziff. 9 a UStG dann nicht eingreifen soll, wenn neben der Gewährung von Kommanditanteilen von der Gesellschaft als Entgelt für die eingebrachten Gegenstände noch Schulden übernommen werden. Insoweit soll also Umsatzsteuer zu zahlen sein. Dieser Auffassung kann nicht gefolgt werden. Nach dem Wortlaut des § 4 Ziff. 9 a UStG ist es nicht angängig, den einheitlichen Vorgang des Erwerbs von Gesellschaftsrechten in einen umsatzsteuerfreien und einen umsatzsteuerpflichtigen Teil zu zerlegen.

[597]) Zu den sonstigen Steuerbefreiungen vgl. § 4 UStG.

[598]) Für die Behandlung solcher gemischter Verträge vgl. RFH V A 732/26 v. 21. 12. 26, RFH 20, 137 ff. = Kartei UStG 1926 § 2 Nr. 4 R. 3.

umsatzsteuerpflichtigen Teil für die Maschinen und Betriebsvorrichtungen aufzuteilen [599]).

Nimmt die GmbH & Co. für die ihr von der GmbH oder einem der Kommanditisten vermieteten oder verpachteten Anlagegegenstände Aufwendungen vor, die nicht im Interesse des eigenen Betriebes der GmbH & Co. liegen, so stellen diese Arbeiten Sonderleistungen an den betreffenden Gesellschafter dar, mit denen die GmbH & Co. der Umsatzsteuer unterliegt, soweit sie hierfür ein Entgelt erhält [600]). Belastet die GmbH & Co. den Gesellschafter nicht mit den Kosten, sondern verbucht sie diese zu Lasten ihres eigenen Gewinns, so entsteht in Ermangelung eines Entgelts keine Umsatzsteuer. Denn unentgeltliche Zuwendungen einer Gesellschaft an einen Gesellschafter auf Grund des Gesellschaftsverhältnisses sind nicht umsatzsteuerbar [601]). Unter den Begriff des Eigenverbrauchs können die Aufwendungen schon aus dem Grunde nicht fallen, weil eine GmbH & Co. kein Eigenleben hat und damit auch keinen Eigenverbrauch haben kann [602]).

b) Überlassung als Gesellschafterbeitrag

Ist die GmbH oder einer der Kommanditisten auf Grund des Gesellschaftsvertrages verpflichtet, der GmbH & Co. Gegenstände zur Benutzung zu überlassen, ohne daß er hierfür als Gegenwert Gesellschaftsrechte erwirbt [603]), und wird diese Leistung durch eine Beteiligung am Gewinn der GmbH & Co. und nicht durch ein Sonderentgelt abgegolten, so liegt kein umsatzsteuerbarer Leistungsaustausch vor [604]). Der betreffende Gesellschafter wird nicht als Unternehmer tätig. Er betätigt sich nur im Rah-

---

599) § 4 Ziff. 12 UStG.

600) So RFH V A 587/33 v. 5. 10. 34, RStBl. 1935, 621 = Kartei UStG 1934 § 1 Ziff. 1 R. 1, 2; V A 217/34 v. 13. 9. 35, RStBl. 1936, 172 = Kartei UStG 1934 § 5 Abs. 2 R. 8.

601) So RFH VA 217/34 v. 13. 9. 35, RStBl. 1936, 172 = Kartei UStG 1934 § 5 Abs. 2 R. 8.

602) Vgl. RFH V 297/37 v. 27. 9. 38, RStBl. 1939, 468 = Kartei UStG 1934 § 1 Ziff. 2 R. 3.

603) Erwirbt der Gesellschafter als Gegenwert Gesellschaftsrechte, so ist in der Überlassung — auch wenn sie nur zum Gebrauch erfolgt — ein Leistungsaustausch zu sehen, der der Umsatzsteuer unterliegt, soweit nicht Steuerfreiheit nach § 4 UStG gegeben ist. Vgl. hierzu S. 189 f. d. A.

604) So FG Schleswig-Holstein III 73—76/56 u. 151—154/56 v. 5. 7. 56, EFG 1956, 404; BFH V 156/59 U v. 30. 11. 61, BStBl. III 1962, 73 = StRK UStG § 1 Ziff. 1 R. 193; Beinert-Böttcher, RWP-Blattei, 14 Steuer-R, D GmbH & Co., I Übersicht, D II; Lange, NWB Fach 18, 357; Hesselmann, GmbH-Rdsch. 1958, 193.

men der Gesellschaft und in Ausübung der speziellen gesellschaftsrechtlichen Funktionen.

3. Umsatzsteuerliche Behandlung einer der GmbH von der GmbH & Co. gewährten Vergütung für die Geschäftsführung

Wenn es auch kaum einem Zweifel unterliegen kann, daß die Geschäftsführung nicht Ausfluß der eigenen unternehmerischen Tätigkeit der GmbH, sondern Erfüllung einer im Gesetz (§§ 164, 114 HGB) bzw. im Gesellschaftsvertrag festgelegten gesellschaftlichen Verpflichtung ist, war doch die Frage, ob die Vergütung, die die GmbH für ihre Tätigkeit als geschäftsführender Gesellschafter der GmbH & Co. erhält, umsatzsteuerpflichtig ist, in der Praxis lange Zeit ungeklärt.

Nachdem zuerst das FG Schleswig-Holstein in einer Entscheidung v. 5. 7. 56 [605]) die Umsatzsteuerpflicht verneint hatte, hat sich später das FG Düsseldorf in einer Entscheidung v. 16. 7. 58 [606]) dieser Auffassung angeschlossen. In den Gründen dieses Urteils heißt es:

„Entscheidend für die Ablehnung eines steuerbaren Leistungsaustauschs ist, daß sich die Leistung der GmbH, nämlich die Übernahme der Geschäftsführung für die KG, an der sie als einziger Komplementär beteiligt ist, als ein gesellschaftlicher Vorgang darstellt, bei dem lediglich eine gesellschaftsrechtliche Funktion ausgeübt wird."

Das FG weist mit Recht darauf hin, daß es keinen Unterschied machen kann, ob eine GmbH oder eine natürliche Person geschäftsführender Gesellschafter einer Personengesellschaft ist. Ist eine natürliche Person geschäftsführender Gesellschafter, dann kann diese zwar der Gesellschaft gegenüber auch als Unternehmer auftreten. Soweit es aber um das Entgelt für die Geschäftsführung geht, wird sie nicht als Unternehmer tätig. Sie übt eine der Gesellschaft eigene Funktion innerhalb der Gesellschaft aus und tritt nicht mit ihr in einen Leistungsaustausch ein [606a]).

---

605) III 73—76/56 u. 151—154/56 v. 5. 7. 56, EFG 1956, 404, bestätigt durch das nicht veröffentlichte Urteil des BFH V 272/56 v. 10. 9. 57.

606) I 85—89/56 U v. 16. 7. 58, EFG 1959, 70 = GmbH-Rdsch. 1958, 166 (rechtskräftig); ebenso FG Hannover V U 54/58 v. 28. 3. 61, EFG 1961, 520; FG Münster V 1269/70 U v. 29. 9. 71, UStR 1972, 103 (nicht rechtskräftig); vgl. hierzu auch Hesselmann, GmbH-Rdsch. 1958, 193. AA neuerdings wieder die Finanzverwaltung zB Finanzbehörde Hamburg 55 S 7100 — 6/70 v. 26. 4. 71, GmbH-Rdsch. 1971, 244; FinMin. Niedersachsen S 7100 — 23 — 1 v. 6. 5. 71, UStR 1971, 205 f.

606a) Nachdem in einem Erlaß des FinMin. Niedersachsen S 7100 — 23 — 32 1 v. 6. 5. 71, UStR 1971, 205 die Umsatzsteuerpflicht der Geschäftsführungsvergütung bejaht worden ist, ist diese Frage neuerdings wieder strittig

4. Sonstige Umsatzsteuerfragen

Vergütungen, die an die Mitglieder eines bei der GmbH oder bei der GmbH & Co. bestehenden Aufsichtsrats oder Beirats gezahlt werden, sind zur Umsatzsteuer heranzuziehen [607]).

Überträgt die GmbH & Co. Betriebsvermögen auf ihre Gesellschafter gegen Aufgabe von Gesellschaftsrechten, so stellt sich dieser Vorgang umsatzsteuerlich als eine Veräußerung dar, wobei das Entgelt darin besteht, daß die Gesellschafter ihre Gesellschaftsrechte oder einen Teil ihrer Gesellschaftsrechte aufgeben [608]). Die entgeltliche Veräußerung von Betriebsvermögen ist aber stets umsatzsteuerbar. Es spielt dabei keine Rolle, ob die an die Gesellschafter veräußerten Gegenstände weiterhin dem Betrieb der GmbH & Co. gewidmet bleiben oder nicht [609]).

Scheidet ein Gesellschafter aus, so fällt keine Umsatzsteuer an, wenn die verbleibenden Gesellschafter dem Ausscheidenden eine Entschädigung nur in Form von Geld zahlen. Den übrigen Gesellschaftern wächst der Anteil des Ausscheidenden an. Dieses Anwachsen ist keine Lieferung iS von § 1 UStG. Auch wenn alle Gesellschafter bis auf einen ausscheiden und in bar abgefunden werden, während der eine Gesellschafter den Betrieb allein fortsetzt und ihm die Anteile der Ausscheidenden anwachsen, liegt kein steuerbarer Umsatz vor [610]).

Scheiden alle bisherigen Gesellschafter aus einer GmbH & Co. aus, und führt der gleichzeitig eingetretene neue Inhaber das Unternehmen fort, so liegt darin ein Wechsel der wirtschaftlichen Eigentümer des Unterneh-

---

geworden. Die Umsatzsteuerpflicht wird bejaht von Horn, GmbH-Rdsch. 1972, 167 f. und Land, UStR 1973, 20. Soweit zur Begründung auf das Urteil des BFH V 200/65 v. 18. 7. 68, BStBl. II 1968, 702 = StRK UStG § 1 Ziff. 1 R. 455 Bezug genommen wird, ist dieser Hinweis falsch, da der BFH in diesem Urteil nicht zu der Frage der Umsatzsteuerpflicht der Geschäftsführungsvergütung Stellung nimmt. Gegen eine Umsatzsteuerpflicht: FG Münster V 1269/70 U v. 29. 9. 71, UStR 1973, 20 (nicht rechtskräftig); Kormann, BB 1973, 238.

[607]) soweit diese Zahlungen nicht auf gesellschaftsrechtlicher Basis erfolgen, vgl. Sudhoff, GmbH-Rdsch. 1967, 164.

[608]) So RFH V 297/37 v. 27. 9. u. 2. 12. 38, RStBl. 1939, 468 = Kartei UStG 1934 § 1 Ziff. 2 R. 3.

[609]) So RFH V 297/37 v. 27. 9. u. 2. 12. 38, RStBl. 1939, 468: „Die Veräußerung von Betriebsvermögen einer OHG an die Gesellschafter ist auch dann umsatzsteuerpflichtig, wenn die veräußerten Vermögensstücke im Sinne der Bewertungsvorschriften gesellschaftliches Betriebsvermögen bleiben."

[610]) So BFH V 170/58 U v. 17. 11. 60, BStBl. III 1961, 86 = StRK UStG § 1 Ziff. 1 R. 158; V 249/61 U v. 12. 3. 64, BStBl. III 1964, 290 = StRK UStG § 1 Ziff. 1 R. 295 m. Anm. Bopp.

mens. Ein solcher Inhaberwechsel ist eine Geschäftsveräußerung und umsatzsteuerpflichtig [611]).

5. Unternehmereinheit zwischen GmbH und GmbH & Co.

Nach der Rechtsprechung des RFH [612]) und des BFH [613]) ist eine Unternehmereinheit und damit die Umsatzsteuerfreiheit von Umsätzen zwischen zwei Gesellschaften (sog. Innenumsätze) dann gegeben, wenn
1. dieselben Gesellschafter an beiden Gesellschaften beteiligt sind,
2. die Gesellschafter in demselben Verhältnis am Kapital und am Gewinn beider Gesellschaften beteiligt sind und
3. eine einheitliche Willensbildung bei beiden Gesellschaften gewährleistet ist.

Diese Voraussetzungen können bei GmbH und GmbH & Co. dann vorliegen, wenn die GmbH einziger persönlich haftender Gesellschafter der GmbH & Co. ist, die Gesellschafter in demselben Verhältnis, in dem sie an der GmbH beteiligt sind, als Kommanditisten an der GmbH & Co. beteiligt sind und die Gewinnbeteiligung der Kapitalbeteiligung entspricht.

Beispiel:

GmbH		GmbH & Co.	
A	25	A	20
B	25	B	20
C	25	C	20
D	25	D	20
		GmbH	20

Da das Kapital der GmbH zu je 25 vH in der Hand von A, B, C und D ist, ergibt sich, daß A, B, C und D wirtschaftlich — und dies ist nach dem Urteil des BFH v. 8. 2. 55 [614]) entscheidend — mit je 25 vH an der GmbH & Co. beteiligt sind. Mithin bestehen für A, B, C und D bei der GmbH

---

611) BFH V 81/65 v. 21. 3. 68, BStBl. II 1968, 507 = StRK UStDB § 85 R. 55; aA Schlüter, FR 1973, 52 ff.

612) RFH V A 581/33 v. 8. 6. 34, RStBl. 1934, 1486 = Kartei UStG 1932 § 1 Nr. 1 R. 101—103; RFH V 202/39 v. 11. 10. 40, RStBl. 1940, 982 = GW-StRK IV, 59.

613) BFH II 36/50 U v. 15. 6. 51, BStBl. III 1951, 215 = StRK UStG § 2 Abs. 1 R. 8; BFH V 162/52 S v. 8. 2. 55, BStBl. III 1955, 113 = StRK UStG § 2 Abs. 1 R. 18 = UStR 1955, 117.

614) BFH V 162/52 S v. 8. 2. 55, BStBl. III 1955, 113 = StRK UStG § 2 Abs. 1 R. 18 = UStR 1955, 117.

hinsichtlich der Stammeinlagen und bei der GmbH & Co. — unmittelbar hinsichtlich der Kommanditeinlagen, mittelbar hinsichtlich der Anteile am Geschäftsvermögen der GmbH — dieselben Beteiligungen dem Kapital und dem Gewinn nach. Daß eine Unternehmereinheit auch bei einem nur mittelbar sichergestellten gleichen Beteiligungsverhältnis gegeben sein kann, ist in der Literatur zur GmbH & Co. überwiegend anerkannt [615]) und auch durch die Entscheidung des BFH v. 7. 8. 59 [616]) bestätigt worden.

Zur Annahme einer Unternehmereinheit zwischen GmbH und GmbH & Co. genügt es jedoch nicht, daß bei beiden Gesellschaften dieselben Gesellschafter in demselben Verhältnis am Kapital und am Gewinn beteiligt sind. Hinzukommen muß — wie bereits hervorgehoben wurde — als 3. Voraussetzung, daß bei beiden Gesellschaften eine einheitliche Willensbildung gewährleistet ist. Dazu ist notwendig, daß die Gesellschafter bei der GmbH den gleichen Einfluß auf die Geschäftsführung und Vertretung haben wie bei der GmbH & Co.

In dem oben angeführten Beispiel wäre zB eine einheitliche Willensbildung dann gegeben, wenn A einziger Geschäftsführer der GmbH wäre und sowohl bei der GmbH als auch bei der GmbH & Co. nach den Gesellschaftsverträgen alle Beschlüsse von den Gesellschaftern mit Stimmenmehrheit gefaßt werden müßten. Zwar hätte A bei der Beschlußfassung der GmbH & Co. als Geschäftsführer der GmbH eine Stimme und als Kommanditist ebenfalls eine Stimme — mithin zwei Stimmen; trotzdem würde der Wille nicht gespalten, da A als Geschäftsführer der GmbH seine Stimme nach den Beschlüssen der Gesellschafter der GmbH abgeben müßte. Dadurch, daß A als Geschäftsführer der GmbH sowohl die GmbH als auch für die GmbH als geschäftsführender Gesellschafter die GmbH & Co. gerichtlich und außergerichtlich vertreten würde (§ 35 GmbHG; §§ 125, 126, 170 HGB), wäre gewährleistet, daß widersprechende Willenserklärungen

---

[615]) So Böttcher, RWP-Blattei, 14 Steuer-R, D Unternehmensformen, Einzelfragen, 14 f. (Aktuelle Fragen zur Umsatzsteuer der Unternehmereinheit), I; ders., Steuerberater-Jahrbuch 1956/57, 168 f.; Hesselmann, GmbH-Rdsch. 1957, 63 f.; 1959, 101; 1960, 74 f.; Krollmann, UStR 1957, 88 f.; Karnick, NWB Fach 7, 984; Lange, NWB Fach 18, 352; Storch, StW-Kurzpost, Gruppe 5, 236 lehnt die Unternehmereinheit mit der sehr formalistischen Begründung ab, daß „an der GmbH & Co. notwendigerweise immer ein Gesellschafter (die GmbH) mehr beteiligt sein muß als an der GmbH".

[616]) BFH V 10/57 U v. 7. 8. 59, BStBl. III 1959, 395 = StRK UStG § 2 Abs. 1 R. 48, Leitsatz des Urt. s. GmbH-Rdsch. 1959, 245 (Nr. 16) mit Anmerkung von Hesselmann, GmbH-Rdsch. 1960, 74 f.; vgl. auch FG Düsseldorf II 75/56 U v. 30. 10. 56, EFG 1957, 108 f.

weder von der GmbH, noch von der GmbH & Co. gegenüber Dritten abgegeben würden.

In diesem Zusammenhang erhebt sich die Frage, ob der Gründungsakt der GmbH & Co. umsatzsteuerbar ist, wenn zwischen dem einbringenden Gesellschafter und der GmbH & Co. Unternehmereinheit besteht. Es wird die Auffassung vertreten [617]), daß unter dem Gesichtspunkt der Unternehmereinheit nur solche Umsätze unversteuert bleiben können, die im gewöhnlichen Geschäftsverkehr zwischen bereits bestehenden Unternehmen getätigt werden, nicht aber solche, die erst die Entstehung eines Unternehmens bezwecken und herbeiführen. Dieser Auffassung kann nicht gefolgt werden [618]). Maßgebend kann allein sein, daß bei der Einbringung zwischen den Beteiligten ein Umsatz stattfindet. Wirtschaftlich betrachtet handelt es sich um die Fortsetzung desselben Unternehmens der gleichen Personengruppe. Wäre die gegenteilige Auffassung richtig, so könnte man die Umsatzsteuer durch eine etappenweise Gründung weitgehend mindern [619]).

6. Organschaftsfragen

Ein Organschaftsverhältnis zwischen GmbH und GmbH & Co. ist ausgeschlossen [620]). Die GmbH & Co. kann nicht Organ sein, da nur juristische Personen diese Eigenschaft haben können (§ 2 Abs. II Ziff. 2 UStG), die GmbH & Co. aber eine Personengesellschaft ist [621]). Die GmbH kommt im allgemeinen ebenfalls als Organ nicht in Betracht; es fehlt zumindest an dem Erfordernis der wirtschaftlichen Abhängigkeit [622]).

---

[617]) BFH V R 5/68 v. 14. 10. 71, B 1972, 369 f.; Karnick, NWB Fach 7, 983; ferner GmbH-Rdsch. 1967, 40.

[618]) Ebenso Felix, UStR 1964, 71; Gottschalk, UStR 1965, 119 ff.; Meyer-Arndt, Aktuelle Probleme der GmbH & Co., 131; Dueball, BB Beilage 3/65, 4.

[619]) Aus der Entscheidung des BFH V 153/65 v. 5. 9. 68, BStBl. II 1969, 55 = StRK UStG § 2 Abs. 2 Ziff. 1 R. 52, läßt sich nichts Gegenteiliges herleiten, da dort der eine Partner nicht Unternehmer war.

[620]) So Brönner, Die Besteuerung der Gesellschaften, 38; Burhoff, GmbH-Rdsch. 1960, 172; Fetsch, 67; Krollmann, UStR 1957, 89; Hesselmann, GmbH-Rdsch. 1960, 203; Karnick, NWB Fach 7, 984; aA Lange, NWB Fach 18, 351; Beinert-Böttcher, RWP-Blattei, 14 Steuer-R, D GmbH & Co., I Übersicht, D III.

[621]) AA FG Berlin VI 150/70 v. 22. 9. 71, EFG 1972, 135 f. (nicht rechtskräftig), das die GmbH & Co. ohne überzeugende Begründung als Kapitalgesellschaft behandeln will.

[622]) Für das Körperschaftsteuerrecht vgl. die Ausführungen auf S. 130 d. A.

Eine andere Frage ist es, ob eine GmbH, die persönlich haftender Gesellschafter einer GmbH & Co. ist und außerdem selbst gewerblich tätig wird, in bezug auf ihren eigenen Geschäftsbetrieb Organ einer anderen Gesellschaft sein kann. Es handelt sich um das Problem der teilweisen Organschaft, das nicht einheitlich für alle Steuern beantwortet werden kann. Der RFH hat die teilweise Organschaft im Körperschaftsteuerrecht anerkannt, wenn ein bestimmt abgegrenztes Teilgebiet der Organuntergesellschaft dem Organträger zugeordnet ist [623]). Das Teilgebiet muß eine derart abgeschlossene betriebswirtschaftliche Einheit bilden, daß es auch als selbständiger Betrieb denkbar wäre. Der eigene Geschäftsbetrieb der GmbH läßt sich von ihrer Tätigkeit als geschäftsführender Gesellschafter der GmbH & Co. klar abgrenzen. Ist die GmbH finanziell, organisatorisch und wirtschaftlich dem Organträger eingegliedert und liegt eine Ergebnisauschlußvereinbarung in bezug auf den eigenen Geschäftsbetrieb der GmbH vor, so sind insoweit die Voraussetzungen der Organschaft gegeben. Selbstverständlich kann auch eine Ergebnisausschlußvereinbarung dahingehend getroffen werden, daß nicht nur der von der GmbH selbst erwirtschaftete Gewinn, sondern auch der der GmbH zustehende Gewinnanteil aus der GmbH & Co. abzuführen ist [624]).

Dagegen hat der RFH im Umsatzsteuerrecht die teilweise Organschaft nicht anerkannt [625]). Im Umsatzsteuerrecht ist Voraussetzung für das Vorliegen einer Organschaft vor allem die subjektive Unterordnung der Organuntergesellschaft. Die Untergesellschaft kann aber begriffsnotwendig nur subjektiv selbständig oder subjektiv unselbständig sein.

Wenn auch die GmbH & Co., wie oben ausgeführt wurde, als Personengesellschaft nicht Organ der GmbH sein kann (vgl. § 2 Abs. II Ziff. 2 UStG), so kann sie doch im Verhältnis zur GmbH unselbständig iS des § 2 Abs. II Ziff. 1 UStG sein [626]). Das setzt nach der Rechtsprechung [627]) ebenfalls fi-

[623]) RFH I A 391/31 v. 31. 3. / 31. 10. 33, RStBl. 1934, 684 = Kartei KStG 1925 § 10 R. 48—50; Holtmeier, 89 mit weiteren Hinweisen auf Rechtsprechung und Literatur.

[624]) Vgl. auch B 1960, 425.

[625]) RFH V A 480/33 v. 23. 2. 34, RStBl. 1934, 623 = Kartei UStG 1932 § 1 Nr. 1 R. 93—94; ebenso Holtmeier, 71 mit weiteren Hinweisen auf Rechtsprechung und Literatur.

[626]) So BFH V 35/64 v. 2. 2. 67, StRK UStG § 2 Abs. 2 Ziff. 1 R. 44 = GmbH-Rdsch. 1967, 236 = B 1967, 1895; Beinert-Böttcher, RWP-Blattei, 14 Steuer-R, D GmbH & Co., I Übersicht, D III; Felix, UStR 1963, 189 f.; Karnick, NWB Fach 7, 983; Lange, NWB Fach 18, 358; aA Fetsch, 67, nach dessen Auffassung die GmbH & Co im Verhältnis zur GmbH deshalb nicht unselbständig sein kann, weil die GmbH an der GmbH & Co. als Mitunternehmer beteiligt ist, in Widerspruch zu seinen Ausführungen in GmbH-Rdsch. 1965, 230.

[627]) Vgl. BFH V 47/56 U v. 23. 7. 59, BStBl. III 1959, 394 = StRK UStG § 2 Abs. 1 R. 47.

nanzielle, organisatorische und wirtschaftliche Eingliederung voraus. Die organisatorische und wirtschaftliche Eingliederung wird bei der Form der GmbH & Co. zwar häufig gegeben sein; die finanzielle Eingliederung dürfte dagegen nur unter besonderen Umständen vorliegen, und zwar dann, wenn die GmbH unmittelbar oder mittelbar [628]) über ihre Gesellschafter einen Kapitalanteil von mehr als 50 vH an dem Gesellschaftskapital der GmbH & Co. besitzen würde und auf Grund ihrer Stimmenmehrheit jeden Antrag in der Gesellschafterversammlung der GmbH & Co. durchsetzen könnte [629]).

E. Umwandlung von Gesellschaften und Einzelfirmen in eine GmbH & Co.

Bei der Umwandlung von Gesellschaften mbH, Personengesellschaften oder Einzelfirmen in eine GmbH & Co. ergeben sich eine Reihe von Sonderproblemen firmen- und steuerrechtlicher Art, über die hier ein zusammenfassender Überblick gegeben werden soll. Für Einzelheiten wird auf Teil C und Teil D dieser Arbeit verwiesen.

I. Umwandlung einer GmbH in eine GmbH & Co.

1. Umwandlung ohne Berücksichtigung der Umwandlungsgesetze

Die Umwandlung erfolgt meist in der Form, daß ein Teil der Gesellschafter oder alle Gesellschafter der GmbH, eventuell unter Beteiligung von Dritten, zusammen mit der GmbH eine Kommanditgesellschaft gründen, in der die GmbH die Stellung eines persönlich haftenden Gesellschafters einnimmt.

a) Firma

Es handelt sich um die Neugründung einer Kommanditgesellschaft, so daß § 19 Abs. II HGB zur Anwendung kommt. Danach hat die Firma einer Kommanditgesellschaft den Namen wenigstens eines persönlich haftenden Gesellschafters mit einem das Vorhandensein einer Gesellschaft andeutenden Zusatz zu enthalten (vgl. S. 52 ff. d. A.).

b) Einkommensteuer

Bringen nicht nur die Kommanditisten, sondern auch die GmbH ihre Einlage in Geld ein, so entstehen keine Probleme, wenn die Kapitalkonten

---

[628]) So BFH V 35/64 v. 2. 2. 67, StRK UStG § 2 Abs. 2 Ziff. 1 R. 44 = GmbH-Rdsch. 1967, 236 = B 1967, 1895.

[629]) Vgl. Karnick, NWB Fach 7, 983.

entsprechend den Einlagen festgesetzt werden. Diese Lösung wird aber meist nicht möglich sein. Der Geschäftsbetrieb liegt bei der GmbH. Soll jetzt nicht eine Trennung zB in eine Produktions-GmbH und eine Vertriebs-KG erfolgen, so muß der Geschäftsbetrieb auf die GmbH & Co. verlagert werden. Die GmbH wird also ihr Betriebsvermögen in die GmbH & Co. einbringen müssen.

Eine Einbringung zu den Buchwerten kann erfolgen, vorausgesetzt, daß die Kommanditisten nicht gleichzeitig Gesellschafter der GmbH oder diesen nahestehende Personen sind. In diesem Falle wird in der Einbringung des Betriebsvermögens in die GmbH & Co. zu den Buchwerten in der Regel eine verdeckte Gewinnausschüttung iS des § 6 Abs. I Satz 2 KStG liegen (vgl. S. 143 ff. d. A.).

Die Gefahr einer verdeckten Gewinnausschüttung läßt sich dadurch vermeiden, daß nicht das gesamte Betriebsvermögen der GmbH auf die Gesellschafter der GmbH & Co. zur gesamten Hand übertragen wird. Man bringt nur das Umlaufvermögen in die GmbH & Co. ein, bei dem sich kaum stille Reserven gebildet haben. Das Anlagevermögen und der Firmenwert bleiben bei der GmbH und werden an die GmbH & Co. verpachtet. Das Kapitalkonto der GmbH kann in diesem Falle nach der Höhe des Buchwertes des Umlaufvermögens, abzüglich etwa übernommener Verbindlichkeiten, festgesetzt werden (vgl. S. 146 d. A.).

Möglich wäre es auch, daß die GmbH nicht auf Grund eines besonderen Pachtvertrages, sondern auf Grund des Gesellschaftsvertrages verpflichtet wird, der GmbH & Co. ihr Anlagevermögen zur Benutzung zu überlassen. Eine derartige Regelung kann umsatzsteuerliche Vorteile haben (vgl. S. 191 d. A.).

c) Gesellschaftsteuer ab 1. 1. 1972

Nach § 5 Abs. II Ziff. 3 KVStG nF gilt die GmbH & Co. als Kapitalgesellschaft. Demzufolge ist der Erwerb von Gesellschaftsrechten durch die Kommanditisten bei der Errichtung der GmbH & Co. gesellschaftsteuerpflichtig (vgl. S. 182 ff. d. A.). Der Steuersatz beträgt 2 vH. Die Gesellschaftsteuer ist bei der GmbH & Co. abzugsfähige Betriebsausgabe (vgl. S. 189 d. A.).

d) Umsatzsteuer

Werden bei der Gründung der GmbH & Co. von den Gesellschaftern Vermögenswerte in die GmbH & Co. eingebracht, so ist bereits hierin ein umsatzsteuerbarer Leistungsaustausch zu sehen, da die Gesellschafter als Gegenwert Gesellschaftsrechte erwerben (vgl. S. 189 f. d. A.).

Überläßt einer der Gesellschafter der GmbH & Co. Gegenstände zur Benutzung auf Grund eines Miet- oder Pachtvertrages und wird die Überlassung durch ein Sonderentgelt abgegolten, so liegt ein umsatzsteuerpflichtiger Leistungsaustausch vor (vgl. S. 190 f. d. A.). Ist dagegen die GmbH oder einer der Kommanditisten schon auf Grund des Gesellschaftsvertrages verpflichtet, der GmbH & Co. Gegenstände zur Benutzung zu überlassen, ohne daß er hierfür als Gegenwert Gesellschaftsrechte erwirbt, und wird diese Leistung durch eine Beteiligung am Gewinn der GmbH & Co. und nicht nur durch ein Sonderentgelt abgegolten, so handelt es sich um einen Gesellschafterbeitrag, der nicht der Umsatzsteuer unterliegt (vgl. S. 191 f. d. A.).

2. Umwandlung auf Grund der Umwandlungsgesetze

Durch das Umwandlungsgesetz v. 12. 11. 56 wird auch die Umwandlung einer GmbH in eine Personengesellschaft erleichtert. Nach § 1 Abs. II Satz 1 UmwG ist die Umwandlung jedoch nicht zulässig, wenn an der Personengesellschaft, in die die GmbH umgewandelt wird, eine Kapitalgesellschaft beteiligt ist. Demzufolge ist es nicht mehr zulässig, eine GmbH direkt in eine GmbH & Co. umzuwandeln (vgl. S. 47 f. d. A.) [630]).

Die Umwandlung einer nur aus natürlichen Personen bestehenden GmbH in eine GmbH & Co. ist nur auf folgendem Wege möglich: Zuerst erfolgt die Umwandlung der Kapitalgesellschaft in eine nur aus natürlichen Personen bestehende Kommanditgesellschaft, wobei einer der Gesellschafter die Stellung eines persönlich haftenden Gesellschafters übernehmen muß. Nach erfolgter Eintragung der Umwandlung in das Handelsregister tritt eine neu gegründete GmbH als Komplementär ein [630a]). Der bisherige persönlich haftende Gesellschafter wird Kommanditist, haftet aber nach §§ 159, 161 Abs. II HGB noch fünf Jahre unbeschränkt für die Altverbindlichkeiten einschließlich der Steuerschulden der GmbH, sofern der Anspruch gegen die Gesellschaft nicht früher verjährt.

Die Finanzverwaltung ist für die Anwendung des Gesetzes über steuerliche Maßnahmen bei Änderung der Unternehmensform v. 14. 8. 69, das am 31. 12. 1972 ausgelaufen ist, an die zivilrechtlich wirksam durchgeführte Umwandlung mit Eintragung in das Handelsregister gebunden, wie sich aus dem Wortlaut des § 1 UmwStG ergibt.

a) Firma

Nach §§ 24, 20, 17 Abs. III, 6 Abs. III UmwG kann die Kommanditgesellschaft die Firma der GmbH nur fortführen, wenn die GmbH den

---

[630]) Die Umwandlung in eine Kommanditgesellschaft, deren Komplementär eine GmbH & Co. ist (sog. „dreistufige" GmbH & Co.), ist dagegen als zulässig anzusehen (vgl. S. 48 d. A.).

[630a]) Vgl. S. 48 d. A.

Namen einer natürlichen Person in ihrer Firma führt. Andernfalls ist die Firma nach § 19 Abs. II HGB neu zu bilden.

b) Einkommensteuer

Die Anwendung des am 31. 12. 1972 ausgelaufenen UmwStG erfolgt nur auf Antrag der beteiligten Steuerpflichtigen (§§ 1, 15 UmwStG).

Für die nichtsteuerbegünstigte Umwandlung in eine Personengesellschaft gelten folgende Besteuerungsgrundsätze: Auf die stillen Reserven der untergehenden Kapitalgesellschaft ist die sog. Schluß-Körperschaftsteuer mit Gewerbeertragsteuer zu entrichten. Das übergehende Betriebsvermögen ist nach § 15 Abs. I KStG mit dem Teilwert ohne Ansatz eines originären Firmenwertes zu bewerten (vgl. S. 144 d. A.). Die übernehmenden Gesellschafter werden mit einem Übernahmegewinn — Unterschied zwischen dem mit Teilwerten angesetzten übergehenden Betriebsvermögen der Kapitalgesellschaft und den Anschaffungskosten oder dem Buchwert der Beteiligung — nur einkommensteuerpflichtig, wenn es sich um Anteile handelt, die unter § 17 EStG fallen oder zu einem Betriebsvermögen gehören. Eine Gewerbesteuerpflicht des Übernahmegewinns kommt nur in Frage, wenn sich die Anteile in einem Betriebsvermögen befinden.

Nach dem UmwStG gelten folgende ertragsteuerliche Begünstigungen: Der Übertragungsgewinn, also der Unterschied zwischen dem Buchwert und dem höheren Teilwert der Wirtschaftsgüter der umgewandelten Kapitalgesellschaft, ist im Zeitpunkt der Umwandlung nicht zu realisieren, soweit sichergestellt ist, daß er bei der Übernehmerin später der Einkommensteuer unterliegt (§ 4 UmwStG). Die Wertansätze in der steuerlichen Umwandlungsbilanz der Kapitalgesellschaft hat die Übernehmerin für das auf sie übergegangene Betriebsvermögen fortzuführen (§ 5 Abs. I UmwStG). Ein sich bei der Übernehmerin ergebender buchmäßiger Übernahmegewinn oder Übernahmeverlust — Unterschied zwischen dem Buchwert des übergegangenen Betriebsvermögens und dem Buchwert der Anteile — bleibt unberücksichtigt, dh. wird steuerlich neutralisiert (§ 5 Abs. II UmwStG). Für die Besteuerung des sog. tatsächlichen Übernahmegewinns (§ 8 Abs. II UmwStG), also des Unterschiedsbetrages zwischen dem Buchwert der untergegangenen Beteiligung und dem fiktiv zu Teilwerten bewerteten übergegangenen Betriebsvermögen, wird unterschieden zwischen einem begünstigten Teil (§ 8 Abs. IV UmwStG) und einem nicht begünstigten Teil (iS von § 10 UmwStG — Unterschied zwischen Anschaffungskosten und niedrigerem Buchwert der untergegangenen Beteiligung). Nach der Übergangsbefreiung in § 25 Abs. I UmwStG bleibt der begünstigte Teil des Übernahmegewinns — Unterschied zwischen den Anschaffungskosten der Beteiligung und dem Teilwertansatz des übergegangenen Betriebsvermögens — grundsätzlich ertragsteuerfrei, wenn die Umwandlung bis zum 31. 12. 72 beschlossen wird. Wird eine der Mitbestimmung unterliegende Kapitalgesellschaft in eine Personengesellschaft umgewandelt, so wird der begünstigte Teil des Übernahmegewinns sofort mit einem ermäßigten Einkommensteuersatz von einem Drittel des Normalsatzes (§ 8 Abs. IV UmwStG) besteuert. Ebenso wird die Gewerbesteuerbelastung ermäßigt (§ 11 UmwStG). Außerdem kann die Einkommensteuer auf den begünstigten Übernahmegewinn in fünf Jahresraten entrichtet werden. Ab 1973 gilt diese Besteuerung auch für die Fällle, die jetzt unter die Übergangsbefreiung nach § 25 Abs. I UmwStG fallen. Der nicht begünstigte Teil des Übernahmegewinns ist in sämtlichen Fällen sofort ertragsteuerpflichtig. Er kann jedoch durch die Anwendung von § 6 b EStG neutralisiert werden (§ 10 UmwStG). Ein tatsächlicher Übernahmeverlust ist nicht abzugsfähig (§ 8 Abs. V UmwStG).

Vergleicht man die Grundkonzeption des UmwStG mit den allgemeinen Vorschriften des KStG, so erscheint es zweckmäßig[630b]), von einem Antrag auf Anwendung des UmwStG abzusehen, wenn die umzuwandelnde Kapitalgesellschaft einen hohen steuerlichen Verlustvortrag hat, der im Rahmen der beschränkten Aufwertungsmöglichkeiten des § 4 UmwStG nicht beseitigt werden kann, oder wenn die Anwendung des UmwStG zu einem erheblichen Übernahmeverlust führt, der nicht durch eine vorherige Teilwertabschreibung auf die Beteiligung wenigstens teilweise vermieden werden kann.

c) *Gesellschaftsteuer ab 1. 1. 1972*

Die Umwandlung der GmbH in eine Kommanditgesellschaft löst keine Gesellschaftsteuer aus. Mit dem Eintritt der neuen GmbH entsteht jedoch für die Kommanditanteile in vollem Umfange Gesellschaftsteuerpflicht, soweit nicht die Befreiungsvorschrift des § 29 UmwStG eingreift (vgl. S. 187 f. d. A.).

d) *Umsatzsteuer*

Eine Umsatzsteuerbefreiung tritt nur ein, wenn die Voraussetzungen der Befreiungsvorschriften des § 4 UStG vorliegen. Gemäß § 30 UStG unterliegt der Selbstverbrauch bis zum 31. 12. 72 der Umsatzsteuer. Diese Umsatzsteuer entfällt bei der Umwandlung, wenn es sich um Wirtschaftsgüter handelt, die bereits von der GmbH der Verwendung oder Nutzung als Anlagevermögen zugeführt worden waren. Diese Befreiung gilt nicht, wenn die Umwandlung vor der Verkündung des UmwStG beschlossen war (vgl. § 23 UStG).

630b) So Sarx, StuW 1970, 482 ff.

II. Umwandlung einer Personengesellschaft in eine GmbH & Co.

Die Umwandlung erfolgt meist in der Form, daß eine GmbH gegründet wird, deren Gesellschafter die Gesellschafter der Personengesellschaft, eventuell unter Beteiligung von Dritten, sind. Die GmbH tritt sodann als persönlich haftender Gesellschafter in die Personengesellschaft ein, soweit es sich um eine offene Handelsgesellschaft handelt unter gleichzeitiger Umwandlung des Unternehmens in eine Kommanditgesellschaft.

a) Firma

Tritt eine GmbH als persönlich haftender Gesellschafter in eine bereits bestehende Personengesellschaft ein, so kann die Firma der Personengesellschaft gemäß § 24 HGB unverändert fortgeführt werden (vgl. S. 63 d. A.).

b) Einkommensteuer

Da die GmbH allein zu dem Zweck gegründet wird, persönlich haftender Gesellschafter der GmbH & Co. zu werden, wird sie im allgemeinen nur eine Geldeinlage leisten. Werden die Buchwerte der Personengesellschaft unverändert fortgeführt, so entstehen durch den Eintritt der GmbH für die bisherigen Teilhaber normalerweise keine Veräußerungsgewinne bzw. Verluste. Für die eintretende GmbH bildet der gezahlte Betrag den Preis für den von ihr erworbenen Anteil. Falls dieser Preis über dem Betrag liegt, der der GmbH in der Handelsbilanz der Gesellschaft als Kapitalkonto gutgeschrieben wird, ist der Mehrbetrag in einer Ergänzungsbilanz der GmbH gesondert auszuweisen; das kann in der Weise geschehen, daß der Mehrbetrag durch Erhöhung der einzelnen Wirtschaftsgüter oder durch Einsetzung eines Geschäftswertes auf der Aktivseite zum Ausdruck gebracht wird, während er auf der Passivseite als Mehrbetrag des Kapitals in Erscheinung tritt.

Erwirbt die GmbH von einem Gesellschafter dessen Anteil, werden die verbleibenden Gesellschafter hiervon ebenfalls nicht berührt. Für die eintretende GmbH ergeben sich dann keine Auswirkungen, wenn sie den Anteil gegen Zahlung des Buchwertes des Kapitalkontos des ausscheidenden Gesellschafters erworben hat. Hat die GmbH mehr entrichtet, als dem Buchwert des Kapitalkontos des Ausscheidenden entspricht, so ist der Anschaffungspreis, den sie gezahlt hat, höher als der buchmäßige Betrag ihrer Kapitaleinlage. In diesem Fall muß die Aktivierung des Mehrbetrages in einer Sonderbilanz oder in einer Ergänzungsbilanz erfolgen [631]).

Erhält der ausscheidende Gesellschafter einen unter dem Buchwert des Kapitalkontos liegenden Betrag, so liegt in der Zahlung des geringeren

[631]) Blümich-Falk, Anm. 5 d zu § 16.

Betrages weder für den ausscheidenden Gesellschafter noch für die eintretende GmbH eine Gewinnrealisierung. Die GmbH muß eine Bilanzergänzung bilden. In dieser erscheint der Unterschiedsbetrag zwischen dem Buchwert und dem Anschaffungswert des Anteils auf der Aktivseite, während auf der Passivseite die dem Minderaufwand entsprechenden Bilanzposten ausgewiesen werden, soweit die Minderzahlung mit einem geringeren Bewertungsansatz der Aktiven zusammenhängt.

Sind die Kommanditisten gleichzeitig Gesellschafter der GmbH, so ist bei der Festsetzung der Kapitalkonten darauf zu achten, daß das Kapitalkonto der GmbH nicht ohne weiteres dem eingebrachten Betrag entsprechend festgesetzt werden kann, weil die GmbH sonst unentgeltlich an etwaigen stillen Reserven beteiligt würde. Die Kommanditisten würden durch die Einräumung einer Gesamthandsbeteiligung am Gesellschaftsvermögen, die wertmäßig über die Einlage der GmbH hinausgeht, praktisch eine Kapitaleinlage an die GmbH leisten, was Gesellschaftsteuerpflicht nach § 2 Ziff. 4 KVStG auslösen könnte. Umgekehrt ist dann, wenn die GmbH Sacheinlagen einbringt, bei der Bewertung darauf zu achten, daß keine verdeckte Gewinnausschüttung an die Kommanditisten angenommen werden kann (vgl. S. 143 ff. d. A.).

Wird im Rahmen der Umwandlung der Personengesellschaft in eine GmbH & Co. diese von einer offenen Handelsgesellschaft in eine Kommanditgesellschaft umgewandelt, so liegt nur eine Änderung der Gesellschaftsform vor, durch die keine Steuer ausgelöst wird.

c) Gesellschaftsteuer ab 1. 1. 1972

Tritt in eine bestehende Kommanditgesellschaft oder in eine offene Handelsgesellschaft unter Umwandlung in eine Kommanditgesellschaft eine GmbH als persönlich haftender Gesellschafter ein, so entsteht für die Kommanditanteile Gesellschaftsteuerpflicht, soweit nicht die Befreiungsvorschrift des am 31. 12. 1972 ausgelaufenen § 29 UmwStG eingreift (vgl. S. 187 d. A.).

d) Umsatzsteuer

Der Eintritt der GmbH in die Personengesellschaft bedeutet lediglich eine Umbildung der bestehenden Gesellschaft, also keine Neugründung oder Umwandlung. Die Rechtspersönlichkeit bleibt dieselbe. Die Umbildung selbst ist daher nicht umsatzsteuerbar. Gleiches gilt, wenn im Rahmen der Umwandlung in eine GmbH & Co. die Personengesellschaft von einer offenen Handelsgesellschaft in eine Kommanditgesellschaft umgewandelt wird [632]).

[632]) Vgl. UStR 1965, 203.

Die Einlagen, die die GmbH leistet, sind grundsätzlich umsatzsteuerpflichtig (vgl. S. 190 d. A.).

III. Umwandlung einer Einzelfirma in eine GmbH & Co.

Die Umwandlung erfolgt meist in der Form, daß eine GmbH gegründet wird, deren Hauptgesellschafter der Einzelkaufmann ist. Diese GmbH schließt mit dem Einzelkaufmann, eventuell unter Beteiligung von Dritten, zB Familienangehörigen, einen Gesellschaftsvertrag ab, wonach die GmbH persönlich haftender Gesellschafter, der Einzelkaufmann und etwaige Dritte Kommanditisten werden, wobei der Einzelkaufmann das Betriebsvermögen seiner Einzelfirma als Kommanditeinlage einbringt. Der Gründungsvorgang ist rechtlich so zu sehen, daß die GmbH als Gesellschafter in die Einzelfirma aufgenommen wird.

a) Firma

Die bisherige Firma des Einzelunternehmens kann nach § 24 HGB unverändert fortgeführt werden (vgl. S. 63 d. A.).

b) Einkommensteuer

Werden die letzten steuerlich maßgebenden Buchwerte der Einzelfirma durch die Gesellschaft fortgeführt, so ergeben sich keine einkommensteuerlichen Folgen. Der RFH [633]) hat früher allerdings die Fortführung der Buchwerte nur zugelassen, wenn der bisherige Alleininhaber an der Gesellschaft entscheidend, dh. mindestens zu 50 vH beteiligt war. Auf die Höhe der Beteiligung des Einbringenden kommt es aber nach der heute herrschenden Meinung nicht an [634]). Denn der bisherige Einzelunternehmer bleibt als Mitunternehmer Gewerbetreibender. Ob die Umwandlung seines Alleineigentums in Miteigentum eine gewinnverwirklichende Veräußerung bildet, kann nicht von der Höhe seiner Beteiligung abhängen. Die Aufdeckung der stillen Reserven muß den weiteren Geschäftsvorfällen überlassen bleiben.

---

633) RFH VI A 83/73 v. 17. 2. 37, Kartei EStG 1934 § 6 Ziff. 6 R. 1 = StuW II 1937 Nr. 196.

634) RFH VI A 1856/32 v. 1. 2. 34, RFH 35, 248 = RStBl. 1934, 540 = Kartei EStG 1925 § 29 Nr. 3 R. 55, 56; BFH IV 48/52 U v. 3. 7. 52, BStBl. III 1952, 256 = StRK EStG § 10 Abs. 1 Ziff. 3 R. 7; BFH IV 27/59 U v. 28. 7. 60, BStBl. III 1960, 403 = StRK EStG § 17 R. 7; Herrmann-Heuer, Anm. 35 zu § 16 EStG; Henssler-Kormann, Beilage 11 zu BB 1971, 5.

Werden die stillen Reserven der bisherigen Einzelfirma aufgelöst, zB um zu einem richtigen Verhältnis der Kapitalkonten der GmbH und des Kommanditisten zu kommen, entsteht bei dem früheren Einzelunternehmer ein Veräußerungsgewinn. Ob die §§ 16, 34 EStG zur Anwendung kommen, hängt entsprechend dem Grundgedanken dieser Vorschriften, nur einmalige und auf einmal anfallende Veräußerungsgewinne einkommensteuerlich zu begünstigen, davon ab, ob die in dem eingebrachten Vermögen steckenden stillen Reserven und ein etwaiger Firmenwert sofort in voller Höhe offengelegt werden oder ob dieses nur teilweise der Fall ist. Im letzteren Fall sind die §§ 16, 34 nicht anwendbar [635]).

c) Gesellschaftsteuer ab 1. 1. 1972

Für die Kommanditeinlage entsteht gemäß § 5 Abs. II Ziff. 3 KVStG nF Gesellschaftsteuerpflicht, soweit nicht die Befreiungsvorschrift des am 31. 12. 1972 ausgelaufenen § 29 UmwStG eingreift (vgl. S. 182 ff., 187 d. A.).

d) Umsatzsteuer

In der Einbringung des Einzelunternehmens durch den Kommanditisten ist ein steuerbarer Umsatz zu sehen, dessen Entgelt in der Gewährung von Gesellschaftsrechten besteht. Es besteht allerdings Umsatzsteuerfreiheit nach § 4 Ziff. 9 a UStG, da Gesellschaftsteuerpflicht eintritt (vgl. S. 190 d. A.).

F. Schluß

Unsere Betrachtung hat gezeigt, daß die GmbH & Co. das Mißtrauen, das ihr heute noch in einigen Kreisen entgegengebracht wird, grundsätzlich nicht verdient. Da diese Gesellschaftsform in vorteilhafter Weise Elemente der Kapital- und Personengesellschaften in sich vereint, schließt sie eine Lücke im Kreis der Unternehmensformen. Ihr Wiederaufgreifen durch die Wirtschaft entsprang einem echten Bedürfnis. Es kann daher, wie das Reichsgericht bereits hervorgehoben hat, nicht Aufgabe des Rechts sein, sich dieser Entwicklung entgegenzustellen. Unternehmern oder Kapitalgebern, die vor der Gründung einer Gesellschaft mit beschränkter

[635]) Vgl. BFH IV R 122/66 v. 4. 4. 68, BStBl. II 1968, 580 = StRK EStG § 16 R. 116; Rosenau, B 1966, 122.

Haftung oder einer Personengesellschaft stehen oder die Umwandlung einer bestehenden Gesellschaft erwägen, kann nahegelegt werden, auch die Rechtsform der GmbH & Co. zu überprüfen. Sie wird infolge ihrer Elastizität in vielen Fällen besonders geeignet sein, ein ausgewogenes Verhältnis zwischen Kapital, Arbeit und Unternehmensleitung herzustellen und die Kontinuität der Gesellschaft zu sichern.

G. Anhang

I. Die Stellung der GmbH & Co. in der zukünftigen Gesetzgebung

1. Die GmbH & Co. und der Regierungsentwurf eines Gesetzes über Gesellschaften mit beschränkter Haftung mit Einführungsgestz [636])

Der Entwurf eines Gesetzes über Gesellschaften mit beschränkter Haftung, der am 3. 11. 1971 von der Bundesregierung verabschiedet worden ist [636a]), enthält keine Vorschriften über die GmbH & Co. Er schränkt auch die Verwendbarkeit der Rechtsform der GmbH weder nach dem Gegenstand des Unternehmens, noch nach der Art ihrer Betätigung gegenüber dem geltenden Recht ein. Insbesondere findet man keine Vorschrift, die den Eintritt einer GmbH als persönlich haftender Gesellschafter in eine offene Handelsgesellschaft oder Kommanditgesellschaft ausschließt oder einer Sonderregelung unterwirft. Vorschriften über die GmbH & Co. wären in dem Entwurf auch fehl am Platz, da diese eine Personengesellschaft ist.

a) Unmittelbare Auswirkungen auf die GmbH & Co.

Der Entwurf des Einführungsgesetzes zum GmbH-Gesetz enthält in § 26 eine Reihe von Vorschriften für eine Änderung des Handelsgesetzbuches, die ausschließlich die GmbH & Co. betreffen. Allgemein heißt es in der Begründung zu § 26: „Die GmbH & Co. KG war früher zwar eine umstrittene Sonderform der Kommanditgesellschaft, doch kann ihre recht-

---

[636]) Vgl. hierzu Hesselmann, GmbH-Rdsch. 1972, 42 ff.

[636a]) Zu diesem Entwurf hat der Bundesrat am 17. 12. 1971 im sogenannten ersten Durchgang Stellung genommen und einige Änderungen vorgeschlagen. Im Bundestag haben während der ersten Lesung der Entwürfe am 16. 3. 1972 Vertreter aller Bundestagsfraktionen die Reformbedürftigkeit des GmbH-Gesetzes anerkannt. Die Entwürfe liegen nunmehr dem Rechtsausschuß und den mitberatenden Ausschüssen vor.

liche Zulässigkeit schon seit geraumer Zeit nicht mehr in Frage gestellt werden. Sie hat wegen der ihr eigenen besonderen gesellschaftsrechtlichen Gestaltungsmöglichkeiten, vor allem aber wegen der mit ihr in aller Regel verbundenen geringeren steuerlichen Belastung ihrer Gesellschafter als bei der GmbH insbesondere im letzten Jahrzehnt weite Verbreitung gefunden. Die Gestaltung ganz zu untersagen, wie gelegentlich gefordert worden ist, hält die Bundesregierung nicht für sachgerecht, da ein gesellschaftsrechtliches Bedürfnis für die Wahl dieser Sonderform in allen Fällen bestehen kann, in denen wegen außergewöhnlicher Umstände des Einzelfalls die anderen Gesellschaftsformen nicht ausreichen."

Die in das Handelsgesetzbuch neu einzufügenden Paragraphen werden im folgenden in der Fassung des Entwurfs abgedruckt und kurz erläutert.

§ 24 a HGB

„Führt eine Kommanditgesellschaft, deren persönlich haftende Gesellschafter nur eine oder mehrere Kapitalgesellschaften (Aktiengesellschaft, Kommanditgesellschaft auf Aktien, Gesellschaft mit beschränkter Haftung oder eine diesen Gesellschaften vergleichbare ausländische Gesellschaft) sind, auf Grund des § 22 oder des § 24 oder auf Grund anderer Vorschriften die Firma eines auf die Gesellschaft übergegangenen Geschäftes fort, so muß sie in ihre Firma die Firma der Kapitalgesellschaft aufnehmen."

Hiernach ist jede Kommanditgesellschaft mit einer Kapitalgesellschaft als Komplementärin verpflichtet, die Firma der Kapitalgesellschaft in ihre Firma aufzunehmen, wenn sie gemäß § 22 HGB oder § 24 HGB die Firma eines auf die Gesellschaft übergegangenen Geschäfts fortführt. Nach dem Wortlaut der Bestimmung ist auch eine bereits bestehende GmbH & Co. verpflichtet, die Firma der GmbH in die Firma der GmbH & Co. aufzunehmen, soweit es sich bei der Firma der GmbH & Co. um eine fortgeführte Firma nach § 22 HGB oder § 24 HGB handelt.

Zunächst erhebt sich die Frage, wie die Aufnahme der Firmenbezeichnung der Komplementärgesellschaft durchgeführt werden soll. Es besteht nach dem Wortlaut der Bestimmung die Verpflichtung, die vollständige Firma der Kapitalgesellschaft in die Firma der KG aufzunehmen. Enthält die Firma der Kapitalgesellschaft Sachhinweise, die nichts mit dem Gegenstand der GmbH & Co. zu tun haben, so sind diese trotzdem in die Firma der GmbH & Co. aufzunehmen, was allerdings dem Wahrheitsgrundsatz des Firmenrechts widersprechen würde. Außerdem wäre das Problem der Verwechslungsgefahr nach § 30 HGB im Hinblick auf die Firma der namensgebenden GmbH und der GmbH & Co. unlösbar, weil alle Zusätze der GmbH in die Firma der GmbH & Co. übernommen werden müßten.

Von entscheidender Bedeutung ist aber, daß der vorgesehene § 24 a HGB den good will bekannter Firmenbezeichnungen erheblich beeinträchtigen würde. Eine Firmenänderung könnte insbesondere bei Markenartikelherstellern zu starken wirtschaftlichen Schädigungen führen. Die GmbH & Co. wäre in Zukunft die einzige Gesellschaftsform, bei der der Grundsatz des Vorrangs der Erhaltung des Firmenwertes vor dem Grundsatz der Firmenwahrheit nicht mehr gelten würde.

Die Frage der Zweckmäßigkeit der Aufrechterhaltung der §§ 22, 24 HGB kann nicht isoliert nur für die GmbH & Co. gestellt werden. Bei einer nur aus natürlichen Personen bestehenden KG kann es für die Gläubiger mindestens genauso mißlich sein, wenn der in der Firma genannte persönlich haftende Gesellschafter, der Millionär Müller, gegen den völlig mittellosen Meier ausgetauscht wird, ohne daß die Firma geändert wird. Trotz allem wird man aber den Fortbestand der §§ 22, 24 HGB unter dem Gesichtspunkt der Erhaltung des Firmenwertes bejahen müssen und von den Gläubigern verlangen, daß sie von der Möglichkeit der Einsichtnahme in das Handelsregister Gebrauch machen. Den Gläubigern wird im übrigen die Tatsache, daß eine GmbH persönlich haftender Gesellschafter ist, schon daraus klar ersichtlich, daß der Entwurf zum Einführungsgesetz vorsieht, daß Geschäftsbriefe der GmbH & Co. entsprechend dem heutigen § 35 a GmbH-Gesetz zu behandeln sind und u. a. auch die Firma des persönlich haftenden Gesellschafters angeben müssen.

§ 162 a HGB

„(1) Bei einer Gesellschaft, deren persönlich haftende Gesellschafter nur eine oder mehrere Kapitalgesellschaften sind, müssen auf allen Geschäftsbriefen, die an einen bestimmten Empfänger gerichtet werden, die Rechtsform und der Sitz der Gesellschaft, das Registergericht des Sitzes der Gesellschaft und die Nummer, unter der die Gesellschaft in das Handelsregister eingetragen ist, sowie die Firma der Kapitalgesellschaft angegeben werden. Ferner sind auf den Geschäftsbriefen die nach § 64 des Gesetzes über Gesellschaften mit beschränkter Haftung oder § 80 des Aktiengesetzes für Geschäftsbriefe der Kapitalgesellschaft vorgeschriebenen Angaben zu machen.

(2) Der Angaben nach Absatz 1 Satz 1 und 2 bedarf es nicht bei Mitteilungen oder Berichten, die im Rahmen einer bestehenden Geschäftsverbindung ergehen und für die üblicherweise Vordrucke verwendet werden, in denen lediglich die im Einzelfall erforderlichen besonderen Angaben eingefügt zu werden brauchen.

(3) Bestellscheine gelten als Geschäftsbriefe im Sinne des Absatzes 1. Absatz 2 ist auf sie nicht anzuwenden."

Diese Vorschrift soll bewirken, daß die Geschäftsbriefe der GmbH & Co. in Zukunft entsprechend dem heutigen § 35 a GmbH-Gesetz zu behandeln sind. Diese Forderung ist an und für sich unberechtigt. Die GmbH & Co.

ist eine Personengesellschaft. Sie anders zu behandeln als die sonstigen Personengesellschaften, insbesondere die kapitalistische KG, besteht kein einleuchtender Grund. Entweder paßt man die Vorschriften für die Personengesellschaften insgesamt der für die GmbH geltenden Regelung an oder man läßt es auch bei der GmbH & Co. bei dem gegenwärtigen Rechtszustand.

Sollte man dennoch eine derartige Regelung für die GmbH & Co. für notwendig halten, dann wäre jedenfalls auf keinen Fall eine Änderung der §§ 22, 24 HGB für die GmbH & Co. notwendig, da für jeden Dritten aus den Geschäftsbriefen der GmbH & Co. ohne weiteres ersichtlich wäre, daß es sich bei dem persönlich haftenden Gesellschafter um eine Kapitalgesellschaft handelt.

In § 172 HGB soll folgender Absatz 6 eingefügt werden:

„Gegenüber den Gläubigern einer Gesellschaft, deren persönlich haftende Gesellschafter nur eine oder mehrere Kapitalgesellschaften sind, gilt die Einlage eines Kommanditisten als nicht geleistet, soweit sie in Anteilen an der Kapitalgesellschaft bewirkt ist."

Nach der vorstehenden Bestimmung soll die Einbringung von Geschäftsanteilen der Komplementär-GmbH in die GmbH & Co. nicht untersagt werden, obwohl nach dem geltenden Recht Zweifel an der Zulässigkeit bestehen [637]). Die Einbringung von Anteilen der GmbH soll nur zur Folge haben, daß die Einlage eines Kommanditisten, die in Form von GmbH-Anteilen bewirkt wurde, als nicht geleistet gilt, eine Regelung, der man zum Schutze der Gläubiger zustimmen könnte.

§ 172 a HGB

„Bei einer Kommanditgesellschaft, deren persönlich haftende Gesellschafter nur eine oder mehrere Kapitalgesellschaften sind, gelten die §§ 49, 50 des Gesetzes über Gesellschaften mit beschränkter Haftung sinngemäß mit der Maßgabe, daß an die Stelle der Gesellschafter die Kommanditisten sowie, wenn die Kapitalgesellschaft eine Gesellschaft mit beschränkter Haftung ist, deren Gesellschaffer treten."

Nach dieser Vorschrift sollen die §§ 49, 50 des Entwurfs zum GmbH-Gesetz, die für Eigenkapital ersetzende Gesellschafterdarlehen eine Sonderregelung bringen, sinngemäß auf die GmbH & Co. zur Anwendung komkommen. An dieser Bestimmung ist bedenklich, daß sie die GmbH & Co. einer Sondergesetzgebung unterwirft, die nicht für alle Personengesellschaften gelten soll.

---

[637]) Vgl. Gonella, B 1965, 1165; Winkler, NJW 1969, 1012; vgl. auch S. 218 f. d. A.

§ 176 a HGB

„Bei einer Gesellschaft, deren persönlich haftende Gesellschafter nur eine oder mehrere Kapitalgesellschaften sind, gelten für die Aufstellung und Gliederung des Jahresabschlusses, die Wertansätze, die Pflichtprüfung durch Abschlußprüfer und die Offenlegung des Jahresabschlusses die für Gesellschaften mit beschränkter Haftung geltenden Vorschriften sinngemäß.“

Hiernach soll die Rechnungslegung und die Publizität der GmbH & Co. entsprechend den in dem Entwurf des GmbH-Gesetzes für die GmbH vorgesehenen Bestimmungen erfolgen. Es soll hier nicht dargestellt werden, welche Bedenken gegen die für die GmbH vorgesehenen Bestimmungen sprechen. Eine Anwendung dieser Vorschriften für die GmbH & Co. führt nicht nur zu Schwierigkeiten [638]), es ist — wie oben ausgeführt wurde — auch nicht gerechtfertigt, die GmbH & Co. als einzige Form der Personengesellschaften einer Sondergesetzgebung zu unterwerfen.

Zusammenfassend ist folgendes festzustellen: Wenn sich der Gesetzgeber mit der GmbH & Co. befaßt, sollte er keine Einzelregelungen treffen, sondern aus der starken Verbreitung der GmbH & Co., die besonders auf die Probleme der Nachfolgeregelung und der Haftungsbeschränkung zurückzuführen ist, die Konsequenzen ziehen und als neue Gesellschaftsform eine Personengesellschaft mit beschränkter Haftung aller Gesellschafter schaffen. Steuerlich wäre eine solche Personengesellschaft mit beschränkter Haftung Mitunternehmergemeinschaft wie die Personengesellschaften des Handelsgesetzbuches einschließlich der GmbH & Co. Eine steuerliche Doppelbelastung würde also entfallen. Die Schaffung einer solchen neuen Gesellschaftsform würde sich sogar erübrigen, wenn die GmbH in der steuerlichen Behandlung den Personengesellschaften gleichgestellt würde. Würde die steuerliche Doppelbelastung bei der GmbH entfallen, so würde die Wahl der GmbH & Co. aus steuerlichen Erwägungen nicht mehr interessant sein, vielmehr in vielen Fällen die GmbH als die zur Lösung der gesellschaftsrechtlichen Probleme geeignete Gesellschaftsform gewählt werden.

b) Mittelbare Auswirkungen auf die GmbH & Co.

Wird das GmbH-Gesetz entsprechend dem Regierungsentwurf eines Gesetzes über Gesellschaften mit beschränkter Haftung geändert, so treten auch für die Komplementär-GmbH einer GmbH & Co. Änderungen gegenüber dem jetzigen Rechtszustand ein. Es kann nicht Aufgabe dieses Buches sein, sämtliche Änderungen, die der Regierungsentwurf gegenüber dem geltenden GmbHG bringt, aufzuzeigen und kritisch zu würdigen. Insoweit sei auf die bereits vorliegenden allgemeinen Stellungnahmen zum

[638]) Vgl. Winter, GmbH-Rdsch. 1972, 8.

Referenten- und Regierungsentwurf verwiesen [639]). Hier soll lediglich auf die Änderungen eingegangen werden, die neben ihren Auswirkungen auf die Komplementär-GmbH mittelbar auch Auswirkungen auf die GmbH & Co. haben.

aa) Stammkapital der GmbH

Nach § 5 Abs. II des Entwurfs muß das Stammkapital mindestens 20 000 DM betragen [639a]). Nach § 17 des Entwurfs sind vor der Anmeldung zum Handelsregister auf jede Einlage ein Viertel, insgesamt jedoch mindestens 20 000 DM einzuzahlen, während nach dem jetzigen GmbHG in jedem Fall auf jede Einlage nur ein Viertel eingezahlt zu werden braucht. Eine Gesellschaft soll also in Zukunft nur mit mindestens 20 000 DM ins Leben treten können, während es bisher zulässig war, den Geschäftsbetrieb mit 5000 DM aufzunehmen.

Damit wird die Verwendbarkeit der GmbH als Komplementär-GmbH einer GmbH & Co. eingeschränkt, da die Gründer neben den Kommanditeinlagen noch das GmbH-Kapital von 20 000 DM zu zeichnen und 20 000 DM sofort aufzubringen haben.

bb) Namensangabe

§ 64 des Entwurfs bestimmt, daß auf allen Geschäftsbriefen die Rechtsform und der Sitz der Gesellschaft, das Registergericht des Sitzes der Gesellschaft und die Registernummer, sowie alle Geschäftsführer und, sofern die Gesellschaft einen Aufsichtsrat gebildet und dieser einen Vorsitzenden hat, der Vorsitzende des Aufsichtsrats, mit dem Familiennamen und mindestens einem ausgeschriebenen Vornamen angegeben werden müssen. Diese Neuerung deckt sich mit den Vorschriften des Gesetzes zur Durchführung der Ersten Richtlinie des Rates der Europäischen Gemeinschaften zur Koordinierung des Gesellschaftsrechts, das am 1. 9. 69 in Kraft getreten ist [640]). Die Bestimmung hat nur Bedeutung für Geschäftsbriefe der GmbH, nicht jedoch für Geschäftsbriefe der GmbH & Co. Für letztere enthält jedoch das Einführungsgesetz zum GmbH-Gesetz eine ähnliche Bestimmung.

---

639) Vgl. zB Fleddermann, GmbH-Rdsch. 1969, 97 ff.; ferner GmbH-Rdsch. 1970 Beilage zu Heft 6 (Die GmbH — personenbezogene Unternehmensform in Vergangenheit und Zukunft.); Sonderdruck der Centrale für GmbH Dr. Otto Schmidt, November 1970 (Vorschläge zur Erhaltung der Flexibilität und Verständlichkeit des allgemeinen GmbH-Rechts) sowie Winter, Grundsätzliche Fragen zum Regierungsentwurf eines GmbH-Gesetzes, GmbH-Rdsch. 1972, 26.

639a) Der Bundesrat hat eine Erhöhung auf 50 000 DM vorgeschlagen.

640) § 35 a GmbHG; vgl. S. 46 d. A.

cc) Wettbewerbsverbot

§ 71 des Entwurfes enthält in Anlehnung an § 88 AktG ein Wettbewerbsverbot für Geschäftsführer und klärt damit gegenüber dem geltenden Recht, in dem eine ausdrückliche Bestimmung fehlt, inwieweit die Geschäftsführer einem Wettbewerbsverbot unterliegen.

Gegenwärtig gilt bei einer GmbH & Co. für die GmbH als persönlich haftender Gesellschafter das Wettbewerbsverbot der §§ 161 Abs. II, 112 Abs. I HGB. Die Geschäftsführer der GmbH sind der GmbH nicht auf Grund einer gesetzlichen Bestimmung, wohl aber auf Grund ihrer Treuepflicht der GmbH gegenüber verpflichtet, alle Handlungen zu unterlassen, die sich mit den Pflichten eines Geschäftsführers nicht vertragen. Hierzu kann ein Wettbewerb gegen die GmbH & Co. gehören, da hierin praktisch auch ein Wettbewerb gegen die GmbH liegt [641]).

In Zukunft würde im Verhältnis zwischen der GmbH und ihren Geschäftsführern § 71 des Entwurfs eingreifen, während für das Verhältnis GmbH & Co. zur GmbH nach wie vor die §§ 161 Abs. II, 112 Abs. I HGB gelten würden.

dd) Aufsichtsrat

In Übereinstimmung mit § 52 Abs. I GmbHG geht § 91 Abs. I des Entwurfs davon aus, daß eine GmbH grundsätzlich nicht verpflichtet ist, einen Aufsichtsrat zu bilden, soweit sich eine solche Verpflichtung nicht aus anderen gesetzlichen Vorschriften ergibt, zB nach § 77 BVG, wonach bei Gesellschaften mbH mit mehr als 500 Arbeitnehmern ein Aufsichtsrat mit Arbeitnehmervertretern zu bilden ist.

Die GmbH & Co. als Personengesellschaft ist — unabhängig davon, ob die Komplementär-GmbH einen Aufsichtsrat zu bilden hat — in keinem Fall aufsichtsratspflichtig.

ee) Rechnungslegung der GmbH

Die Bestimmungen des Entwurfs über die Rechnungslegung (§§ 127—151), die nach dem Einführungsgesetz entsprechend für die GmbH & Co. gelten sollen, lehnen sich im Gliederungsschema und in den Bewertungsbestimmungen weitgehend an das aktienrechtliche Gliederungsschema und die aktienrechtlichen Bewertungsbestimmungen an. Es erscheint sehr zweifelhaft, inwieweit dies bei der Mehrzahl der Gesellschaften mbH, die in ihrer Struktur den Personengesellschaften näherstehen als der Aktiengesellschaft, sinnvoll und notwendig ist. Für die Bewertung sollen Maßstäbe gelten, die vom Aktienrecht insbesondere dadurch abweichen, daß der Gesellschaftsvertrag die Bildung stiller Rücklagen soll vorsehen können (§§ 131—133).

[641]) Vgl. S. 91 d. A.

Die GmbH hat auch als Komplementär-GmbH einer GmbH & Co. ihre eigene Buchführung und ihren eigenen Jahresabschluß, wobei sich allerdings im Normalfall, in dem die GmbH lediglich mit der Aufgabe gegründet worden ist, die Geschäfte der GmbH & Co. zu führen, das Anlagevermögen der GmbH in dem Posten „Beteiligung an der GmbH & Co.“ erschöpfen wird.

Während nach geltendem Recht keine gesetzliche Verpflichtung zur Prüfung des GmbH-Jahresabschlusses besteht, bringt der Entwurf in § 138 die Prüfungspflicht für diejenigen Gesellschaften, für die nach der Richtlinie des Rates der Europäischen Gemeinschaften zur Koordinierung des Gesellschaftsrechts auf dem Gebiet der Rechnungslegung von Kapitalgesellschaften eine Verpflichtung zur Einführung einer Pflichtprüfung besteht. Nach dem vorliegenden Entwurf sind grundsätzlich alle Gesellschaften zur Prüfung verpflichtet. Für kleinere Gesellschaften kann die nationale Gesetzgebung Ausnahmen zulassen.

Sollte der Entwurf des GmbH-Gesetzes in Kraft treten, so bestünde nach § 151 für alle GmbH — und nach dem Einführungsgesetz für alle GmbH & Co. — eine Pflicht zur Offenlegung ihres Jahresabschlusses, soweit nach der Richtlinie des Rates der Europäischen Gemeinschaften zur Koordinierung des Gesellschaftsrechts auf dem Gebiet der Rechnunglegung von Kapitalgesellschaften eine Verpflichtung zur Einführung einer Offenlegungspflicht besteht. Nach dem inzwischen vorliegenden Entwurf soll die Verpflichtung, die Bilanz, die Gewinn- und Verlustrechnung und Erläuterungen hierzu, im Bundesanzeigen zu veröffentlichen, für alle Gesellschaften bestehen, bei denen die Bilanzsumme 1 Million Rechnungseinheiten (= Dollar) übersteigt oder deren Jahresumsatz über 2 Millionen Rechnungseinheiten liegt oder die mehr als 100 Beschäftigte haben. Für Gesellschaften, die diese Grenzen nicht überschreiten, gilt eine vereinfachte Offenlegung.

2. Die Handelsgesellschaft auf Einlagen — eine Alternative zur GmbH & Co.? [642])

Von sieben namhaften Sachkennern des Gesellschaftsrechts [643]), die sich zu einem Arbeitskreis GmbH-Reform zusammengeschlossen haben, ist kürzlich als Band 1 der Thesen und Vorschläge zur GmbH-Reform eine Untersuchung über eine neue Gesellschaftsform, die Handelsgesellschaft auf

[642]) Vgl. hierzu die Stellungnahmen von Barz, NJW 1972, 465 ff.; Schilling, BB 1972, 1 ff.; Westermann, Zeitschrift für Rechtspolitik 1972, 93 ff.

[643]) Hueck, Lutter, Mertens, Rehbinder, Ulmer, Wiedemann, Zöllner.

Einlagen, vorgelegt worden. Die Handelsgesellschaft auf Einlagen soll eine Alternative zu den beiden vorhandenen Personengesellschaftsformen oHG und KG darstellen. Ihr wesentlicher Unterschied ist die beschränkte Haftung aller Gesellschafter und die Drittorganschaft. Nur unter der Voraussetzung der Schaffung dieser neuen Gesellschaftsform erscheint den Verfassern eine GmbH-Reform sinnvoll. Eine reformierte GmbH, die weiterhin Bestandteil der GmbH & Co. sein könnte, lehnen sie ab.

Das Ziel der Verfasser ist also die Überwindung der GmbH & Co. Hierzu dient ein § 161 a, der in das HGB eingefügt werden soll. Danach soll nach Einführung der Handelsgesellschaft auf Einlagen die GmbH & Co. dadurch weitgehend eliminiert werden, daß bei ihr mindestens eine natürliche Person die unbeschränkte Haftung zu übernehmen hat, andernfalls sich die Kommanditisten nicht auf die vereinbarte Haftungsbeschränkung berufen können.

Wie sieht nun die neue Gesellschaftsform aus? Die Verfasser haben ihren Gesetzesvorschlag in 16 Vorschriften (§§ 178—193 HGB) und 2 Ergänzungsbestimmungen (§§ 19, 161 a HGB) niedergelegt. Die wichtigsten Bestimmungen besagen folgendes:

Die Handelsgesellschaft auf Einlagen wird in § 178 HGB des Entwurfs als eine Gesellschaft definiert, deren Zweck auf den Betrieb eines Handelsgewerbes unter gemeinschaftlicher Firma gerichtet ist, wenn bei jedem der Gesellschafter die Haftung gegenüber den Gesellschaftsgläubigern auf den Betrag einer bestimmten Einlage (Hafteinlage) beschränkt ist und sämtliche Gesellschafter als Gesamtschuldner für die Aufbringung eines im Gesellschaftsvertrag festgesetzten Teiles der Einlagen (Garantieeinlage) haften. Auf die Handelsgesellschaft auf Einlagen sollen, sofern nichts anderes bestimmt ist, die für die offene Handelsgesellschaft geltenden Vorschriften Anwendung finden.

Nach § 180 des Entwurfs hat die Gesellschaft einen oder mehrere Geschäftsführer. Diese müssen natürliche Personen, brauchen aber nicht Gesellschafter zu sein. Die Bestellung erfolgt im Gesellschaftsvertrag oder durch einen von allen Gesellschaftern einstimmig zu fassenden Beschluß. Geschäftsführer sind jeweils allein zu handeln berechtigt (vgl. § 181 HGB des Entwurfs). Die Befugnis zur Geschäftsführung erstreckt sich gemäß § 182 des Entwurfs auf alle Handlungen, die der gewöhnliche Betrieb des Handelsgewerbes der Gesellschaft mit sich bringt. Zur Vornahme von Handlungen, die darüber hinausgehen, ist ein Beschluß der Gesellschafter erforderlich.

Nach § 189 HGB des Entwurfs haftet jeder Gesellschafter den Gläubigern der Gesellschaft bis zur Höhe seiner Hafteinlage unmittelbar. Die

Haftung ist ausgeschlossen, soweit die Einlage geleistet ist. Ungeachtet dieser Haftungsbeschränkung haften aber gemäß § 190 HGB des Entwurfs die Gesellschafter den Gläubigern unmittelbar als Gesamtschuldner bis zur Höhe der im Gesellschaftsvertrag festgesetzten Garantieeinlage. Diese beträgt mindestens 25 vH der Summe aller Hafteinlagen. Die Haftung ist ausgeschlossen, soweit die Garantieeinlage durch die von den Gesellschaftern geleisteten Einlagen gedeckt ist.

Die Handelsgesellschaft auf Einlagen ist demnach eine Personengesellschaft, bei der die Haftung aller Gesellschafter begrenzt ist. Aus Gründen des Gläubigerschutzes ist vorgesehen, daß über die Hafteinlage hinaus die Gesellschafter zu einer gesamtschuldnerischen Mindesthaftung für die Aufbringung und Erhaltung der im Gesellschaftsvertrag festzusetzenden, mindestens 25 vH der von den Gesellschaftern insgesamt zugesagten Hafteinlagen betragenden Garantieeinlage verpflichtet sind.

Die Geschäftsführung und Vertretung der Gesellschaft erfolgt in einer Mischung von oHG- und GmbH-Recht durch Geschäftsführer, die gemäß dem Prinzip der Drittorganschaft nicht Gesellschafter zu sein brauchen. Die Geschäftsführer werden im Gesellschaftsvertrag oder durch einstimmigen Gesellschafterbeschluß bestellt. Hinsichtlich der Art und des Inhalts der Geschäftsführungsbefugnis sieht der Entwurf im Einklang mit dem oHG-Recht vor, daß die Geschäftsführer der Handelsgesellschaft auf Einlagen im Interesse der Beweglichkeit der Gesellschaft Einzelgeschäftsführungsbefugnis für alle Handlungen haben, die der gewöhnliche Betrieb des Handelsgewerbes der Gesellschaft mit sich bringt. Über die Vornahme ungewöhnlicher Geschäfte entscheidet die Gesellschafterversammlung.

Die Vorschläge der Verfasser für die Handelsgesellschaft auf Einlagen sind insgesamt interessant und diskussionswürdig. Die neue Gesellschaftsform würde es erlauben, zwei wesentliche Vorzüge der GmbH & Co., die beschränkte Haftung aller Gesellschafter und die Drittorganschaft, zu gewährleisten. Wesentliche Voraussetzung für die praktische Verwendbarkeit der neuen Gesellschaftsform wäre allerdings, daß diese auch steuerlich den Personengesellschaften gleichgestellt wird.

Die Verfasser gehen allerdings zu weit, wenn sie durch den vorgeschlagenen § 161 a die GmbH & Co. als Gesellschaftsform praktisch eliminieren wollen[644]). Das erscheint auch nicht notwendig, da die GmbH & Co. durch die leichtere Handhabbarkeit der Handelsgesellschaft auf Einlagen und durch eine steuerliche Gleichstellung dieser mit den Personengesellschaften erheblich an Bedeutung verlieren würde. Sie würde aber weiterhin zB als Gesellschaftsform für Kooperation und Konzentration ihren Anwendungsbereich haben.

---

[644]) Ebenso Barz, NJW 1972, 468.

II. Gestaltung der Gesellschaftsverträge und Beispiel für einen GmbH & Co.-Gesellschaftsvertrag [645])

1. Allgemeines

Da die GmbH & Co. aus zwei Gesellschaften besteht, nämlich aus der Kommanditgesellschaft und deren persönlich haftendem Gesellschafter, der GmbH, und somit zwei Gesellschaftsverträge erforderlich sind, bedarf es zunächst vor der Gestaltung der Gesellschaftsverträge im einzelnen der Überlegung, ob die Beteiligungen der Gesellschafter an der GmbH und an der Kommanditgesellschaft, soweit Personenidentität vorliegt, als Einheit behandelt werden sollen oder ob es zugelassen werden soll, daß die Beteiligungen auseinanderfallen.

Oft wird es bei der GmbH & Co. so liegen, daß eine unterschiedliche Entwicklung der Beteiligungen der Gesellschafter an der GmbH und an der Kommanditgesellschaft sogar wünschenswert ist. Das gilt insbesondere dann, wenn jeweils nur ein Teil der Partner Einfluß auf die Geschäftsführung des Gesamtunternehmens haben soll. Dann müssen die Verträge so gestaltet werden, daß über die Fragen der Unternehmenspolitik sowohl der GmbH als auch der Kommanditgesellschaft nur die Gesellschafter der GmbH zu entscheiden haben. Die Gesellschafterversammlung der Kommanditgesellschaft darf keinen Einfluß auf die Geschäftsführung haben. Die Rechte der Kommanditisten sind, soweit es gesetzlich zulässig ist, zu beschränken. Um zu verhindern, daß unerwünschte Personen in die GmbH eindringen, muß die Abtretung der Geschäftsanteile stark beschränkt werden. Dagegen kann für die Abtretung der Kommanditanteile größte Freizügigkeit gewährt werden, da die Kommanditisten keinerlei Einfluß haben.

In anderen Fällen, in denen Zweck der Einschaltung der GmbH zB nur die Herbeiführung einer Haftungsbeschränkung ist und allen Gesellschaftern gleiche Rechte gewährt werden sollen, kann es zweckmäßig sein, zu verhindern, daß die Beteiligungen an der GmbH und an der Kommanditgesellschaft auseinanderfallen. Dem steht der Umstand entgegen, daß die gesetzlichen Vorschriften für die GmbH von den Vorschriften für die Kommanditgesellschaft zum Teil nicht unerheblich abweichen. Durch entsprechende Bestimmungen in beiden Gesellschaftsverträgen kann aber eine Klammer zwischen den Beteiligungen an der GmbH und an der Kommanditgesellschaft gebildet werden. Dabei sind zwei Wege möglich. Man kann entweder von den Vorschriften für die Kommanditgesellschaft ausgehen und die GmbH darauf ausrichten oder umgekehrt bei der GmbH beginnen

[645]) Zur Vertragsgestaltung siehe insbesondere Sudhoff, Der Gesellschaftsvertrag der GmbH & Co.; ferner Felix, Vertragsgestaltung, 151 ff.; Heinemann, Bericht, E; Winkler, NJW 1970, 1065 ff.

und den Kommanditgesellschaftsvertrag nach den Vorschriften für die GmbH gestalten. Insbesondere ist auf die Koordinierung der Abtretungsbestimmungen und der Kündigungsvorschriften zu achten. Bei der Kommanditgesellschaft gibt es nach dem HGB keine Abtretung von Anteilen, man kann diese aber vertraglich wie bei der GmbH regeln. Die GmbH kann nach dem GmbH-Gesetz nicht gekündigt werden. Eine Regelung entsprechend der für die Kommanditgesellschaft ist aber zulässig. Dabei kann vereinbart werden, daß bei einer Kündigung seitens eines Gesellschafters die Gesellschaft nicht aufgelöst, sondern unter Ausscheiden des kündigenden Gesellschafters von den verbleibenden Gesellschaftern fortgesetzt wird. Trotz der Angleichung der beiden Gesellschaftsverträge im einzelnen können sich die Beteiligungen an den beiden Gesellschaften unterschiedlich entwickeln, zB wenn ein Gesellschafter verschiedene Personen als Erben einsetzt. Will man dies verhindern, so sind zusätzliche Verzahnungsvorschriften in den beiden Gesellschaftsverträgen notwendig, durch die sichergestellt wird, daß über die Beteiligung an der einen Gesellschaft nur zusammen mit der Beteiligung an der anderen Gesellschaft verfügt werden kann [646]).

Ein Auseinanderfallen der Beteiligungen läßt sich am einfachsten verhindern, wenn die GmbH-Anteile in das Gesellschaftsvermögen der Kommanditgesellschaft überführt werden [647]). weil dann nur diese in der Lage ist, über die Geschäftsanteile an der GmbH zu verfügen. Die Gesellschafter sind allein als Kommanditisten an der Kommanditgesellschaft beteiligt.

Gegen diese Konstruktion werden allerdings Bedenken erhoben, zunächst einmal aus dem Gesichtspunkt des Gläubigerschutzes [648]). Den Gläubigern einer GmbH, die sich mit einer Einlage an einer GmbH & Co. als persönlich haftender Gesellschafter beteiligt und deren Geschäftsanteile sämtlich von der Kommanditgesellschaft übernommen werden, können große Gefahren drohen, da ihnen künftig nur noch die Kommanditeinlagen als Haftungsobjekt zur Verfügung stehen. Dieses Argument wird aber gegenstandslos, wenn die GmbH sich an der Kommanditgesellschaft nur ohne Kapitaleinlage beteiligt oder mit einer Einlage, die das zur Er-

---

[646]) Vgl. Sudhoff, Aktuelle Probleme der GmbH & Co., 65 f.

[647]) Die Zulässigkeit diesr Konstruktion wird bejaht von Ippen, 89 ff.; Mertens, NJW 1966, 1049 ff.; Hesselmann, GmbH-Rdsch. 1965, 13; Simon, B 1963, 1209 f.; Wiethölter, Aktuelle Probleme der GmbH & Co., 47 ff.; Sudhoff, Aktuelle Probleme der GmbH & Co., 67 ff. hält die Konstruktion unter bestimmten Voraussetzungen für zulässig; Bedenken äußern Gonella, B 1965, 1165 und Winkler, NJW 1969, 1012.

[648]) Besonders Echtermann, 159 ff.; ferner Gonella, B 1965, 1165.

haltung des Stammkapitals erforderliche Vermögen nicht angreift[649]). Wird der Kauf der GmbH-Anteile über die von der GmbH eingebrachten Stammeinlagen finanziert, so müßte man hierin eine Verletzung des § 30 GmbHG sehen, die zu einer Erstattungspflicht nach § 31 GmbHG führen würde[650]). Dagegen dürfte § 33 GmbHG nicht verletzt sein, da Erwerber die GmbH & Co. und nicht die GmbH selbst ist[651]).

Bedenken ergeben sich weiter daraus, daß in der Gesellschafterversammlung der GmbH die Kommanditgesellschaft, vertreten durch ihren Komplementär, die GmbH, als einziger Gesellschafter auftritt, was zB dazu führt, daß die Geschäftsführer der GmbH über ihre eigene Abberufung zu entscheiden haben[652]). In Analogie zu § 136 Abs. II AktG ist der GmbH die Ausübung des Stimmrechts zu versagen, insoweit ihre Organe auf die Ausübung des Stimmrechts den entscheidenden Einfluß haben[653]). Dieses Problem läßt sich dadurch lösen, daß die GmbH im Innenverhältnis als Komplementär insoweit entmachtet wird, als es sich um die Regelung ihrer eigenen Gesellschaftsverhältnisse handelt. Man kann ihr die Geschäftsführungsbefugnis ganz oder teilweise entziehen und sie von den Weisungen der Kommanditisten abhängig machen[654]). Es sollte deshalb durch Bestimmungen in den Gesellschaftsverträgen der GmbH und der Kommanditgesellschaft sichergestellt werden, daß die Kommanditgesellschaft in der Gesellschafterversammlung der GmbH nicht durch die Geschäftsführer der GmbH, sondern durch alle oder einen Teil der Kommanditisten vertreten wird.

Da eine höchstrichterliche Entscheidung zur Frage der Zulässigkeit der Überführung der GmbH-Anteile in das Gesellschaftsvermögen der Kommanditgesellschaft noch nicht vorliegt, ist bei dieser Konstruktion Vorsicht geboten.

Wichtige Probleme, denen in jedem Fall Beachtung geschenkt werden muß, sind die Regelung der Kapitalverhältnisse und die Ausgestaltung der Kapitalkonten sowie die Gewinn- und Verlustverteilung bei der GmbH & Co.[655]).

---

[649]) Vgl. Mertens, NJW 1966, 1954; Sudhoff, Aktuelle Probleme der GmbH & Co., 68.

[650]) Vgl. Winkler, NJW 1969, 1012.

[651]) AA Ippen, 82.

[652]) Gonella, B 1965, 1165 f.

[653]) So Ippen, 64.

[654]) Vgl. Mertens, NJW 1966, 1054; Sudhoff, Aktuelle Probleme der GmbH & Co., 70.

[655]) Siehe hierzu S. 73 u. S. 94 ff. d. A.; ferner Sudhoff, Die Kapitalverhältnisse der GmbH & Co., GmbH-Rdsch. 1967, 41 ff.

2. Beispiel für einen GmbH & Co.-Gesellschaftsvertrag

Vorbemerkung:

Dem nachstehenden Gesellschaftsvertrag liegt folgender Sachverhalt zugrunde:

Ein Unternehmer X hat seit langen Jahren eine Einzelfirma unter der Firma X betrieben. Er hat die Absicht, seine Ehefrau und seine beiden Söhne am Unternehmen zu beteiligen und zu diesem Zweck das Unternehmen in eine GmbH & Co. umzuwandeln. Dabei besteht der Wunsch, daß nach seinem Tode nur einer der Söhne das Unternehmen leiten soll, während die Ehefrau und der zweite Sohn nur kapitalistisch beteiligt sein sollen. Da noch nicht feststeht, welcher der Söhne für die Nachfolge in der Leitung des Unternehmens geeignet ist, sollen beide Söhne zunächst nur Kommanditisten werden. Auch die Ehefrau wird Kommanditistin und ist zusätzlich als Minderheitsgesellschafter neben X an der GmbH beteiligt.

Der Gesellschaftsvertrag ist so aufgebaut, daß die Kommanditisten auf die Führung des Unternehmens keinerlei Einfluß haben.

Es sei ausdrücklich darauf hingewiesen, daß nachstehender Gesellschaftsvertrag nur ein Beispiel darstellen soll. Er ist auf den vorliegenden Fall zugeschnitten und kann nicht für andere Fälle ohne weiteres übernommen werden. Es empfiehlt sich in jedem Fall, gerade bei einem so komplizierten Gebilde wie der GmbH & Co., für die Gründung qualifizierte Berater hinzuzuziehen.

Gesellschaftsvertrag der Firma X

§ 1

Beginn der Gesellschaft

Der Beginn der Gesellschaft wird auf den . . . . festgesetzt

§ 2

Firma — Sitz

(1) Die Gesellschaft führt die Firma X.

(2) Sitz der Gesellschaft ist . . . . . .

§ 3

Gegenstand

Gegenstand der Gesellschaft ist . . . .

§ 4

Geschäftsjahr

Das Geschäftsjahr ist das Kalenderjahr.

§ 5

Gesellschafter — Einlagen

(1) Persönlich haftender Gesellschafter ist die X-Verwaltungsgesellschaft mbH mit einer Einlage von 20 000,— DM.

(2) Kommanditisten sind mit folgenden Einlagen:

a) Herr X mit 100 000,— DM,
b) Frau X mit 20 000,— DM,
c) Sohn 1 mit 30 000,— DM,
d) Sohn 2 mit 30 000,— DM.

(3) Die in Abs. (1) und (2) genannten Einlagen werden im folgenden „Festeinlagen" genannt.

(4) Der persönlich haftende Gesellschafter und die Kommanditisten zu b) bis d) leisten ihre Einlagen durch Bareinzahlung.

Die Einlage des Kommanditisten zu a) errechnet sich aus dem Überschuß der Aktiven über die Passiven des bisherigen Einzelunternehmens nach der Bilanz per . . . . . . Liegt der Wert der Aktiven abzüglich der Passiven nach der endgültigen Bilanz auf den . . . . . . unter der von dem Kommanditisten zu erbringenden Einlage, so ist er verpflichtet, den fehlenden Betrag in bar einzuzahlen. Liegt der Wert der Aktiven abzüglich der Passiven nach der endgültigen Bilanz auf den . . . . . . über der von dem Kommanditisten zu erbringenden Einlage, so wird der überschießende Betrag auf das Privatkonto des Kommanditisten umgebucht.

§ 6

Änderung der Festeinlagekonten

(1) Die Festeinlagekonten können nur durch Beschluß der Gesellschafterversammlung geändert werden. Der Beschluß bedarf der Mehrheit der abgegebenen Stimmen, soweit der zur Erhöhung der Festeinlagekonten erforderliche Betrag bei allen Gesellschaftern auf Darlehenskonten zur Verfügung steht, andernfalls einer Mehrheit von ¾ der abgegebenen Stimmen. Er kann in keinem Fall ohne Zustimmung der X-Verwaltungsgesellschaft mbH gefaßt werden. Sind mehrere Kommanditisten vorhanden, so darf das Verhältnis der Festeinlagekonten der Kommanditisten zueinander nicht geändert werden.

(2) Von keinem Kommanditisten kann eine Erhöhung seiner Festeinlage über das Guthaben auf seinem Darlehenskonto hinaus verlangt werden. Bei einer darüber hinaus beschlossenen, von ihm abgelehnten Erhöhung des Kapitals hat er eine entsprechende Verringerung seines Beteiligungsverhältnisses hinzunehmen.

§ 7

Regelung der Erbfolge

(1) Scheidet ein Gesellschafter durch Tod aus der Gesellschaft aus, so ist diese unter den Beteiligten mit sämtlichen Erben des Verstorbenen als Kommanditisten

fortzusetzen, falls der verstorbene Gesellschafter durch Verfügung von Todes wegen keine andere Bestimmung getroffen hat. Die Erben haben sich unverzüglich nach Annahme der Erbschaft bei der Gesellschaft zu legitimieren. Jeder Gesellschafter ist berechtigt, durch Verfügung von Todes wegen die Nachfolge in seinen Anteil am Gesellschaftskapital zu regeln und eine Testamentsvollstreckung, auch hinsichtlich der Ausübung der Mitgliedschaftsrechte, anzuordnen.

(2) Die Mitgesellschafter können beschließen, andere Erben als den Ehegatten und Kinder des verstorbenen Gesellschafters sowie Mitgesellschafter gemäß § 19 abzufinden. Eine entsprechende Erklärung muß an die Erben des Verstorbenen innerhalb von 6 Monaten nach deren Legitimation abgeschickt werden. Die abzufindenden Erben sind sodann berechtigt und verpflichtet, die auf sie entfallende Beteiligung auf die Mitgesellschafter im Verhältnis ihrer Festeinlagen zu übertragen. Soweit Mitgesellschafter hiervon keinen Gebrauch machen, steht das Übernahmerecht dem oder den anderen Gesellschaftern zu.

§ 8

Übertragung von Gesellschaftsanteilen — Abtretung von Ansprüchen aus dem Gesellschaftsverhältnis

(1) Eine Übertragung der Beteiligung oder eines Teiles der Beteiligung an andere Personen als Mitgesellschafter, den Ehegatten oder Kinder bedarf einer vorherigen Einwilligung der Gesellschafter mit einer Mehrheit von ¾ der abgegebenen Stimmen, wobei der zur Übertragung entschlossene Gesellschafter mitzustimmen berechtigt ist. Sie kann jedoch nicht ohne Zustimmung der X-Verwaltungsgesellschaft mbH erfolgen. Dasselbe gilt für die Verpflichtung zu einer Übertragung. Die Gesellschafter haben sich binnen eines Monats nach schriftlicher Anzeige durch den zur Übertragung entschlossenen Gesellschafter zu entscheiden; andernfalls gilt die Einwilligung als versagt.

(2) Eine Verpfändung der Beteiligung oder eines Teiles der Beteiligung ist unzulässig. Entsprechendes gilt für eine Sicherungsübertragung oder die Begründung treuhänderischer Verpflichtungen sowie für die Bestellung eines Nießbrauchs. Lediglich die Bestellung eines Nießbrauchs an Ehegatten oder Abkömmlinge ist zulässig; sie bedarf nicht der Einwilligung der Gesellschafter.

(3) Die Gesellschafter dürfen über ihre Ansprüche aus dem Gesellschaftsverhältnis, insbesondere über ihre Gewinn-, Auseinandersetzungs- oder Liquidationsansprüche, solange diese Beträge nicht ihren Privatkonten gutgebracht worden sind, nicht verfügen.

§ 9

Dauer — Kündigung der Gesellschaft

(1) Der Gesellschaftsvertrag wird auf unbestimmte Zeit abgeschlossen. Er kann von jedem Gesellschafter, auch für einen Teil der Beteiligung, unter Einhaltung einer Frist von 6 Monaten auf den Schluß eines Geschäftsjahres gekündigt werden.

(2) Die Kündigung erfolgt durch an die Gesellschaft zu richtenden eingeschriebenen Brief, der spätestens bis zum 30. Juni zur Post gegeben sein muß. Der per-

sönlich haftende Gesellschafter ist verpflichtet, von dem Eingang einer Kündigung unverzüglich allen Gesellschaftern mit eingeschriebenem Brief Mitteilung zu machen.

(3) Die Rechtsfolgen der Kündigung ergeben sich aus § 19 dieses Vertrages.

§ 10

Geschäftsführung

(1) Die Geschäftsführung der Gesellschaft steht der X-Verwaltungsgesellschaft mbH zu, die als Gesellschaft mit beschränkter Haftung durch ihre satzungsgemäß bestellten, im Handelsregister eingetragenen Organe handelt. Sie selbst und ihre Organe sind von den Beschränkungen des § 181 BGB befreit. Die X-Verwaltungsgesellschaft mbH und ihre Geschäftsführer sind verpflichtet, ihre Aufgaben gegenüber der Kommanditgesellschaft in der gleichen Weise zu erfüllen und deren Interessen wahrzunehmen, wie dies dem Geschäftsführer einer GmbH gegenüber seiner eigenen Gesellschaft und deren Gesellschaftern vorgeschrieben ist.

(2) Die Kommanditisten haben nur bei den in diesem Vertrag ausdrücklich genannten Geschäften mitzuwirken. Darüber hinaus besteht in Abweichung von § 164 HGB kein Widerspruchsrecht und bedarf es nicht ihrer Zustimmung.

§ 11

Ersatz der Aufwendungen für die Geschäftsführung

Der X-Verwaltungsgesellschaft mbH sind die Aufwendungen, die ihr aus der Geschäftsführung der Kommanditgesellschaft erwachsen, insbesondere die Gehälter und Zuführungen zur Pensionsrückstellung für Geschäftsführer, die für sie die Geschäftsführung der Kommanditgesellschaft ausüben, am Ende eines jeden Geschäftsjahres zu erstatten. Es sind angemessene Abschlagszahlungen zu leisten.

§ 12

Wettbewerbsverbot

(1) Allen Gesellschaftern ist es nur untersagt, einen gleichartigen Betrieb zu eröffnen oder sich in irgendeiner Form an einem Unternehmen, das mit dieser Gesellschaft in Wettbewerb steht, zu betätigen oder sich an einem solchen zu beteiligen. Im Erbgang erworbene Rechte werden hiervon nicht berührt.

(2) Die X-Verwaltungsgesellschaft mbH verpflichtet sich, die in Abs. (1) aufgeführten Beschränkungen auch ihren Gesellschaftern und Geschäftsführern aufzuerlegen und für die Einhaltung Sorge zu tragen.

(3) Befreiungen von den vorstehenden Wettbewerbsverboten bedürfen eines einstimmigen Beschlusses aller Gesellschafter. Sie sind unwiderruflich.

§ 13

Bilanz

Die Jahresbilanz nebst Gewinn- und Verlustrechnung ist von dem persönlich haftenden Gesellschafter aufzustellen. Ist der Jahresabschluß durch einen Wirtschaftsprüfer geprüft worden [656]), der von der Gesellschafterversammlung gewählt

[656]) Da es sich nicht um eine Pflichtprüfung handelt, kann auch die Prüfung durch einen anderen Sachverständigen, zB einen Steuerberater, vorgesehen werden.

worden ist, so wird durch diese Prüfung das Recht der Kommanditisten auf Einsichtnahme in die Bücher und Geschäftspapiere der Gesellschaft ersetzt.

§ 14

Gewinn- und Verlustrechnung

(1) Vor Feststellung des Jahresertrages (Gewinn oder Verlust) sind über Unkosten als Aufwand die Auslagen des persönlich haftenden Gesellschafters (§ 11 dieses Vertrages) sowie Zinsen, die den Gesellschaftern auf Darlehenskonten und Privatkonten zustehen, zu verbuchen.

(2) Der sich ergebende Gewinn wird auf alle Gesellschafter im Verhältnis ihrer Festeinlagen verteilt.

50 vH des auf jeden Gesellschafter jährlich entfallenden Gewinnanteils werden, soweit der persönlich haftende Gesellschafter nicht einen geringeren Prozentsatz für erforderlich hält, auf einem für jeden Gesellschafter zu errichtenden Darlehenskonto gutgeschrieben, das bis auf weiteres mit 3 vH über dem jeweiligen Bundesbank-Diskontsatz zu verzinsen ist. Von seiten der Gesellschafter sind die Darlehen unkündbar. Der persönlich haftende Gesellschafter ist berechtigt, die auf den Darlehenskonten gutgeschriebenen Beträge ganz oder teilweise mit einer Frist von 6 Monaten auf den Schluß eines Geschäftsjahres zu kündigen. Die Kündigung hat durch eingeschriebenen Brief zu erfolgen, der spätestens am 30. Juni zur Post gegeben sein muß. Werden die Darlehen nicht in voller Höhe gekündigt, so darf allen Gesellschaftern gegenüber nur ein gleicher Prozentsatz der auf den Darlehenskonten gutgeschriebenen Beträge aufgekündigt werden.

Mindestens 50 vH des auf jeden Gesellschafter entfallenden Gewinnanteils werden auf einem für jeden Gesellschafter zu errichtenden Privatkonto gutgeschrieben, das bis auf weiteres mit 1 vH über dem jeweiligen Bundesbank-Diskontsatz zu verzinsen ist.

Eine Änderung des Zinssatzes der Darlehenskonten und der Privatkonten bedarf eines Beschlusses der Gesellschafterversammlung, der nicht ohne Zustimmung der X-Verwaltungsgesellschaft mbH gefaßt werden kann.

(3) Ergibt sich ein Verlust, so wird dieser ebenfalls nach dem Verhältnis der Festeinlagen auf die einzelnen Gesellschafter verteilt und deren Festeinlagekonten belastet. Spätere Gewinne dienen in Abweichung von Abs. (2) zuerst der Wiederauffüllung der Festeinlagekonten.

(4) Der Leistungsverkehr zwischen der Gesellschaft und den Gesellschaftern ist nach steuerlichen Grundsätzen abzurechnen. Bei Verstößen gegen diese Grundsätze sind die zu Unrecht begünstigten Gesellschafter verpflichtet, den ihnen steuerlich unrechtmäßig zugewandten Vorteil zurückzuerstatten oder wertmäßig zu ersetzen. Die Gesellschaft hat solche Ansprüche zu aktivieren [657]).

---

[657]) Zur Zulässigkeit derartiger Steuerklauseln gegen verdeckte Gewinnausschüttungen vgl. Beckmann, BB 1967, 532; Gruß, Inf. 1968, 79; Tipke, NJW 1968, 865; die steuerliche Rückwirkung verneint FG Hannover VII 225—227/65 v. 19. 11. 70, GmbH-Rdsch. 1972, 69 f. (nicht rechtskräftig).

§ 15

Ordentliche Gesellschafterversammlung

(1) Alljährlich findet im Laufe des Kalenderjahres eine ordentliche Gesellschafterversammlung statt.

(2) Die Einberufung der Gesellschafterversammlung erfolgt durch den persönlich haftenden Gesellschafter. Die Einberufung hat durch eingeschriebenen Brief an jeden einzelnen Gesellschafter mit einer Frist von 2 Wochen, welche mit der Absendung des Briefes beginnt, unter Mitteilung der Tagesordnung zu erfolgen. Eine nicht ordnungsgemäß einberufene Gesellschafterversammlung kann Beschlüsse fassen, wenn sämtliche Gesellschafter vertreten sind und kein Widerspruch gegen die Abhaltung der Versammlung erhoben wird.

§ 16

Stimmrecht

Jede volle 100,— DM einer Festeinlage gewähren eine Stimme.

§ 17

Gegenstand der Gesellschafterversammlung — Beschlußfassung

(1) Die Tagesordnung der ordentlichen Gesellschafterversammlung umfaßt wenigstens:

a) Entgegennahme des Berichtes über das abgelaufene Geschäftsjahr,
b) Entlastung der Geschäftsführung,
c) gegebenenfalls Wahl des Abschlußprüfers für das laufende Geschäftsjahr.

(2) Die Gesellschafterversammlung ist nur für folgende Fragen zuständig:

a) Änderung der Festeinlagen,
b) Abfindung eines Erben,
c) Zustimmungen nach § 8 dieses Vertrages,
d) Befreiung vom Wettbewerbsverbot,
e) Wahl des Abschlußprüfers,
f) Änderung des Zinsfußes für die Darlehenskonten und die Privatkonten,
g) Entlastung der Geschäftsführung,
h) Ausschluß eines Gesellschafters,
i) Änderung des Gesellschaftsvertrages,
j) Auflösung der Gesellschaft.

Im Falle b), g) und h) stimmt der betroffene Gesellschafter nicht mit ab.

Sofern es sich nicht um die nach Abs. (1) der ordentlichen Gesellschafterversammlung vorbehaltenen Angelegenheiten oder um Fälle des Abs. (2) a), h), i) und j) handelt, kann ein Beschluß auch ohne Abhaltung einer Versammlung gefaßt werden, wenn sämtliche Gesellschafter schriftlich mit der zu treffenden Bestimmung oder mit der schriftlichen Abgabe der Stimmen sich einverstanden erklärt haben.

(3) Beschlüsse über eine Änderung des Gesellschaftsvertrages oder eine Auflösung der Gesellschaft bedürfen einer Mehrheit von ¾ der abgegebenen Stimmen und der Zustimmung der X-Verwaltungsgesellschaft mbH. In allen anderen Fällen genügt die Mehrheit der abgegebenen Stimmen, sofern der Gesellschaftsvertrag keine

abweichende Regelung trifft. Im Falle der Stimmengleichheit gilt der Antrag als abgelehnt.

§ 18

Außerordentliche Gesellschafterversammlung

(1) Gesellschafter, welche zusammen mindestens 1/5 der Festeinlagen besitzen, haben das Recht, eine außerordentliche Gesellschafterversammlung einzuberufen, wenn der persönlich haftende Gesellschafter auf ihren, die Angabe des Zwecks und der Gründe enthaltenden Antrag die Einberufung ablehnt oder binnen 2 Wochen nach Eingang des Antrags die Gesellschafterversammlung nicht einberufen hat.

(2) Eine außerordentliche Gesellschafterversammlung ist außerdem von dem persönlich haftenden Gesellschafter einzuberufen, wenn es im Interesse der Gesellschaft erforderlich erscheint, insbesondere zur Beschlußfassung über die in § 17 (2) dieses Vertrages aufgeführten Angelegenheiten, über die nicht schriftlich abgestimmt werden kann, oder über andere Angelegenheiten, wenn ein Gesellschafter der schriftlichen Beschlußfassung widersprochen hat.

(3) Auf die außerordentliche Gesellschafterversammlung finden die §§ 15 (2), 16 und 17 (2) und (3) dieses Vertrages entsprechende Anwendung.

§ 19

Auseinandersetzung mit ausscheidenden Gesellschaftern

(1) Falls ein Gesellschafter aus der Gesellschaft ausscheidet, wird die Gesellschaft von den verbleibenden Gesellschaftern ohne Liquidation unter Fortführung der Firma mit Aktiven und Passiven fortgesetzt.

(2) Kommt keine anderweitige Regelung zustande, so wächst der Anteil des ausscheidenden Gesellschafters den verbleibenden Gesellschaftern im Verhältnis ihrer Festeinlagen zu, wogegen sie einen entsprechenden Anteil an der Abfindung des ausscheidenden Gesellschafters zu leisten haben.

(3) Das Auseinandersetzungsguthaben des ausscheidenden Gesellschafters besteht zunächst aus seinem in der Bilanz ausgewiesenen Anteil am Gesellschaftskapital (Festeinlage). Dazu treten auf seinen Anteil entfallende, in der Bilanz offen ausgewiesene Rücklagen und der Saldo seines Darlehenskontos. Eine Berücksichtigung etwaiger stiller Reserven oder eines good will erfolgt nicht.

Maßgebend für die Bewertung ist die Bilanz zum Zeitpunkt des Ausscheidens, falls dieses zum Ende eines Geschäftsjahres erfolgt. Scheidet dagegen der Gesellschafter nicht zum Ende eines Geschäftsjahres aus, so ist die Bilanz des vorangegangenen Jahres zugrunde zu legen.

Änderungen der Bilanz, die sich nach dem Ausscheiden eines Gesellschafters auf Grund einer Betriebsprüfung ergeben, bleiben auf die Höhe des Auseinandersetzungsguthabens ohne Einfluß. Etwa sich hieraus ergebende Steuernachzahlungen für den ausscheidenden Gesellschafter werden von den in der Gesellschaft verbliebenen Gesellschaftern anteilmäßig getragen.

Am Gewinn oder Verlust der Gesellschaft nimmt der ausscheidende Gesellschafter nur bis zum Zeitpunkt seines Ausscheidens teil. Erfolgt das Ausscheiden nicht zum

Ende eines Geschäftsjahres, so ist das Jahresergebnis im Verhältnis der abgelaufenen Zeit aufzuteilen.

(4) Das Auseinandersetzungsguthaben wird fällig in zwei gleichen Jahresraten, die erste Rate 6 Monate nach dem Zeitpunkt des Ausscheidens. Das jeweils verbleibende Guthaben ist als Darlehen vom Tage des Ausscheidens ab mit 1 vH über dem jeweiligen Diskontsatz der Deutschen Bundesbank zu verzinsen. Die Zinsen sind vierteljährlich nachträglich zu zahlen.

(5) Über sein Privatkonto kann der Ausscheidende auch nach seinem Ausscheiden beliebig disponieren.

(6) Die verbliebenen Gesellschafter sind nicht verpflichtet, den ausscheidenden Gesellschafter von der etwaigen Inanspruchnahme durch Gesellschaftsgläubiger freizuhalten oder hierfür Sicherheit zu leisten. Ebenso kann der ausscheidende Gesellschafter keine Sicherheit für sein Abfindungsguthaben verlangen.

§ 20
Ausschluß eines Gesellschafters

(1) Wird über das Vermögen eines Gesellschafters das Konkursverfahren oder das Vergleichsverfahren eröffnet oder wird die Zwangsvollstreckung in sein Auseinandersetzungsguthaben oder ein sonstiges Gesellschafterrecht betrieben, so können die übrigen Gesellschafter seinen Ausschluß beschließen. Der Ausschluß wird mit der Bekanntgabe des Beschlusses, im Falle der Einzelzwangsvollstreckung jedoch erst einen Monat nach Bekanntgabe des Beschlusses wirksam, es sei denn, daß der betroffene Gesellschafter bis dahin die eingeleiteten Vollstreckungsmaßnahmen abgewendet hat.

(2) Verletzt ein Gesellschafter eine ihm nach dem Gesellschaftsvertrag obliegende wesentliche Verpflichtung, so können die übrigen Gesellschafter die Erhebung einer Klage auf Ausschließung dieses Gesellschafters beschließen. Eine Auflösung der Gesellschaft nach § 133 HGB kommt nicht in Betracht.

(3) Der Beschluß über den Ausschluß oder die Erhebung der Anschließungsklage bedarf einer Mehrheit von ¾ der abgegebenen Stimmen. Der betroffene Gesellschafter hat hierbei kein Stimmrecht. Die Abfindung des betroffenen Gesellschafters und die Übernahme seiner Beteiligung erfolgt in allen Fällen entsprechend der Regelung in § 19 dieses Vertrages.

§ 21
Auflösung der Gesellschaft

(1) Der Beschluß über die Auflösung der Gesellschaft bedarf einer Mehrheit von ¾ der abgegebenen Stimmen. Er kann nicht gegen die Stimme der X-Verwaltungsgesellschaft mbH gefaßt werden, es sei denn, daß sich in zwei aufeinanderfolgenden Jahren ein Verlust ergeben hat.

(2) Tritt die Auflösung der Gesellschaft ein, so sollen sich die Gesellschafter auf die Person eines Liquidators einigen. Geschieht dies nicht innerhalb 3 Wochen, so entscheidet die Stimme des persönlich haftenden Gesellschafters.

(3) An dem Unterschied des Auseinandersetzungsvermögens der Gesellschaft gegenüber den Festeinlagekonten nehmen die Gesellschafter im Verhältnis ihrer Festeinlagen teil.

§ 22

Unwirksamkeit einzelner Bestimmungen

Sollten einzelne Bestimmungen dieses Vertrages nichtig oder unwirksam sein oder werden, so wird die Gültigkeit des Vertrages im übrigen hiervon nicht berührt.

§ 23

Kosten des Vertrages

Die Kosten dieses Vertrages und seiner Durchführung sowie die durch die Gründung der Gesellschaft veranlaßten Steuern trägt die Gesellschaft.

Satzung der X-Verwaltungsgesellschaft mbH

§ 1

Firma — Sitz

(1) Die Gesellschaft führt die Firma X-Verwaltungsgesellschaft mbH [658]).

(2) Sitz der Gesellschaft ist . . . .

§ 2

Gegenstand

Gegenstand des Unternehmens ist der Betrieb oder die Geschäftsführung von sowie die Beteiligung an Unternehmen, die . . . zum Gegenstand haben.

§ 3

Geschäftsjahr

Geschäftsjahr ist das Kalenderjahr.

§ 4

Stammkapital — Stammeinlagen

(1) Das Stammkapital der Gesellschaft beträgt DM 20 000,—.

(2) Folgende Gesellschafter sind mit folgenden Stammeinlagen beteiligt:

a) Herr X . . . . mit DM 18 000,—

b) Frau X . . . . mit DM 2 000,—.

(3) Das Stammkapital ist voll eingezahlt.

§ 5

Dauer der Gesellschaft

Die Gesellschaft ist auf unbestimmte Zeit errichtet.

§ 6

Regelung für den Erbfall

(1) Stirbt ein Gesellschafter, so geht sein Geschäftsanteil auf seine Erben über. Die Erben haben sich unverzüglich nach Annahme der Erbschaft bei der Gesellschaft zu legitimieren. Für die Teilung des Geschäftsanteils unter den Erben ist eine Genehmigung der Gesellschaft nicht erforderlich. Jeder Gesellschafter ist

---

[658]) Einige Registergerichte lassen die Abkürzung „GmbH" zu.

berechtigt, durch Verfügung von Todes wegen die Nachfolge in seinen Geschäftsanteil zu regeln und eine Testamentsvollstreckung auch hinsichtlich der Ausübung der Mitgliedschaftsrechte anzuordnen.

(2) Die Mitgesellschafter können beschließen, andere Erben als Mitgesellschafter oder Kinder des Verstorbenen gemäß § 10 abzufinden. Eine entsprechende Erklärung muß an die Erben des verstorbenen Gesellschafters innerhalb von 6 Monaten nach deren Legitimation abgeschickt werden. Die Erben sind sodann verpflichtet, den auf sie entfallenden Geschäftsanteil oder Teil des Geschäftsanteils auf die Mitgesellschafter im Verhältnis ihrer Geschäftsanteile zu übertragen. Soweit Mitgesellschafter hiervon keinen Gebrauch machen, steht das Übernahmerecht dem oder den anderen Gesellschaftern zu.

§ 7

Übertragung von Geschäftsanteilen

(1) Eine Übertragung von Geschäftsanteilen oder Teilen eines solchen bedarf zu ihrer Wirksamkeit einer vorherigen Einwilligung der Gesellschafter mit einer Mehrheit von ¾ der abgegebenen Stimmen, wobei der zur Übertragung entschlossene Gesellschafter mitzustimmen berechtigt ist. Dasselbe gilt für die Verpflichtung zu einer Übertragung. Die Gesellschafter haben sich binnen eines Monats nach schriftlicher Anzeige durch den zur Übertragung entschlossenen Gesellschafter zu entscheiden; andernfalls gilt die Einwilligung als versagt.

(2) Wird die Einwilligung zu einer Übertragung versagt, ist jedoch der Gesellschafter weiterhin zur Übertragung entschlossen, so sind die Mitgesellschafter berechtigt, innerhalb einer Frist von 3 Monaten — von dem Eingang der Mitteilung der weiterhin bestehenden Übertragungsabsicht den Mitgesellschaftern gegenüber an gerechnet — den Anteil im Verhältnis ihrer eigenen Anteile gemäß § 10 zu übernehmen. Soweit Mitgesellschafter hiervon keinen Gebrauch machen, steht dieses Recht dem oder den anderen Mitgesellschaftern zu. Macht keiner von dem Übernahmerecht Gebrauch, so kann der zur Übertragung entschlossene Gesellschafter innerhalb eines Jahres — von dem Ablauf der in Satz 1 vorgesehenen Frist an gerechnet — frei übertragen.

(3) § 17 Abs. 2 des GmbH-Gesetzes bleibt unberührt.

§ 8

Verpfändung von Geschäftsanteilen

(1) Die Geschäftsanteile dürfen nicht verpfändet oder sonstwie mit Rechten Dritter belastet werden.

(2) Ansprüche der Gesellschafter, gleichviel aus welchem Rechtsgrund sie hergeleitet werden können, insbesondere der Anspruch auf Gewinn und Liquidationserlös, sind nicht auf Dritte übertragbar.

§ 9

Einziehung von Geschäftsanteilen

(1) Die Gesellschafter können die Einziehung des Geschäftsanteils eines Gesellschafters beschließen, wenn über sein Vermögen das Konkurs- oder Vergleichsverfahren eröffnet oder wenn die Zwangsvollstreckung in seinen Ge-

schäftsanteil oder einen Teil eines solchen oder ein sonstiges Gesellschafterrecht betrieben wird. Die Einziehung wird mit Bekanntgabe des Einziehungsbeschlusses, im Falle der Einzelzwangsvollstreckung jedoch erst einen Monat nach Bekanntgabe des Beschlusses, wirksam, es sei denn, daß der betroffene Gesellschafter bis dahin die eingeleiteten Vollstreckungsmaßnahmen abgewendet hat. § 10 findet keine Anwendung.

Im Falle der Einzelzwangsvollstreckung hat die Gesellschaft das Recht, die Forderungen des Pfändungspfandgläubigers abzulösen oder durch die Gesellschafter ablösen zu lassen. Durch die Ablösung wird die Einziehung nicht berührt. Der ausgeschlossene Gesellschafter hat bei einer Ablösung nur Anspruch auf die etwaige Differenz zwischen dem Ablösungsbetrag und dem nach § 10 zu zahlenden Betrag. § 10 gilt entsprechend.

(2) Die Einziehung eines Geschäftsanteils ist auf dem Wege der Ausschließungsklage zulässig, wenn in der Person eines Gesellschafters ein wichtiger Grund vorliegt, der die Fortsetzung des Gesellschaftsverhältnisses unzumutbar macht. Ein solcher wichtiger Grund liegt vor, wenn der betroffene Gesellschafter eine ihm nach dem Gesellschaftsvertrag obliegende wesentliche Verpflichtung verletzt hat.

(3) Der Beschluß über die Einziehung, eine Ablösung und die Erhebung der Ausschließungsklage bedarf einer Mehrheit von ¾ der abgegebenen Stimmen. Der betroffene Gesellschafter hat hierbei kein Stimmrecht.

(4) Statt der Einziehung kann die Gesellschafterversammlung mit einer Mehrheit von ¾ der abgegebenen Stimmen beschließen, daß der Anteil ganz oder zum Teil von der Gesellschaft unter Beachtung des § 33 Abs. 1 des GmbH-Gesetzes erworben oder auf eine oder mehrere von ihr benannte Personen übertragen wird. Abs. (3) Satz 2 gilt auch hier.

§ 10

Abfindung von Gesellschaftern

(1) Scheidet ein Gesellschafter aus der Gesellschaft aus, so erhält er als Abfindung den Nominalwert seines Geschäftsanteils zuzüglich der anteiligen, in der Bilanz offen ausgewiesenen Rücklagen. Eine Berücksichtigung etwaiger stiller Reserven und eines good will erfolgt nicht.

(2) Maßgebend für die Bewertung ist die Bilanz zum Zeitpunkt des Ausscheidens, falls dieses zum Ende eines Geschäftsjahres erfolgt. Scheidet dagegen der Gesellschafter nicht zum Ende eines Geschäftsjahres aus, so ist die Bilanz des vorangegangenen Jahres zugrunde zu legen. Änderungen der Bilanz, die sich nach dem Ausscheiden des Gesellschafters auf Grund einer Betriebsprüfung ergeben, bleiben auf die Höhe des Auseinandersetzungsguthabens ohne Einfluß.

(3) Am Gewinn oder Verlust der Gesellschaft nimmt der ausscheidende Gesellschafter nur bis zum Zeitpunkt seines Ausscheidens teil. Erfolgt das Ausscheiden nicht zum Ende eines Geschäftsjahres, so ist das Jahresergebnis im Verhältnis der abgelaufenen Zeit aufzuteilen.

(4) Das Abfindungsguthaben wird fällig in 2 gleichen Jahresraten, die erste Rate 6 Monate nach dem Zeitpunkt des Ausscheidens. Das jeweils verbleibende

Guthaben ist als Darlehen vom Tage des Ausscheidens ab mit 1 vH über dem jeweiligen Diskontsatz der Deutschen Bundesbank zu verzinsen. Die Zinsen sind vierteljährlich nachträglich zu zahlen.

(5) Der ausscheidende Gesellschafter kann keine Sicherheit für sein Abfindungsguthaben verlangen.

§ 11

Vertretung der Gesellschaft

(1) Von der Gesellschafterversammlung werden ein oder mehrere Geschäftsführer bestellt. Jeder Geschäftsführer kann unbeschadet etwaiger Entschädigungsansprüche aus dem Anstellungsverhältnis jederzeit durch die Gesellschafterversammlung abberufen werden.

(2) Sind mehrere Geschäftsführer bestellt, so ist jeder in Gemeinschaft mit einem anderen Geschäftsführer zur Vertretung der Gesellschaft befugt. Ein Prokurist kann die Gesellschaft nur zusammen mit einem Geschäftsführer oder einem anderen Prokuristen vertreten. Die Gesellschafterversammlung kann für bestimmte Geschäftsführer und Prokuristen Einzelvertretung anordnen.

(3) Zum ersten Geschäftsführer wird

Herr X

bestellt. Herr X bleibt auch bei der Bestellung weiterer Geschäftsführer allein zur Vertretung der Gesellschaft berechtigt. Er ist von den Beschränkungen des § 181 BGB befreit.

§ 12

Beschränkungen der Geschäftsführungsbefugnis

(1) Die Gesellschafterversammlung kann für den Geschäftsbetrieb allgemeine oder besondere Weisungen erlassen, zu deren Einhaltung die Geschäftsführer verpflichtet sind. Insbesondere kann angeordnet werden, daß bestimmte Geschäfte der vorherigen Einwilligung der Gesellschafterversammlung bedürfen. Die vorherige Einwilligung der Gesellschafterversammlung ist auch dann erforderlich, wenn die Geschäfte nicht für die Gesellschaft selbst, sondern für die Firma X ausgeführt werden.

(2) Einer vorherigen Einwilligung der Gesellschafterversammlung mit einer Mehrheit von ¾ der abgegebenen Stimmen bedarf es in allen Fällen, in denen in der Firma X das Stimmrecht für die GmbH ausgeübt wird.

§ 13

Beschlußfassung

(1) Die Beschlüsse der Gesellschafter werden in Versammlungen gefaßt. Der Abhaltung einer Versammlung bedarf es nicht, wenn sämtliche Gesellschafter schriftlich mit der zu treffenden Bestimmung oder mit der schriftlichen Abgabe der Stimmen sich einverstanden erklärt haben.

(2) Die Beschlüsse der Gesellschafter werden mit einfacher Stimmenmehrheit gefaßt, sofern nicht im Gesellschaftsvertrag oder im Gesetz etwas anderes be-

stimmt ist. Dabei geht eine Bestimmung im Gesellschaftsvertrag einer nicht zwingenden Bestimmung im Gesetz vor. Im Falle der Stimmengleichheit gilt ein Antrag als abgelehnt. Beschlüsse über eine Änderung der Satzung oder eine Auflösung der Gesellschaft bedürfen einer Mehrheit von 3/4 der abgegebenen Stimmen.

§ 14

Wettbewerbsverbot

(1) Den Gesellschaftern ist es untersagt, sich auf jedem Gebiet, auf dem diese Gesellschaft oder die Firma X tätig ist, zu betätigen oder sich an einem gleichartigen Unternehmen zu beteiligen.

Im Erbgang erworbene Rechte werden hiervon nicht berührt.

(2) Das Wettbewerbsverbot gilt auch für die Geschäftsführer.

(3) Befreiungen von den vorstehenden Wettbewerbsverboten bedürfen eines einstimmigen Beschlusses aller Gesellschafter. Sie sind unwiderruflich.

§ 15

Verwendung des Bilanzgewinns

(1) Die Verwendung des in der Bilanz ausgewiesenen Gewinns nach Abzug der aus dem Gewinn zu zahlenden Steuern beschließt die Gesellschafterversammlung. Der Ausschüttungsbeschluß bedarf einer Mehrheit von 3/4 der abgegebenen Stimmen. Zur Stärkung der finanziellen Mittel der Gesellschaft soll vor Ausschüttung einer Dividende für ausreichende Rücklagen gesorgt werden.

(2) Der Leistungsverkehr zwischen der Gesellschaft und den Gesellschaftern ist nach steuerlichen Grundsätzen abzurechnen. Bei Verstößen gegen diese Grundsätze sind die zu Unrecht begünstigten Gesellschafter verpflichtet, den ihnen steuerlich unrechtmäßig zugewandten Vorteil zurückzuerstatten oder wertmäßig zu ersetzen. Die Gesellschaft hat solche Ansprüche zu aktivieren [659]).

§ 16

Liquidation der Gesellschaft

Tritt die Auflösung der Gesellschaft ein, so sollen sich die Gesellschafter auf die Person eines Liquidators einigen. Geschieht dieses nicht innerhalb von 3 Wochen, so beschließt die Gesellschafterversammlung hierüber mit Mehrheit.

§ 17

Bekanntmachungen der Gesellschaft

Bekanntmachungen der Gesellschaft erfolgen nur im Bundes-Anzeiger.

§ 18

Unwirksamkeit einzelner Bestimmungen

Sollten einzelne Bestimmungen dieses Vertrages nichtig oder unwirksam sein oder werden, so wird die Gültigkeit dieses Vertrages im übrigen hiervon nicht berührt.

---

[659]) Vgl. Fußnote [657]).

III. Wichtige Urteile und Erlasse

Einer OHG und einer KG kann die steuerliche Anerkennung nicht lediglich mit der Begründung versagt werden, daß außerbetriebliche, zB steuerliche und familienrechtliche Gesichtspunkte den Abschluß des Gesellschaftsvertrages veranlaßt haben. 1

BFH IV 246/50 S v. 22. 8. 51, BStBl. III 1951, 181 = StRK StAnpG § 5 R. 3 = FR 1951, 375.

..... Wie bereits in den Entsch. des OFH III 4/45 S v. 7. 5. 47, Bay. FMBl. 1947, 89 = StRK BewG § 54 Abs. 1 R. 3 und III (IV) 26/47 S v. 9. 3. 48, Bay. FMBl. 1948, 125 = StRK EStG § 19 Abs. 1 Ziff. 1 R. 3 zum Ausdruck kommt, muß die steuerliche Beurteilung, sofern nicht die Voraussetzungen der §§ 5, 6 StAnpG gegeben sind, auf der nach den Vorschriften des bürgerlichen Rechts aufgebauten Rechtsgestaltung durchgeführt werden. Dieser Grundsatz ist in besonderem Ausmaße vom Körperschaftsteuersenat des RFH hinsichtlich der Körperschaftsteuerpflicht der Kapitalgesellschaften stets vertreten worden, so zB in der Entsch. I 216/43 v. 21. 3. 44, RStBl. 1944, 396 = StRK KStG § 5 R. 1. Er muß im wesentlichen auch für die Personalgesellschaften gelten. Anders ist die Rechtslage dann, wenn die tatsächlichen Verhältnisse dem formell abgeschlossenen Vertrage nicht entsprechen. Eine OHG und eine KG sind steuerlich nur dann gegeben, wenn Mitunternehmerschaft vorliegt. Nach den Bestimmungen des Handelsrechts entsteht die Personalgesellschaft nicht durch ihre Eintragung in das Handelsregister, sondern durch einen Vertrag (s. Entsch. des RG II 153/24 v. 5. 1. 26, RGZ Bd. 112, 280), dessen Zweck auf den Betrieb eines Handelsgewerbes unter gemeinschaftlicher Firma gerichtet ist (HGB § 105, § 161). Der RFH hat deshalb die Anerkennung einer OHG im Gewerbesteuerrecht bei freien Berufen und bei der Landwirtschaft abgelehnt, weil hier die Voraussetzungen der §§ 105 und 161 HGB nicht erfüllt sind (Entsch. des RFH VI 742/38 v. 21. 12. 38, RStBl. 1939, 263 = Kartei GewStG 1936 § 3 Ziff. 6 R. 2).

Es kann der Auffassung nicht beigepflichtet werden, daß das Motiv der Gründung einer Gesellschaft für die Frage von entscheidender Bedeutung ist, ob rechtlich, insbesondere auch steuerrechtlich, eine Personalgesellschaft gegeben ist. Das Vorliegen einer OHG oder einer KG wird bürgerlich-rechtlich und damit auch steuerrechtlich nicht dadurch berührt, daß außerbetriebliche Gründe, so zB die Sicherstellung von Familienangehörigen, die Veranlassung für die Bildung der Personalgesellschaft gegeben haben. Es kann auch nicht als ein Mißbrauch von Gestaltungsmöglichkeiten des bürgerlichen Rechts angesehen werden, wenn ein Stpfl. zur Ersparung von Steuern die für ihn günstigste Rechtsform wählt. Es müssen hier gleichartige Grundsätze zur Anwendung kommen, wie sie der OFH insbesondere in der bereits oben mitgeteilten Entsch. III (IV) 26/47 S ausgesprochen hat. Die Steuerpolitik wird teilweise durch die Wirtschaftspolitik beeinflußt. Der Gesetzgeber versucht auch mit Hilfe der steuerlichen Vorschriften bestimmte wirtschaftliche Vorgänge zu fördern oder ihnen entgegenzuwirken. Deutlich kommt dies zB bei den Sonderausgaben zum Ausdruck, wo der Spargedanke durch wesentliche steuerliche Begünstigungen gefördert werden soll. In gleicher Weise wurde die Umwandlung von Kapitalgesellschaften durch das Gesetz über Steuererleichterungen bei der Umwandlung und Auflösung von Kapitalgesellschaften v. 5. 7. 34 (RGBl. I, 572) gefördert. Bei der einschneidenden Natur der Steuertarife kann es dem Stpfl. nicht verwehrt werden, die für ihn günstigste rechtliche Form zu wählen. Oft entspricht dies sogar dem Willen des Gesetzgebers. Einer KG kann die steuerliche Anerkennung nicht versagt werden, weil steuerliche Gesichtspunkte oder sonstige außerbetriebliche Beweggründe die Veranlassung zur Gründung der Gesellschaft gegeben haben.

Voraussetzung für die Anerkennung einer KG ist aber, daß Mitunternehmerschaft vorliegt (siehe EStG 1939 § 15 Ziff. 2), daß also der Gesellschaftsvertrag auch verwirklicht wird und die tatsächliche Gestaltung der Dinge mit ihrer formellen Gestaltung übereinstimmt. Für diese Tatsachenwürdigung können die Motive, die zur Gründung einer Gesellschaft geführt haben, von Bedeutung sein. Vielfach wird dort, wo lediglich steuerliche Gesichtspunkte oder sonstige außerbetriebliche Zwecke die Veranlassung für den Abschluß des Gesellschaftsvertrages gegeben haben, eine Mitunternehmerschaft der Familienangehörigen nicht vorliegen. Die Frage, ob eine solche Mitunternehmerschaft gegeben ist, muß aus dem Gesamtbilde heraus entschieden werden.

..... Unabhängig von dieser Frage ist zu entscheiden, ob die Gewinnverteilung steuerlich anzuerkennen ist. Die Gewinnverteilung muß so geregelt sein, daß sie der Kapitaleinlage und der Tätigkeit des einzelnen Gesellschafters innerhalb der KG in angemessener Weise Rechnung trägt. Trifft es zu, wie das FG annimmt, daß die Gewinnverteilung wirtschaftlich den Leistungen der Gesellschafter nicht gerecht wird, so ist es möglich, daß ein Mißbrauch von Gestaltungsmöglichkeiten des bürgerlichen Rechts iS des § 6 StAnpG vorliegt. Erhalten die Töchter einen größeren Anteil am Gesamtgewinne der Gesellschaft, als ihren Leistungen entspricht, so sind die Finanzbehörden berechtigt, diese Gewinnverteilung abzulehnen und bei ihrer steuerlichen Berechnung davon auszugehen, daß ein Teil der den Töchtern zufließenden Beträge eine Schenkung durch den Bf. darstellt, die einkommensteuerlich nicht berücksichtigt werden kann.

2 **Zu den Vergütungen iS des § 15 Ziff. 2 EStG eines Gesellschafters für seine Tätigkeit im Dienst einer Personengesellschaft gehören auch seine Bezüge als Geschäftsführer einer GmbH, die Komplementärin und Geschäftsführerin einer GmbH & Co. KG ist, soweit sie auf eine Tätigkeit entfallen, die er als Organ der GmbH für die Personengesellschaft ausübt.**

BFH I 221/59 S v. 2. 8. 60, BStBl. III 1960, 408 = StRK EStG § 15 R. 198.

..... Der Senat verbleibt bei der vom FG angeführten Rechtsprechung des RFH. Die GmbH & Co. KG ist eine Personengesellschaft (Urt. des BFH I 351/56 U v. 16. 9. 58, BStBl. III 1958, 462 = Slg. Bd. 67, 492 = StRK EStG § 15 R. 122). Nach § 15 Ziff. 2 EStG sind Einkünfte eines Gesellschafters einer Personengesellschaft auch die Vergütungen, die der Gesellschafter von der Gesellschaft für seine Tätigkeit im Dienst der Gesellschaft bezogen hat. Aus dieser Vorschrift ist der Wille des Gesetzgebers erkennbar, für die Einkommensteuer der Gesellschafter einer Personengesellschaft jeden Gesellschafter als Unternehmer des Betriebes der Gesellschaft anzusehen. Daher muß grundsätzlich die gesamte Tätigkeit eines Gesellschafters im Rahmen des Unternehmens der Gesellschaft als selbständige Unternehmertätigkeit beurteilt werden. Wie im Urt. des BFH I 71/57 U v. 28. 1. 58 (BStBl. III 1958, 112 = Slg. Bd. 66, 290 = StRK GewStG § 8 Ziff. 2—9 R. 13) ausgeführt wird, ist es nicht möglich, unter Berufung auf die sog. Bilanzbündeltheorie das Arbeitsverhältnis eines Gesellschafters zu seiner Gesellschaft in Arbeitsverhältnisse im eigenen Mitunternehmen und zu den Mitgesellschaftern aufzuspalten. Es muß das wirtschaftlich einheitliche Arbeitsverhältnis auch steuerlich einheitlich beurteilt werden. Hierbei ist gleichgültig, ob der Gesellschafter im Auftrage der Gesamtheit der Unternehmer oder im Auftrage eines einzelnen Mitunternehmers für die Personengesellschaft tätig wird. Denn jeder Mitunternehmer verkörpert für seine Person die Gesellschaft, so daß Tätigkeit für einen Mitunternehmer Tätigkeit für die Gesellschaft als der gesamthänderisch miteinander verbundenen Mitunternehmer ist. Siehe hierzu auch Entsch. des BFH I 99/54 U v. 2. 8. 55 (BStBl. III 1955, 294 = Slg. Bd. 61, 250 = StRK GewStG § 5 R. 6) und des OVG Münster III Az 89/54 v. 26. 10. 54 (StRK GewStG § 5 R. 8). Allein diese Auffassung entspricht der einkommensteuerlichen Vorstellung der Personengesellschaft und der Beziehungen der Gesellschafter untereinander und zu ihrer Gesellschaft. Die Beziehungen zum Mitgesellschafter sind stets auch Beziehungen zur Gesellschaft und damit zum eigenen gewerblichen Betrieb. Erhält ein Gesellschafter von einem anderen Gesellschafter, dem die Alleingeschäftsführung für die Gesellschaft obliegt, eine Vergütung dafür, daß er die Geschäftsführung für diesen ausübt, so stellen auch diese Beträge eine „von der Gesellschaft für seine Tätigkeit im Dienst der Gesellschaft" gewährte Vergütung dar. Das gilt auch für die Tätigkeit eines Kommanditisten einer GmbH & Co. KG, der — wie im Streitfall — als Geschäftsführer der GmbH deren Geschäftsführung für die KG tatsächlich ausübt. In besonderem Maße muß dies dort gelten, wo die Kommanditisten der GmbH & Co. KG gleichzeitig die Gesellschafter der GmbH sind. Es trifft wohl zu, daß der Kommanditist als Geschäftsführer der GmbH in einer Weise tätig wird, daß seine Handlungen als diejenigen eines Organs einer juristischen Person unmittelbar solche der GmbH selbst sind. Indes darf die Doppelstellung nicht unbeachtet bleiben, die der Kommanditist als natürliche Person in einem solchen Fall einnimmt: Er ist sowohl Organ der GmbH als auch Gesellschafter der KG. Bei einer wirtschaftlichen Betrachtung aber kann seine Geschäftsführertätigkeit nicht von seiner Gesellschaftereigenschaft und damit von seiner Eigenschaft als Unternehmer der KG losgelöst werden. Über die GmbH wird er — wenn auch bei einer formaljuristischen Betrachtung nur mittelbar — im Dienst der KG für diese tätig. Die ihm hierfür gewährte Vergütung ist nach § 15 Ziff. 2 EStG von der KG bezogen und seinem Gewinnanteil als weiterer Teil seines gewerblichen Gewinns hinzuzurechnen. Die Sache kann für einen Kommanditisten, der Geschäftsführer der GmbH ist, nicht anders beurteilt werden, als für einen Kommanditisten, der in einem sonstigen Arbeitsverhältnis zur GmbH steht und in ihrem Auftrage die Geschäftsführung der KG ausübt.

3 **1. Die Vorschrift des § 6 Abs. I Ziff. 4 KVStG, nach der Anteile der Kommanditisten an einer Kommanditgesellschaft, wenn zu den persönlich haftenden Gesellschaftern der Kommanditgesellschaft eine Kapitalgesellschaft gehört, als Gesellschaftsrechte an der Kapitalgesellschaft gelten, ist wegen Verstoßes gegen den Gleichheitsgrundsatz (Art. 3 GG) nichtig. Die Vorschrift des § 6 Abs. II KVStG ist, soweit nach ihr die Personen, denen die im § 6 Abs. I Ziff. 4 KVStG bezeichneten Gesellschaftsrechte an einer Kommanditgesellschaft zustehen, als Gesellschafter der Kapitalgesellschaft gelten, insoweit nichtig.**

2. Der Erwerb von Kommanditanteilen an einer GmbH & Co. KG sowie Leistungen und Darlehen der Kommanditisten an eine GmbH & Co. KG unterliegen wegen Nichtigkeit des § 6 Abs. I Ziff. 4 KVStG und insoweit des § 6 Abs. II KVStG nicht der Gesellschaftsteuer.

BFH II 12/61 S v. 3. 12. 64, BStBl. III 1965, 19 = StRK KVStG § 6 R. 4 (m. Anm. Strickrodt).

.... Dem Bundesminister der Finanzen (BdF) ist darin beizupflichten, daß das Bundesverfassungsgericht (BVerfG) in einer Anzahl von Entscheidungen — auch solchen, die sich mit steuerrechtlichen Fragen befassen — eine Verletzung des Gleichheitsgrundsatzes durch eine Sonderregelung nur dann angenommen hat, wenn sich ein vernünftiger, aus der Natur der Sache oder sonstwie einleuchtender Grund nicht finden läßt, dh. wenn die Sonderregelung als willkürlich bezeichnet werden muß (so unter anderem Beschl. 2 BvF 1/60 v. 16. 5. 61, BVerfGE Bd. 12, 341 [348] = BStBl. I 1961, 432 [433 f.] = StRK UStG § 8 R. 10 [m. Anm. Hillebrecht]). Noch in dem Urt. 1 BvL 32/57 v. 24. 1. 62 (BVerfGE Bd. 13, 290 [298, 317] = BStBl. I 1962, 492 [500] = StRK GewStG § 8 Ziff. 2—9 R. 34 [m. Anm. Krüger]) hat der Erste Senat des BVerfG darauf abgestellt, daß sich für eine Steuerverschärfung kein sachlich einleuchtender Grund finden ließ, der vor dem Gebot der Steuergerechtigkeit nach Art. 3 GG hätte bestehen können. Durch Urteil vom gleichen Tage (1 BvR 845/58 v. 24. 1. 62, BVerfGE Bd. 13, 331 = BStBl. I 1962, 500 = StRK GewStG § 8 Ziff. 2—9 R. 35 [m. Anm. Laule]) hat jedoch derselbe Erste Senat ausgesprochen, daß eine Sonderregelung, welche die benützte zivilrechtliche Ordnung und damit die vom Gesetz selbst statuierte Sachgesetzlichkeit durchbricht, nur dann iS des Art. 3 Abs. 1 GG sachlich hinreichend gerechtfertigt ist, wenn sie von überzeugenden Gründen getragen ist.

Der erkennende Senat des BFH ist mit der Bfin der Auffassung, daß dieses letztgenannte Urteil für die Entscheidung maßgebend ist, ob sich § 6 Abs. 1 Nr. 4 KVStG mit Art. 3 Abs. 1 GG vereinbaren läßt. Denn die Gesellschaftsteuer knüpft an die zivil- bzw. handelsrechtliche Regelung des Gesellschaftsrechts an. Nach Handelsrecht gehören jedoch Kommanditgesellschaften nicht zu den Kapitalgesellschaften. Sie werden vielmehr unbestritten in der heutigen zivilgerichtlichen Rechtsprechung und nach der weit überwiegenden Meinung des handelsrechtlichen Schrifttums als zulässige Personengesellschaften auch dann behandelt, wenn zu ihren persönlich haftenden Gesellschaftern eine juristische Person (AG oder GmbH) gehört (vgl. die Zusammenstellung der Rechtsprechung und des Schrifttums bei Hesselmann, Handbuch der GmbH & Co., 7. Aufl. 1964, 10, Fußn. 27, 28; 11, besonders Fußn. 32). Das KVStG besteuert den Kapitalverkehr, durch den

Kapitalgesellschaften von ihren Gesellschaftern Kapital zugeführt wird. Es bedeutet daher eine Durchbrechung der zivilrechtlichen Ordnung an maßgebender Stelle, wenn auf Grund der Fiktion des § 6 Abs. 1 Nr. 4 (iVm. § 2 Nr. 1) KVStG der Erwerb von Gesellschaftsrechten an einer KG — also einer Personengesellschaft — als Erwerb von Gesellschaftsrechten an einer Kapitalgesellschaft angesehen wird und die Kommanditisten insoweit nach der Fiktion des § 6 Abs. 2 KVStG als Gesellschafter der Kapitalgesellschaft gelten.

Kommanditgesellschaften werden als Personengesellschaften danach ungleich behandelt, je nachdem, ob zu ihren Komplementären nur natürliche Personen oder auch eine juristische Person gehören. Außerdem wird auch die juristische Person — im Streitfall die beschwerdeführende GmbH — ungleich behandelt, wenn sie sich bei einer Beteiligung an einer GmbH & Co. KG als Komplementärin das Kapital der Kommanditisten gesellschaftsteuerrechtlich zurechnen lassen muß, zumal sie nach § 10 Abs. 1 KVStG die Gesellschaftsteuer insoweit schuldet, während eine natürliche Person im entsprechenden Falle einer Gesellschaftsteuer nicht unterworfen wird. Es ist im verfassungsrechtlichen Schrifttum anerkannt, daß das Gebot der Gleichbehandlung nach Art. 3 GG grundsätzlich auch zugunsten von juristischen Personen wie auch zugunsten von KG gilt (vgl. unter anderem Maunz-Dürig, Kommentar zum GG, Anm. 53 und 57 zu Art. 19 Abs. 3 GG). Schließlich werden die Kommanditisten einer GmbH & Co. KG von der ungleichen Behandlung ebenfalls betroffen, da sie nach § 10 Abs. 2 KVStG für die von der Kapitalgesellschaft geschuldete Steuer haften; denn Gesellschafter, die sich an einer KG beteiligen, bei der nur natürliche Personen zu den Komplementären gehören, werden nicht für eine Gesellschaftsteuer im Haftungswege in Anspruch genommen.

Es bedurfte daher der Prüfung, ob für die unterschiedliche Behandlung der GmbH & Co. KG und einer sonstigen KG überzeugende Gründe vorhanden sind. Der Senat ist aus den nachstehenden Gründen zu der Entscheidung gekommen, diese Frage zu verneinen.

Dem FG ist im Ergebnis darin zuzustimmen, daß der einzige rechtlich wesentliche Unterschied im „extremen" Falle des Konkurses eintritt. Wie jede natürliche Person als Komplementärin mit ihrem gesamten Vermögen für die Schulden einer KG haftet, so besteht diese unbeschränkte Haftung für Verbindlichkeiten der KG auch für die GmbH, die persönlich haftende Gesellschafterin einer KG ist. Solange daher die GmbH in der Lage ist, die Gläubiger der KG zu befriedigen, besteht kein Unterschied zu der Haftung einer natürlichen Person als Komplementärin. Ein Unterschied ergibt sich erst dann, wenn unter anderem wegen Überschuldung der GmbH über ihr Vermögen das Konkursverfahren eröffnet wird (§ 63 Abs. 1 GmbHG). In diesem Falle sind, wie das FG im Ergebnis zutreffend ausführt, wegen der Auflösung der GmbH infolge der Konkurseröffnung (§ 60 Abs. 1 Ziff. 4 Halbs. 1 GmbHG) etwaige Ausfälle der Gläubiger in der Regel endgültig, während eine natürliche Person auch nach beendigtem Konkursverfahren grundsätzlich zur Deckung von Ausfällen herangezogen werden kann. Der erkennende Senat ist der Auffassung, daß dieser rechtliche Unterschied im extremen Falle des Konkurses die unterschiedliche Behandlung nicht rechtfertigt. Dabei ist zu berücksichtigen, daß vielfach auch die Heranziehung einer natürlichen Person für Ausfälle nach beendigtem Konkursverfahren dadurch rechtlich erschwert wird, daß das Geschäft von der Ehefrau oder auf andere Weise unter Ausschaltung einer Haftung des früheren Gemeinschuldners weitergeführt wird, so daß dem erwähnten Unterschied keine erhebliche Bedeutung beizumessen ist. Hinzu kommt, daß die Möglichkeit der Beschränkbarkeit der Erbenhaftung bei natürlichen Personen eine Inanspruchnahme für Ausfälle rechtlich mindert, während andererseits die Gesellschafter einer infolge Konkurses aufgelösten GmbH die Fortsetzung der GmbH beschließen können (§ 60 Abs. 1 Ziff. 4 Halbs. 2 GmbHG). Die vom BdF und vom Bg. geltend gemachten wirtschaftlichen Unterschiede zwischen einer GmbH & Co. KG und einer sonstigen KG und die daraus hergeleitete Ähnlichkeit der GmbH & Co. KG mit einer Kapitalgesellschaft wirken sich aber praktisch entscheidend nur im Konkursfalle aus. Im übrigen steht bei der Gesellschaftsteuer als einer an bestimmte Rechtsvorgänge anknüpfenden Rechtsverkehrsteuer die rechtliche Betrachtungsweise im Vordergrund (vgl. insoweit Fließbach, StuW 1957 Sp. 203 f. unter 2.); der wirtschaftlichen Betrachtungsweise kommt eine Bedeutung nur zu, soweit dies vom Gesetzgeber bestimmt ist oder sich wie bei der Auslegung des unbestimmten Rechtsbegriffs der durch die Sachlage gebotenen Kapitalzuführung (§ 3 Abs. 1 KVStG) auch aus der Natur der Sache ergibt.

Allerdings könnte eine Rechtfertigung der unterschiedlichen Behandlung darin liegen, daß der Gesetzgeber durch die (beschränkte) Gleichstellung der GmbH & Co. KG als Personengesellschaft mit einer Kapitalgesellschaft das wirtschaftspolitische Ziel verfolgt haben könnte, den Interessenten die Wahl der Rechtsform der GmbH & Co. KG zu verleiden. Selbst wenn man dem Gesetzgeber des Jahres 1934 ein solches Ziel unterstellt (vgl. dazu insoweit die ausdrücklich auf die „nationalsozialistische Wirtschaftsauffassung" abstellende Begründung zum KVStG, RStBl. 1934, 1460 unter Abschn. I Abs. 2 Satz 6), ist der Bfin darin zu folgen, daß die gesellschaftsteuerliche Belastung mit früher 3 vH, jetzt 2,5 vH, nicht geeignet ist, die Beteiligten von der Wahl der Rechtsform der GmbH & Co. KG abzuhalten, wie auch die Entwicklung der Verhältnisse zeigt. Die Erreichung eines solchen wirtschaftspolitischen Ziels würde auch daran scheitern, daß, vom KVStG abgesehen, im gesamten übrigen Steuerrecht, insbesondere bei den Ertragsteuern — in Übereinstimmung mit der Ordnung des Zivilrechts — die GmbH & Co. KG als Personengesellschaft mit den sich daraus häufig ergebenden steuerlichen Vorteilen behandelt wird (vgl. die unter anderem an das erwähnte Urt. des RFH I A 422/30 v. 18. 2. 33, aaO, anknüpfende ständige Rechtsprechung des I. Senats des BFH, insbesondere die Urt. I 351/56 U v. 16. 9. 58, BStBl. III 1958, 462 f. = Slg. Bd. 67, 492 = StRK EStG § 15 R. 122; I 224/60 U v. 14. 3. 61, BStBl. III 1961, 363 = Slg. Bd. 73, 263 = StRK EStG § 15 R. 257 und neuerdings das Urt. I 231, 232/62 U v. 30. 9. 64, BStBl. III 1965, 54 = StRK KStG § 5 R. 9 [m. Anm. Ranft]); siehe dazu auch Henze, RWP-Blattei, 14 SteuerR, D, GmbH & Co. II 1.

Auch aus dem Sinn und Zweck des KVStG läßt sich die unterschiedliche Behandlung nicht rechtfertigen. In der Begründung des Gesetzes, die zur Beurteilung wegen der erwähnten Zielsetzung nur mit besonderer Zurückhaltung herangezogen werden kann, ist immerhin ausdrücklich hervorgehoben (aaO Abs. 2, besonders Satz 1), daß bei offenen Handelsgesellschaften, Kommanditgesellschaften, Gesellschaften des bürgerlichen Rechts usw. ein Kapitalverkehr iS der „Zusammenballung“ und Bewegung des unpersönlichen (anonymen) Kapitals nicht stattfindet und deshalb diese Gesellschaften nicht in ein Gesetz hineingehören, das den Kapitalverkehr besteuert (siehe dazu auch Kinnebrock, Kommentar zum KVStG, 3. Aufl. 1960, 21 unter I). Gegen diesen Sinn und Zweck des Gesetzes verstößt es aber, wenn Einlagen und Darlehen der Kommanditisten im Wege der Fiktion zur Gesellschaftsteuer herangezogen werden. Auch soweit nach Abschn. II Teil I zu § 2 der Begründung (aaO, 1462) die Gesellschaftsteuer auf dem Gedanken beruht, daß die Vereinigung von Vermögensbestandteilen verschiedener Personen „zu einer einheitlichen Vermögensmasse“ einen Mehrwert hervorruft, ist diese Voraussetzung bei der Zuführung von Einlagen und Darlehen der Kommanditisten an die GmbH & Co. KG nicht als gegeben zu erachten. Im Rechtssinne liegt eine Vereinigung bei der beteiligten Kapitalgesellschaft (GmbH) schon deshalb nicht vor, weil die Einlagen (und Darlehen) der Kommanditisten, worauf die Bfin zutreffend hingewiesen hat, grundsätzlich gesamthänderisches Eigentum der Gesellschafter der KG, keinesfalls aber Eigentum der Kapitalgesellschaft werden. Auch im wirtschaftlichen Sinne wird man durchaus nicht allgemein davon sprechen können, daß die Einlagen (und Darlehen) der Kommanditisten der Kapitalgesellschaft „zugeführt“ werden, zumal heute nicht etwa nur Gründe der Kapitalbeschaffung, sondern auch andere Gesichtspunkte, zB das Problem der Nachfolgeregelung, zur Gründung derartiger Gesellschaften führen (vgl. dazu Hesselmann, aaO, besonders die Zusammenfassung S. 72, 2. Absatz). Gegen die Annahme einer wirtschaftlichen Kapitalverstärkung bei der Kapitalgesellschaft spricht überdies entscheidend, daß die Gläubiger der GmbH für Forderungen gegen diese sich nicht an die Kommanditeinlagen halten können. Soweit der Senat in dem vom BdF angeführten, amtlich veröffentlichten zurückliegenden Urteil II 70/52 U v. 29. 5. 53 (aaO) und in einzelnen, nicht amtlich veröffentlichten Entscheidungen eine andere Auffassung vertreten hat, kann daran nicht mehr festgehalten werden. Die in dem genannten Urteil enthaltene, allein durch eine wirtschaftliche Betrachtungsweise zu rechtfertigende These, „im praktischen Ergebnis“ werde das Kapital der persönlich haftenden Kapitalgesellschaft durch die Anteile (Darlehen) der Kommanditisten „vergrößert“, wird besonders in den auch von der gesetzlichen Fiktion erfaßten Fällen widerlegt, in denen außer einer juristischen Person auch noch eine natürliche Person zu den Komplementären der GmbH & Co. KG gehört. Wenn in der Begründung des Gesetzes (aaO) außerdem die leichte Veräußerlichkeit der entstehenden Anteile als Grund für die Erhebung der Gesellschaftsteuer erwähnt wird, so ist darauf hinzuweisen, daß die Gesellschafter über ihre Beteiligungen an der GmbH & Co. KG jedenfalls ohne Zustimmung der Mitgesellschafter nicht verfügen können (§ 719 Abs. 1 BGB, § 105 Abs. 2, § 161 Abs. 2 HGB).

Auch der Gesichtspunkt der Bekämpfung von Steuerumgehungen führt zu keiner abweichenden Beurteilung. Zwar sind nach der Rechtsprechung des BVerfG (vgl. das Urt. 1 BvR 845/58 v. 24. 1. 62, BStBl. I 1962, 503 = StRK GewStG § 8 Ziff. 2—9 R. 35 [m. Anm. Laule]) Bestimmungen, die lediglich Umgehungen der Steuerpflicht verhindern sollen, verfassungsrechtlich unbedenklich. Wie aber bereits oben dargelegt, ist die Vorschrift des § 6 Abs. 1 Nr. 4 KVStG entsprechend ihrem Wortlaut auf alle Fälle des Anteilerwerbs von Kommanditisten anwendbar und angewendet worden, ohne Rücksicht darauf, ob im Einzelfall eine etwa beabsichtigte Steuerumgehung überhaupt in Frage stand.

Auch handelt es sich bei der genannten Vorschrift, jedenfalls soweit sie auf Grund der Fiktionen eine Besteuerung des Anteilerwerbs, der Leistungen und der Darlehen der Kommanditisten im Gefolge hat und eine Steuerschuld der GmbH (§ 10 Abs. 1 KVStG) dadurch begründet wird, keineswegs nur um eine bloße „Nebenfolge" einer im übrigen unbedenklichen Regelung iS der verfassungsgerichtlichen Rechtsprechung (siehe das vorstehend zitierte Urteil des BVerfG aaO, 502), sondern um eine gezielte vereinzelte Ausnahmevorschrift gegen die GmbH — AG — & Co. KG bzw. die an ihr als Komplementärin beteiligte GmbH — AG — (vgl. insoweit F e l i x , GmbH-Rdsch. 1962, 202). Es kann deshalb dahingestellt bleiben, ob hinsichtlich der Haftung der Kommanditisten für die Gesellschaftsteuer nach § 10 Abs. 2 KVStG, wie der BdF meint, eine bloße verfassungsrechtlich irrelevante „Nebenfolge" vorliegt.

Wenn der BdF in diesem Zusammenhang auf den Unterschied zu der Entsch. des BVerfG 1 BvR 845/58 v. 24. 1. 62 (aaO) insoweit hinweist, als bei der GmbH & Co. KG den „wirtschaftlich unbedeutenden gesellschaftsteuerrechtlichen Nachteilen" erhebliche steuerrechtliche Vorteile auf anderen Gebieten gegenüberstehen, so vermag dieser Hinweis es nicht zu rechtfertigen, die Regelung des § 6 Abs. 1 Nr. 4 KVStG als bloße „Nebenfolge" in dem gekennzeichneten Sinn anzusehen. Denn die steuerrechtliche Behandlung der GmbH & Co. KG auf allen anderen Steuerrechtsgebieten außerhalb der Sonderregelung des § 6 Abs. 1 Nr. 4 KVStG beruht darauf, daß heute allgemein von der Rechtsordnung die GmbH & Co. KG als Personengesellschaft anerkannt ist; sie kann also nicht als „Vorteilsausgleichung" für die gesellschaftsteuerrechtliche Schlechterstellung gelten.

Während einige FG, auch unter Bezugnahme auf das dieser Rb. zugrunde liegende Urteil des Nieders. FG v. 29. 9. 60 (aaO), die Vorschrift des § 6 Abs. 1 Nr. 4 als mit dem GG vereinbar angesehen haben (so Urteile des FG Düsseldorf, Kammern in Köln, v. 29. 5. 62, EFG 1963 Nr. 142 S. 118 und des FG Hamburg v. 31. 1. 64, EFG 1964 Nr. 549 S. 450) und die Kommentare zum KVStG, deren Erscheinen zumeist längere Zeit zurückliegt, die verfassungsrechtliche Problematik nicht erörtern, steht das neuere Schrifttum überwiegend auf dem Standpunkt, daß die Vorschrift verfassungsrechtlichen Bedenken unterliegt (vgl. ua. F e l i x , aaO; H e n z e , aaO; H e s s e l m a n n , aaO, 173 Fußn. 525, und unter anderem auch in GmbH-Rdsch. 1963, 135; H o p f e n m ü l l e r , BB 1962, 529 [534]; L a n g e , NWB Fach 18, 358; S e i f e r t , aaO; W e i s s e , NWB Fach 4, 374; zweifelnd v. W a l l i s , aaO; aA nur — soweit ersichtlich — W i r t h , DStZ/A 1964, 151, Fußn. 9, ohne Begründung).

Nach allem ist der erkennende Senat zu dem Ergebnis gelangt, daß die Schlechterstellung der GmbH & Co. KG durch die Sonderregelung des § 6 Abs. 1 Nr. 4 gegen das Gleichheitsgebot des Art. 3 Abs. 1 GG verstößt und deshalb die Vorschrift des § 6 Abs. 1 Nr. 4 KVStG und die Vorschrift des § 6 Abs. 2 KVStG, soweit sie sich auf § 6 Abs. 1 Nr. 4 KVStG bezieht, nichtig sind. Bei seiner Entscheidung hat der Senat auch dem Gesichtspunkt Rechnung getragen, daß die Gesellschaftsteuer gegenüber anderen Steuern in besonderem Maße an die zivil-(handels-)rechtliche Regelung anknüpft und deshalb durch die Sonderregelung „die benützte zivilrechtliche Ordnung vom Steuerrecht gerade an der Stelle durchbrochen wird, die ihre eigentliche rechtliche Bedeutung ausmacht" (so das zuletzt zitierte Urteil des BVerfG unter Bezugnahme auf B ü h l e r - S t r i c k r o d t, Steuerrecht, 3. Aufl., Bd. 1, insbesondere 173, 311 und 649).

Da die Nichtigkeit der genannten Vorschriften schon wegen des Vorranges der Verfassungsnorm des Art. 3 GG festzustellen ist, bedarf es keiner näheren Untersuchung, ob die Bestimmungen auch gegen Art. 20 GG verstoßen, wofür immerhin auch einige Gesichtspunkte sprechen könnten.

Zur einkommensteuerlichen Behandlung der Geschäftsführer-Gehälter bei der GmbH & Co. 4

BFH IV 284/64 v. 11. 2. 65, StRK EStG § 15 R. 597 (m. Anm. J. T h e i s) = GmbH-Rdsch. 1965, 116 = BB 1965, 529.

Streitig ist bei der einheitlichen Gewinnfeststellung 1961 die Hinzurechnung des Geschäftsführergehalts zum Gewinn der Beschwerdeführerin (Bfin).

A. ist alleiniger Geschäftsführer und seit dem 1. 8. 61 auch alleiniger Gesellschafter einer GmbH (GmbH). Er ist gleichzeitig Kommanditist der Bfin, einer GmbH & Co. KG, an der außer ihm noch die GmbH als Komplementärin beteiligt ist und bis zum 31. 7. 61 B. als Kommanditistin beteiligt war. Die GmbH führt die Geschäfte der GmbH & Co. KG. Sie erhält dafür von der Bfin eine Vergütung, die sie in derselben Höhe an ihren Geschäftsführer A. weitergibt.

Wie der BFH in mehreren Urteilen (vgl. zB die Urt. I 256/55 U v. 25. 9. 56, BStBl. III 1957, 2 = Slg. Bd. 64, 3 = StRK EStG § 5 R. 113; VI 43/56 U v. 15. 11. 57, BStBl. III 1958, 68 = Slg. Bd. 66, 171 = StRK EStG § 10 Abs. 1 Ziff. 2 R. 24; IV 155/63 v. 28. 10. 64, StRK EStG § 15 R. 558) ausgesprochen hat, erklärt sich die Vorschrift des § 15 Ziff. 2 EStG daraus, daß Personengesellschaften einkommensteuerrechtlich als Zusammenfassung von Betrieben der Gesellschafter angesehen werden (Bilanzbündeltheorie) mit der Folge, daß ein Gesellschafter alles, was er aus dem Betrieb erhält, als Gewinn bezieht und daß das Unternehmen nicht Vergütungen für Dienstleistungen seines Unternehmers als Betriebsausgaben absetzen kann.

In dem von den Beteiligten erwähnten Urt. des I. Senats des BFH I 221/59 S v. 2. 8. 60, BStBl. III 1960, 408 = StRK EStG § 15 R. 198 ist im einzelnen ausgeführt, daß der Sinn des § 15 Ziff. 2 EStG, einen im Unternehmen tätigen Gesellschafter wie einen Einzelunternehmer zu behandeln, auch dann zutrifft, wenn diese Tätigkeit über eine zwischengeschaltete GmbH, also im formalrechtlichen Sinne nur mittelbar, ausgeübt wird. Es ist insbesondere darauf hingewiesen worden, daß ein solcher Gesellschafter auch Gesellschafter der KG ist und als solcher der KG Hilfe leistet, für die er eine Vergütung erhält. Der Senat tritt dieser Entscheidung bei.

Es kann dahingestellt bleiben, ob von einem Durchgriff durch die G m b H die Rede sein kann, wenn ein Gesellschafter seine eigene (Personen-)Gesellschaft durch Dienstleistungen fördert. Selbst wenn ein solcher Durchgriff vorläge, so könnte man darin keinen Verstoß gegen Grundsätze des Verfassungsrechts erblicken. Das BVerfG hat in der von der Bfin bezeichneten Entsch. 1 BvR 845/58 v. 24. 1. 62, BStBl. I 1962, 500 = StRK GewStG § 8 Ziff. 2—9 R. 35 m. Anm. Laule zwar den Durchgriff durch eine juristische Person auf die Verhältnisse der an ihr wesentlich beteiligten Gesellschafter für unzulässig erklärt, weil er nicht durch überzeugende Gründe gerechtfertigt gewesen sei. Bereits aus dieser Entscheidung, die den „Durchgriff" nur unter dem Gesichtspunkt der Verletzung des Art. 3 Abs. 1 GG prüft, ergibt sich indessen, daß nicht der Durchgriff als solcher verfassungswidrig ist, sondern daß er es nur dann ist, wenn wegen der im Einzelfalle vorhandenen willkürlichen Behandlung der Grundsatz der Steuergerechtigkeit verletzt ist. So hat auch der erkennende Senat bereits in dem Urt. IV 282/63 v. 2. 7. 64 (StRK EStG § 15 R. 523 = HFR 1964, 422) ausgeführt, daß ein Durchgriff nur dann unzulässig ist, wenn er nicht von ausreichenden sachlichen Gründen getragen wird. Das hat auch das BVerfG in dem Beschl. 1 BvR 488/62, 1 BvR 562/63 und 1 BvR 216/64 v. 11. 11. 64 (StRK GG Art. 3 R. 249 = B 1965, 15) nunmehr ausdrücklich klargestellt. Es hat in dieser Entscheidung, bei der es um die Frage der Verfassungsmäßigkeit der Versagung von Rückstellungen für Pensionszusagen an beherrschende Gesellschafter-Geschäftsführer von Kapitalgesellschaften ging, ausgeführt, aus den früheren Entscheidungen des BVerfG könne nicht gefolgert werden, daß anonyme Kapitalgesellschaften und beherrschte Kapitalgesellschaften in allen steuerrechtlichen Fragen, also auch im Bilanzsteuerrecht, gleichbehandelt werden müßten und daher ein Eingehen auf die persönlichen Verhältnisse der Gesellschafter in jedem Falle gegen das GG verstoße. Auch wenn der Steuertatbestand grundsätzlich nach der Rechtsform des bürgerlichen Rechts bestimmt werde, brauche das Steuerrecht nicht durchgängig an die bürgerliche Rechtsordnung anzuknüpfen, wenn eine Abweichung von überzeugenden Gründen getragen sei. Bei wirtschaftlicher Betrachtungsweise lasse sich nicht übersehen, daß es mannigfache Typen von juristischen Personen gebe, die unter sich so erhebliche Verschiedenheiten aufwiesen, daß unter Umständen die gemeinsame Eigenschaft als juristische Person zurücktrete. Das Gebot wirtschaftlicher Betrachtungsweise sei auch insoweit, als es zu einer Unterscheidung zwischen den juristischen Personen je nach ihrer wirtschaftlichen Gestaltung führe, verfassungsrechtlich nicht zu beanstanden. Zu einem völligen Verbot des Durchgriffs im Steuerrecht bestehe um so weniger Grund, als sogar das Zivilrecht in gewissen Fällen solche Durchgriffe bei juristischen Personen kenne. Um typische Durchgriffe handele es sich zB, wenn der Zweck einer Norm ohne Durchgriff nicht erreicht werden könnte. Darüber hinaus hätten auch das RG und der BGH in ständiger Rechtsprechung die Rechtsform der juristischen Person außer acht gelassen, wenn dies etwa „die Natur der Sache", „die Wirklichkeiten des Lebens, die wirtschaftlichen Bedürfnisse und die Macht der Tatsachen" geboten hätten. Zusammenfassend sei somit festzustellen, daß der BFH in seiner Rechtsprechung zur Frage der Pensionszusagen nicht dadurch gegen die durch Art. 3 Abs. 1 GG verbürgte Steuergerechtigkeit verstoßen habe, daß er bei beherrschten Kapitalgesellschaften die personelle Struktur der Gesellschaften berücksichtigt habe.

Diese ausführlich wiedergegebene Auffassung des BVerfG entspricht den Grundgedanken, die der ständigen höchstrichterlichen Rechtsprechung seit langem zugrunde liegen.

Auch in dem genannten Beschluß fordert das BVerfG allerdings, daß ein Abgehen von der Behandlung der juristischen Person als völlig eigenständiges Gebilde nur erfolgen dürfe, wenn es durch „überzeugende" Gründe motiviert sei. Der Senat ist nicht der Ansicht, daß das BVerfG damit seine Rechtsprechung zu Art. 3 GG verschärfen wollte, mit der er sonst verlangt, daß die Ungleichbehandlung gleicher Sachverhalte — soll sie nicht gegen Art. 3 verstoßen — durch „einleuchtende" Gründe gerechtfertigt sein müsse, nicht „willkürlich" sein dürfe (vgl. zB BVerfGE Bd. 1, 16; Bd. 3, 58 [135]; Bd. 8, 174 [183]). Schon sprachlich dürfte zwischen „einleuchtend" und „überzeugend" kein ins Gewicht fallender Unterschied bestehen. Der Senat ist aber auch der Auffassung, daß eine Regelung, für die „einleuchtende" Gründe vorliegen, ebensowenig gegen den Gleichheitsgrundsatz verstoßen kann wie eine solche, für die „überzeugende" Gründe vorliegen.

In dem hier zu entscheidenden Falle kann von einer willkürlichen und damit gegen den Grundsatz der Gleichmäßigkeit der Besteuerung verstoßenden Regelung keine Rede sein. Es entspricht vielmehr der Steuergerechtigkeit, daß ein Gesellschafter, wenn er seine Arbeitskraft seinem eigenen Unternehmen zur Verfügung stellt, auch dann wie ein Einzelunternehmer behandelt wird, wenn formaljuristisch — aber nicht wirtschaftlich — die Dienste von einer GmbH geleistet werden.

Ist eine GmbH geschäftsführende Gesellschafterin einer GmbH & Co. KG und sind ihre Geschäftsführer, durch die sie die Geschäfte der KG führt, nicht Gesellschafter der KG, so sind die Aufwendungen der GmbH für ihre Geschäftsführer insoweit schon bei der einheitlichen Gewinnfeststellung der KG als Betriebsausgaben zu berücksichtigen, als sie für die Führung der Geschäfte der KG gemacht werden. Sie mindern den Gewinnanteil der GmbH. 5

BFH IV 135/64 U v. 6. 5. 65, BStBl. III 1965, 502 = StRK EStG § 15 R. 584.

Gewinnanteile einer KG und die Vergütungen, die der Gesellschafter für seine Tätigkeit im Dienste der Gesellschaft bezieht, sind Einkünfte aus Gewerbebetrieb (§ 15 Ziff. 2 EStG). Ist eine n a t ü r l i c h e Person Gesellschafter und führt sie die Geschäfte der KG, so kann es keinem Zweifel unterliegen, daß ein für die Geschäftsführertätigkeit gezahltes Entgelt den Gewinn der KG nicht mindern darf. Der BFH hat das in den Urt. I 221/59 S v. 2. 8. 60 (BStBl. III 1960, 408 = Slg. Bd. 71, 425 = StRK EStG § 15 R. 197) und IV 284/64 v. 11. 2. 65 (StRK EStG § 15 R. 597 = HFR 1965, 364) auch angenommen für den Fall, daß die natürliche Person nicht unmittelbar Geschäftsführer der KG ist, sondern Geschäftsführer der die Geschäfte der KG führenden GmbH, wenn der Geschäftsführer gleichzeitig auch Gesellschafter der KG ist. Der BFH ist dabei davon ausgegangen, daß ein Geschäftsführer, der Gesellschafter der KG ist, auch als solcher für sein (Mit-)Unternehmen tätig ist, selbst wenn er formal die Geschäftsführertätigkeit nur über eine zwischengeschaltete GmbH ausübt.

Diese Rechtsgedanken treffen nicht zu, wenn der Geschäftsführer nicht Gesellschafter der KG ist. In einem solchen Falle kann er eine ihm gezahlte Tätigkeitsvergütung nicht „als Gesellschafter" (der KG) beziehen. Wohl erhält die GmbH als Gesellschafterin vorab aus dem Gewinn der KG eine Vergütung, die dazu dient, die ihr obliegende Geschäftsführertätigkeit abzugelten. Es fragt sich aber, ob es sich bei dieser Vergütung, die die GmbH an ihre Geschäftsführer weitergibt, um eine solche handelt, die ihrer wirtschaftlichen Auswirkung nach an die GmbH gezahlt ist.

Wie die Bfin mit Recht ausführt, sind bei einer natürlichen Person als Gesellschafter, der sich zur Erfüllung seiner Geschäftsführeraufgaben einer anderen Person bedient, Kosten dieser Vertreterkraft schon im Verfahren der einheitlichen Gewinnfeststellung der KG zu berücksichtigende und vom Gewinnanteil des Gesellschafters abziehbare Betriebsausgaben (Urt. des RFH VI A 417/35 v. 26. 6. 35, RStBl. 1935, 1447). Das gleiche gilt für Kosten, die ein Gesellschafter für die Überwachung der Buchführung der Firma und die Regelung der Gewinnverteilung ausgibt (Urt. des RFH VI A 422/37 v. 14. 7. 37, RStBl. 1937, 937 = Kartei AO 1931 § 215 Abs. 2 Nr. 2 R. 11). Das folgt aus der Tatsache, daß der Gesellschafter Mitunternehmer des Gesamtbetriebes ist. Der Gewinn, den ein Gesellschafter bezieht, oder die Vergütung, die er als Gewinn erhält, wird also durch die zum Bezug erforderlichen Ausgaben gemindert, und diese Minderung muß bereits bei der einheitlichen Gewinnfeststellung der Personengesellschaft erfaßt werden. Der Vergütung steht eine deren Höhe mindernde, für den Betrieb gemachte Ausgabe gegenüber, die die Höhe des Gewinnanteils beeinflußt.

Ist der Gesellschafter eine juristische Person, so sind bei der Beurteilung der Frage, ob Aufwendungen für ihre Geschäftsführer Betriebsausgaben der KG, dh. der GmbH als Gesellschafterin der KG, sind, zwei Lösungen denkbar. Man könnte einmal mit dem FG sagen, da eine juristische Person nur durch ihre Organe tätig werden könne, seien Handlungen ihrer Organe ihre eigenen Handlungen; die dafür von der KG aufgewendete Vergütung sei die Vergütung an einen Gesellschafter selbst, also keine Betriebsausgabe. Die Anstellung und Bezahlung von Geschäftsführern stelle nur die Handlungsfähigkeit der GmbH her, so wie bei einer natürlichen Person die Aufnahme von Speisen der Erhaltung der Handlungsfähigkeit diene. Man könnte aber auch die Auffassung vertreten, die Vergütung, die die GmbH als Gesellschafterin erhalte, könne nur erzielt werden, indem hierfür Ausgaben gemacht würden. Bis zu dem Betrage, zu dem die Vergütung dazu diene, nicht irgendwelche Geschäfte der GmbH, sondern die Geschäfte, die der GmbH als Gesellschafterin der KG oblägen, zu führen, seien sie Betriebsausgaben im (Mit-)Unternehmen der GmbH innerhalb der KG.

Der Senat hält die letztere Lösung für richtig. Die Bfin weist mit Recht darauf hin, daß kein Unterschied gemacht werden kann, je nachdem, ob sich eine juristische Person zur Erfüllung ihrer Gesellschafterpflichten in einer Personengesellschaft eines Geschäftsführers oder eines Angestellten bedient.

In jedem Falle macht sie Aufwendungen, die zur Erzielung des Gewinns innerhalb der Personengesellschaft erforderlich sind. Das ist für die Frage, wie hoch ihr Gewinnanteil ist, der entscheidende Umstand. Demgegenüber tritt die Tatsache zurück, daß die GmbH einen Geschäftsführer haben muß, um handlungsfähig zu sein. Mit der hier vertretenen Ansicht befindet sich der Senat auch in Übereinstimmung mit der Literatur (Herrmann-Heuer, Komm. zur EinkSt. und KörpSt., § 15 Anm. 39; Hesselmann, Handbuch der GmbH & Co., 7. Aufl., 165, GmbH-Rdsch. 1958, 68 und 1963, 134; Zintzen, GmbH-Rdsch. 1950, 119; Brönner, Die Besteuerung der Gesellschaften, 11. Aufl., 30) und dem FG Bremen, EFG 1963, 55 (aA FG Düsseldorf, GmbH-Rdsch. 1958, 67).

1. Die Vorschriftsmäßigkeit der Besetzung des Gerichts erster Instanz kann vom Bundesfinanzhof nur auf Rüge geprüft werden. 6

2. Der einer GmbH als Komplementärin einer GmbH & Co. KG nach dem Gesellschaftsvertrag zustehende Gewinn kann nach den für die Beurteilung von Gewinnverteilungsabreden unter nahen Angehörigen und für die verdeckte Gewinnausschüttung geltenden Grundsätzen für die Besteuerung erhöht werden.

3. Die vertraglich vorgesehene Gewinnverteilung ist in der Regel anzuerkennen, wenn einer auf die Führung der Geschäfte der KG beschränkten GmbH auf die Dauer Ersatz ihrer Auslagen und eine den Kapitaleinsatz und das eventuell vorhandene Haftungsrisiko gebührend berücksichtigende Beteiligung am Gewinn in einer Höhe eingeräumt ist, mit der sich eine aus gesellschafterfremden Personen bestehende GmbH zufriedengegeben hätte.

4. Ist der vertraglich vorgesehene Gewinnanteil der GmbH zu niedrig bemessen, so liegt eine verdeckte Gewinnausschüttung an die Kommanditisten vor, die zugleich Gesellschafter der GmbH sind oder solchen Gesellschaftern nahestehen.

5. Die verdeckte Gewinnausschüttung ist schon im Verfahren der einheitlichen Gewinnfeststellung der KG festzustellen. Der vereinbarte Gewinnanteil der GmbH ist zu erhöhen; bei den Kommanditisten sind die vereinbarten Gewinnanteile anzusetzen.

6. Die Anteile der Kommanditisten an der Komplementär-GmbH sind notwendiges Betriebsvermögen der KG.

7. Geht der Streit um die Angemessenheit des Gewinnanteils der GmbH, so ist der Streitwert nach einem Pauschbetrag von der Differenz zwischen dem erklärten und dem festgesetzten Gewinnanteil der GmbH zu bemessen.

BFH IV R 139/67 v. 15. 11. 67, BStBl. II 1968, 152 = StRK EStG § 15 Ziff. 2 R. 20.

...

B) Die von den Revisionsklägern vereinbarte Gewinnverteilung zwischen den Gesellschaftern ist angemessen.

I. Dem FA und dem FG ist zuzugeben, daß nicht jede handelsrechtlich wirksam vereinbarte Gewinnverteilung auch steuerlich anerkannt werden kann, wenn auch der BFH im Interesse der Einheitlichkeit und Übersichtlichkeit der Rechtsordnung in stets wachsendem Maße bestrebt ist, bürgerlich-rechtlich einwandfreien Regelungen auch im Steuerrecht Geltung zu verschaffen. Eine automatische Gleichbehandlung verbietet aber — abgesehen von § 6 StAnpG, der nur die krassen Fälle eines Mißbrauchs von Gestaltungsmöglichkeiten erfaßt — die im Steuerrecht gesetzlich gebotene wirtschaftliche Betrachtungsweise (§ 1 Abs. 2 StAnpG), die zum Beispiel auch ihren Ausdruck in § 6 Abs. 1 Satz 2 KStG gefunden hat.

1. Für die GmbH & Co. KG, die nach inzwischen feststehender Rechtsprechung sowohl für die handelsrechtliche als auch für die steuerrechtliche Beurteilung als Personengesellschaft anzusehen ist (vgl. zB die Urteile des RFH I A 422/30 vom 18. Februar 1933, RStBl. 1933, 375, und des BFH I 351/56 U vom 16. September 1958, BFH 67, 492, BStBl. III 1958, 462; I 231, 232/62 U vom 30. September 1964, BFH 81, 151, BStBl. III 1965, 54, und die in diesen Urteilen enthaltenen weiteren Nachweise), gelten die Bestimmungen der §§ 105 ff. HGB.

Grundsätzlich steht es den Gesellschaftern einer Personengesellschaft frei, ihre Rechtsverhältnisse und besonders die Verteilung des Gewinns so zu regeln, wie es ihnen richtig zu sein scheint. Die Bedingungen, unter denen sie sich zusammenschließen, sind im natürlichen Interessengegensatz ausgehandelt worden. Die handelsrechtlichen Vorschriften über die Personengesellschaften sind weitgehend dispositiver Natur. Nur für den in der Praxis so gut wie nie vorkommenden Fall, daß keine Bestimmungen getroffen worden sind, greifen sie ein.

Für diesen Fall des Fehlens von vertraglichen Abreden bestimmen für die Gesellschaftsform der KG die §§ 168, 121 Abs. 1 HGB, für die Verteilung des nach Abgeltung der kapitalmäßigen Beteiligung durch eine Verzinsung verbleibenden Gewinns gelte „ein den Umständen nach angemessenes Verhältnis der Anteile als bedungen“.

2. Sind — wie hier und auch sonst bei Verträgen über die Gründung einer GmbH und Co. KG ausnahmslos — ausdrückliche Bestimmungen über die Gewinnverteilung getroffen, so können sie nur beiseite geschoben werden, wenn und soweit steuerliche Vorschriften das erfordern.

a) Die Handhabe zur Korrektur einer Gewinnverteilungsabrede bietet in den seltensten Fällen § 6 StAnpG. Die Rechtsform einer GmbH & Co. wird fast nie ausschließlich aus steuerlichen Motiven gewählt; die Motive sind vielmehr mannigfach (zB Haftungsbeschränkung, Garantie einer gleichmäßigen Geschäftsführung, größere Unabhängigkeit von Gesellschafterwechsel, Formlosigkeit von Gesellschaftsverträgen und Vertragsänderungen). Auch der Regelung der Gewinnverteilung liegen, wie noch im einzelnen auszuführen sein wird, vielschichtige Motive zugrunde, die es in der Regel verbieten, von einem Mißbrauch von Gestaltungsmöglichkeiten zu sprechen, selbst wenn als Neben- oder auch Hauptziel eine Steuerersparnis erstrebt wird.

b) Dagegen sind die Grundsätze heranzuziehen, die der BFH zur Behandlung von Gewinnverteilungsabreden unter nahen Angehörigen und zur Frage der verdeckten Gewinnausschüttung entwickelt hat. Sind an einer vertraglichen Regelung nicht Fremde, sondern nahe Angehörige beteiligt, so werden oft die steuerlichen Verhältnisse beeinflussend vertragliche Regelungen gewählt, die zwischen Fremden nicht verabredet würden, Regelungen, die, wie der Senat in dem Urteil IV 421/62 U vom 25. Juli 1963 (BFH 78, 3, BStBl. III 1964, 3) ausführte, nicht betrieblichen Gesichtspunkten entspringen, sondern außerhalb des Gesellschaftsverhältnisses unter den Beteiligten bestehenden persönlichen Beziehungen, denen das Gesellschaftsverhältnis dienstbar gemacht werden soll (siehe auch das BFH-Urteil IV 246/50 S vom 22. August 1951, BFH 55, 449, BStBl. III 1951, 181).

Ähnliche Gedanken müssen gelten, wenn die GmbH von den Kommanditisten beherrscht wird, die GmbH also im wirtschaftlichen Ergebnis mit den Kommanditisten identisch ist, oder wo die Kommanditisten die GmbH mit ihren ganzen Rechten und Pflichten ausstatten und ihre Verhältnisse entscheidend bestimmen können. Mit Recht hat auch der VI. Senat des BFH bereits im Urteil VI 296/62 U (BFH 80, 402, BStBl. III 1964, 619) den für Familiengesellschaften geltenden Rechtsgrundsatz auf einen Fall angewendet, in dem die Komplementäre einer KG eine natürliche Person und eine GmbH waren, deren Alleininhaber dieselbe natürliche Person war, die Komplementäre also wirtschaftlich gesehen identisch waren.

Eine solche Identität liegt nicht nur vor, wenn die Beteiligungsverhältnisse an der GmbH und der KG gleich oder im wesentlichen gleich sind, sondern immer dann, wenn die Gesellschafter der KG gemeinsam in der Lage sind, ihre gleichlaufenden Interessen in der KG und in der GmbH zu verwirklichen, auch wenn diese Interessen nicht betrieblicher Art sind. Das ist im Gegensatz zur Ansicht der KG auch hier der Fall, wo die beiden Kommanditisten X und Y mit gleichen Einlagen an der KG, dagegen mit sehr ungleichen Anteilen an der GmbH beteiligt sind. Denn ihr Interesse, etwa aus betrieblich nicht anzuerkennenden Gründen den Gewinn der GmbH möglichst klein zu halten, vermögen sie auf Grund ihrer Beherrschung der KG ohne weiteres vertraglich zu verwirklichen.

Gegen die bezeichnete, Korrekturen der Gewinnverteilung gestattende Rechtsprechung des BFH sind im Schrifttum vielfach Angriffe erhoben worden (vgl. zB Böttcher-Beinert, Der Betrieb 1965 S. 373 — DB 1965, 373 —). Demgegenüber ist darauf hinzuweisen, daß im Steuerrecht nur solche Abreden maßgebend sein können, die betriebswirtschaftlichen Gesichtspunkten entsprechen. Der Einwand, ein Privatmann könne Einkommensquellen ohne steuerliche Wirkung übertragen, und es sei nicht einzusehen, weshalb das ein Unternehmer nicht sollte können, geht fehl. Auch der Unternehmer kann einen Anteil an seinem Unternehmen verschenken. Der BFH erkennt eine solche Übertragung einer Beteiligung an einen Unternehmer an, selbst wenn sie aus betriebsfremden Motiven erfolgt ist. Er erkennt lediglich nicht an, daß diese Beteiligung mit Rechten ausgestattet wird, die durch die tatsächliche Gestaltung (zB wegen fehlender Mitarbeit) nicht gerechtfertigt sind, also nur auf betriebsfremden Erwägungen beruhen können. Nicht überzeugen kann auch der weitere Einwand, die Rechtsprechung des BFH lasse sich umgehen; man müsse nur einem Familienangehörigen einen möglichst hohen Kapitalanteil übertragen. Dabei ist übersehen, daß der BFH zwar dann auch einen dem höheren Kapitalanteil entsprechenden höheren Gewinnanteil anerkennen würde, daß aber vorausgesetzt ist, daß sich der Steuerpflichtige wirklich von einem Teil seines Vermögens trennt, und zwar mit allen, auch schenkungsteuerlichen Folgen, die meist gerade (durch langsame Übertragung von Vermögensstücken zwecks Vermeidung späterer Erbschaftbesteuerung) nicht gewollt sind.

Zusammenfassend ist also festzustellen, daß der BFH nicht die Frage stellt, was mit einem Anteil an einem Unternehmen unter Fremden geschehen, sondern wie unter Fremden die aus der Beteiligung fließenden Einkünfte gestaltet worden wären.

Auf ähnlichen Erwägungen beruht auch das in § 6 Abs. 1 Satz 2 KStG geregelte Institut der verdeckten Gewinnausschüttung. Was in Wirklichkeit Gewinn ist, aber aus außerbetrieblichen Erwägungen den Gewinn mindert, ist steuerrechtlich als ausgeschütteter Gewinn zu behandeln. Bei der Frage, ob die Voraussetzungen einer solchen verdeckten Gewinnausschüttung vorliegen, ist darauf abzustellen, ob und in welchem Ausmaß die betreffende Zuwendung statt einem Gesellschafter einem fremden Dritten gemacht worden wäre.

Bei der Beurteilung dieser Frage ist, abgesehen von der wegen der Identität der Beteiligten gerade zu prüfenden Frage der Gewinnverteilung, die übrige Sachverhaltsgestaltung als gegeben vorauszusetzen. Es ist also zu fragen, welcher Gewinnanteil einer aus fremden Gesellschaftern bestehenden GmbH zugebilligt worden wäre, die — das ist der Regelfall — zum Zwecke der Führung der Geschäfte der KG und der Übernahme der Stellung eines vollhaftenden Komplementärs gebildet worden wäre und die sich mit einer Kapitaleinlage an der KG beteiligt hätte.

3. Zur Prüfung der Frage, ob eine vertraglich vorgesehene Gewinnverteilung auch unter Fremden verabredet worden wäre, liegt es nahe, wie das auch in einigen der dem Senat vorliegenden Fälle die Steuerpflichtigen und die FGe getan haben, die vereinbarte Gewinnverteilung an der im HGB vorgesehenen Gewinnverteilung zu messen. Die Erwägungen gehen dabei offenbar dahin, daß eine vom Gesetz selbst für angemessen gehaltene Gewinnverteilung nicht beanstandet werden könne. Dabei ist indessen nicht ausreichend berücksichtigt, daß die handelsrechtlichen Vorschriften nur dispositiver Natur sind und daß sie in der Praxis fast immer wegbedungen werden. Bei der Frage, was unter Fremden vereinbart worden wäre, kommt es aber gerade darauf an, was im regelmäßigen wirtschaftlichen Leben geschehen wäre, nicht was bei Fehlen von Vereinbarungen von Gesetzes wegen substituiert würde.

Im übrigen sind die handelsrechtlichen Vorschriften für die Entscheidung über die Angemessenheit einer Gewinnverteilung wenig ergiebig, weil sie für die Gewinnverteilung innerhalb einer KG nur die bereits erwähnte kurze Regel enthalten, daß der Gewinn nach Abgeltung der kapitalmäßigen Beteiligung durch eine Verzinsung den Umständen nach angemessen verteilt werden soll (§§ 168, 121 Abs. 1 HGB).

Diese Gewinnverteilung unterscheidet sich wesentlich von der für die OHG vorgesehenen Gewinnverteilung. An ihr fällt besonders auf, daß die für die OHG geltende Vorschrift des § 121 Abs. 3 HGB (Gewinnverteilung nach Köpfen) nicht übernommen ist. B a r t h meint (GmbH-Rundschau 1967 S. 52), im Einzelfalle könne auch diese Bestimmung einen angemessenen Verteilungsmaßstab abgeben. Er stützt sich dabei auf das Urteil des Bundesgerichtshofs II ZR 200/54 vom 22. März 1956 (Wertpapiermitteilungen — WM — 1956 Teil IV B S. 1062). Das ist mißverständlich. Der Bundesgerichtshof lehnte in dem von ihm entschiedenen Falle gerade ab, § 121 Abs. 3 HGB anzuwenden, und zwar mit der Begründung, diese Bestimmung sei gesetzlich ausgeschlossen. Nur beiläufig erwähnte der Bundesgerichtshof dabei, die Vorschrift könne im Einzelfalle möglicherweise einen Anhalt für die Angemessenheit der Verteilung abgeben. Dabei liegt der Ton eindeutig auf dem Wort „Einzelfall". In der Tat beruht der Ausschluß des § 121 Abs. 3 HGB in § 168 HGB auf dem Umstand, daß diese Bestimmung so eindeutig nur auf die OHG zugeschnitten ist, daß sie für die KG nicht paßt (vgl. Weipert in Kommentar der Reichsgerichtsräte zum HGB, 2. Aufl., § 168 Anm. 5). Denn die Verteilung nach Köpfen, wie sie beim Fehlen vertraglicher Abreden bei der OHG stattfindet, knüpft an die ebenfalls bei Fehlen vertraglicher Abreden für die OHG typische Gestaltung an, daß alle Gesellschafter dieselben Rechte und Pflichten haben, daß sie alle haften (§ 105 HGB), daß sie alle zur Geschäftsführung und Vertretung berufen sind (§§ 114, 125 HGB) und daß sie alle einem Wettbewerbsverbot unterliegen (§ 112 HGB). Alles das gilt nach ausdrücklicher gesetzlicher Regelung bei der KG nur für den Komplementär, nicht dagegen auch für den Kommanditisten (§§ 161, 164, 170, 165 HGB).

Aus dem Umstand, daß das Gesetz bei der OHG offenbar die Gleichwertigkeit der Tätigkeit aller Gesellschafter für die Gesellschaft unterstellt, erklärt es sich, daß das Gesetz bei der OHG keine Geschäftsführervergütung vorsieht, sondern daß die Geschäfte nach den Bestimmungen des Auftragsrechts, also unentgeltlich, zu führen sind und die Geschäftsführer nur Ersatz ihrer Aufwendungen verlangen können (§§ 161 Abs. 2, 110 HGB, § 713 BGB).

Wegen der geschilderten Besonderheiten der Lage bei der KG, bei der der persönliche Einsatz und die Haftung beim Komplementär und beim Kommanditisten sehr verschieden sind, ist es trotz § 161 Abs. 2 HGB, der die Vorschriften des HGB für die OHG auch für die KG für anwendbar erklärt, nicht ohne weiteres gerechtfertigt, eine Geschäftsführervergütung von vornherein auszuschließen, wie das teilweise angenommen wird.

§ 168 HGB trägt offensichtlich durch die Einführung des unbestimmten Rechtsbegriffs der angemessenen Gewinnverteilung dem Umstande Rechnung, daß schon wegen des gesetzlich vorgegebenen Unterschieds zwischen den Arten von Gesellschaftern die Lage im Einzelfall bei der KG sehr verschieden sein und sich daher die Gewinnverteilung mangels einer vertraglichen Abrede nur nach den Umständen dieses Einzelfalles richten kann (vgl. auch Bundesgerichtshof in WM 1956, 1062). Damit liegt handelsrechtlich dasselbe Problem vor, das sich auch steuerrechtlich stellt.

4. Angemessen, dh. frei von außerbetrieblichen, nur auf Grund der Gesellschafteridentität erklärbaren Erwägungen ist eine Gewinnverteilung, wenn sie dem Wesen einer Gesellschaft und dem Wesen des Gewinns gemäß ist.

Der Zweck einer Gesellschaft ist die gemeinschaftliche Erzielung eines Gewinns. Normalerweise wird der Gewinn nach Maßgabe dessen verteilt, was jeder zu seiner Erzielung beiträgt. Die wesentlichsten Beiträge sind Arbeit und Kapital. Aber auch die Übernahme eines hohen Risikos, die Einbringung eines angesehenen Namens oder eines eingeführten Unternehmens, Seriosität, Kreditwürdigkeit oder persönliche Eigenschaften wie die Kunst der Menschenbehandlung können von großem Wert sein. Die sich nach solchen Faktoren richtende Beteiligung am Gewinn kann verschieden ausgestaltet werden. Es können einzelne Faktoren einzeln bewertet werden, wie zB bei Vereinbarung einer Vorwegverzinsung für den Kapitaleinsatz oder einer Vorwegvergütung für einen Arbeitseinsatz; sie können auch durch eine Quote vom Gewinn abgegolten werden. Ferner können einzelne Faktoren durch einen Gewinnvorab, andere durch eine Quote abgegolten werden. Endlich können alle Faktoren zwar berücksichtigt werden, ihren sichtbaren Ausdruck indessen nur in einer einheitlichen Gewinnbeteiligungsquote finden.

Die Beteiligung am Gewinn kann nicht nur in der Form der Vorwegvergütung oder der Quote einen ohne weiteres erkennbaren Ausdruck finden; sie kann auch versteckter gegeben sein, zB wenn einem in ein eingeführtes Unternehmen neueintretenden Gesellschafter nur eine geringe Gewinnquote eingeräumt wird, der Gewinn aber wegen der hohen Rendite des Unternehmens besonders hoch ist, oder wenn der Neueintretende an vorhandenen erheblichen stillen Reserven beteiligt wird. Hier finden die die Quote bestimmenden Faktoren nicht in der Höhe der Quote selbst, sondern in der Höhe des erzielbaren oder üblicherweise erzielten Gewinns oder der Höhe des Vermögens ihren wenig transparenten Ausdruck. Ähnlich ist es in dem umgekehrten Falle, daß einem ertrag- und kapitalschwachen Unternehmen die Zuführung neuen Kapitals so wichtig erscheint, daß es die Kapitaleinlage eines neuen Gesellschafters besonders hoch bewertet, so daß sich die Quote nicht aus dem Kapitalanteil allein, sondern aus dem Interesse am Kapital und der geringen absoluten Höhe des Gewinns erklärt.

Endlich darf nicht verkannt werden, daß die Angemessenheit der Verteilung des Gewinns nicht nach Maßgabe einzelner Veranlagungszeiträume beurteilt werden kann, sondern daß immer ein längerer Zeitraum zugrunde gelegt, also im Falle der GmbH & Co. KG die Frage gestellt werden muß, ob die GmbH auf lange Sicht den Anteil am Gewinn erhält, der ihr auf Grund ihrer Leistungen zusteht. Gerade wenn ein bestimmter Betrag, zB in Form einer Tätigkeitsvergütung vorab gezahlt wird, und zwar auch in Verlustjahren, wird die Notwendigkeit der Prüfung eines längeren Zeitabschnitts offenbar.

Alles das zeigt, daß weder die einzelnen Ausdrucksformen der Gewinnbeteiligung (Vorwegvergütung, Quote) noch die die Gewinnbeteiligung bestimmenden Faktoren, noch auch die im einzelnen Veranlagungszeitraum gerade vorliegenden Ergebnisse isoliert betrachtet werden dürfen, daß also eine so generalisierende Lösung, wie sie die Finanzverwaltung und auch einzelne Autoren anstreben, nicht immer zu gerechten Ergebnissen führen kann.

5. Das hindert nicht, die einzelnen im konkreten Fall vorliegenden, die Beteiligung am Gewinn bestimmenden Faktoren zu ermitteln und schätzungsweise zu bewerten, um die Angemessenheit der Beteiligung im ganzen beurteilen zu können. Dabei ist nach dem oben Ausgeführten immer davon auszugehen, wie der Beitrag zur Erreichung des Gesellschaftszwecks bei einer gegebenen Gestaltung unter Fremden abgegolten würde.

Es ist bereits dargelegt worden, daß die den Gewinnanteil bestimmenden Faktoren sehr mannigfach sein können. Einige davon sind jedoch fast immer in mehr oder weniger großem Umfang vorhanden und von Einfluß. Es sind das der

Arbeitseinsatz, der Kapitaleinsatz und das übernommene Risiko (vgl. für den Regelfall der Personengesellschaft das BFH-Urteil IV 236/50 S).

Diese Beiträge können bei einer KG von den Komplementären und den Kommanditisten gleichermaßen erbracht werden.

a) Das gilt auch für den Arbeitseinsatz. Zwar schließt § 164 HGB die Kommanditisten von der Geschäftsführung aus. Es kann dahingestellt bleiben, ob diese Vorschrift vertraglich abänderbar ist, ohne daß der zur Geschäftsführung oder zur Vertretung berufene Kommanditist damit zum persönlich haftenden Gesellschafter würde. Denn jedenfalls kann auch ein Kommanditist in der Gesellschaft und für sie tätig sein, ohne daß er die Rechtsstellung eines Geschäftsführers hat. Dann verdient dieser Arbeitseinsatz in der Regel ein Entgelt bei der Festlegung der Gewinnverteilung.

Dieses Entgelt für den von einem Gesellschafter in Form der Arbeitsleistung erbrachten Beitrag ist, wie der BFH in ständiger Rechtsprechung annimmt (vgl. die Urteile I 221/59 S vom 2. August 1960, BFH 71, 425, BStBl. III 1960, 408; IV 284/64 vom 11. Februar 1965, HFR 1965, 364), steuerlich dem Gesellschafter selbst zuzurechnen (§ 15 Nr. 2 EStG). Ein solcher Gesellschafter bezieht keine den Gewinn der Gesellschaft als Betriebsausgabe mindernden Einkünfte aus nichtselbständiger Arbeit, auch wenn er formal von der zwischengeschalteten GmbH angestellt ist, sondern Unternehmerlohn in Form eines Anteils am Gewinn. Einen solchen Unternehmerlohn erhält auch die GmbH, wenn sie zum Gesellschaftserfolg eine Arbeitsleistung beisteuert, indem sie fremde Arbeitskräfte einstellt und bezahlt. Allerdings kann sie in diesem Falle das von ihr gezahlte Gehalt als Betriebsausgabe absetzen, weil sie es aufwenden mußte, um ihren Anteil am Gewinn erzielen zu können (BFH-Urteil IV 135/64 U vom 6. Mai 1965, BFH 83, 1, BStBl. III 1965, 502).

Handelt es sich bei der Arbeitsvergütung — im Gegensatz zu der noch zu behandelnden Geschäftsführervergütung — um ein Entgelt für den tatsächlichen persönlichen Einsatz eines Gesellschafters selbst, so kann insoweit nicht gefragt werden, ob die GmbH hierfür einen angemessenen Lohn in Gestalt einer angemessenen Gewinnbeteiligung erhält. Es ist vielmehr zu prüfen, ob der Gesellschafter selbst einen Anteil am Gewinn erhält, bei dem seine Mitarbeit am Gewinn gebührend berücksichtigt ist.

Das braucht nicht in Form eines Vorabgewinns, sondern kann auch durch Erhöhung der Quote geschehen sein. Bei der steuerlichen Überprüfung, ob die Gewinnverteilung aus betriebsfremden Gründen manipuliert ist, wird in der Regel kein Anlaß bestehen anzunehmen, daß die Arbeitsvergütung der Kommanditisten zu niedrig bemessen wurde, weil dadurch der nach der vertraglichen Gestaltung meist auch an die GmbH zu verteilende Restgewinn höher und die körperschaftsteuerliche Belastung größer würde. Ist die Arbeitsvergütung dagegen zu hoch, so würde der umgekehrte Erfolg eintreten. Wird eine Gewinnverteilung aus steuerlicher Sicht im ganzen als unangemessen angesehen, weil sie der GmbH nicht den ihr betrieblich gerechtfertigten Gewinn zukommen läßt, so ist die Frage der Angemessenheit der Arbeitsvergütung für die Kommanditisten zugunsten und zu Lasten der GmbH in die Neuregelung einzubeziehen, wie es das FG im vorliegenden Fall auch tat.

b) Der Beitrag der Gesellschafter zur Erreichung des Gesellschaftszwecks in der Form der Beisteuerung von Kapital wird in der Regel durch eine Vorwegverzinsung der festen Einlagen und weiterer der KG zur Verfügung gestellter Geldmittel abgegolten. Das ist indessen nicht immer der Fall. Der Kapitaleinsatz kann auch durch eine dem Verhältnis der Einsätze aller Gesellschafter entsprechenden Gewinnquote (allerdings idR einer Quote des nach Abzug von Vorwegvergütungen der KG verbleibenden Restgewinns) abgegolten werden. Es ist auch möglich, daß die Höhe des Kapitaleinsatzes einen weniger sichtbaren Niederschlag in der auch durch andere Faktoren mitbestimmten Quote am Gesamtgewinn gefunden hat.

Wie hoch die Einbringung von Kapital zu bewerten ist, kann nicht allgemeingültig gesagt werden. Ein Betrieb, der dringend Kapital braucht, kann dafür einen höheren Preis zu zahlen bereit sein als ein Betrieb, der weniger dringend Kapital als vielmehr einen tüchtigen mitarbeitenden Gesellschafter braucht.

c) Jeder Einsatz von Kapital bringt das Risiko des Verlustes dieses Kapitals mit sich.

Das mit dem Einsatz von Kapital verbundene Risiko ist, wie das FG mit Recht annahm, bei einem Komplementär nicht dasselbe wie bei einem Kommanditisten. Gerade in dieser Hinsicht unterscheidet sich die KG von der OHG. Der Kommanditist stellt der KG in Erfüllung der gesellschaftsrechtlichen Beitragspflicht eine Kapitaleinlage zur Verfügung, bis zu deren Höhe er auf jeden Fall für Gesellschaftsschulden haftet. Er kann darüber hinaus auch in Form von Darlehen der Gesellschaft weiteres Kapital zuführen. Insofern hat er die Stellung eines Gläubigers. Das Darlehnskapital ist nicht verhaftet. Es kann nach den vertraglichen Abreden zurückgefordert werden. Im Falle eines Konkurses bleibt dem Kommanditisten wenigstens der Anspruch in Höhe der allgemeinen Konkursquote. Dagegen haftet der Komplementär mit allem, was er als Einlage oder als Darlehen der Gesellschaft zur Verfügung gestellt hat, ja sogar mit seinem außerhalb der Gesellschaft etwa vorhandenen Vermögen in voller Höhe. Das wirtschaftliche Wagnis ist daher bei ihm höher. Es gebührt ihm also nicht nur eine die Überlassung und das allgemeine Risiko einer solchen Überlassung abgeltende Verzinsung seiner Darlehen, sondern darüber hinaus eine besondere Risikoprämie, und zwar nicht nur für die der Gesellschaft zur Verfügung gestellten Darlehen, sondern auch für das übrige Vermögen, für das indessen anders als für Darlehen ein angemessenes Entgelt nicht in der Form der Verzinsung ermittelt werden kann.

Der vom BFH für eine haftende natürliche Person ausgesprochene Grundsatz, daß die Übernahme des Haftungsrisikos bei der Feststellung eines angemessenen Gewinnanteils eine gewichtige Rolle spiele (Urteile IV 246/50 S und IV 421/62 U), gilt grundsätzlich gleichermaßen für juristische Personen.

Gegen die grundsätzliche Berücksichtigung des Haftungsrisikos kann nicht eingewendet werden, daß die Kommanditisten im Einzelfalle auch mit ihrem Vermögen einspringen mußten, etwa wenn sie sich zu Zwecken der Kapitalbeschaffung persönlich verbürgt hätten. Diese Art von Haftung ist nicht eine unabweisbare Folge aus der vorliegenden vertraglichen oder gesetzlichen Gestaltung; sie beruht auf stets neuen freiwilligen Entschlüssen, deren Für und Wider der Gesellschafter abwägt und für das er sich dann eine Risikoprämie einhandelt. Der Komplementär einer KG haftet stets für Kredite mit seinem ganzen Vermögen.

Ein Fall echter Haftung der Kommanditisten liegt allerdings für Steuerschulden der KG vor. Hinzuweisen ist insoweit auch für das Gebiet der Gewerbesteuer auf § 5 Abs. 1 Satz 3 des Gewerbesteuergesetzes (GewStG) in der Auslegung, die ihm der Große Senat des BFH in dem Beschluß Gr. S. 3/64 S vom 29. November 1965, BFH 84, 441, BStBl. III 1966, 158, gegeben hat. Indessen kann aus dem Umstand, daß auch ein Kommanditist gelegentlich wie ein Komplementär haftet, nicht der Schluß gezogen werden, daß die Vollhaftung des Komplementärs unbedeutend sei. Das widerspräche den wirtschaftlichen Gegebenheiten und besonders der Tatsache, daß die Rechtsform der KG in den meisten Fällen gerade deshalb gewählt wird, um eine derartige Vollhaftung zu vermeiden.

Eine Prämie für die Übernahme der unbeschränkten Haftung scheidet aus, wenn die GmbH vertraglich im Innenverhältnis durch die Kommanditisten von Haftung freigestellt ist. Man kann insoweit nicht einwenden, eine solche Haftungsbefreiung wäre einem Dritten nicht gewährt worden. Denn bei der Frage, wie die Gewinnverteilung unter Fremden geregelt worden wäre, muß im übrigen die tatsächliche Gestaltung des Einzelfalles zugrunde gelegt werden. Hier ist also zu fragen, was einer fremden GmbH für die Übernahme des Haftungsrisikos gewährt worden wäre, wenn die Kommanditisten sie vertraglich von dieser Haftung freigestellt hätten. Die Antwort kann nur lauten: Nichts. Es kann nicht eingewendet werden, die GmbH werde unter Umständen die Haftungsbefreiung nicht realisieren können, weil die Kommanditisten nichts hätten. Denn eine Haftungsbefreiung wird nur dann vereinbart, wenn die Vertragschließenden ihr einen Wert beimessen.

Zweifelhafter ist es, ob der Übernahme der Haftung dann kein Wert beizumessen ist, wenn zwar nicht kraft vertraglicher Vereinbarung, aber im wirtschaftlichen Ergebnis das Haftungsrisiko doch bei den Kommanditisten liegt. Bei der hier typischen Fallgestaltung ist die GmbH wirtschaftlich identisch mit den Kommanditisten der KG. Diese Identität aber ist gerade außer Betracht zu lassen bei der Beantwortung der Frage, was hinsichtlich des Gewinns zwischen Fremden vereinbart worden wäre. Wären Anteilseigner der GmbH fremde Personen, so würden sie von der Haftung getroffen; sie würden dafür ein Entgelt verlangen und erhalten, das der Versteuerung bei der GmbH unterläge und nicht auf die Kommanditisten verlagert werden könnte.

Ist die Haftung im Innenverhältnis nicht wegbedungen, so ist sie grundsätzlich zu berücksichtigen. Wie hoch sie einzuschätzen ist, ist eine Frage des Einzelfalles. Zunächst ist festzustellen, daß bei der Bewertung der unbeschränkten Haftung kein Vergleich mit einer natürlichen Person als Komplementärin gezogen werden darf, sondern das Vergleichsobjekt eine juristische Person sein muß. Denn bei der Frage, was einem unbeteiligten Dritten zugestanden worden wäre, müssen, abgesehen von dem Beteiligtsein, alle Umstände gleich sein. Weder für den Haftenden selbst noch für die Geschäftsfreunde der KG aber ist es gleichgültig, ob der Haftende eine natürliche oder eine juristische Person ist. Zwar haften beide mit ihrem gesamten Vermögen; doch dauert die Haftung der natürlichen Person bis zu deren Tode, fällt also auch jedes neue geschaffene Vermögensstück unter die Haftung, während die juristische Person bei Verlust ihres derzeitigen Vermögens erlischt und für eine weitere Vermögensbildung und Haftung kein Raum mehr ist. Auch ist zu bedenken, daß eine natürliche Person ihren guten Namen zu verlieren hat, den sie nicht wechseln kann, während die juristische Person mit neuem Namen neu erstehen kann.

Die zu berücksichtigende Belastung der GmbH besteht daher in der Regel nur darin, daß sie unter Umständen mit dem über ihre Einlage hinaus etwa vorhandenen Vermögen haftet. Wie hoch dieser abzugeltende Einsatz ist, hängt zunächst von der Höhe des Vermögens ab, dessen Ansammlung durch eine außerhalb der KG ausgeübte Tätigkeit gefördert werden kann. Ist das zusätzliche Vermögen unerheblich, so kann es außer Betracht bleiben. Umgekehrt kann man nicht sagen, daß eine Risikoprämie nur in Frage komme, wenn das Vermögen hoch ist. Auch der wirtschaftlichen Lage der KG ist Rechnung zu tragen. Zwar muß man bei der Bewertung des Haftungsrisikos von einem längeren Zeitraum ausgehen. Für die nicht unabänderliche Vertragsgestaltung kann es aber nicht unerheblich sein, ob die GmbH in ein Unternehmen eintritt, in dem ihre Haftung wahrscheinlich nicht aktuell werden wird.

d) Nicht nur durch die Übernahme des Haftungsrisikos, sondern auch durch die Übernahme der mit der Geschäftsführung verbundenen Pflichten unterscheidet sich die Stellung des Komplementärs von der des Kommanditisten. Indessen ist diesem Faktor bei der für die GmbH & Co. KG typischen Gestaltung in der Regel kein entscheidendes Gewicht beizumessen. Zunächst ist zu berücksichtigen, daß im Geschäftsleben die Übernahme der Geschäftsführung wegen des damit gewonnenen entscheidenden Einflusses auf die praktische Gestaltung der Geschäfte der KG nicht nur als Pflicht, sondern auch als Recht angesehen wird. Zwar bedeutet die Übernahme der Geschäftsführung im Normalfall auch die Übernahme der mit einer Geschäftsführung verbundenen Risiken, etwa einer Inanspruchnahme für schuldhaft fehlerhaftes Verhalten, für die im wirtschaftlichen Verkehr eine Vergütung gefordert und gezahlt wird. Bei der Frage, was insofern unter Fremden vereinbart worden wäre, kann aber die für die GmbH & Co. KG typische Fallgestaltung nicht außer acht gelassen werden. Die GmbH ist in der Mehrzahl der Fälle nur für den Zweck geschaffen worden, formal die Geschäfte einer bereits bestehenden KG zu führen. In Wirklichkeit obliegt die tatsächliche Durchführung der Geschäfte den Kommanditisten. Würde man einer neugeschaffenen GmbH, deren Anteile Fremden gehören, diese Stellung auferlegen, ihr aber gleichzeitig das sachliche Substrat der geschäftsführenden Tätigkeit (Büros, Büromaterial, Arbeitskräfte etc.) zur Verfügung stellen, ihr die Kosten angestellter Geschäftsführer erstatten und durch Einräumung eines ihren Kapitaleinsätzen angemessenen abgeltenden Gewinnanteils auf Dauer gesehen garantieren, daß sie nicht nur ihre eigenen Unkosten, wie etwa die betrieblichen Steuern, abdecken kann, sondern darüber hinaus einen Gewinn erzielt, so würde auch diese fremde GmbH für die Übernahme einer formalen Geschäftsführerposition keine weitere, ins Gewicht fallende Vergütung verlangen und erhalten.

6. Zusammenfassend ist zu sagen, daß bei der Prüfung der Angemessenheit einer Gewinnverteilung einer GmbH & Co. KG als wesentliche Faktoren zu berücksichtigen sind der Arbeitseinsatz, der Kapitaleinsatz und das übernommene Haftungsrisiko. Anzuerkennen ist jede Regelung, die einer nur auf die Geschäftsführung der KG beschränkten GmbH auf die Dauer Ersatz ihrer Auslagen

und eine den Kapitaleinsatz und das etwa vorhandene Haftungsrisiko gebührend berücksichtigende Beteiligung am Gewinn einräumt. Dabei gilt der vom BFH auch für Vereinbarungen unter Familienangehörigen aufgestellte Grundsatz, daß der vertraglichen Gestaltung durch die Beteiligten nur dann nicht gefolgt werden kann, wenn sich ernste Bedenken gegen die Angemessenheit der Gewinnverteilung ergeben, die zu einer wesentlich anderen Verteilung führen würden (vgl. Urteile I 259/60 U vom 31. Januar 1961, BFH 72, 428, BStBl. III 1961, 158; IV 162/63 vom 8. Juni 1967, BFH 89, 235, BStBl. III 1967, 598).

Der Senat läßt allerdings ausdrücklich die Fälle außer Betracht, in denen sich die GmbH nicht nur, wie im Regelfalle, an einer Personengesellschaft oder einer Einzelfirma beteiligt, sondern in denen sie ihren gesamten Betrieb in eine KG einbringt. In solchen Fällen gelten für die Gewinnverteilung gegebenenfalls andere Grundsätze.

II. Ist bei Beachtung dieser Regeln eine Gewinnverteilung derart gestaltet, daß die GmbH einen unangemessen niedrigen Gewinnanteil erhält, so liegt in Höhe der Differenz zwischen dem fiktiven angemessenen und dem tatsächlich vereinbarten Gewinnanteil eine verdeckte Gewinnausschüttung an die Gesellschafter der GmbH vor. Denn die GmbH kann dann nur noch aus betrieblich nicht gerechtfertigten, in ihren Beziehungen zu ihren Gesellschaftern liegenden Gründen auf einen Teil des ihr zustehenden Gewinns verzichtet haben. Eine solche verdeckte Gewinnausschüttung ist in den vom Senat am heutigen Tage gleichzeitig entschiedenen Fällen technisch unterschiedlich behandelt worden. Die Frage kann auch von Bedeutung für die Festsetzung des Streitwertes sein, so daß der Senat hierauf näher eingehen muß.

Im vorliegenden Falle ließ das FG den Gesamtgewinn der KG unverändert. Es setzte den Gewinnanteil der GmbH höher, denjenigen der Kommanditisten dagegen niedriger an. Daneben berechnete es die von der GmbH nach seiner Ansicht verdeckt erfolgte Gewinnausschüttung. Es hätte indessen den ausgeschütteten Gewinn schon innerhalb der einheitlichen Gewinnfeststellung der KG berücksichtigen müssen, indem es den Gewinn der GmbH erhöhte, es dagegen bei den tatsächlichen höheren Anteilen der Kommanditisten beließ. Das ergibt sich aus folgenden Erwägungen.

1. Wird bei einer Personengesellschaft, deren Gesellschafter Familienangehörige sind, die verabredete Gewinnverteilung steuerlich korrigiert, so ist diese Anpassung an das betrieblich gerechtfertigte Verhältnis fiktiv. Sie läßt den tatsächlichen Zufluß der Gewinne bei dem einen oder anderen Gesellschafter außer acht. Rechtlich konstruktiv geschieht das dadurch, daß bei dem Gesellschafter, dem steuerlich mehr zugerechnet wird, obschon er es nicht erhalten hat, unterstellt wird, daß er das Mehr eingenommen, aber im privaten Bereich an den anderen Gesellschafter weitergegeben hat, dem es auch im privaten Bereich zugeflossen ist und bei dem es deshalb nicht nochmals versteuert wird. Abgesehen von etwaigen Unterschieden in den Steuerbeträgen infolge der Progression der Einkommensteuer sind diese Vorgänge einkommensteuerrechtlich irrelevant. Besteuert werden die fingierten Gewinnanteile.

Bei der GmbH & Co. KG wird fingiert, daß der GmbH ein höherer, dem Kommanditisten ein entsprechend niedrigerer Gewinnanteil zugeflossen ist. Indessen kann man wegen der Beteiligung einer Kapitalgesellschaft, die der Körperschaftbesteuerung unterliegt, hier nicht die tatsächlichen Verhältnisse außer Betracht lassen, weil sie körperschaftsteuerrechtlich nicht irrelevant sind. Während die fingierte Weitergabe eines fiktiven Mehrgewinns einer natürlichen Person keine einkommensteuerlichen Folgen auslöst, sondern es bei der einmaligen Besteuerung des fiktiven Mehrgewinns bei dem Gesellschafter verbleibt, kann die fingierte Weitergabe eines fiktiven Mehrgewinns durch eine juristische Person einen körperschaftsteuerlichen Vorgang darstellen, nämlich eine Gewinnausschüttung, die, da sie nicht offen erfolgt, nur eine verdeckte Gewinnausschüttung sein kann. Das bedeutet dann für die Körperschaftsteuer der GmbH, daß der als ausgeschüttet fingierte Betrag nicht nur den körperschaftsteuerpflichtigen Gewinn der GmbH nicht mindert, sondern daß er als ausgeschüttet gilt und daher zum vollen Tarif zu versteuern ist. Für die Einkommensteuer der Kommanditisten bedeutet es, daß ihre Gewinnanteile bei der für steuerliche Zwecke fingierten Verteilung des Gewinns zwar zunächst zugunsten des Gewinnanteils der GmbH gemindert, ihre Gesamteinkünfte aber wegen der fingierten verdeckten Gewinnausschüttung dieselbe Höhe behalten, was auch dem effektiven Zufluß von Gewinnen aus der KG entspricht.

Bei der GmbH & Co. KG liegen also zwei Vorgänge vor, nämlich zunächst die eigentliche, für das Verfahren der einheitlichen Gewinnfeststellung typische Korrektur der Verteilung des Gewinns auf die Gesellschafter, die zu fiktiven Gewinnanteilen führt, und sodann die wegen des Instituts der verdeckten Gewinnausschüttung notwendige Beurteilung der tatsächlichen Zuflüsse, die von Hause aus in die Veranlagungsverfahren gehört.

Diese zwei Abschnitte werden nicht immer genügend klar auseinandergehalten. Man geht zwar allgemein davon aus, daß in der Vereinbarung eines zu niedrigen Gewinnanteils der GmbH eine verdeckte Gewinnausschüttung liegen könne, die zu berücksichtigen sei (zB FG Bremen, EFG 1963, 55), beachtet aber nicht genügend, daß im ersten Stadium die Angemessenheit der Gewinnverteilung unter einem anderen Aspekt (Identität) betrachtet wird als im zweiten Stadium der Rückfluß der Differenz zwischen dem angemessenen und dem tatsächlich erhaltenen Gewinnanteil an die Kommanditisten (verdeckte Gewinnausschüttung). In der Regel wird auch nicht erörtert, ob und inwieweit dieser Rückfluß schon im Verfahren der einheitlichen Gewinnfeststellung berücksichtigt werden kann, also unmittelbar Einwirkung auf die Einkommensteuerveranlagung der Kommanditisten hat, und inwieweit er für das Körperschaftsteuerveranlagungsverfahren der GmbH hinsichtlich der Frage der verdeckten Gewinnausschüttung bindend ist.

2. Der I. Senat des BFH hat im Urteil I 231, 232/62 U entschieden, daß die verdeckte Gewinnausschüttung im Verfahren der einheitlichen Gewinnfeststellung der KG zu prüfen und für das Körperschaftsteuerveranlagungsverfahren der GmbH bindend ist. Dem ist zuzustimmen. Denn die Frage, ob die GmbH zugunsten der Kommanditisten auf einen an sich ihr zustehenden Gewinnanteil verzichtet, also aus körperschaftsteuerlicher Sicht eine verdeckte Gewinnausschüttung vorgenommen hat, hängt von der im Verfahren der einheitlichen Gewinnfeststellung zu beantwortenden Frage ab, ob die vereinbarte Gewinnverteilung steuerlich als angemessen anerkannt werden kann. Ist ein höherer Gewinnanteil angemessen, so

gilt er als bezogen und ist er der Körperschaftsteuer zu unterwerfen, weil auch für den Gewinn einer GmbH der Bescheid über die einheitliche Gewinnfeststellung bindender Grundlagenbescheid ist (§ 218 Abs. 2 AO). Da sich aber der Gewinn der GmbH tatsächlich nicht (mehr) in ihrem Vermögen befindet, muß er ausgeschüttet sein, ist er also nach dem vollen Tarif zu versteuern. Bei der Körperschaftsteuerveranlagung kann nicht daneben nochmals eine verdeckte Gewinnausschüttung angesetzt werden.

3. Die im Verfahren der einheitlichen Gewinnfeststellung mit zu behandelnde verdeckte Gewinnausschüttung hat aber neben der körperschaftsteuerlichen Seite auch eine die Kommanditisten betreffende einkommensteuerliche Seite. Werden ihre Gewinnanteile (fiktiv) zugunsten der GmbH gemindert, so ist damit entschieden, daß die GmbH fiktiv mehr hätte erhalten müssen, daß sie also zugunsten der Kommanditisten auf einen Teil ihres Gewinns verzichtet und ihn an diese ausgeschüttet hat und daß dieser Gewinn an die Kommanditisten, die ihn auch effektiv erhalten haben, geflossen ist. Die Kommanditisten erhalten insgesamt die vereinbarten Gewinnanteile. Die Gewinnanteile bestehen nur nicht mehr allein aus unmittelbarem Gewinn der KG, sondern sie setzen sich zusammen aus dem angemessenen Anteil am unmittelbaren Gewinn der KG und der Ausschüttung von Gewinn der GmbH.

4. Der den korrigierten, niedrigeren Gewinnanteil des Kommanditisten übersteigende Teil seines Gewinns gehört nicht zu den Einkünften aus Kapitalvermögen (§ 20 Abs. 1 Nr. 1 EStG), sondern zum gewerblichen Gewinn (§ 20 Abs. 3 EStG), der schon bei der einheitlichen Gewinnfeststellung der KG mit zu erfassen ist. Denn die verdeckte Gewinnausschüttung fließt dem Kommanditisten auf Grund seines Anteils an der GmbH zu, der zum notwendigen Betriebsvermögen des Kommanditisten und damit der KG gehört.

Der BFH nahm bisher zu der Frage, ob bei der GmbH & Co. KG Anteile an der Komplementär-GmbH, die sich in der Hand von Kommanditisten befinden, immer zum Betriebsvermögen der KG gehören, noch nicht Stellung.

Es ist ständige Rechtsprechung, daß das Alleineigentum eines Gesellschafters die Zugehörigkeit zum Betriebsvermögen der Personengesellschaft nicht verhindern kann (vgl. zB das Urteil IV 308/64 vom 29. September 1966, BFH 87, 419, BStBl. III 1967, 180). Der BFH hat in den Urteilen VI 306/63 vom 12. Februar 1965 (HFR 1965, 404) und VI 43/65 vom 28. Februar 1966 (BFH 86, 80, BStBl. III 1966, 352) die zunächst die Gesellschafter einer OHG betreffende Rechtsprechung auch auf Eigentum von Kommanditisten angewendet. In der Tat lassen sich keine Gesichtspunkte finden, die eine andere Beurteilung bei Kommanditisten rechtfertigen könnten.

Zur Frage, ob von Gesellschaftern einer Personengesellschaft gehaltene GmbH-Anteile zum Betriebsvermögen der Personengesellschaft gehören, sind in Rechtsprechung und Literatur — soweit ersichtlich — bisher folgende Fälle erörtert worden.

a) Die Anteile an einer GmbH, die n e b e n der OHG steht, gehören den Gesellschaftern der OHG. Hier hat die Rechtsprechung notwendiges Betriebsvermögen der OHG angenommen, wenn die GmbH den gesellschaftlichen Zwecken der OHG dient (Urteil des RFH VI 724/37 vom 22. Juni 1938, RStBl. 1938, 850), insbesondere wenn sie zur Förderung des Betriebs der OHG errichtet wurde

(BFH-Urteil I 207/55 U vom 9. Oktober 1956, BFH 63, 484, BStBl. III 1956, 382, für Anteile an einer GmbH, die für die OHG Betriebswohnungen baute).

b) Bei der sogenannten eigentlichen und uneigentlichen Betriebsspaltung gehören nach dem BFH-Urteil I 205/57 U vom 24. März 1959, BFH 69, 72, BStBl. III 1959, 289, die Anteile an der Betriebs-GmbH zum notwendigen Betriebsvermögen der Besitzgesellschaft, weil die Kapitalgesellschaft dem Gewerbebetrieb der Besitzgesellschaft dient. Im Urteil I 131/59 S vom 8. November 1960 (BFH 71, 706, BStBl. III 1960, 513) ist ausgeführt, notwendiges Betriebsvermögen liege in der Regel vor, wenn der durch die Besitzgesellschaft an die Betriebskapitalgesellschaft verpachtete Betrieb oder die Betriebsteile eine wichtige Grundlage des Betriebs der GmbH bildeten und „infolge der engen wirtschaftlichen und betrieblichen Verbindung der beiden Unternehmen Gewinnverlagerungen in erheblichem Umfang möglich sind". (Ebenso BFH-Urteil III 1/58 U vom 13. Januar 1961, BFH 73, 179, BStBl. III 1961, 333.)

c) Für die Fälle der GmbH & Co. KG wird die Zugehörigkeit der GmbH-Anteile zum Privatvermögen der Kommanditisten ua. damit begründet, daß die GmbH nicht betrieblich diene, sondern nur eine gesellschaftsrechtliche Funktion entfalte, oder daß die GmbH im allgemeinen keine eigene gewerbliche Tätigkeit ausübe, sondern nur dazu diene, die Haftung zu beschränken, die Person des Geschäftsführers dauerhaft zu machen oder der KG die Wahl einer anonymen Sachfirma zu ermöglichen.

Zum Betriebsvermögen gehören solche Vermögensteile, die dem Betrieb dienen. Es ist dabei nicht darauf abzustellen, ob die GmbH dem Betrieb der KG dient, sondern ob das Vermögensstück selbst, das heißt die Beteiligung an der GmbH, für den Betrieb der KG förderlich oder gar unerläßlich ist. Alle Erwägungen, die sich auf die Tätigkeit der GmbH beziehen (Entfaltung einer gesellschaftsrechtlichen Funktion, eigene gewerbliche Tätigkeit), liegen daher neben der Sache. Es ist auch nicht richtig, wenn die Funktion der GmbH mit derjenigen der Kommanditisten verglichen und dabei ausgeführt wird, die Leistung der GmbH erschöpfe sich in der Beteiligung an der KG, wie das bei den Kommanditisten ebenfalls der Fall sei. Denn auch dabei wird verkannt, daß nicht die Tätigkeit der GmbH zu beurteilen ist, sondern die Beziehung der GmbH-Anteile zum Betrieb der KG. Die GmbH ist eine juristische Person. Als solche ist sie Gesellschafterin einer Personengesellschaft. Die Anteile an ihr haben mit ihrer Person und ihren personalen Funktionen nichts zu tun.

Prüft man, ob die Beteiligungen an der Komplementär-GmbH dem Betrieb der KG förderlich sind, so kann kein Zweifel daran bestehen, daß sie nicht nur förderlich, sondern unerläßlich sind, die Anteile also zum notwendigen Betriebsvermögen zählen. Denn die GmbH wurde nicht nur von den übrigen Gesellschaftern der KG, also den Kommanditisten, aus welchen Gründen auch immer, herangezogen, weil sie für den Betrieb der KG wünschenswert erschien, sondern die KG in dieser speziellen Unternehmensform ist ohne die GmbH nicht denkbar. Die von der GmbH selbst zu unterscheidenden Anteile an ihr gehören daher notwendigerweise mit zum Betrieb der KG.

5. Da die Anteile zum Betriebsvermögen den Kommanditisten und damit der KG gehören, sind nicht nur verdeckte, sondern auch offene Ausschüttungen daraus

schon im Verfahren der einheitlichen Gewinnfeststellung zu berücksichtigen, und zwar nach bilanzsteuerlichen Gesichtspunkten in dem Augenblick, in dem die Ausschüttung beschlossen und damit ein Anspruch auf die Ausschüttung zu aktivieren ist.

6. Ist nach den vorstehenden Grundsätzen eine verdeckte Gewinnausschüttung der GmbH anzunehmen und sind mehrere Gesellschafter der GmbH vorhanden, die gleichzeitig auch Kommanditisten sind, so verteilt sich die verdeckte Gewinnausschüttung auf diese. In einigen Fällen wurde angenommen, die Aufteilung müsse nach dem Maß der Beteiligung an der GmbH vorgenommen werden, in anderen, sie müsse nach dem Maß der Beteiligung an der KG erfolgen. Einer besonderen Aufteilung bedarf es indessen nicht. Wie bereits ausgeführt wurde, ist bei der einheitlichen Gewinnfeststellung von den vereinbarten Gewinnanteilen der Kommanditisten auszugehen, die diese auch tatsächlich erhalten haben. Diese enthalten also bereits neben dem fiktiven richtigen Anteil die verdeckte Gewinnausschüttung.

§ 6 Abs. 1 Ziff. 4 des Kapitalverkehrsteuergesetzes in der Fassung vom 24. Juli 1959 (BGBl. I S. 530) ist mit dem Grundgesetz vereinbar. 7

BVerfG 1 BvF 3/65 v. 2. 10. 68, BStBl. II 1968, 762 = StRK KVStG § 6 R. 12.

I.

Nach dem Kapitalverkehrsteuergesetz — KVStG — in der Fassung vom 24. Juli 1959 (BGBl. I S. 530) unterliegt ua. der Ersterwerb von Gesellschaftsrechten an inländischen Kapitalgesellschaften der Gesellschaftsteuer (§ 2 Nr. 1 KVStG). Als solche Gesellschaftsrechte an Kapitalgesellschaften gelten nach § 6 Abs. 1 KVStG

1. Aktien, Kuxe und sonstige Anteile
2. . . .
3. . . .
4. Anteile der Kommanditisten an einer Kommanditgesellschaft, wenn zu den persönlich haftenden Gesellschaftern der Kommanditgesellschaft eine Kapitalgesellschaft gehört.

Die letztgenannte Bestimmung, deren verfassungsrechtliche Prüfung Gegenstand des Verfahrens ist, begründet eine Gesellschaftsteuerpflicht ua. für den Erwerb von Kommanditanteilen an einer sog. GmbH & Co. KG. Steuerschuldner ist die Kapitalgesellschaft (§ 10 Abs. 1 KVStG), demnach bei Erwerb eines Kommanditanteils an einer GmbH & Co. KG die GmbH. Beim Erwerb von Gesellschaftsrechten haftet für die Steuer außerdem noch der Erwerber (§ 10 Abs. 2 Nr. 1 KVStG), also der Kommanditist.

Eine steuerliche Sondergestaltung gegenüber den Regelungen des Handelsrechts wird demnach durch § 6 Abs. 1 Nr. 4 KVStG insofern vorgenommen, als er den Kommanditanteil an einer Kommanditgesellschaft, deren Komplementär eine Kapitalgesellschaft ist, den Gesellschaftsrechten an dieser Kapitalgesellschaft gleichstellt, während diese Anteile nach Handelsrecht Beteiligungen an der Personengesellschaft sind.

Das heute geltende Kapitalverkehrsteuerrecht ist in seinen Grundzügen erstmals in dem Kapitalverkehrsteuergesetz vom 8. April 1922 (RGBl. I S. 354) niedergelegt. Am 16. Oktober 1934 (RGBl. I S. 1058) ist das Gesetz neu gestaltet worden. Es gilt heute in der Fassung der Bekanntmachung vom 24. Juli 1959 (BGBl. I S. 530) mit den sich aus den Gesetzen vom 9. August 1960 (BGBl. I S. 682) und vom 25. März 1965 (BGBl. I S. 147) ergebenden Änderungen.

II.

Der BFH hat in seinem Urteil vom 3. Dezember 1965 — II 12/61 S — (BStBl. 1965 III S. 19) die Vorschrift des § 6 Abs. 1 Nr. 4 KVStG als vorkonstitutionelles Recht betrachtet und ist in dieser sowie in einer späteren Entscheidung vom 10. März 1965 — II 132/64 U — (BStBl. 1965 III S. 201) bei verfassungsrechtlicher Prüfung zu dem Ergebnis gekommen, sie sei wegen Verstoßes gegen den Gleichheitsgrundsatz (Art. 3 GG) nichtig. . . .

III.

Im Hinblick auf dieses Urteil des BFH hat die Bayerische Staatsregierung gemäß Art. 93 Abs. 1 Nr. 2 GG in Verbindung mit § 76 Nr. 2 BVerfGG die Feststellung beantragt, daß § 6 Abs. 1 Nr. 4 KVStG in der Fassung vom 24. Juli 1959 (KVStG 1959 — BGBl. I S. 530 —) mit dem Grundgesetz vereinbar ist.

Zur Begründung des Antrags macht die Antragstellerin geltend, § 6 Abs. 1 Nr. 4 KVStG verstoße nicht gegen Art. 3 GG. Wenn auch § 6 Abs. 1 Nr. 4 KVStG in gewisser Hinsicht eine steuerliche Sondergestaltung gegenüber dem Handelsrecht darstelle, so sei im Grunde die vom Kapitalverkehrsteuergesetz „selbst statuierte Sachgesetzlichkeit" (im Sinne von BVerfGE 13, 331 [339 f.]) nicht aufgegeben. Steuerschuldner im System des Kapitalverkehrsteuergesetzes sei die Kapitalgesellschaft (§ 10 Abs. 1 KVStG), Steuergegenstand die Zuführung von Kapital an die Kapitalgesellschaft (§§ 2, 3 KVStG). Auch im Falle des § 6 Abs. 1 Nr. 4 KVStG bleibe eine Kapitalgesellschaft, nämlich die GmbH, Steuerschuldner. Das Kapitalverkehrsteuergesetz solle die Verstärkung der Kapitalkraft der Kapitalgesellschaften steuerlich erfassen. Diesem Ziel diene auch die Besteuerung des Erwerbs von Kommanditanteilen an einer GmbH & Co. KG. Die Kapitalgesellschaft sei an den Kommanditeinlagen gesamthänderisch mitbeteiligt und erhalte infolge ihrer beherrschenden Stellung als Komplementär hierüber auch die wirtschaftliche Verfügungsmacht.

Entgegen der Auffassung des Bundesfinanzhofs werde die GmbH & Co. KG im Vergleich zu anderen Kommanditgesellschaften auch nicht ungleich behandelt. Soweit Differenzierungen in der steuerlichen Erfassung bestünden und die zivilrechtliche Ordnung durchbrochen sei, lägen hierfür sachlich überzeugende Gründe vor. Maßgebender Gedanke für die Erhebung der Gesellschaftsteuer sei die steuerliche Inanspruchnahme der verstärkten Kapitalkraft. Unter diesem Gesichtspunkt würden nicht nur die eigentliche Gründung und die formelle Kapitalerhöhung bei Kapitalgesellschaften der Gesellschaftsteuer unterworfen, sondern auch sonstige Vorgänge, die einer Kapitalzuführung und wirtschaftlichen Verstärkung der Kapitalgesellschaften gleichkämen (§ 2 Nr. 2 f., § 3 KVStG). Aus der gleichen Erwägung heraus würden nach § 6 Abs. 1 Nr. 4 KVStG auch Anteile an einer Kommanditgesellschaft, an der eine Kapitalgesellschaft als persönlich haftender Gesellschafter beteiligt sei, den Gesellschaftsrechten gleichgestellt. Außerdem sollten Steuerumgehungen verhindert werden, die dadurch entstünden, daß eine GmbH mit nur geringem Kapital errichtet werde, während das zur Geschäftsführung notwendige Kapital als Kommanditeinlage einer GmbH & Co. KG eingebracht werde.

IV.

Von den nach § 77 BVerfGG anhörungsberechtigten Bundes- und Länderorganen haben sich der Bundesminister der Finanzen, der Senat der Freien und Hansestadt Hamburg, die Landesregierung von Rheinland-Pfalz, der Präsident des Senats der Freien Hansestadt Bremen, der Hessische Ministerpräsident, der Niedersächsische Ministerpräsident, der Ministerpräsident des Landes Nordrhein-Westfalen und der Saarländische Minister für Finanzen und Forsten der Auffassung der Bayerischen Staatsregierung angeschlossen.

B.

I.

Der Antrag auf Durchführung eines Normenkontrollverfahrens ist nach Art. 93 Abs. 1 Nr. 2 GG in Verbindung mit § 76 BVerfGG zulässig. Die Frage, ob es sich bei der nachzuprüfenden Norm um vor- oder nachkonstitutionelles Recht handelt, ist in diesem Zusammenhang ohne Bedeutung; Gegenstand der abstrakten Normenkontrolle im Gegensatz zur konkreten Normenkontrolle kann auch vorkonstitutionelles Recht sein (BVerfGE 2, 124 [131]).

II.

1. Entgegen der Auffassung des BFH und eines Teiles des Schrifttums kann in der Vorschrift des § 6 Abs. 1 Nr. 4 KVStG eine unzulässige Durchbrechung der zivilrechtlichen Ordnung im Sinne der Entscheidung des Bundesverfassungsgerichts in BVerfGE 13, 331 (339 f.) nicht gesehen werden. Bei dieser Entscheidung ging es darum, daß eine Kapitalgesellschaft wegen ihrer Verselbständigung gegen „Durchgriffe" auf Tatbestände im Kreis oder in der Person ihrer Gesellschafter grundsätzlich abgeschirmt sein soll. Dagegen liegt es gerade im Wesen der Personengesellschaft, daß wegen der fehlenden rechtlichen Verselbständigung eine Berücksichtigung der Verhältnisse der beteiligten Gesellschafter möglich ist (vgl. BFH, BStBl. 1966 III S. 171). Im übrigen trifft es nicht zu, daß das Kapitalverkehrsteuergesetz — abgesehen von der Regelung des § 6 Abs. 1 Nr. 4 — den Steuergegenstand prinzipiell nach den Rechtsformen des bürgerlichen Rechts bestimmt. Das Kapitalverkehrsteuergesetz knüpft zwar an Vorgänge an, deren rechtliche Grundlage das Zivilrecht ist. Der Gesetzgeber hat jedoch den Steuergegenstand zum Teil auch mit eigenen — dem Zivilrecht in dieser Form nicht geläufigen —

Begriffen umschrieben, so zB in § 3 KVStG, wo er die Steuerpflicht an die „Gewährung von Darlehen" anknüpft, „wenn die Darlehnsgewährung eine durch die Sacheinlage gebotene Kapitalzuführung ersetzt". Die Auswahl der steuerlichen Tatbestände ist somit auch an wirtschaftlichen Überlegungen ausgerichtet.

Die hierzu im Schrifttum geäußerte gegenteilige Auffassung, es müsse bei Ermittlung des steuerpflichtigen Tatbestandes nach dem Kapitalverkehrsteuergesetz die rechtliche Betrachtungsweise im Vordergrund stehen, ist von der Verfassung nicht geboten. Dabei mag dahingestellt bleiben, ob bei der Anwendung einer einzelnen an formalrechtliche Vorgänge anknüpfenden Verkehrsteuervorschrift die sonst im Steuerrecht übliche „wirtschaftliche Betrachtungsweise" (vgl. § 1 Abs. 2 und 3 StAnpG) gegenüber einer mehr formalrechtlichen Betrachtungsweise zurücktritt (vgl. hierzu Boruttau/Schadeck, KVStG, 2. Aufl., 1964, S. 63; Brönner, KVStG, 1956, § 1 Anm. 2). Auf jeden Fall ist es, wie das Bundesverfassungsgericht allgemein (BVerfGE 18, 224 [234]) und für das Kapitalverkehrsteuergesetz im besonderen (BVerfGE 13, 153 [162 f.]) ausgesprochen hat, dem Gesetzgeber nicht verwehrt, bei der Gestaltung von Steuertatbeständen auch an wirtschaftliche Sachverhalte anzuknüpfen.

2. Allerdings kann mit dem BFH davon ausgegangen werden, daß das Kapitalverkehrsteuergesetz grundsätzlich nur die Zuführung von Kapital an Kapitalgesellschaften erfassen soll. Das hat seinen Grund in den wirtschaftlichen und rechtlichen Besonderheiten dieser Gesellschaften, die sie — jedenfalls im Regelfall — von den Personengesellschaften unterscheiden. Während bei den Personengesellschaften die persönliche Leistung und die persönliche Haftung der beteiligten Gesellschafter im Vordergrund stehen, sind bei den Kapitalgesellschaften die Rechte und Pflichten der Gesellschafter sowie die Gesellschaftsstruktur in erster Linie durch deren Kapitalbeteiligung bestimmt. Dem Gesetzgeber steht es jedoch frei, durch Sonderbestimmungen von den einen Rechtskreis bestimmenden Grundregeln, die er selbst gesetzt hat, abzuweichen, wenn eine solche Abweichung hinreichend gerechtfertigt ist (BVerfGE 18, 315 [334] mit weiteren Nachw.). Dies ist hier der Fall.

a) Trotz der grundsätzlichen Unterscheidung der beiden Gesellschaftsgruppen können sie in der Praxis auf Grund entsprechender gesellschaftsvertraglicher Absprachen bis zu einem gewissen Maße ineinander übergehen. Infolge der im Bereich des Gesellschaftsrechts zugelassenen „Grundtypenvermischung" können bei entsprechender Vertragsgestaltung Personengesellschaften entstehen, die in ihrer rechtlichen Struktur den Kapitalgesellschaften stark angenähert sind. Das trifft besonders bei einer Kommanditgesellschaft zu, deren persönlich haftender Gesellschafter eine GmbH oder eine Aktiengesellschaft ist (GmbH & Co. KG oder — seltener — AG & Co. KG). Zwar bleibt eine Kommanditgesellschaft aus handelsrechtlicher Sicht auch dann noch eine Personengesellschaft, wenn an ihr eine Kapitalgesellschaft als Komplementär beteiligt ist; das schließt indessen nicht aus, daß sie wirtschaftlich einer Kapitalgesellschaft ähnelt (BFH, BStBl. 1966 III S. 171).

Entscheidend fällt hierbei ins Gewicht, daß die Rechtsfigur einer GmbH & Co. KG die Möglichkeit bietet, auch im Rahmen einer Personengesellschaft die Haftung auf das Gesellschaftsvermögen zu begrenzen. Zwar haftet auch bei einer solchen Gesellschaft die als Komplementär fungierende GmbH mit ihrem Vermögen unbegrenzt; dagegen brauchen die an der GmbH beteiligten natürlichen Personen nicht mit ihrem Privatvermögen für die Gesellschaftsschulden einzustehen, während die Kommanditisten nur mit ihrer Einlage haften. Dieser haftungsrechtliche Vorteil rückt die GmbH & Co. KG rechtlich und wirtschaftlich in die Nähe einer Kapitalgesellschaft. Außerdem macht die Organisation der Kapitalgesellschaft die Führung des Unternehmens von dem persönlichen Schicksal natürlicher Personen unabhängig; die Nachfolge in der Führung wird durch die Organisation der Kapitalgesellschaft sichergestellt. Diese wesentlichen Zwecke, um derentwillen eine GmbH & Co. KG gegründet wird, können durch eine Kommanditgesellschaft mit einer natürlichen Person als persönlich haftendem Gesellschafter nicht erreicht werden.

Hieraus ergibt sich bereits, daß die Auffassung des Bundesfinanzhofs, der einzige Unterschied zwischen einer GmbH & Co. KG und einer sonstigen Kommanditgesellschaft wirke sich im Fall des Konkurses der GmbH aus, zu eng ist. Zwar mag sich die vollständige Haftungsbeschränkung bei einer GmbH & Co. KG am deutlichsten im Konkursfalle zeigen; schon mit der Gründung der GmbH & Co. KG wird aber gewährleistet, daß das Unternehmen ohne unbeschränkte persönliche Haftung einer natürlichen Person geführt werden kann.

All diese Erwägungen rechtfertigen es, daß eine solche GmbH & Co. KG im Hinblick auf die Gesellschaftsteuer anderen Regeln unterworfen wird als eine Kommanditgesellschaft, deren Komplementäre ausschließlich natürliche Personen sind.

b) Gegen diese Rechtfertigung könnten allerdings Bedenken erhoben werden, wenn in unzulässiger Verallgemeinerung auch solche Kommanditgesellschaften erfaßt würden, bei denen neben einer juristischen Person noch natürliche Personen Komplementäre sind. In der Tat kann sich die Gesellschaftsstruktur durch die Beteiligung einer natürlichen Person als Komplementär entscheidend verändern, insbesondere dann, wenn die als Komplementär fungierende natürliche Person nach der jeweiligen gesellschaftsvertraglichen Ausgestaltung eine beherrschende Stellung einnimmt. Nach dem Gesetzeswortlaut werden von der angefochtenen Regelung auch solche Kommanditgesellschaften erfaßt. Bei der Beurteilung, wie sich solche Verschiedenheiten auf die Verfassungsmäßigkeit einer Steuernorm auswirken, ist jedoch zu berücksichtigen, daß jede Steuernorm, um praktikabel zu sein, typisieren, dh. geringfügigere oder nur in besonders gelagerten Fällen auftretende Ungleichheiten in Kauf nehmen muß. Darin allein liegt noch kein Verstoß gegen den Gleichheitssatz (BVerfGE 9, 3 [13]; 13, 331 [341]; 14, 76 [102]; 17, 1 [23]). In der Praxis spielt diese Konstellation einer Kommanditgesellschaft mit natürlichen und juristischen Personen als Komplementären kaum eine Rolle. Aus den eingehenden Untersuchungen von Hesselmann (Handbuch der GmbH & Co., 9. Aufl., 1966, S. 27 ff. und 10) über die Motive für die Wahl dieser Gesellschaftsform ergibt sich, daß in der GmbH & Co. KG die GmbH fast immer der einzige Komplementär ist. Der Fall, daß neben einer GmbH auch noch eine wirtschaftlich beherrschende natürliche Person als Komplementär fungiert, ist bei dieser Sachlage als seltener Ausnahmefall anzusehen, der bei der gebotenen generalisierenden Betrachtung vernachlässigt werden kann.

3. Aus diesen Erwägungen folgt zugleich, daß auch die übrigen vom BFH hervorgehobenen Verschiedenheiten in der steuerlichen Behandlung der Gesellschafter einer GmbH & Co. KG im Vergleich zu anderen Kommanditgesellschaften einen

Verstoß gegen den Gleichheitssatz nicht begründen können. Somit läßt die besondere Regelung des § 6 Abs. 1 Nr. 4 KVStG keinen Verstoß gegen Art. 3 Abs. 1 GG erkennen.

4. Verletzungen anderer Bestimmungen des Grundgesetzes sind ebenfalls nicht ersichtlich. Insbesondere handelt es sich nicht um eine auf nationalsozialistischer Wirtschaftsauffassung beruhende Regelung, da bereits das Kapitalverkehrsteuergesetz 1922 eine entsprechende Vorschrift enthalten hat. Daher ist die Vereinbarkeit des § 6 Abs. 1 Nr. 4 KVStG mit dem Grundgesetz auszusprechen.

8 **Betr.: Steuerliche Behandlung der Tätigkeitsvergütung an den Geschäftsführer einer Komplementär-GmbH, der gleichzeitig mittelbarer Geschäftsführer und Kommanditist einer GmbH & Co. ist.**

OFD Hamburg S 2502 — 14/61 — St 24 v. 10. 10. 61, StEK EStG § 15 Nr. 5.

In den von Ihnen angeschnittenen Fragen vertrete ich die in folgendem im einzelnen dargestellte Rechtsauffassung:

1. Das BFH-Urt. I 221/59 S v. 2. 8. 60 (BStBl. III 1960, 408 = StRK EStG § 15 R. 197)

Mit Urt. v. 2. 8. 60 hat der BFH entschieden, daß zu den Vergütungen eines Gesellschafters für seine Tätigkeit im Dienst der Personengesellschaft iS des § 15 Ziff. 2 EStG auch seine Bezüge als Geschäftsführer einer GmbH gehören, die Komplementärin und Geschäftsführerin einer GmbH & Co. ist, soweit sie auf eine Tätigkeit entfallen, die er als Organ der GmbH für die Personengesellschaft ausübt.

Nach diesem Urteil sind also Geschäftsführergehälter, die eine GmbH an ihren Geschäftsführer zahlt, unter den nachstehenden Voraussetzungen als von der GmbH & Co. gewährte Vergütungen iS des § 15 Ziff. 2 EStG zu behandeln:

a) Die GmbH muß Komplementärin und unmittelbare Geschäftsführerin der GmbH & Co. sein,
b) der Geschäftsführer der GmbH muß mittelbarer Geschäftsführer und Kommanditist der GmbH & Co. sein,
c) die von der GmbH gewährte Tätigkeitsvergütung muß auf eine Tätigkeit entfallen, die der Geschäftsführer als Organ der GmbH für die GmbH & Co. ausübt.

Hiernach stellt nicht von vornherein das gesamte Gehalt der GmbH an den Geschäftsführer eine Vergütung der GmbH & Co. iS des § 15 Ziff. 2 EStG dar. Es ist vielmehr im Einzelfall — ggf. im Schätzungswege — festzustellen, inwieweit das von der GmbH gezahlte Gehalt auf eine Tätigkeit entfällt, die unmittelbar den eigenen Belangen der GmbH dient, und inwieweit es auf eine Tätigkeit entfällt, die der Geschäftsführer als Organ der GmbH für die GmbH & Co. ausübt. Während der erste Teil eine echte Gehaltszahlung der GmbH darstellt, gehört der übrige Teil zu den Vergütungen der GmbH & Co. iS des § 15 Ziff. 2 EStG.

2. Einheitliche Feststellung des Gewinns der GmbH & Co.

Bei der einheitlichen Feststellung des Gewinns der GmbH & Co. ist der Teil des von der GmbH gezahlten Gehalts, der zu den Vergütungen iS des § 15 Ziff. 2 EStG rechnet, dem Gewinnanteil des Kommanditisten als Vergütung für eine Tätigkeit im Dienst der Gesellschaft oder der Gemeinschaft hinzuzurechnen. Andererseits ist dieser Betrag von dem Gewinnanteil der GmbH als Ausgabe, die von dem einzelnen Mitunternehmer persönlich zu tragen ist, wieder abzusetzen. Da die Hinzurechnung bei dem Kommanditisten der Kürzung bei der GmbH entspricht, wird durch die Anwendung des Urt. v. 2. 8. 60 der gesamte Gewinn der GmbH & Co. weder erhöht noch vermindert.

3. Erfassung des Gewinnanteils bei der GmbH

Die GmbH muß alle ihr von der GmbH & Co. zufließenden Gewinnanteile zwangsläufig als Ertrag vereinnahmen und alle Zahlungen an den Geschäftsführer als Aufwand buchen. Die erforderlichen Buchungen stehen nicht im Gegensatz zu den Rechtsgrundsätzen des Urt. v. 2. 8. 60. Wenn auch das von der GmbH gezahlte Geschäftsführergehalt nicht endgültig wie Arbeitslohn der GmbH an ihren Geschäftsführer behandelt wird, so stellt es im Ergebnis doch Aufwand dar (vgl. Ziff. 2).

Bei der Ermittlung des steuerlichen Gewinns der GmbH sind aus dem Bilanzgewinn die als Ertrag vereinnahmten Gewinnanteile von der GmbH & Co. und die als Aufwand gebuchten Geschäftsführergehälter, soweit sie unter § 15 Ziff. 2 EStG fallen, auszusondern. Dem sich dann ergebenden Gewinn ist der im Rahmen der einheitlichen Feststellung des Gewinns der GmbH & Co. ermittelte Gewinnanteil der GmbH hinzuzurechnen. Bei der Ermittlung des Gewerbeertrags ist die Kürzung nach § 9 Ziff. 2 GewStG in Höhe des Gewinnanteils vorzunehmen, der im Rahmen der einheitlichen Gewinnfeststellung für die GmbH ermittelt worden ist.

4. Fragen der verdeckten Gewinnausschüttung

Wenn auch das von der GmbH an den Geschäftsführer gezahlte Gehalt in dem unter Ziff. 1 bezeichneten Umfang als Vergütung der KG iS des § 15 Ziff. 2 EStG behandelt wird, so wird die Prüfung der Frage, ob eine verdeckte Gewinnausschüttung vorliegt, hierdurch nicht gegenstandslos. Allerdings ist es bei Prüfung dieser Frage nicht darauf abzustellen, ob die Tätigkeitsvergütung überhöht ist, weil die eigentliche Tätigkeitsvergütung einen Vorweggewinn der GmbH & Co. an den Kommanditisten darstellt. Da aber das von der GmbH gezahlte Geschäftsführergehalt die Ausgabe eines Gesellschafters im Interesse der Personengesellschaft und damit aller an der Personengesellschaft beteiligten Gesellschafter ist (vgl. Ziff. 2), muß geprüft werden, ob der um die Vorwegaufwendungen verminderte Gewinnanteil der GmbH an dem Gewinn der GmbH & Co. in einem angemessenen Verhältnis zu den Gewinnanteilen der anderen Gesellschafter der GmbH & Co. steht. Falls das nicht der Fall ist, kann durchaus eine verdeckte Gewinnausschüttung der GmbH vorliegen, soweit die durch die unangemessene Gewinnverteilung bereicherten Gesellschafter der GmbH & Co. gleichzeitig Gesellschafter der GmbH sind oder den Gesellschaftern der GmbH nahestehen.

Die verdeckte Gewinnausschüttung liegt in diesen Fällen allerdings nicht primär in der Zahlung eines überhöhten Gehalts, sondern darin, daß der GmbH nur ein Gewinnanteil verbleibt, der im Verhältnis zu dem Gewinnanteil eines oder mehrerer anderer Gesellschafter der GmbH & Co. unangemessen niedrig ist.

9 **Betr.: Gesellschaftsteuer — Besteuerung von Rechtsvorgängen bei der GmbH & Co. KG**

Schreiben des Bundesministers der Finanzen an die Finanzminister der Länder IV A/4 — S 5104 — 5/70 II v. 15. 9. 70, BStBl. I 1970, 995.

Unter Bezugnahme auf das Ergebnis der Erörterung mit den obersten Finanzbehörden der Länder gilt für die Besteuerung von Rechtsvorgängen bei der GmbH & Co. KG folgendes:

Nach § 6 Abs. 1 Nr. 4 KVStG gelten als Gesellschaftsrechte an Kapitalgesellschaften auch Anteile der Kommanditisten an einer Kommanditgesellschaft, wenn zu den persönlich haftenden Gesellschaftern der Kommanditgesellschaft eine Kapitalgesellschaft gehört. Diese Gesetzesvorschrift ist nach dem Beschluß des Bundesverfassungsgerichts vom 2. Oktober 1968 — 1 BvF 3/65 — (BStBl. 1968 II S. 762) mit dem Grundgesetz (GG) vereinbar. Zu beachten ist jedoch, daß die Kommanditgesellschaften, zu deren persönlich haftenden Gesellschaftern eine Kapitalgesellschaft gehört (im folgenden als GmbH & Co. KG bezeichnet), durch die Fiktion des § 6 Abs. 1 Nr. 4 KVStG nicht zu Kapitalgesellschaften im Sinne des § 5 KVStG werden. Mit dieser Begründung hat der BFH entschieden, daß die Darlehensgewährung durch Kommanditisten einer GmbH & Co. KG nicht der Besteuerung nach § 3 KVStG unterliegt (vgl. Urteil vom 21. Oktober 1969 II 210/65 — BStBl. 1969 II S. 736).

Die Grundsätze dieser höchstrichterlichen Entscheidung sind auch bei der Beurteilung der nachstehenden Vorgänge zu berücksichtigen.

1. Stehengelassene Gewinne der Kommanditisten einer GmbH & Co. KG

Läßt der Kommanditist einer GmbH & Co. KG den ihm zustehenden Gewinn stehen, so liegt darin in der Regel die Gewährung eines Gesellschafterdarlehens, die nicht mehr besteuert werden kann. Da die GmbH & Co. KG keine Kapitalgesellschaft ist, kann der spätere Verzicht auf ein solches Darlehen allenfalls dann besteuert werden, wenn damit eine im Gesellschaftsverhältnis begründete Verpflichtung im Sinne des § 2 Abs. 1 Nr. 2 KVStG erfüllt wird (zB Erhöhung der Kommanditeinlage).

2. Freiwillige Leistungen der Kommanditisten an die GmbH & Co. KG

Freiwillige Leistungen der Kommanditisten an eine GmbH & Co. KG können nicht mehr nach § 2 Abs. 1 Nr. 3 und 4 KVStG zur Gesellschaftsteuer herangezogen werden, da diese Vorschriften die Leistung an eine Kapitalgesellschaft voraussetzen.

3. Bildung von Rücklagen bei der GmbH & Co. KG

Verzichtet der Kommanditist gegenüber der GmbH & Co. KG auf die Verteilung des entstandenen Gewinns und wird dieser Gewinn einer Rücklage zugeführt, so liegt darin eine freiwillige Leistung des Kommanditisten. Diese Leistung ist nicht gesellschaftsteuerpflichtig, da sie nicht an eine Kapitalgesellschaft bewirkt wird.

4. Stille Beteiligung an einer GmbH & Co. KG

Forderungen, die eine Beteiligung am Gewinn einer Kapitalgesellschaft gewähren, gelten gemäß § 6 Abs. 1 Nr. 3 KVStG als Gesellschaftsrechte an Kapitalgesellschaften. Die Vorschrift erfaßt die stille Beteiligung (typische und atypische) an einer GmbH & Co. KG nicht, da diese keine Kapitalgesellschaft ist (vgl. auch BFH vom 24. Oktober 1956 II 107/55 U — BStBl. 1956 III S. 351).

5. Anwendung des § 29 UmwStG 1969 auf den Erwerb von Kommanditanteilen an einer GmbH & Co. KG

Nach § 29 UmwStG 1969 (BStBl. 1969 I S. 498) sind Rechtsvorgänge im Sinne des § 2 Abs. 1 Nr. 1 KVStG von der Gesellschaftsteuer befreit, wenn und soweit als Gegenleistung für den Erwerb der Gesellschaftsrechte das Vermögen eines Unternehmens als Ganzes, ein Betrieb, ein Teilbetrieb oder ein Mitunternehmeranteil auf die Kapitalgesellschaft übertragen wird. Die Vorschrift deckt bei diesen Übertragungen nicht den Ersterwerb von Kommanditanteilen an einer GmbH & Co. KG, weil die Vermögenswerte nicht auf die persönlich haftende Gesellschafterin, sondern auf die KG übertragen werden; diese ist keine Kapitalgesellschaft. — § 29 UmwStG 1969 findet auch dann keine Anwendung, wenn eine GmbH in eine bereits bestehende KG eintritt, weil in diesen Fällen die Kommanditisten zwar Gesellschaftsrechte an der persönlich haftenden GmbH erwerben, ihr Unternehmen aber nicht auf diese übertragen.

Betr.: Besteuerung von Rechtsvorgängen bei der GmbH & Co. KG 10

Erlaß FinMin. NRW S 5104 — 2 — V C 4 v. 30. 11. 70 (koordinierter Ländererlaß), GmbH-Rdsch. 1971, 22 f. = B 1970, 2350 f.

Unter Bezugnahme auf die im Erlaß vom 3. 11. 1970 getroffene Regelung bitte ich, bei der Beurteilung der nachstehend erläuterten Sachverhalte wie folgt zu verfahren:

1. Nachträgliche Besteuerung des Erwerbs der Kommanditanteile bei Errichtung der GmbH & Co. KG „in einem Zuge“

Im Hinblick auf das anhängige Normenkontrollverfahren war in den Fällen, in denen eine GmbH & Co. KG „in einem Zuge“ errichtet wurde, zunächst nur der

Erwerb der Gesellschaftsrechte an der persönlich haftenden Kapitalgesellschaft besteuert worden.

Es ist dazu die Meinung vertreten worden, daß der Erwerb dieser Gesellschaftsrechte und der Erwerb der Kommanditanteile in einem Steuerbescheid hätte erfaßt werden müssen. Die Nacherhebung der Steuer für den Erwerb der Kommanditanteile sei nunmehr unzulässig, weil keine neuen Tatsachen im Sinne des § 222 AO vorliegen.

Dieser Auffassung kann nicht gefolgt werden, weil es sich beim Erwerb der Gesellschaftsrechte an der Komplementär-Kapitalgesellschaft und beim Erwerb der Kommanditanteile um zwei verschiedene Rechtsvorgänge handelt. Die Gesellschaftsteuer für den Erwerb der Kommanditanteile ist daher unabhängig von den Voraussetzungen des § 222 AO durch einen zweiten Steuerbescheid nachzuerheben.

2. Anwendung des § 6 Abs. 1 Nr. 4 KVStG, wenn die persönlich haftende Kapitalgesellschaft nicht am Kapital der KG beteiligt ist

Nach § 6 Abs. 1 Nr. 4 KVStG kommt es ausschließlich darauf an, daß eine Kapitalgesellschaft persönlich haftende Gesellschafterin der Kommanditgesellschaft ist. Deshalb ist es unbeachtlich, ob und inwieweit die persönlich haftende Kapitalgesellschaft am Kapital der KG beteiligt ist.

3. Erwerb der Kommanditanteile an einer GmbH & Co. KG

Bei der Neuerrichtung einer KG, zu deren persönlich haftenden Gesellschaftern eine Kapitalgesellschaft gehört, erwerben die Kommanditisten Gesellschaftsrechte im Sinne des § 6 Abs. 1 Nr. 4 KVStG mit der Eintragung der KG in das Handelsregister (Hinweis auf das Urteil des BFH II 208/65 v. 13. 1. 70, BStBl. II 1970, 463 = StRK KVStG § 6 R. 16).

Tritt die Kapitalgesellschaft nachträglich als Komplementär in eine bereits aus natürlichen Personen bestehende KG ein, so erwerben die Kommanditisten Gesellschaftsrechte im Sinne des § 6 Abs. 1 Nr. 4 KVStG in dem Zeitpunkt, in dem die Kapitalgesellschaft Komplementär der KG wird (siehe BFH-Urt. II 196/65 v. 11. 11. 69, BStBl. II 1970, 335 = StRK KVStG § 2 R. 86). In diesem Falle ist davon auszugehen, daß die Kommanditisten eine Gegenleistung nicht bewirken; die Gesellschaftsteuer ist deshalb nach § 8 Nr. 1 c KVStG zu berechnen.

4. Erhöhung der Kommanditeinlagen aus Gewinnen oder Rücklagen

Nach dem Urteil des BFH II 141/65 v. 21. 10. 69 (BStBl. II 1970, 99 = StRK KVStG § 2 R. 84) entsteht Gesellschaftsteuerpflicht, wenn bei einer GmbH & Co. KG die Kommanditeinlagen aus Gewinnen erhöht werden. Der BFH hat dabei ausdrücklich offengelassen, wie die Umwandlung von Rücklagen — ihre handelsrechtliche Zulässigkeit unterstellt — zu beurteilen ist. Bis zu einer etwa abweichenden Entscheidung des BFH ist die Steuerpflicht auch in diesen Fällen zu bejahen.

5. Zahlung der Gesellschaftsteuer durch die KG

Bei der GmbH & Co. KG kommt als Schuldner der Gesellschaftsteuer nur die persönlich haftende Kapitalgesellschaft in Betracht. Zahlt an ihrer Stelle die KG die Steuer, so wird hierdurch keine Gesellschaftsteuerpflicht ausgelöst, da die KG nicht Gesellschafterin der Kapitalgesellschaft ist.

6. „Umwandlung" einer GmbH in eine GmbH & Co. KG

Eine solche „Umwandlung" wird in der Weise durchgeführt, daß eine Kapitalgesellschaft unter Herabsetzung ihres Kapitals als Komplementär in eine Kommanditgesellschaft eintritt, an der sich die Gesellschafter der Kapitalgesellschaft als Kommanditisten beteiligen. Die auf die Kommanditanteile zu leistenden Einlagen werden mit den durch die Kapitalherabsetzung entstandenen Forderungen verrechnet. Der Erwerb dieser Kommanditanteile unterliegt der Gesellschaftsteuer nach § 2 Abs. 1 Nr. 1 in Verbindung mit § 6 Abs. 1 Nr. 4 KVStG. Der Besteuerung steht nicht entgegen, daß das verwendete Kapital bereits der Gesellschaftsteuer unterlegen hat, da es sich insoweit um verschiedene Rechtsvorgänge handelt (siehe Urteil des BFH II 208/65 v. 13. 1. 70, BStBl. II 1970, 463 = StRK KVStG § 6 R. 16).

7. Kapitalzuführungen der Kommanditisten an eine KG, deren persönlich haftende Gesellschafterin eine GmbH & Co. KG ist

Die GmbH & Co. KG ist keine Kapitalgesellschaft im Sinne des § 5 KVStG (vgl. BFH II 210/65 v. 21. 10. 69, BStBl. II 1969, 736 = StRK KVStG § 3 R. 75). Daher gelten die Anteile der Kommanditisten an einer KG, deren persönlich haftende Gesellschafterin eine GmbH & Co. KG ist, grundsätzlich nicht als Gesellschaftsrechte an Kapitalgesellschaften im Sinne des § 6 Abs. 1 Nr. 4 KVStG. Eine Gesellschaftsteuerpflicht für Kapitalzuführungen der Kommanditisten an diese sogen. doppelstöckige GmbH & Co. KG kommt nur in Betracht, wenn die Voraussetzungen des § 6 StAnpG vorliegen.

8. Wechsel der persönlich haftenden Kapitalgesellschaft

Tritt die persönlich haftende Kapitalgesellschaft aus der KG aus und gleichzeitig oder vor diesem Zeitpunkt eine neue Komplementär-Kapitalgesellschaft in die KG ein, so ist davon auszugehen, daß den Kommanditisten ununterbrochen Gesellschaftsrechte im Sinne des § 6 Abs. 1 Nr. 4 KVStG zustehen. Der Wechsel des persönlich haftenden Gesellschafters kann daher nicht erneut Gesellschaftsteuer auslösen.

9. Steuermaßstab bei Erhöhung der Kommanditeinlagen durch Bareinzahlung

Nach dem Urteil des BFH II 141/65 v. 21. 10. 69 (BStBl. II 1970, 99 = StRK KVStG § 2 R. 84) unterliegt die Erhöhung der Kommanditeinlagen bei einer GmbH & Co. KG der Gesellschaftsteuer nicht nach § 2 Abs. 1 Nr. 1, sondern nach § 2 Abs. 1 Nr. 2 KVStG. Die Steuer ist daher nach § 8 Nr. 2 KVStG vom

Wert der Leistung zu berechnen. Das ist bei der Erhöhung der Kommanditeinlagen durch Bareinzahlung der vom Kommanditisten aufgewendete Geldbetrag. Dabei sind von den Kommanditisten übernommene Kosten — mit Ausnahme der Gesellschaftsteuer selbst — werterhöhend zu berücksichtigen.

11 **Betr.: Einkommensteuerliche Behandlung von Finanzierungs-GmbH & Co. Kommanditgesellschaften**

Schreiben des Bundesministers der Finanzen an die Finanzminister der Länder IV B/2 — S 2170 — 42/70 v. 9. 10. 70, BStBl. I 1970, 1003 = StEK EStG § 6 Abs. 1 Ziff. 1 Nr. 32.

Unter Bezugnahme auf das Ergebnis der Besprechung mit Vertretern der obersten Finanzbehörden der Länder vom 29. Juni bis 1. Juli 1970 in Bonn wird zu der einkommensteuerlichen Behandlung von Finanzierungs-GmbH & Co. Kommanditgesellschaften wie folgt Stellung genommen:

In letzter Zeit mehren sich die Fälle, in denen Großinvestitionen (z. B. Anschaffung eines Schiffes oder eines Flugzeuges) durch eigens dafür gegründete Gesellschaften (meist in der Rechtsform einer GmbH & Co. KG) finanziert werden. Die Finanzierungsgesellschaft erwirbt das betr. Wirtschaftsgut und vermietet es an ein Unternehmen, das seinerseits das Wirtschaftsgut nutzt. Meist hat der Mieter das Recht, das betreffende Wirtschaftsgut nach Ablauf einer bestimmten Zeit käuflich zu erwerben oder das Mietverhältnis zu verlängern.

Sonderabschreibungen können in diesen Fällen der Finanzierungs-GmbH & Co. KG nur dann gewährt werden, wenn sie nicht nur rechtlicher, sondern auch wirtschaftlicher Eigentümer des Wirtschaftsguts ist und die Gesellschafter der Finanzierungsgesellschaft als Unternehmer (Mitunternehmer) anzusehen sind.

Trotz des rechtlichen Eigentums der Finanzierungsgesellschaft an dem Wirtschaftsgut ist das Wirtschaftsgut dem mietenden Unternehmen zuzurechnen, wenn dieses unter Berücksichtigung der Umstände des einzelnen Falles nach § 11 StAnpG oder den in dem BFH-Urteil vom 26. 1. 1970 (BStBl. II S. 264) entwickelten Grundsätzen als wirtschaftlicher Eigentümer anzusehen ist. Diese Voraussetzung ist z. B. in dem folgenden Fall als erfüllt anzusehen:

Eine Finanzierungs-GmbH & Co. KG erwirbt ein Wirtschaftsgut, das sie einem Unternehmen gegen Erstattung der Zinsen und Tilgungsraten für das von der KG aufgenommene Fremdkapital und der entstandenen Unkosten fü eine Zeit, die der betriebsgewöhnlichen Nutzungsdauer entspricht oder diese unterschreitet, vermietet. Daneben gewährt sie dem Mieter eine Option, das Wirtschaftsgut gegen Bezahlung des für den Kauf eingesetzten Eigenkapitals der KG oder eines Teils davon und Übernahme der Restschuld an Fremdmitteln zu erwerben oder den Mietvertrag bis zum voraussichtlichen Ende der betriebsgewöhnlichen Nutzungsdauer zu verlängern.

In diesem Fall entspricht das vereinbarte Mietentgelt nicht den marktüblichen Mietpreisen. Die Gesellschaft wurde ausschließlich zum Zweck der Finanzierung einer Großinvestition gegründet. Der Vermieter und rechtliche Eigentümer ist wegen der abgeschlossenen langfristigen Mietverträge und der ggf. daneben gewährten Optionsrechte wirtschaftlich für die Dauer von der Einwirkung auf das Wirtschaftsgut ausgeschlossen. Es ist daher davon auszugehen, daß der Vermieter kein wirtschaftliches Interesse an der Rücknahme des Wirtschaftsguts hat. Die Sonderabschreibungen stehen daher nicht der Finanzierungsgesellschaft, sondern dem Mieter zu.

Betr.: Einzelfragen zur Besteuerung der GmbH (AG) & Co. KG und ihrer Komplementär-Kapitalgesellschaft 12

OFD Hannover S 2741 — 140 — StH 231 v. 29. 3. 71, GmbH-Rdsch. 1972, 45.

1. Einleitung

(1) Die GmbH (AG) & Co. KG ist nach ständiger Rechtsprechung sowohl für die handelsrechtliche als auch für die steuerrechtliche Beurteilung als Personengesellschaft anzusehen; vgl. Urteile des BFH I 351/56 U vom 16. 9. 58 (BStBl. III 1958 S. 462 = StRK EStG § 15 R. 122), I 224/60 U vom 14. 3. 61 (BStBl. III 1961 S. 363 = StRK EStG § 15 R. 257), I 231, 232/62 U vom 30. 9. 64 (BStBl. III 1965 S. 54 = StRK KStG § 5 R. 9) und IV R 139/67 vom 15. 11. 67 (BStBl. II 1968 S. 152/155 = StRK EStG, § 15 Ziff. 2 R. 20). Über das Bestehen der KG sowie über die Höhe des Gewinnanteils der Komplementär-Kapitalgesellschaft ist deshalb im Verfahren der einheitlichen und gesonderten Gewinnfeststellung (§ 215 Abs. 2 AO) zu entscheiden. Die in diesem Verfahren ergehende Entscheidung hat bindende Wirkung für die Körperschaftsteuer-Veranlagung der Komplementär-Kapitalgesellschaft (BFH-Urteil I 221/55 U vom 3. 7. 556, BStBl. III 1956 S. 308 = StRK AO § 215 R. 10, und o. a. Urteil I 231, 232/62 U).

(2) Nach § 15 Ziff. 2 EStG sind Einkünfte eines Gesellschafters einer Personengesellschaft auch die Vergütungen, die der Gesellschafter von der Gesellschaft für seine Tätigkeit im Dienst der Gesellschaft oder für die Hingabe von Darlehen oder für die Überlassung von Wirtschaftsgütern bezogen hat. Aus dieser Vorschrift ist der Wille des Gesetzgebers erkennbar, für die Einkommenbesteuerung der Gesellschafter einer Personengesellschaft jeden Gesellschafter — mithin auch eine Komplementär-Kapitalgesellschaft — als Unternehmer des Betriebs der Gesellschaft anzusehen; vgl. RFH-Urt.VI 704/39 vom 10. 1. 40 (RStBl. 1940 S. 134) sowie BFH-Urteile I 17/52 U vom 6. 5. 52 (BStBl. 1952 III S. 183 = StRK EStG § 7 a R. 3), I 221/59 S vom 2. 8. 60 (BStBl. 1960 III S. 408 = StRK EStG § 15 R. 197) und IV R 47/68 vom 22. 1. 70 (BStBl. 1970 II 415/416 = StRK EStG § 15 Ziff. 2 R. 42).

2. Bilanzierung von Wirtschaftsgütern, die die Komplementär-Kapitalgesellschaft der GmbH (AG) & Co. KG aufgrund eines Miet- oder Pachtvertrages zur Nutzung überläßt

(1) Überläßt der Gesellschafter einer Personengesellschaft dieser aufgrund eines Miet- oder Pachtvertrages Wirtschaftsgüter zur Nutzung, so liegt einkommensteuerrechtlich (§ 15 Ziff. 2 EStG) und gewerbesteuerrechtlich (§ 7 GewStG)

keine Vermietung oder Verpachtung durch den Gesellschafter, sondern eine gesellschaftliche Einbringung (Einlage) zur Nutzung in die Personengesellschaft vor. Die Einnahmen, dieder Gesellschafter für die Einbringung der Wirtschaftsgüter erhält, sind bei ihm nach Abzug aller Unkosten gewerbliche Einkünfte aus einer gesellschaftlichen Beteiligung; sie sind dementsprechend bei der Personengesellschaft als Teil ihres gewerblichen Gesamtgewinns einheitlich festzustellen und nicht als Miet- oder Pachtausgaben abzugsfähig. Die überlassenen Wirtschaftsgüter sind als notwendiges Betriebsvermögen der Personengesellschaft zu behandeln; vgl. o. a. RFH-Urteil VI 704/39 und BFH-Urteil I 11/45 U vom 28. 9. 51 (BStBl. 1952 III S. 15 = StRK GewStG § 2 Abs. 2 R. 3).

Bei der Feststellung des Einheitswertes des Betriebsvermögens der Personengesellschaft ist entsprechend zu verfahren. Auch hier kann grundsätzlich ein Miet- oder Pachtverhältnis zwischen Gesellschaft und Mitunternehmer nicht anerkannt werden; vgl. Abschnitt 15 VStR 1969 und die dort angeführte Rechtsprechung.

(2) Es ist fraglich, ob diese Grundsätze auch in den Fällen uneingeschränkt Anwendung finden, in denen an einer Personengesellschaft eine Kapitalgesellschaft als Gesellschafter beteiligt ist und die Kapitalgesellschaft der Personengesellschaft Wirtschaftsgüter aufgrund eines Miet- oder Pachtvertrages zur Nutzung überläßt; gegebenenfalls ergibt sich die weitere Frage, welche bilanzmäßigen und ertragsteuerlichen Folgerungen (zB Realisierung der in den überlassenen Wirtschaftsgütern enthaltenen stillen Reserven) für beide Unternehmen zu ziehen sind.

Höchstrichterlich ist das Problem noch nicht entschieden. Der RFH hat lediglich in den Urteilen VI A 961 vom 14. 11. 28 (StuW 1929, Nr. 194) und I A 422/30 vom 18. 2. 33 (RStBl. 1933 S. 375) jeweils die bei der Gründung einer GmbH (AG) & Co. KG vorgenommene Verpachtung des Betriebsvermögens der Komplementär-Kapitalgesellschaft an die KG nicht ausdrücklich beanstandet. Hieraus wird im Schrifttum gefolgert, daß gegen eine derartige Verpachtung des Betriebsvermögens keine steuerlichen Bedenken zu erheben sind; vgl. u. a. Hesselmann, Die GmbH & Co., 9. Aufl. 1966, S. 99 und 147/148, und Braun in Wpg. 1961, 127.

(3) Unabhängig von der Verpflichtung der GmbH (AG) & Co. KG, Bücher zu führen und für den Schluß eines jeden Geschäftsjahres eine Bilanz aufzustellen (§§ 6, 38 ff. HGB), ist die Komplementär-Kapitalgesellschaft ebenfalls gehalten, ordnungsmäßig Bücher zu führen und für abgelaufene Geschäftsjahre Bilanzen zu erstellen (§ 6 HGB, §§ 41 u. 42 GmbHG und §§ 3, 148 ff. AktG). Es sind somit bei der GmbH (AG) & Co. KG jeweils von zwei rechtlich selbständigen Gesellschaften Bücher zu führen und Bilanzen aufzustellen. Die Komplementär-Kapitalgesellschaft wird durch ihre Beteiligung an der KG nicht gehindert, allein nach Maßgabe der für sie geltenden Vorschriften zu bilanzieren; vgl. hierzu den Beschluß des RG II B 2/22 vom 4. 7. 22 (abgedruckt in „Das Steuerrecht der Unternehmung", Heft 56 S. 1/3). Überläßt die Komplementär-Kapitalgesellschaft Wirtschaftsgüter, die ihr bürgerlich-rechtlich gehören, gegen einen Miet- oder Pachtzins der KG zur Nutzung, so sind demgemäß die Wirtschaftsgüter weiterhin in der Handelsbilanz der Komplementär-Kapitalgesellschaft

zu führen, wenn die Bilanz nicht unrichtig sein soll. Es ist handelsrechtlich nicht zulässig, statt einer Vermietung oder Verpachtung eine gesellschaftsrechtliche Einlage in die KG anzunehmen und anstelle der überlassenen einzelnen Wirtschaftsgüter in der Bilanz der Komplementär-Kapitalgesellschaft einen erhöhten Beteiligungswert an der KG auszuweisen.

Damit ergibt sich die Frage, ob die Vorschrift des § 15 Ziffer 2 EStG in Verbindung mit den im Absatz (1) dargelegten steuerlichen Grundsätzen notwendig zu einer abweichenden Bilanzierung in den Steuerbilanzen führen muß.

Ich bemerkte hierzu folgendes:

a) Nach dem Willen des Gesetzgebers soll der Gewinn einer Kapitalgesellschaft doppelt belastet werden, und zwar bei der Gesellschaft im Jahr der Entstehung und beim Gesellschafter im Jahr der Ausschüttung (BFH-Urteil VI 13/57 U vom 1. 8. 58, BStBl. III S. 390 = StRK EStG § 20 R. 31). Es kann deshalb grundsätzlich bei der Übertragung (Einbringung) einzelner Betriebsvermögensgegenstände einer Kapitalgesellschaft auf (in) eine Personengesellschaft gegen Gewährung von Gesellschaftsrechten ebensowenig auf eine Auflösung der in den übertragenen Gegenständen enthaltenen stillen Reserven verzichtet werden wie in den Fällen der Umwandlung einer Kapitalgesellschaft in eine Personengesellschaft oder in ein Einzelunternehmen; vgl. im einzelnen BFH-Urteile I 39/56 S vom 29. 5. 56 (BStBl. 1956 III S. 226 = StRK KStG § 15 R. 2) und I 155/59 U vom 25. 5. 62 (BStBl. 1962 III S. 351 = StRK KStG § 15 R. 6), BFH-Gutachten I D 1/57 S vom 16. 12. 58 (BStBl. 1959 III S. 30/33 = StRK EStG § 6 Abs. 1 Ziff. 2 R. 68) sowie NMdF-Erlaß vom 15. 2. 1966 S 2540 — 42 — 31 3 (KSt.-Kartei §§ 6 u. 7 KStG, Karte A 18 Ziff. 2). Die Grundsätze der BFH-Urteile IV 48/52 U vom 3. 7. 52 (BStBl. 1952 III S. 256 = StRK EStG § 10 Abs. 1 Ziff. 3 R. 7) und VI 137/59 U vom 30. 9. 60 (BStBl. 1960 III S. 489 = StRK EStG§ 6 Abs. 1 Ziff. 4 R. 17), wonach eine Gewinnrealisierung nicht eintritt, wenn ein Unternehmer (natürliche Person) Betriebsvermögensgegenstände von einem seiner Betriebe zu den Buchwerten in eine Personengesellschaft gegen Gewährung von Gesellschaftsrechten einbringt, sind auf die vorbezeichneten Fälle nicht ohne weiteres anwendbar. Der Grund für die unterschiedliche Behandlung liegt weniger in der Verschiedenheit der wirtschaftlichen Tatbestände als in der — nach dem EStG und dem KStG — unterschiedlichen steuerlichen Erfassung der stillen Reserven bei ihrer späteren Auflösung. Die künftige körperschaftsteuerliche Erfassung der stillen Reserven ist in der Regel nicht gewährleistet, wenn sie auf ein Unternehmen übertragen werden, das der KSt. nicht unterliegt; vgl. o. a. BFH-Urteil I 155/59 U vom 25. 5. 1962 und — einschränkend — Hesselmann, aaO., S. 162—165.

b) Eine ausreichende Sicherstellung der künftigen Erfassung der stillen Reserven durch die Körperschaftsteuer halte ich in der Regel auch dann nicht für gegeben, wenn die von der Komplementär-Kapitalgesellschaft der Personengesellschaft aufgrund eines Miet- oder Pachtvertrages zur Nutzung überlassenen Wirtschaftsgüter in der Steuerbilanz der Personengesellschaft zu den bisherigen Buchwerten fortgeführt und die stillen Reserven bei ihrer späteren Auflösung voll als Vorabvergütung nach § 15 Ziffer 2 EStG dem Gewinnanteil der Kapitalgesellschaft zugerechnet werden sollen. Einer solchen Handhabung ständen erhebliche praktische Schwierigkeiten entgegen, falls die Komplementär-Kapitalgesellschaft der Personengesellschaft eine Vielzahl von Betriebsvermögensgegenständen zur Nutzung überläßt. Sie würde die Bilanzierung und damit die Gewinnberechnung in einem dem Sinn des Gesetzes nicht entsprechenden Ausmaß komplizieren (vgl. ua. BFH-Urteile I 159/57 U vom 14. 1. 58 und I 70/57 U vom 5. 8. 58, BStBl. 1958 III S. 75 und 392/394 = StRK EStG § 7 b R. 25 und EStG § 6 Abs. 1 Ziff. 2 R. 65). Es erscheint deshalb hier geboten, abweichend von den sonst geltenden Grundsätzen der handelsrechtlichen Bilanzierung auch steuerrechtlich zu folgen und demgemäß die von der Kapitalgesellschaft der Personengesellschaft aufgrund eines Miet- oder Pachtvertrages zur Nutzung überlassenen Betriebsvermögensgegenstände weiterhin in der Steuerbilanz der Kapitalgesellschaft zu führen *).

(4) Unabhängig davon, daß die an die KG zur Nutzung überlassenen Wirtschaftsgüter weiterhin buch- und bilanzmäßig bei der Komplementär-Kapitalgesellschaft erfaßt werden, sind die für die Überlasung der Wirtschaftsgüter gezahlten Vergütungen — nach Abzug der Unkosten — gem. § 15 Ziffer 2 EStG bei der KG als Teil des gewerblichen Gesamtgewinns einheitlich festzustellen. Bei Durchführung der Körperschaftsteuer-Veranlagung der Komplementär-Kapitalgesllschaft ist darauf zu achten, daß Aufwendungen für die überlassenen Wirtschaftsgüter, die im einheitlichen Gewinnfeststellungsverfahren bei der KG berücksichtigt worden sind, nicht nochmals das zu versteuernde Einkommen mindern.

3. Bilanzierung der den Kommanditisten gehörenden Beteiligungen an der Komplementär-GmbH, wenn diese Komplementärin mehrerer Kommanditgesellschaften ist

(NMdF-Erlaß vom 3. September 1970 — S 2134 — 1 — 31 1)

Nach den Grundsätzen des BFH-Urteils IV R 139/67 vom 15. 11. 67 (BStBl. 1968 II S. 152 = StRK EStG § 15 Ziff. 2 R. 20) sind die Anteile der Kommanditisten an der Komplementär-GmbH notwendiges Betriebsvermögen der GmbH & Co. KG. Ist die Kapitalgesellschaft Komplementärin mehrerer Kommanditgesellschaften, an denen ihre Gesellschafter jeweils als Kommanditisten beteiligt

---

*) Anmerkungen:

1. Dieser bereits in der Rdvfg. vom 30. Juli 1963 $\frac{\text{S 2520 — 254 — StH 231}}{\text{S 2520 — 102 — StO 212}}$ (KSt-Kartei §§ 6 und 7 KStG Karte A 15, Kontroll-Nr. 243) vertretenen Rechtsauffassung wird im Schrifttum ausnahmslos zugestimmt. Vgl. ua. Blümich/Falk, ESt.-Kommentar, 9. Aufl., § 15 Anm. 14 b (S. 1340 f.); Herrmann/Heuer, ESt. u. KSt., 14. Aufl., Lfg. 1—97 (1971), § 15 EStG Anm. 29 b E 163; Hesselmann, aaO, S. 148; von Wallis, Besteuerung der Personen- und Kapitalgesellschaften, 1968, S. 152; Littmann, GmbH-Rdsch. 1971, 25/27.

2. Wegen der Zurechnung der von der Kapitalgesellschaft der Personengesellschaft aufgrund eines Miet- oder Pachtvertrages zur Nutzung überlassenen Wirtschaftsgüter bei der Einheitsbewertung des Betriebsvermögens (§§ 95, 97 BewG) vgl. Vermögensteuerkartei 1969 § 97 BewG 1965 Karte 5 (Kontroll-Nr. 184).

sind, so stellt sich die Frage, bei welcher der in Betracht kommenden Kommanditgesellschaften sie zu bilanzieren sind.

Ich bitte hierzu die Auffassung zu vertreten, daß die GmbH-Anteile in der Bilanz der zuerst gegründeten GmbH & Co. KG zu erfassen sind. Diese bilanzmäßige Behandlung ist eine unmittelbare Folge des zeitlichen Ablaufs, weil auf Grund des vorgenannten BFH-Urteils vom 15. 11. 1967 die GmbH-Anteile bereits bei der zuerst gegründeten Kommanditgesellschaft in vollem Umfange notwendiges Betriebsvermögen darstellen, so daß für die Bilanzierung der GmbH-Anteile im Rahmen einer später gegründeten Kommanditgesellschaft kein Raum bleibt.

Dieser Erlaß ergeht im Einvernehmen mit dem Bundesminister der Finanzen und den obersten Finanzbehörden der anderen Länder."

4. Bilanzierung der den Kommanditisten gehörenden Anteile an der Komplementär-GmbH, wenn diese noch eine nicht unwesentliche eigene gewerbliche Tätigkeit entfaltet

Nach Auffassung der Einkommensteurreferenten des Bundes und der Länder sind die den Kommanditisten gehörenden Anteile an der Komplementär-GmbH auch dann als notwendiges Betriebsvermögen der KG zu behandeln, wenn die Kapitalgesellschaft neben ihrer Geschäftsführertätigkeit für die Personengesellschaft noch eine nicht unwesentliche eigene gewerbliche Tätigkeit entfaltet, denn nach dem BFH-Urteil IV R 139/67 vom 15. 11. 67 (BStBl. 1968 II S. 152 = StRK EStG § 15 Ziff. 2 R. 20) reicht es für die Zurechnung zum Betriebsvermögen der KG aus, daß die Beteiligung der Kommanditisten an der GmbH für die KG förderlich ist.

Für die Behandlung der Anteile an der Komplementär-GmbH als notwendiges Betriebsvermögen der KG ist es danach nicht erforderlich, daß die Anteile ihrer Zweckbestimmung nach überwiegend dem Betrieb der KG dienen.

5. Verdeckte Gewinnausschüttungen

(1) An der GmbH (AG) & Co. KG sind in der Regel die gleichen Gesellschafter unmittelbar als Kommanditisten und mittelbar über die Komplementär-Kapitalgesellschaft beteiligt. Infolge dieser Verflechtungen zwischen den beiden Unternehmen besteht die Möglichkeit zu Abmachungen, die ohne Rücksicht auf die wirtschaftlichen Auswirkungen bei den einzelnen Betrieben nur den persönlichen Interessen der Gesellschafter dienen. So ist insbesondere in Fällen der Einbringung des Betriebsvermögens einer Kapitalgesellschaft in eine GmbH (AG) & Co. KG (durch Übertragung oder Verpachtung) das Bestreben erkennbar, den Gesellschaftern der Kapitalgesellschaft oder ihnen nahestehenden Personen über die Kommanditbeteiligung an der Personengesellschaft stille Reserven der Kapitalgesllschaft zukommen zu lassen, ohne daß diese der Körperschaftsteuer unterlegen haben.

(2) Wird der Gewinn der Komplementär-Kapitalgesellschaft wirtschaftlich ungerechtfertigt zugunsten der KG geschmälert, so erhöht sich der Gewinnanteil der

Kommanditisten; diese erhalten verdeckt eine Gewinnausschüttung der Komplementär-Kapitalgesellschaft (§ 6 Abs. 1 Satz 2 KStG, § 19 KStDV). Ein solcher Sachverhalt ist immer dann gegeben, wenn die Komplementär-Kapitalgesellschaft für ihre Leistungen an die KG eine unzureichende Gegenleistung erhält, die nicht betrieblich gerechtfertigt, sondern auf die Gesellschafteridentität zurückzuführen ist.

(3) Steuerlich nichtabzugsfähige Aufwendungen für die Lebensführung der Gesellschafter (§ 12 EStG), die zu Lasten der Verlust- und Gewinnrechnung der GmbH & Co. KG, also zu Lasten des auf die Gesellschafter zu verteilenden Gewinns getätigt worden sind, sind im Rahmen der einheitlichen Feststellung des Gewinns den Gesellschaftern zuzurechnen und stellen bei der Komplementär-Kapitalgesellschaft nach Maßgabe deren Beteiligung am zu verteilenden (Rest-)-Gewinn verdeckte Gewinnausschüttungen dar.

6. Steuerliche Behandlung des Gehalts eines Geschäftsführers, der zugleich Kommanditist ist

Die Bezüge des Gesellschafters einer GmbH (AG) & Co. KG, die er als Gesellschafter-Geschäftsführer der Komplementär-Kapitalgesellschaft erhält, gehören zu den Vergütungen im Sinn des § 15 Ziff. 2 EStG, soweit sie auf die Tätigkeit entfallen, die er als Organ der Kapitalgesellschaft für die Personengesellschaft ausübt (vgl. oa. BFH-Urteil I 221/59 S vom 2. 8. 60, BStBl. III 1960 S. 408 = StRK EStG § 15 R. 197 sowie BFH-Urteil IV 284/64 vom 11. 2. 65, StRK EStG § 15 R. 597 = HFR 1965, 364). Zur Frage der einkommensteuerlichen Behandlung des Geschäftsführergehalts in Fällen, in denen der Geschäftsführer nicht an der KG beteiligt ist, Hinweis auf H e s s e l m a n n , aaO, S. 150 ff.

7. Steuerliche Behandlung einer Pensionszusage

Erteilt bei einer GmbH & Co. KG die lediglich die Geschäfte der KG führende GmbH ihrem Geschäftsführer, der zugleich Kommanditist der KG ist, eine Pensionszusage, so dürfen nach dem oa. BFH-Urteil IV R 47/68 vom 22. 1. 70 (BStBl. 1970 II S. 415 = StRK EStG § 15 Ziff. 2 R. 42) weder bei der einheitlichen Gewinnfeststellung der KG noch bei der Körperschaftsteuer-Veranlagung der GmbH Pensionsrückstellungen gebildet werden. Für die Vergangenheit sind indessen Pensionsrückstellungen und Zuführungen nach nach Maßgabe der gleichlautenden Ländererlasse vom 3./5. 7. 1967 (BStBl. 1967 II S. 215 ff.) betreffend Auflösung der Pensionsrückstellungen für Gesellschafter-Geschäftsführer von Personengesellschaften anzuerkennen.

8. Organisatorische Fragen

Im Rahmen der Besteuerung der GmbH (AG) & Co. KG und ihrer Gesellschafter kommt — wie oben dargelegt — der Frage der verdeckten Gewinnausschüttung besondere Bedeutung zu. Zur Verhinderun ungerechtfertigter Steuervorteile ist es somit unerläßlich, daß auch dem für die Besteuerung der Komplementär-Kapitalgesellschaft zuständigen Finanzamt soweit wie möglich Gelegenheit zur Prüfung gegeben wird, ob die Gewinnverteilung der KG in den betrieblichen Verhältnissen, in den Kapitalbeteiligungen und in der Tätigkeit der Gesellschafter ihre Grundlage hat und ob beim Leistungsaustausch zwischen der Kapitalgesellschaft und der KG Leistung und Gegenleistung einander angemessen sind. Ich bitte deshalb, in Fällen, in denen die KG und die Komplementär-Kapitalgesellschaft bei demselben Finanzamt geführt werden, die steuerliche Bearbeitung nach Möglichkeit nur von einer Dienststelle vornehmen zu lassen. Sofern die Unternehmen bei verschiedenen Finanzämtern geführt werden, ist eine enge Zusammenarbeit der zuständigen Dienststellen dieser Finanzämter herbeizuführen.

Betr.: Gesellschaftsteuer: Änderung des Gesetzes ab 1. 1. 1972 13

Schreiben des Bundesministers für Wirtschaft und Finanzen F/IV A 4 — S 5000 3/72 v. 16. 3. 72, BStBl. I 1972, 134 = GmbH-Rdsch. 1972, 117.

Bei der Anwendung der neuen gesetzlichen Bestimmungen ist folgendes zu beachten:

1. Steuertatbestände (§ 2 KVStG)

Die Bestimmungen für die wichtigsten Steuertatbestände (§ 2 Abs. 1 Nr. 1 bis 4 KVStG) sind unverändert beibehalten worden. Für ihre Auslegung sind deshalb die bestehenden Verwaltungsregelungen und die bisherige Rechtsprechung weiter anzuwenden.

Die bisherige Vorschrift des § 2 Abs. 1 Nr. 5 KVStG ist gestrichen worden. Das hat zur Folge, daß eine Kapitalgesellschaft (§ 5 KVStG), der eigene Gesellschaftsrechte unentgeltlich oder zu einer ihren Wert nicht erreichenden Gegenleistung überlassen werden, diese Leistung eines Gesellschafters bereits nach Maßgabe des § 2 Abs. 1 Nr. 2 bis 4 KVStG und nicht erst — wie bisher — mit der Veräußerung dieser Gesellschaftsrechte versteuern muß.

Nach der neuen Vorschrift des § 2 Abs. 1 Nr. 5 KVStG unterliegt der Gesellschaftsteuer die Verlegung der Geschäftsleitung oder des satzungsmäßigen Sitzes einer ausländischen Kapitalgesellschaft (§ 5 Abs. 4 KVStG) in den Geltungsberich des KVStG, wenn die Kapitalgesellschaft durch diese Verlegung zu einer inländischen (§ 5 Abs. 3 KVStG) wird. Dies gilt jedoch nicht, wenn die Kapitalgesellschaft vor der Verlegung der Geschäftsleitung oder des satzungsmäßigen Sitzes in einem Mitgliedstaat der Europäischen Wirtschaftsgemeinschaft (EWG) für die Erhebung der Gesellschaftsteuer als Kapitalgesellschaft angesehen wurde.

Durch diese Einschränkung sollen Doppelbesteuerungen innerhalb des EWG-Raumes vermieden werden. Nach der Richtlinie (Art. 2) steht das Besteuerungsrecht primär dem Mitgliedstaat zu, in dem sich der Ort der Geschäftsleitung befindet. Ist der Ort der Geschäftsleitung in einem Drittland, so ist sekundär der Ort des satzungsmäßigen Sitzes maßgebend. Zukünftig ist zu prüfen, von „wo" verlegt wurde. Waren die Geschäftsleitung oder der satzungsmäßige Sitz in einem Mitgliedstaat, so kann in der Regel eine Besteuerung nicht mehr durchgeführt werden.

Nachstehende Fälle sind demnach wie folgt zu beurteilen:

a) Verlegung der Geschäftsleitung einer Kapitalgesellschaft, die ihren satzungsmäßigen Sitz in einem außerhalb der EWG hat (Drittland), vom Drittland in den Geltungsbereich des KVStG;
steuerbar, da Geschäftsleitung und satzungsmäßiger Sitz bisher in einem Drittland;

b) Verlegung des satzungsmäßigen Sitzes einer Kapitalgesellschaft, die ihre Geschäftsleitung in einem Drittland hat, von diesem Drittland in den Geltungsbereich des KVStG;
steuerbar, wie zu a);

c) Verlegung der Geschäftsleitung einer Kapitalgesellschaft von einem anderen Mitgliedstaat in den Geltungsbereich des KVStG;
keine Besteuerung der Verlegung, da Geschäftsleitung in einem Mitgliedstaat war;

d) Verlegung des satzungsmäßigen Sitzes einer Kapitalgesellschaft, die ihre Geschäftsleitung in einem Drittland hat, von einem anderen Mitgliedstaat in den Geltungsbereich des KVStG;
keine Besteuerung der Verlegung, da satzungsmäßiger Sitz in einem Mitgliedstaat war;

e) Verlegung der Geschäftsleitung einer Kapitalgesellschaft, die ihren satzungsmäßigen Sitz in einem anderen Mitgliedstaat hat, von einem Drittland in den Geltungsbereich des KVStG;
keine Besteuerung der Verlegung, da satzungsmäßiger Sitz in einem Mitgliedstaat war.

Voraussetzung für die Nichtbesteurung in den vorgenannten Fällen ist jedoch, daß die Kapitalgesellschaft in dem anderen Mitgliedstaat für die Erhebung der Gesellschaftsteuer auch tatsächlich als Kapitalgesellschaft angesehen wird. Das kann nur bei den in § 5 Abs. 2 Nr. 3 KVStG bezeichneten Kommanditgesellschaften (GmbH & Co. KG) zweifelhaft sein. Zunächst ist davon auszugehen, daß die Verlegung einer GmbH & Co. KG nach hier steuerpflichtig ist.

Die Neufassung des § 2 Abs. 1 Nr. 6 KVStG entspricht im Grundsatz dem bisherigen Recht, so daß bisherige Verwaltungsregelungen und die bisherige Rechtsprechung weiterhin angewendet werden können. Die Vorschrift gilt abweichend vom bisherigen Recht nicht mehr für ausländische Kapitalgesellschaften (§ 5 Abs. 1 und 2 KVStG), die ihre Geschäftsleitung oder ihren satzungsmäßigen Sitz in einem anderen Mitgliedstaat haben und dort für die Erhebung der Gesellschaftsteuer als Kapitalgesellschaft angesehen werden.

Die Besteuerung kapitalersetzender Gesellschafterdarlehen (bisher § 3 KVStG) ist weggefallen. Es bleibt im Ausnahmefall zu prüfen, ob ein Mißbrauch von Formen und Gestaltungsmöglichkeiten des bürgerlichen Rechts (§ 6 StAnpG) vorliegt und deshalb der formell als Gewährung von Gesellschafterdarlehen bezeichnete Rechtsvorgang wie der Ersterwerb von Gesellschaftsrechten zu behandeln ist (zB unverzinsliches und bis zum Untergang des Gesellschaftsrechts unkündbares Darlehen).

2. . . .

3. Rechtsvorgänge bei der GmbH & Co. KG

Abweichend von der bisherigen Rechtslage gelten nach § 5 Abs. 2 Nr. 3 KVStG Kommanditgesellschaften, zu deren persönlich haftenden Gesellschaftern eine der in § 5 Abs. 1 oder Abs. 2 Nr. 1 und 2 KVStG genannten Kapitalgesellschaften oder eine als Kapitalgesellschaft geltende Kommanditgesellschaft gehört (in folgendem als GmbH & Co. KG bezeichnet), als Kapitalgesellschaften im Sinne des KVStG. Hierunter fallen nicht nur die „normalen", sondern auch die sog. doppel- und mehrstöckigen GmbH & Co. KG's, bei denen zB persönlich haftender Gesellschafter eine GmbH & Co. KG ist, zu deren persönlich haftenden Gesellschaftern wiederum eine GmbH & Co. KG gehört. Die Gesetzesänderung hat zur Folge, daß die GmbH & Co. KG nunmehr selbst Steuerschuldner (§ 10 Abs. 1 KVStG) ist und nicht mehr die persönlich haftende Kapitalgesellschaft. Die örtliche Zuständigkeit richtet sich deshalb nach dem Ort der Geschäftsleitung der KG. Außerdem darf eine GmbH & Co. KG oder die Erhöhung der Kommanditeinlagen erst dann ins Handelsregister eingetragen werden, wenn eine Unbedenklichkeitsbescheinigung des Kapitalverkehrsteueramts vorgelegt wird (§ 7 Abs. 1 KVStDV). Schließlich unterliegen abweichend von der bisherigen Beurteilung (vgl. Schreiben des BMWF vom 15. 9. 1970, BStBl. 1970 I S. 995) auch freiwillige Leistungen der Kommanditisten an die GmbH & Co. KG der Gesellschaftsteuer, weil sie an eine Kapitalgesellschaft bewirkt werden.

Unter Berücksichtigung der geänderten gesellschaftsteuerrechtlichen Stellung der GmbH & Co. KG sind die nachstehenden Vorgänge wie folgt zu beurteilen:

a) Verzicht auf Gewinnverteilung bei der GmbH & Co. KG

Nach § 167 iVm. § 120 HGB steht dem Kommanditisten der für ein Geschäftsjahr ermittelte Gewinn ohne besondere Beschlußfassung anteilmäßig zu. Deshalb bewirkt der Kommanditist eine gesellschaftsteuerpflichtige freiwillige Leistung gemäß § 2 Abs. 1 Nr. 4 KVStG, wenn er gegenüber der GmbH & Co. KG ganz oder zum Teil auf die Verteilung des entstandenen Gewinns verzichtet. Beruht der Verzicht auf die Gewinnverteilung auf einer im Gesellschaftsverhältnis begründeten Verpflichtung, so ist eine Leistung im Sinne des § 2 Abs. 1 Nr. 2 KVStG gegeben.

Läßt der Kommanditist jedoch lediglich den ihm zustehenden Gewinn ganz oder zum Teil stehen (Privatkonto), so liegt darin in der Regel eine nicht mehr steuerpflichtige Darlehnsgewährung.

b) Stille Beteiligung an einer GmbH & Co. KG

Forderungen, die eine Beteiligung am Gewinn oder am Liquidationserlös einer Kapitalgesellschaft gewähren, gelten gemäß § 6 Abs. 1 Nr. 3 KVStG als Gesellschaftsrechte an Kapitalgesellschaften. Abweichend von der bisherigen Rechtsprechung erfaßt diese Vorschrift nunmehr auch die typische und atypische stille Beteiligung an einer GmbH & Co. KG.

c) Anwendung des § 29 UmwStG 1969 auf den Erwerb von Kommanditanteilen an einer GmbH & Co. KG

Nach § 29 UmwStG 1969 (BStBl. I 1969 S. 498) sind Rechtsvorgänge im Sinne des § 2 Abs. 1 Nr. 1 KVStG von der Gesellschaftsteuer befreit, wenn und soweit als Gegenleistung für den Erwerb der Gesellschaftsrechte das Vermögen eines Unternehmens als Ganzes, ein Betrieb, ein Teilbetrieb oder ein Mitunternehmeranteil auf die Kapitalgesellschaft übertragen wird. Die Vorschrift deckt ab 1. 1. 1972 bei diesen Übertragungen auch den Ersterwerb von Kommanditanteilen an einer GmbH & Co. KG. Die Steuerbefreiung kommt auch dann in Betracht, wenn eine GmbH als persönlich haftende Gesellschafterin in eine bereits bestehende KG eintritt. In diesem Falle sind zwar nach dem Wortlaut die Voraussetzungen des § 29 Nr. 2 UmwStG 1969 nicht gegeben, weil die KG unverändert als Personengesellschaft weiterbesteht und die Kommanditisten deshalb keine Gegenleistung für den Erwerb von Gesellschaftsrechten erbringen. Die Befreiungsvorschrift ist analog anzuwenden. Dies gilt entsprechend, wenn ein Kommanditist das Vermögen eines Unternehmens als Ganzes, einen Betrieb, einen Teilbetrieb oder einen Mitunternehmeranteil zur Erhöhung seiner Einlage einbringt (§ 2 Abs. 1 Nr. 2 KVStG).

4. Umwandlung einer Kapitalgesellschaft in eine andere Kapitalgesellschaft (§ 7 Abs. 3 Nr. 1 KVStG)

Nach der neuen Vorschrift des § 7 Abs. 3 Nr. 1 KVStG ist der erste Erwerb von Gesellschaftsrechten von der Gesellschaftsteuer befreit, wenn und soweit er auf der Umwandlung einer Kapitalgesellschaft in eine andere Kapitalgesellschaft beruht . . .

Voraussetzung für die Steuerbefreiung ist in allen Fällen, daß die Gesellschaft vor der Umwandlung als Kapitalgesellschaft im Sinne des § 5 Abs. 2 KVStG gegolten hat.

Die weitergehenden Steuerbefreiungen des § 29 UmwStG 1969 (BGBl. I S. 1163; BStBl. 1969 I S. 498) bleiben bis zum Auslaufen dieser Vorschrift (31. 12. 1972) unberührt.

Bei den in den §§ 362 bis 382 sowie den §§ 386 bis 392 AktG 1965 (BGBl. I S. 1089; BGBl. 1965 I S. 423) geregelten formwechselnden Umwandlungen (AG in KGaA und umgekehrt, AG in GmbH und umgekehrt, KGaA in GmbH und umgekehrt) findet ein Ersterwerb von Gesellschaftsrechten nicht statt, so daß in diesen Fällen Gesellschaftsteuer nicht entsteht.

Nicht erfüllt sind die Voraussetzungen des § 7 Abs. 3 Nr. 1 KVStG bei der sog. Umwandlung einer GmbH in eine GmbH & Co. KG, bei der die GmbH selbst bestehen bleibt und unter Herabsetzung ihres Kapitals als persönlich haftende Gesellschafterin in eine KG eintritt, während die auf die Kommanditanteile zu leistenden Einlagen mit den durch die Kapitalherabsetzung entstandenen Forderungen verrechnet werden.

Die Vorschrift des § 7 Abs. 3 Nr. 1 Satz 2 KVStG hat nur für die GmbH & Co. KG Bedeutung. Sie stellt sicher, daß die Komplementäranteile, die bei der

Gründung der GmbH & Co. KG nicht steuerpflichtig waren, bei der Umwandlung in GmbH-Anteile zur Steuer herangezogen werden.

5. Steuermaßstab beim ersten Erwerb von Gesellschaftsrechten (§ 8 Nr. 1 a KVStG)

Nach der Neufassung des § 8 Nr. 1 a KVStG wird die Gesellschaftsteuer vom Wert der Gegenleistung berechnet, wenn für den Erwerb von Gesellschaftsrechten eine Gegenleistung zu bewirken ist. Als Wert der Gegenleistung gilt mindestens der Wert der Gesellschaftsrechte. Diese Bestimmung ist abweichend von der bisherigen Rechtslage auch anzuwenden, wenn die Gegenleistung in Geld besteht. Bei der Neugründung einer Kapitalgesellschaft deckt sich in diesem Falle der Wert der erworbenen Gesellschaftsrechte in der Regel mit dem hingegebenen Geldbetrag. Werden jedoch Gesellschaftsrechte anläßlich einer Kapitalerhöhung erworben, so ist ebenso wie bei Sacheinlagen der gemeine Wert (§ 9 BewG 1965) dieser Gesellschaftsrechte zu ermitteln. Läßt sich der gemeine Wert nicht aus Verkäufen ableiten (§ 11 Abs. 1 BewG 1965), ist er unter Berücksichtigung des Gesamtvermögens und der Ertragsaussichten der Gesellschaft zu schätzen (§ 11 Abs. 2 BewG 1965).

6. Steuerermäßigung (§ 9 Abs. 2 Nr. 1 KVStG)

Abweichend von der bisherigen Regelung ist die Steuerermäßigung nach § 9 Abs 2 Nr. 1 KVStG beim Erwerb von Gesellschaftsrechten anläßlich einer Kapitalerhöhung nur zu gewähren, wenn die Kapitalerhöhung dem Ausgleich einer nicht mehr als vier Jahre zurückliegenden Herabsetzung des Kapitals dient.

Literaturverzeichnis

Bader

Gesellschaftsteuer bei der GmbH & Co. KG, Die Information über Steuer und Wirtschaft 1969, 481 ff.

Barella

Außergewöhnliche Geschäfte bei der Kommanditgesellschaft, Der Betrieb 1952, 944 f.

Bark

Zur Gesellschaftsteuer bei der sogenannten doppelstöckigen GmbH & Co. KG, Der Betriebs-Berater 1969, 1169 ff.

Barth

Die Frage eines zusätzlichen Gewinnanteils der GmbH als Komplementär einer GmbH & Co. KG für die Übernahme der Haftung und für die Verpflichtung zur Besorgung der Geschäftsführung, GmbH-Rundschau 1967, 50 ff.

Die Grundsatzentscheidung des IV. Senats des BFH zur Gewinnverteilung bei der GmbH & Co. KG und zu anderen Fragen dieser Gesellschaftsform, GmbH-Rundschau 1968, 120 ff.

Werden GmbH-Anteile bei der Betriebsaufspaltung zu Betriebsvermögen?, GmbH-Rundschau 1969, 14 ff.

Die gewerbesteuerliche Behandlung der GmbH-Anteile bei der GmbH & Co., GmbH-Rundschau 1969, 73 ff.

Gesellschaftsteuerpflicht für Freianteile bei der GmbH & Co. KG, Der Betriebs-Berater 1969, 1030 ff.

Die Finanzierungs-GmbH & Co. KG bei Großinvestitionen in steuerlicher und wirtschaftlicher Sicht, GmbH-Rundschau 1971, 77 ff.

Die steuerliche Behandlung der Bezüge des Kommanditisten, der für die GmbH die Geschäftsführung der Kommanditgesellschaft übernimmt, Festschrift Scherpf, 317 ff.

Barz

Das Ende der GmbH & Co. KG, Neue Juristische Wochenschrift 1972, 465 ff.

Baumbach-Duden

Handelsgesetzbuch, 19. Aufl., München 1971

Baumbach-Hueck

Gesetz betr. die Gesellschaften mit beschränkter Haftung, 13. Aufl., München 1970

Beckmann

Die Satzungsklausel gegen verdeckte Gewinnausschüttungen, Der Betriebs-Berater 1967, 532 ff.

B e h r e n s

Anteile an der Komplementär-GmbH als notwendiges Betriebsvermögen der GmbH & Co. KG, Der Betrieb 1968, 1646 f.

Zur Prägung der GmbH & Co. KG durch die Komplementär-GmbH, GmbH-Rundschau 1973, 67 ff.

B e i n e r t - B ö t t c h e r

Der kapitalverkehrsteuerlich maßgebende Wert der Kommanditeinlage bei einer GmbH & Co., Rechts- und Wirtschafts-Praxis (Forkel-Verlag, Stuttgart), 14 Steuer-R, D Unternehmens-Formen, Einzelfragen II B 1/62

Die GmbH & Co. im Steuerrecht, Rechts- und Wirtschaftspraxis (Forkel-Verlag, Stuttgart), 14 Steuer-R, D GmbH & Co., I Übersicht

Die GmbH & Co. im Handelsrecht, Rechts- und Wirtschafts-Praxis (Forkel-Verlag, Stuttgart), 4 Wi-R, D GmbH & Co., I Übersicht

B e i s s e

Zur Gewinnverteilung bei Familien-Personengesellschaften, Finanz-Rundschau 1973, 53 ff.

B l ü m i c h - K l e i n - S t e i n b r i n g - S t u t z

Körperschaftsteuergesetz, 4. Aufl., Berlin, Frankfurt/M. 1965

B o e s e b e c k

Die kapitalistische Kommanditgesellschaft, Frankfurt 1938

B ö t t c h e r

GmbH & Co., Rechts- und Wirtschafts-Praxis (Forkel-Verlag, Stuttgart), 4 Wi-R, D Unternehmens-Formen, Einzelfragen 2 und 2 a; 14 Steuer-R, D Unternehmens-Formen, Einzelfragen 12, 12 a und 12 b

Zur heutigen Bedeutung der GmbH & Co., Rechts- und Wirtschafts-Praxis (Forkel-Verlag, Stuttgart), 14 Steuer-R, D Unternehmens-Formen, Einzelfragen 12 c

Die steuerlich günstigste Unternehmensform, Rechts- und Wirtschafts-Praxis (Forkel-Verlag, Stuttgart), 14 Steuer-R, D Unternehmens-Formen, Einzelfragen 16

Aktuelle Fragen zur Umsatzsteuer der Unternehmereinheit, Rechts- und Wirtschafts-Praxis (Forkel-Verlag, Stuttgart), 14 Steuer-R, D Unternehmens-Formen, Einzelfragen 14 f.

Kapitalverkehrsteuer aus § 6 Abs. I Ziff. 4 KVStG bei Umwandlung einer Kapitalgesellschaft in eine GmbH & Co., Rechts- und Wirtschafts-Praxis (Forkel-Verlag, Stuttgart), 14 Steuer-R, D KVSt. II B 5/58

Zum Wirtschafts- und Steuerrecht der Familienunternehmen, Steuerberater-Jahrbuch, Köln 1952, 77 ff.; Köln 1953/54, 239 ff.; Köln 1955/56, 267 ff.; Köln 1956/57, 147 ff.; Köln 1958/59, 305 ff.; Köln 1959/60, 151 ff.; Köln 1961/62, 143 ff.; Köln 1962/63, 57 ff.; Köln 1963/64, 93 ff.; Köln 1964/65, 81 ff.; Köln 1965/66, 175 ff.; Köln 1966/67, 117 ff.; Köln 1969/70, 153 ff.; Köln 1970/71, 147 ff.; Köln 1971/72, 73 ff.

Weitere steuerliche Fragen zur GmbH & Co., Rechts- und Wirtschafts-Praxis (Forkel-Verlag, Stuttgart), 14 Steuer-R, D Unternehmens-Formen, Einzelfragen II B 2/59

Ein Katalog der Gesellschaftsteuerpflichten einer GmbH & Co. aus § 6 Abs. I Ziff. 4 KVStG, Rechts- und Wirtschafts-Praxis (Forkel-Verlag, Stuttgart), 14 Steuer-R, D Unternehmens-Formen, Einzelfragen II B 4/60

Zum Ansatz des „good will" bei Bewertung der Kommanditeinlagen für die Gesellschaftsteuer bei Eintritt einer GmbH als persönlich haftende Gesellschafterin in eine bestehende Kommanditgesellschaft, Rechts- und Wirtschafts-Praxis (Forkel-Verlag, Stuttgart), 14 Steuer-R, D KVSt, Einzelfragen II B 2/61

Zur steuerlichen Behandlung der Bezüge des Geschäftsführers der GmbH für die Geschäftsführung der GmbH & Co. im Blick auf die Entscheidung des BFH, BStBl. III 1960, 408, Rechts- und Wirtschafts-Praxis (Forkel-Verlag, Stuttgart), 14 Steuer-R, D Unternehmens-Formen, Einzelfragen II B 5/61

Eine GmbH als persönlich haftender Gesellschafter einer KG ohne Beteiligung am Gewinn und Verlust ua., Rechts- und Wirtschafts-Praxis (Forkel-Verlag, Stuttgart), 14 Steuer-R, D Unternehmens-Formen, Einzelfragen II B 6—8/61

Kapitalverkehrsteuerfragen bei der GmbH & Co., Rechts- und Wirtschafts-Praxis (Forkel-Verlag, Stuttgart), 14 Steuer-R, D Unternehmens-Formen, Einzelfragen II B 2—3/62

Neue Fragen zum Steuerrecht der GmbH & Co. KG, Rechts- und Wirtschafts-Praxis (Forkel-Verlag, Stuttgart), 14 Steuer-R, D GmbH & Co. II 2

Verdeckte Gewinnausschüttung durch unentgeltliche Überlassung immaterieller Wirtschaftsgüter, Der Betrieb 1965, 126

Böttcher-Beinert

GmbH & Co., Die moderne Unternehmensform, 4. Aufl., Stuttgart 1971 (zit.: GmbH & Co.)

Der Gesellschaftsteuermaßstab für den Erwerb von Kommanditanteilen an einer GmbH & Co., Der Betrieb 1970, 2046 f.

Böttcher-Beinert-Hennerkes

Kapitalverkehrsteuerliche Anerkennung der „dreistufigen" GmbH & Co., Der Betrieb 1971, 260 ff.

Die Erhöhung der Kommanditeinlagen einer GmbH (AG) & Co. aus „Gesellschaftsmitteln" kapitalverkehrsteuerfrei?, Finanz-Rundschau 1972, 11 f.

Böttcher-Krahmer

Die GmbH als persönlich haftender Gesellschafter der GmbH & Co. ohne Beteiligung an Kapital, Gewinn und Verlust, Rechts- und Wirtschafts-Praxis (Forkel-Verlag, Stuttgart), 14 Steuer-R, D GmbH & Co. II 4

Bokelmann

Kann eine ausländische Kapitalgesellschaft Komplementärin einer deutschen Kommanditgesellschaft sein? Der Betriebs-Berater 1972, 1426 ff.

B o n s e l s

Rückstellung für eine Pensionszusage bei der GmbH & Co., die einem Kommanditisten als Geschäftsführer der GmbH gegeben wird, GmbH-Rundschau 1963, 90 f.

B o r u t t a u - S c h a d e c k

Grundriß der Kapitalverkehrsteuer, Band 14 der Buchreihe Finanz und Steuern, Stuttgart, 2. Aufl., 1964

Nochmals: Gesellschaftsteuer anläßlich der Übertragung von Vermögensteilen seitens einer GmbH & Co. auf eine andere GmbH & Co. mit denselben Gesellschaftern?, Deutsche Verkehrsteuer-Rundschau 1960, 177 ff.

B o r u t t a u - K l e i n

Grunderwerbsteuergesetz, 8. Aufl., München, Berlin 1965

B r e n d l e - S c h a a f

Die umgekehrte Betriebsaufspaltung im Rahmen einer GmbH & Co. KG und ihre ertragsteuerlichen Konsequenzen, GmbH-Rundschau 1970, 285 ff.

Zur steuerbegünstigten Umwandlung einer Kapitalgesellschaft auf eine GmbH & Co. KG, GmbH-Rundschau 1972, 116 ff.

B r o d m a n n

Gesetz betreffend die Gesellschaften mit beschränkter Haftung, 2. Aufl., Berlin, Leipzig 1930

B r o d o w s k i

Zur Nachforderung der Gesellschaftsteuer bei der GmbH & Co. KG, Der Betrieb 1969, 361

B r ö n n e r

Die GmbH & Co. im Handels- und Steuerrecht, Rundschau für GmbH 1952, 145 ff.

B r ö n n e r - B ü n z

Die GmbH & Co. KG in Recht und Praxis, Freiburg 1971

B r ö n n e r - K a m p r a d

Kommentar zum Kapitalverkehrsteuergesetz, 2. Aufl., Köln 1973 (zit.: KVStG)

B u c h h e i s t e r

Die Haftungsübernahme der Kommanditisten in der GmbH & Co. KG, Der Betriebs-Berater 1973, 687 f.

B u c h w a l d

Eine neue Variante der GmbH & Co. KG, GmbH-Rundschau 1969, 90 f.

Neue Variante der GmbH & Co. KG, GmbH-Rundschau 1970, 50 f.

B ü h l e r

Lehrbuch des Steuerrechts. I. Band: Allgemeines Steuerrecht, Berlin 1927 (zit.: Lehrbuch)

B u r h o f f

Umsatzsteuerliche Organschaft zwischen GmbH & Co. und deren Komplementär-GmbH, Rundschau für GmbH 1960, 172

C a h n

GmbH & Co., Kommanditgesellschaft, Mannheim, Berlin, Leipzig 1922, Band 5 der Reihe: Die private Unternehmung und ihre Betätigungsformen, juristische und privatwirtschaftliche Abhandlungen, herausgegeben von H o e n i g e r und W a l b

C o n z e

Die Steuerkapitalgesellschaft des § 6 Abs. I Nr. 4 KVStG 1934/59 und ihre gesellschaftsteuerliche Gleichstellung mit anderen Kapitalgesellschaften, Finanz-Rundschau 1971, 497 ff.

D a e s c h n e r

Handelsgesellschaftliche Gestaltungsformen, Leipzig 1923

D a h l

Gesellschaftsteuerliche Beurteilung von Kapitalverschiebungen zwischen zwei GmbH & Co. bei Identität aller Gesellschafter, Rundschau für GmbH 1961, 53 ff.

D e i n i n g e r

Verdeckte Gewinnausschüttung bei Änderung des Gesellschaftsvertrages einer GmbH & Co. KG? Der Betrieb 1970, 1458 ff.

D e u t l e r

Reformfragen der GmbH & Co., Der Betrieb 1970, 381 ff. und 429 ff.

D o r n f e l d

Zur gesellschaftsteuerlichen Problematik von Kommanditistendarlehen an eine GmbH & Co. KG, GmbH-Rundschau 1969, 186 ff.

Gesellschaftsteuer bei der GmbH & Co. KG? Finanz-Rundschau 1970, 101 ff.

Gesellschaftsteuerfreie Umwandlung einer GmbH auf eine doppelstöckige GmbH & Co. KG, GmbH-Rundschau 1970, 130 ff.

Änderung der Beteiligungsverhältnisse und der Gewinnverteilung bei einer GmbH & Co. KG als verdeckte Gewinnausschüttung? GmbH-Rundschau 1972, 140 ff.

D u e b a l l

Praktische Fragen zur GmbH & Co. KG, Beilage 3/1965 zu Der Betriebs-berater Heft 11/1965

D ü r i n g e r - H a c h e n b u r g

Das Handelsgesetzbuch. I. Band, 3. Aufl., Mannheim, Berlin, Leipzig 1930. II. Band, 2. Hälfte, 3. Aufl., Mannheim, Berlin, Leipzig 1932

E g l y

Gesellschaftsteuerkommentar, 2. Aufl. 1968

Änderungen der Gesellschaftsteuer ab 1. Januar 1972, Neue Wirtschafts-Briefe (Herne/Westf.), Fach 8 a, 159 ff.

E l t e r m a n n

Der verdeckte Kapitalentzug in der GmbH & Co. KG, Dissertation, Köln 1972

E s c h

Zur steuerlichen Gewinnverteilung bei der GmbH & Co. KG, Der Betrieb 1967, 569 f.

Umsatzbesteuerung der Einbringung eines Einzelunternehmens in eine Familien-GmbH & Co., Der Betrieb 1967, 1151 f.

F a s o l d

Die Abzugsfähigkeit von Pensionsrückstellungen für den GmbH-Geschäftsführer bei der GmbH & Co. KG, Der Betrieb 1963, 1409 f.

F a s o l t

§ 6 Steueranpassungsgesetz und die dreistufige GmbH & Co. KG, GmbH-Rundschau 1970, 79

F e h r

Bericht über die Schweiz, Zeitschrift für das Gesamte Handelsrecht und Konkursrecht, Band 104 (1937), 51 ff.

F e i n e

Die Gesellschaft mit beschränkter Haftung. Sonderdruck aus Handbuch des gesamten Handelsrechts, herausgegeben von E h r e n b e r g, 3. Band, III. Abteilung, Leipzig 1929

F e l i x

Kapitalverkehrsteuerpflicht des Ersterwerbs von Kommanditanteilen an Gesellschaften mbH & Co. KG, Rundschau für GmbH 1962, 202

Personengesellschaften als unselbständige Unternehmen unter Berücksichtigung der Rechtsverhältnisse bei der GmbH & Co., Umsatzsteuer-Rundschau 1963, 189 f.

Umsatzsteuerpflichtige Geschäftsveräußerung bei der Einbringung des Betriebs der GmbH in die GmbH & Co. KG, Umsatzsteuer-Rundschau 1964, 71 f.

Notwendiges Privatvermögen und notwendiges Betriebsvermögen (II), Deutsches Steuerrecht 1964, 339 ff.

Vertragsgestaltung für die GmbH & Co. KG, in Steuerkongreß-Report 1969, 151 ff.

Gewerbesteuerpflichtiges Besitzunternehmen bei Vermietung wesentlicher Betriebsgrundlagen durch GmbH-Gesellschafter, die nicht Mitunternehmer sind, an die GmbH & Co.?, GmbH-Rundschau 1971, 147

F e t s c h
Die GmbH & Co. im Steuerrecht, 2. Aufl., Düsseldorf 1969
Organschaft in der GmbH & Co., GmbH-Rundschau 1965, 226 ff.

F l e d d e r m a n n
Der Referentenentwurf eines GmbHG, Rundschau für GmbH 1969, 97 ff.

F r e u d l i n g
Die GmbH & Co. KG als Kapitalgesellschaft im Sinne des Kapitalverkehrsteuergesetzes, GmbH-Rundschau 1973, 19 ff.

G a i l
Einzelfragen zum Umwandlungssteuergesetz, Neue Wirtschafts-Briefe (Herne/Westf.), Fach 18, 2041 ff.

G a l p e r i n
Kommentar zum Betriebsverfassungsgesetz, 4. Aufl., Heidelberg 1963

G a n ß m ü l l e r
Die Tätigkeitsvergütung der geschäftsführenden Gesellschafter einer oHG und KG, Köln 1961

G e n a u s t
Gesellschaftsteuer bei Umgründung in eine GmbH & Co. (AG & Co.), Der Betrieb 1969, 1035

G e o r g e
Weitere Einzelfragen zum Firmenrecht, Rechts- und Wirtschafts-Praxis (Forkel-Verlag, Stuttgart), 4 Wi-R, D Firmenrecht, II 11
Sachfirma der GmbH bei einer GmbH & Co. Kommanditgesellschaft, Der Betriebs-Berater 1964, 326 f.

J. v. G i e r k e
Handels- und Schiffahrtsrecht, 9. Aufl., Berlin 1965

O. v. G i e r k e
Das Deutsche Genossenschaftsrecht. I. Band: Rechtsgeschichte der deutschen Genossenschaft, Berlin 1868

G l a d e
GmbH-Anteile als notwendiges Betriebsvermögen der GmbH & Co. KG, GmbH-Rundschau 1969, 46 f.

G l ö g g l e r
Gesellschaftsteuer, Stuttgart 1950
Die gesellschaftsteuerliche Behandlung der GmbH & Co. und der stillen Beteiligung, Rechts- und Wirtschafts-Praxis (Forkel-Verlag, Stuttgart), 14 Steuer-R, D Kapitalverkehrsteuer, II B 19
Wann ist die Gesellschaftsteuer als Ausgabe abzugsfähig?, Rechts- und Wirtschafts-Praxis (Forkel-Verlag, Stuttgart), 14 Steuer-R, D Körperschaftsteuer, II B 11

Kapitalverkehrsteuer aus § 6 Abs. I Ziff. 4 KVStG bei Umwandlung einer Kapitalgesellschaft in eine GmbH & Co., Rechts- und Wirtschafts-Praxis (Forkel-Verlag, Stuttgart), 14 Steuer-R, D KVSt. II B 5/58
Firmenwert bei Umwandlung einer Kapitalgesellschaft in eine GmbH & Co., Rechts- und Wirtschafts-Praxis (Forkel-Verlag, Stuttgart), 14 Steuer-R, D Kapitalverkehrsteuer, Einzelfragen II B 6/59
Zur Bewertung der Kommanditeinlage bei der GmbH & Co., Rechts- und Wirtschafts-Praxis (Forkel-Verlag, Stuttgart), 14 Steuer-R, D Kapitalverkehrsteuer, Einzelfragen II B 2/60
Gesellschaftsteuer bei Eintritt einer GmbH als persönlich haftende Gesellschafterin in eine bestehende Kommanditgesellschaft, Rechts- und Wirtschafts-Praxis (Forkel-Verlag, Stuttgart), 14 Steuer-R, D Kapitalverkehrsteuer, Einzelfragen II B 1/61

Gohl
Die abgeleitete Firma der GmbH & Co., Dissertation, Köln 1967

Gonella
Kann die GmbH & Co. KG Inhaberin sämtlicher Geschäftsanteile ihrer allein persönlich haftenden GmbH-Komplementärin sein, Der Betrieb 1965, 1165 ff.
Börsenumsatzsteuerliche Behandlung von Kommanditanteilen an einer GmbH & Co. KG, GmbH-Rundschau 1972, 287 f. und 1973, 47

Gothe
Zur gewerbesteuerlichen Behandlung der Geschäftsführervergütungen bei der GmbH & Co., Rundschau für GmbH 1961, 132 f.

Gottschalk
Zur Umwandlung einer Kapitalgesellschaft in eine Personengesellschaft mit den gleichen Gesellschaftern und umgekehrt, Umsatzsteuer-Rundschau 1965, 119 ff.

Graf
Gesellschaftsteuer bei der sogenannten doppelstöckigen GmbH & Co. KG, Der Betriebs-Berater 1970, 439 ff.

Grieger
Tätigkeit der GmbH & Co. KG als Gewerbebetrieb, Der Betriebs-Berater 1966, 395 f.

Gronemann
Steuervergünstigungen für Privatkrankenhäuser in der Rechtsform der GmbH & Co. KG, Der Betrieb 1973, 96 ff.

Groschuff
Anmerkung zum Beschluß des LG Berlin 408 T 2824/39 vom 12. Mai 1939, Deutsches Recht 1939, 1454 f.
Eintragung der Rechtsnachfolge im Handelsregister bei Kommanditistenwechsel, Deutsches Recht 1943, 975 f.

Gruß

Steuerklauseln gegen verdeckte Gewinnausschüttung, Die Information über Steuer und Wirtschaft 1968, 79 f.

Grussendorf

Anmerkung zum Beschluß des OLG Hamm 15 W 310/53 vom 6. Oktober 1953, Deutsche Notar-Zeitschrift 1954, 94 ff.

Gürtzgen

Wann entsteht die Gesellschaftsteuerschuld bei der Gründung einer GmbH & Co. KG? Der Betrieb 1973, 1326 f.

Haas

Unbeschränktes Recht zur Firmenfortführung bei Geschäftsübernahme durch eine GmbH & Co. KG, GmbH-Rundschau 1969, 20 ff.

Hachenburg

Kommentar zum Gesetz betreffend die Gesellschaften mit beschränkter Haftung, 6. Aufl., bearbeitet von Goerdeler-Klug-Schilling-Schmidt, Berlin 1956/59 (zit.: Hachenburg mit dem Namen des jeweiligen Sachbearbeiters)

Hager

Steuermaßstab bei der Kapitalverkehrsteuer, Der Betriebs-Berater 1973, 379 ff.

v. Hahn

Kommentar zum Allgemeinen Deutschen Handelsgesetzbuch. I. Band, 2. Aufl., Braunschweig 1871

Haupt

Gesellschaftsrecht, 4. Aufl., bearbeitet von Reinhardt, Tübingen 1952

Heckmann

Gesellschaftsteuer bei Umwandlung einer GmbH in eine GmbH & Co.? Rundschau für GmbH 1964, 163 ff.

Heinemann

Zur teilweisen Umwandlung von GmbH-Anteilen in Kommanditeinlagen bei der GmbH & Co. KG, Rundschau für GmbH 1963, 151 f.

Die Haftung des Kommanditisten im Vergleich, insbesondere nach Errichtung einer GmbH & Co. KG, GmbH-Rundschau 1968, 203 ff.

Firmenfortführung bei Ausscheiden von Gesellschaftern an einer GmbH & Co., Der Betriebs-Berater 1970, 563 ff.

Heinze

Zur Bemessung der sog. Risikoprämie der Komplementär-GmbH einer GmbH & Co. KG, Der Betrieb 1967, 262 f.

Heise

Gesellschaftsteuer bei der GmbH & Co. KG, Der Betrieb 1969, 1124 f.

Henninger

Steuerliche Einzelfragen zur GmbH & Co., Rundschau für GmbH 1959, 138 f.

Pensionsvereinbarungen mit Gesellschafter-Geschäftsführern bei GmbH und GmbH & Co. KG, GmbH-Rundschau 1972, 160 ff.

Henssler-Kormann

Von der Einzelfirma oder OHG zur GmbH & Co., Beilage 11 zu Der Betriebs-Berater 1971

Henze

Die GmbH & Co. Kommanditgesellschaft. Ihre Errichtung und ihre wirtschaftliche und steuerliche Bedeutung. Gemeinverständlich dargestellt, 10. Aufl., Stuttgart 1970

Geschäftsführergehalt bei der GmbH & Co. KG; Rechts- und Wirtschafts-Praxis (Forkel-Verlag, Stuttgart), 14 Steuer-R, D Unternehmensformen II B 1/63

Erhebung der Gesellschaftsteuer bei der GmbH & Co. KG verfassungswidrig? Rechts- und Wirtschafts-Praxis (Forkel-Verlag, Stuttgart), 14 Steuer-R, D GmbH & Co. II 1

Verdeckte Gewinnausschüttungen bei einer GmbH & Co. KG, Betriebsberater 1964, 79 ff.

Herrmann

Die Zeichnung der GmbH & Co. bei abgeleiteter Firma, GmbH-Rundschau 1967, 96 f.

Herrmann-Heuer

Kommentar zur Einkommensteuer und Körperschaftsteuer (Loseblattwerk), 14. Aufl., Köln 1971

Herschel

Der Geschäftsführer der GmbH & Co. KG, in Aktuelle Fragen aus modernem Recht und Rechtsgeschichte, Gedächtnisschrift für Rudolf Schmidt, Berlin 1966, 329 ff. und Der Betrieb 1967, 2202

Hesselmann

Neues zur GmbH & Co., Rundschau für GmbH 1957, 38 f.; 1960, 200 ff.; 1963, 31 ff.; 1965, 13 ff. und 38 ff.

Unternehmereinheit bei der GmbH & Co., Rundschau für GmbH 1957, 63 f.; 1960, 74 f.

Firma und Bilanz der GmbH bei Beteiligung als persönlich haftender Gesellschafter an einer Kommanditgesellschaft (GmbH & Co.), Rundschau für GmbH 1957, 109 f.

Zum Firmenrecht bei der GmbH & Co., Rundschau für GmbH 1957, 155 f.

Die Grunderwerbsteuer bei der Einbringung von Grundstücken in eine GmbH & Co., Rundschau für GmbH 1957, 159 ff.

Stille Beteiligung an einer GmbH und GmbH & Co., Rundschau für GmbH 1957, 191 ff.

Aktuelle Fragen zur GmbH & Co., Rundschau für GmbH 1958, 67 ff.; 1959, 99 ff.

Gesellschaftsteuer bei der Umwandlung einer GmbH in eine GmbH & Co., Rundschau für GmbH 1958, 184; 1959, 173.

Steuerbare Umsatzgeschäfte und Gesellschaftsleistungen bei der GmbH & Co., Rundschau für GmbH 1958, 193

Die GmbH & Co. im Handelsregister, Der Deutsche Rechtspfleger 1958, 368 ff.

Abzugsfähigkeit der Gesellschaftsteuer bei der GmbH & Co., Rundschau für GmbH 1959, 13 f.; 1964, 67

Nießbrauch an GmbH-Anteilen, Rundschau für GmbH 1959, 21 ff.

Die Umwandlung von Gesellschaften in eine GmbH & Co., Rundschau für GmbH 1959, 239 ff.

Zur Firmenbildung bei der GmbH & Co., Der Deutsche Rechtspfleger 1959, 372 f.

Die Prokura bei der GmbH, Rundschau für GmbH 1960, 157 ff.

GmbH & Co., Finanz-Rundschau 1961, 11 f.

Zur Firmenbildung bei der GmbH & Co., Rundschau für GmbH 1961, 104; 1961, 181 f.

Zur Vertretung einer GmbH & Co., Rundschau für GmbH 1961, 128 f.

Zur gewerbesteuerlichen Behandlung der Geschäftsführervergütungen bei der GmbH & Co., Rundschau für GmbH 1961, 133

Nießbrauch, Finanz-Rundschau 1961, 348 f.

Zur Zulässigkeit der Einmann-GmbH & Co., Rundschau für GmbH 1961, 216 f.

Gesellschaftsteuerfragen bei der GmbH & Co., Rundschau für GmbH 1962, 17 f.; 1963, 212 f.

Zur Firma der GmbH & Co., GmbH-Rundschau 1963, 87 ff.; 1966, 251 ff.

Neue Entscheidungen zur GmbH & Co., GmbH-Rundschau 1963, 134 f.

Die Unterbeteiligung an GmbH-Anteilen, GmbH-Rundschau 1964, 26 ff.

Zur Anwendung der Strafvorschriften der Konkursordnung auf den Geschäftsführer einer GmbH & Co., GmbH-Rundschau 1964, 51

Die GmbH & Co., Der Betriebs-Berater 1964, 1351 ff.

Verfassungswidrigkeit der Gesellschaftsteuer bei Gesellschaften mbH & Co., Finanz-Rundschau 1965, 33 f.

Zur einkommen- und gewerbesteuerlichen Behandlung der Geschäftsführer-Gehälter bei der GmbH & Co., GmbH-Rundschau 1966, 37 ff.

Geschäftsführergehälter bei der GmbH & Co., Der Betriebs-Berater 1966, 691 f.

Der Referentenentwurf eines GmbH-Gesetzes und die GmbH & Co., GmbH-Rundschau 1969, 166 ff.

Gesellschaftsteuer bei der GmbH & Co., GmbH-Rundschau 1970, 100 f.

Die GmbH & Co. in der zukünftigen Gesetzgebung, GmbH-Rundschau 1972, 42 ff.

Heuer

Geschäftsführergehalt bei der GmbH & Co., Rundschau für GmbH 1952, 105 ff.

Behandlung der Aufsichtsrats- oder Beiratsvergütung einer GmbH & Co. KG, Der Betrieb 1968, 196

Heyden

Können die Anteile der Komplementär-GmbH notwendiges Betriebsvermögen der GmbH & Co. KG sein?, Der Betrieb 1968, 2911 f.

Zur Gesellschaftsteuerpflicht der GmbH & Co. KG, Der Betrieb 1969, 1574 ff.

Hildebrandt

GmbH & Co. KG und Börsenumsatzsteuer, Der Betriebs-Berater 1972, 535

Hofmann

Die Haftung der Kommanditisten aus § 176 HGB bei der GmbH & Co. KG, GmbH-Rundschau 1970, 182 ff.

Höppner

Ist eine KG, deren Komplementär eine ausländische Kapitalgesellschaft ist, gem. § 6 Abs. I Nr. 4 KVStG gesellschaftsteuerpflichtig?, Der Betrieb 1970, 1710 f.

Hörstel-Fett

Sind die Anteile an der Komplementär-GmbH notwendiges Betriebsvermögen der KG?, Der Betrieb 1968, 1833

Holtmeier

Die Organschaft im System des Rechts und ihre aktuellen Probleme, Köln 1959

Hopfenmüller

Gesellschaftsteuer bei der GmbH & Co. KG, Der Betriebs-Berater 1969, 267 ff.

Horn

Zur bewertungsrechtlichen Behandlung nicht notierter Anteile an Kapitalgesellschaften, GmbH-Rundschau 1966, 55 ff.

Stille Reserven und Goodwill, GmbH-Rundschau 1969, 217 f.

Wann kann eine aus einer umgewandelten Kapitalgesellschaft hervorgegangene „einfache“ OHG oder KG in eine GmbH & Co. umgewandelt werden?, GmbH-Rundschau 1970, 20 f.

Die GmbH & Co. und die Beseitigung der Doppelbesteuerung im Einkommen-/Körperschaftsteuerbereich durch die bevorstehende Steuerreform, GmbH-Rundschau 1971, 97 f.

Die Bemessungsgrundlage für die Gesellschaftsteuer der Kommanditeinlagen bei einer GmbH & Co., GmbH-Rundschau 1971, 213 ff.

Wer trägt die auf die Kommanditeinlagen einer GmbH & Co. entfallenden Gesellschaftsteuern?, GmbH-Rundschau 1971, 265 f.

Zur Umsatzsteuerpflicht der Komplementär-GmbH einer GmbH & Co. KG, GmbH-Rundschau 1972, 167 f.

Fragen aus dem Bereich der GmbH & Co., GmbH-Rundschau 1972, 284 ff.

Howaldt

Gefahren der GmbH & Co. KG, Dissertation, Hamburg 1965

Hueck

Das Recht der offenen Handelsgesellschaft, 3. Aufl., Berlin 1964

Der Aufsichtsrat der GmbH, Der Betriebs-Berater 1953, 326 ff.

Ippen

Die GmbH & Co. KG als Inhaberin sämtlicher Geschäftsanteile ihrer allein persönlich haftenden GmbH-Komplementärin, Dissertation, Münster 1967

Jansen

Anmerkung zum Beschluß des BGH vom 14. 7. 66, Neue Juristische Wochenschrift 1966, 1813 ff.

v. Kalm

Ist die Tätigkeit der Beiräte von Handelsgesellschaften oder Einzelfirmen umsatzsteuerpflichtig?, Umsatzsteuer-Rundschau 1953, 59 f.

Karig

Zur analogen Anwendung des § 29 UmwStG auf den Ersterwerb von Kommanditanteilen an einer GmbH & Co. KG, Der Betrieb 1971, 353 ff.

Karnick

Umsatzsteuerfragen bei Gründung einer GmbH & Co., Neue Wirtschafts-Briefe (Herne/Westf.), Fach 7, 983 f.

Kastner-Stoll

Die GmbH & Co. KG im Handels-, Gewerbe- und Steuerrecht, Wien 1970 (zit.: Autor in Kastner-Stoll)

Kinnebrock

Kapitalverkehrsteuergesetz, 3. Aufl., München, Berlin 1960

Klamroth

Erweitertes Haftungsrisiko der Kommanditisten in der GmbH & Co. KG, Der Betriebs-Berater 1972, 428 ff.

Klapper

Die GmbH & Co. im Gesellschaftsteuerrecht, Steuer-Warte 1957, 7 f.

Kluckhohn

Gesellschaftsteuer, Rechts- und Wirtschafts-Praxis (Forkel-Verlag, Stuttgart), 14 Steuer-R, D Kapitalverkehrsteuer, VIII

Knoppe

Anteilsvereinigung bei der GmbH & Co. im Grunderwerbsteuerrecht? GmbH-Rundschau 1965, 56 ff.

Knur

Unternehmensform und Betriebsverfassungsgesetz, Deutsche Notar-Zeitschrift 1953, 6 ff.

Köhler

Die GmbH & Co., Steuerberater-Jahrbuch, Köln 1954/55, 233 ff.

Kohrs

Die steuerliche Behandlung von Geschäftsführergehältern bei der GmbH & Co. KG, Rundschau für GmbH 1960, 188 ff.

Konow

Zum Vertrauensschutz bei der GmbH & Co. KG, GmbH-Rundschau 1972, 70 ff.

Das Selbstkontrahieren des Geschäftsführers der Komplementär-GmbH bei einer GmbH & Co. KG, GmbH-Rundschau 1972, 262 ff.

Kormann

Betriebsvermögen und Gewinnverteilung bei der GmbH & Co. KG unter steuerlichen Gesichtspunkten, Der Betrieb 1972, 674 ff.

Aktuelles zur GmbH & Co. im Einkommen-, Umsatz- und Gesellschaftsteuerrecht, Der Betriebs-Berater 1973, 236 ff.

Kraus

Zur steuerlichen Gewinnaufteilung nach §§ 214, 215 AO bei der GmbH & Co. KG, GmbH-Rundschau 1972, 112 ff.

Krieger

Die Regierungsentwürfe zur GmbH-Reform, Der Betriebs-Berater 1972, 717 ff.

Krohn

Verfassungsrechtliche Aspekte der ertragsteuerlichen Behandlung von Geschäftsführer-Gehältern bei der GmbH & Co. KG, Der Betriebs-Berater 1967, 1284 ff.

Kroll

Die Besteuerung der GmbH & Co. KG nach dem Kapitalverkehrsteuergesetz, Die Information über Steuer und Wirtschaft 1972, 257 ff.

Börsenumsatzsteuerliche Behandlung von Kommanditanteilen an einer GmbH & Co. KG, GmbH-Rundschau 1973, 46 f.

Krollmann

Die Voraussetzungen der Unternehmereinheit am Beispiel der GmbH & Co., Umsatzsteuer-Rundschau 1957, 88 f.

Die neue Rechtsprechung des BFH zur GmbH & Co., Der Betrieb 1968, 1235 ff.
Folgerungen aus der Rechtsprechung des BFH zur Gewinnverteilung bei der GmbH & Co., Der Betrieb 1969, 589 ff.

Steuerbelastungsvergleich bei der GmbH & Co. KG, Der Betrieb 1969, 625 f.

Angemessenheit der Geschäftsführerbezüge bei der GmbH und bei der GmbH & Co. KG, Der Betrieb 1969, 984 ff.

Kübler

Die Gesellschaftsteuerpflicht thesaurierter Gewinne bei der GmbH & Co. KG, Der Betrieb 1972, 942 ff.

Die GmbH & Co. KG und § 29 UmwStG — Wortauslegung oder Zweckdeutung, Der Betrieb 1972, 1258 ff.

Kümmerlein

Kann das Umwandlungsverbot des § 1 Abs. 2 Satz 1 des Umwandlungsgesetzes durch Einschaltung eines Treuhänders umgangen werden?, GmbH-Rundschau 1970, 262 f.

Lange

Die GmbH & Co., Neue Wirtschafts-Briefe (Herne/Westf.), Fach 18, 347 ff. und 2081 ff.

Das Geschäftsführergehalt bei der GmbH & Co., Der Betriebs-Berater 1963, 507 ff.

H. Lehmann

Allgemeiner Teil des Bürgerlichen Gesetzbuches, neu bearbeitet von H. Hübner, 15. Aufl., Berlin 1965 (zit.: Allg. Teil)

Gesellschaftsrecht, 2. Aufl., Berlin und Frankfurt a. M. 1959 (zit.: Gesellschaftsrecht)

Lersch-Schaaf

Zur Korrektur der Gewinnverteilung einer GmbH & Co. KG zu Lasten der Komplementär-GmbH und zur Angemessenheit ihres Gewinnanteils, GmbH-Rundschau 1972, 236 f.

Zurechnung von Geschäftsanteilen der Kommanditisten einer GmbH & Co. KG zum notwendigen Betriebsvermögen der KG, Finanz-Rundschau 1972, 389 f.
Nachträgliche Gehaltsvereinbarung mit dem beherrschenden Gesellschafter-Geschäftsführer der Komplementär-GmbH einer GmbH & Co. KG, GmbH-Rundschau 1973, 70 f.

Licht

Zur Firmenbildung bei der GmbH & Co., Rundschau für GmbH 1961, 180 f.

Liebmann

Darf eine GmbH persönlich haftender Gesellschafter einer offenen Handelsgesellschaft oder einer Kommanditgesellschaft sein? Deutsche Juristen-Zeitung 1913, 230 f.

Limbach

Die Haftung des Kommanditisten einer GmbH & Co. KG vor der Eintragung, GmbH-Rundschau 1967, 165 ff.

Der Referentenentwurf zu einem neuen GmbH-Gesetz und der Trend zum Unternehmensrecht, GmbH-Rundschau 1970, 87 ff.

Lindley

A Treatise on the Law of Partnership, 11th Edition, London 1950

Link

Gesellschaftsteuer der GmbH & Co. KG nach neuem Recht, Der Betrieb 1972, 160 ff.

Littmann

Zur Frage der Gestaltungsfreiheit im steuerlichen Gesellschaftsrecht, Neue Betriebswirtschaft 1953, 90 ff.

Zur Gewerbesteuerpflicht der GmbH & Co. KG, GmbH-Rundschau 1966, 116 ff.

Gewinnverteilung bei der GmbH & Co. — Klärung der steuerlichen Beurteilung durch den BFH, Die Information über Steuer und Wirtschaft 1968, 297 ff.

Einkommensteuerliche Beurteilung von Rechtsgestaltungen zwischen nahen Familienangehörigen, Die Information über Steuer und Wirtschaft 1970, 455 ff.

Geschäftsvorfälle bei der GmbH & Co. und ihre bilanz- und gewinnmäßigen Auswirkungen, GmbH-Rundschau 1971, 25 ff.

Loos

§ 29 UmwStG 1969 auch auf GmbH & Co. KG anwendbar?, GmbH-Rundschau 1969, 295 f.

Lüdtke-Handjery

Gesellschaftszweck und Unternehmensgegenstand der GmbH & Co., Der Betriebs-Berater 1973, 68 ff.

Luckow

Einmann-GmbH & Co. in grunderwerbsteuerlicher Sicht, Der Betriebs-Berater 1973, 603 ff.

Lyon-Caen

Traité de Droit commercial. Tome II, première partie, 5e édition, Paris 1926

Märkle

Miet- und Pachtverhältnisse zwischen Komplementär-GmbH und GmbH & Co. KG, GmbH-Rundschau 1971, 121 ff.

Mayer-Wegelin

Gesellschaftsteuer bei Kapitalerhöhungen nach der Änderung des Kapitalverkehrsteuergesetzes, Der Betriebs-Berater 1972, 1319 ff.

Meilicke

Vertragsgestaltung und Steuergestaltung, Steuerberater-Jahrbuch, Köln 1954/55, 187 ff.

Mertens

Die Einmann-GmbH & Co. KG und das Problem der gesellschaftsrechtlichen GmbH & Co. und Gesellschaftsrechtsdogmatik, GmbH-Rundschau 1967, 45 ff.

Mertens-Neupel

Kann eine Personengesellschaft Gesellschafterin einer anderen Personengesellschaft sein?, GmbH-Rundschau 1970, 211 ff.

Meßmer

Gesellschaftsteuer bei der GmbH & Co. KG, Der Betriebs-Berater 1970, 875 ff.
Die Gesellschaftsteuer im Wandel der Rechtsprechung, Steuerberater-Jahrbuch, Köln 1970/71, 235 ff.

Meyer-Arndt

Steuerliche Gestaltungsfreiheit der GmbH & Co. KG, Steuerberater-Jahrbuch, Köln 1971/72, 137 ff.

Meynert

Die Sozialversicherungspflicht „mittelbarer Geschäftsführer", GmbH-Rundschau 1970, 239 ff.

H. J. Müller

Die Haftung der Kommanditisten im deutschen, französischen und englischen Recht, Dissertation, Münster 1955

K. Müller

Haftungsfragen im Zusammenhang mit der Geschäftsführung der GmbH & Co. KG durch die Komplementär-GmbH, GmbH-Rundschau 1972, 18 ff.

Müller-Erzbach

Deutsches Handelsrecht, 2. und 3. Aufl., Tübingen 1928 (zit.: D. H.)
Die Haftung und die Vermögensbeteiligung des Kommanditisten und des stillen Gesellschafters, besonders im Falle ihrer Anteilnahme an der Unternehmensverwaltung. In: Heymann-Festschrift, Beiträge zum Wirtschaftsrecht, Bd. II, 737 ff. (zit.: Die Haftung)

Neufeld-Schwarz

Handelsgesetzbuch. I. Band, Berlin 1931

Neuhaus

Gesellschaftsteuer bei der doppelstöckigen GmbH & Co. KG, Neue Juristische Wochenschrift 1972, 137 ff.

Neumann

Sonderabschreibungen auf Flugzeuge und Schiffe durch Finanzierungs-GmbH & Co. Kommanditgesellschaften, GmbH-Rundschau 1971, 217 ff.

N i s s e n

Die Ertragsteuern bei der GmbH & Co. KG, Der Betrieb 1971, 2226 ff.

P a l a n d t

Bürgerliches Gesetzbuch, 28. Aufl., München, Berlin 1969

P a u l i c k

Zur Gewinnverteilung bei einer typischen stillen Gesellschaft zwischen Familienangehörigen, GmbH-Rundschau 1973, 186 ff.

P e t e r

Behandlung der GmbH & Co. KG bei der Gewerbesteuer, Neue Wirtschafts-Briefe (Herne/Westf.), Fach 5, 665 ff.

P f a n d e r

Kann eine Personengesellschaft Gesellschafterin einer anderen Personengesellschaft sein?, Der Betrieb 1969, 823.

P. P i c

Des Sociétés commerciales. Tome I. Deuxième édition, Paris 1925

P l e i ß

Die GmbH & Co. im Verkehrsteuerrecht, Der Betrieb, Beilage Nr. 7/1960

P l e y e r

Nochmals: Zur Firmenbildung bei der GmbH & Co., Rundschau für GmbH 1962, 14

P l u m

Der fortschreitende Strukturwandel der Personalgesellschaft durch Vertragsgestaltung, in Festschrift Deutscher Juristentag, Karlsruhe 1960, Bd. II, S. 137 ff.

P o l l o c k

On the Law of Partnership, London 1947

P o s t

Die GmbH & Co. — steuerlich günstige Unternehmensform?, Köln 1969

P r i e s e

Formeln zur Berechnung der Gewerbesteuer, Künzelsau (Wttbg.) 1955
Die GmbH & Co. im Steuerrecht, Der Betriebs-Berater 1953, 793 ff.

R e i c h s g e r i c h t s r ä t e - K o m m e n t a r

Kommentar zum Handelsgesetzbuch. Früher herausgegeben von Mitgliedern des Reichsgerichts. I. Band: §§ 1—104, 2. Aufl., bearbeitet von W ü r d i n g e r, Berlin 1953 (zit.: RGRK - W ü r d i n g e r). II. Band: §§ 105—177, §§ 335 bis 342, 2. Aufl., bearbeitet von W e i p e r t, Berlin 1950 (zit.: RGRK - W e i p e r t)

R e i n f e l d
Die Haftung des Geschäftsführers der GmbH & Co. KG, Dissertation, Hamburg 1970

R e m m l i n g e r
Einheitliche Gewinnfeststellung und Gewerbesteuer der GmbH & Co. KG, Der Betrieb 1969, 277 f.

R e t t i g
Gesellschaftsteuer bei der Bildung offener Rücklagen bei der GmbH & Co. KG, Der Betriebs-Berater 1972, 1451 f.

R i c h t e r
Gesellschafter-Grundstücke bei der GmbH & Co. KG, GmbH-Rundschau 1970, 76 ff.
GmbH & Co. KG und § 7 b EStG, GmbH-Rundschau 1970, 268 f.
Zur Änderung der Gewinnverteilung bei einer GmbH & Co. KG, GmbH-Rundschau 1971, 21 f.

R i e c h e r t
Die Firma der GmbH & Co., Der Betrieb 1956, 493 ff.

R i e p e n
Die gesellschaftsteuerliche Behandlung der Rücklagen bei der GmbH & Co. KG nach altem und neuem Recht, Der Betrieb 1973, 444 ff.

R i s s e
Gesellschaftsteuer für Kommanditanteile an einer GmbH & Co. KG, GmbH-Rundschau 1968, 255 ff.

R i t t e r
Kommentar zum Handelsgesetzbuch, 2. Aufl., München, Berlin 1932
Die GmbH & Co., Neue Wirtschafts-Briefe (Herne/Westf.), Fach 18, 85 ff.

R o s e n a u
Die Steuern bei der Errichtung der GmbH & Co. KG, Der Betrieb 1966, 122 ff.
Aktuelle Einzelfragen zur GmbH & Co. KG, Der Betrieb 1967, 1102 ff.
Einzelfragen zur GmbH & Co. KG, Der Betrieb 1969, 61 f.
Die GmbH & Co. KG, ihre rechtliche Gestaltung und die steuerlichen Folgen, Beilage 13 zu Der Betrieb 1971

R o s e n d o r f f
Die GmbH als Kommanditgesellschaft, Deutsche Steuer-Zeitung 1920/21, 61 ff.

R ü c k e r t
Zur steuerlichen Gewinnverteilung bei der GmbH & Co. KG, Der Betrieb 1966, 1943 ff.

R u n g e

Bilanzierung der Anteile an der Komplementär-GmbH bei der GmbH & Co. KG, Der Betrieb 1970, 754 f.

S a l c h

Der Gegenstand des Unternehmens einer Komplementär-GmbH, GmbH-Rundschau 1971, 251 ff.

S a n d k a u l e n

Entsteht anläßlich der Übertragung von Vermögensteilen seitens einer GmbH & Co. auf eine andere GmbH & Co. mit denselben Gesellschaftern Gesellschaftsteuerpflicht?, Deutsche Verkehrsteuer-Rundschau 1960, 81 ff.

S a r x

Die Umwandlung von Kapitalgesellschaften in Personenunternehmen und die Verschmelzung von Kapitalgesellschaften, Steuer und Wirtschaft 1970, 482 ff.

S c h i l l i n g

Rechtspolitische Gedanken zur GmbH & Co., in Recht und Rechtsleben in der sozialen Demokratie, Festgabe für Otto Kunze zum 65. Geburtstag, herausgegeben von Ballerstedt, Friesenhahn, v. Nell-Breuning, Berlin 1969, 189 ff.

Die Handelsgesellschaft auf Einlagen, die GmbH & Co. KG und die GmbH-Reform, Der Betriebs-Berater 1972, 1 ff.

S c h i n d e l e

Zur Frage der Ermittlung des Gewerbeertrags und des Gewerbekapitals bei Personengesellschaften und sonstigen Mitunternehmerschaften, insbesondere der Gesellschaft mbH & Co. Kommanditgesellschaft, Die steuerliche Betriebsprüfung 1962, 272 f.

S c h l e g e l b e r g e r

Handelsgesetzbuch, erläutert von G e ß l e r, H e f e r m e h l, H i l d e b r a n d t, S c h r ö d e r

I. Band: §§ 1—104, 4. Auflage, Berlin, Frankfurt/M. 1960

II. Band: §§ 105—177, §§ 335—342, 4. Auflage, Berlin, Frankfurt/M. 1963

(zit.: Schlegelberger mit dem Namen des jeweiligen Sachbearbeiters)

S c h l ü t e r

Die gleichzeitige Übertragung sämtlicher Kommandit- und GmbH-Anteile einer GmbH & Co. KG an neue Gesellschafter, Finanz-Rundschau 1973, 52 ff.

D e S c h m i d t

Die gesellschaftsteuerliche Behandlung der GmbH & Co. KG im Änderungsentwurf zum Kapitalverkehrsteuergesetz, Der Betriebs-Berater 1971, 1502 ff.

O. S c h m i d t

Was erwartet die GmbH von der Steuerreform? Rundschau für GmbH 1950, 17 ff.

Schmitz

Die GmbH & Co. KG nach dem Kapitalverkehrsteuer-ÄndG 1971, Der Betrieb 1973, 190 ff.

Scholz

Kommentar zum GmbH-Gesetz, 5. Aufl., Köln 1964

Schuhmann

Zur Gewinnverteilung bei der GmbH & Co., GmbH-Rundschau 1971, 166 ff.

Schulze zur Wiesche

Die Behandlung der Komplementär-GmbH in der Bilanz der GmbH & Co. KG, Der Betrieb 1969, 1904 ff.

Die Gesellschaftsteuer der GmbH & Co. KG nach dem Kapitalverkehrsteueränderungsgesetz vom 23. 12. 1971, GmbH-Rundschau 1972, 210 ff.

Schumann

Handelsrecht. I. Band, Wiesbaden 1954

Schuwardt

Gesellschaftsteuer bei der GmbH & Co., Finanz-Rundschau 1961, 336

Gesellschaftsteuer für Darlehen an eine GmbH & Co. KG, GmbH-Rundschau 1969, 47 f.

Sozialversicherungsbeiträge der Gesellschafter einer GmbH & Co., GmbH-Rundschau 1969, 92 f.

Seifert

Die Gesellschaftsteuer bei Beteiligung einer juristischen Person als persönlich haftender Gesellschafterin an einer Kommanditgesellschaft, Betriebsberater 1962, 132 ff.

Gesellschaftsteuer bei der GmbH & Co., Betriebsberater 1963, 1330 ff.

Die GmbH & Co. Kommanditgesellschaft und die Gesellschaftsteuer, Der Betriebsberater 1966, 1197 ff

Siegwart

Das Obligationenrecht

4. Teil: Die Personengesellschaften, Zürich 1938

Simon

Kann die GmbH & Co. KG Inhaberin der Geschäftsanteile ihrer persönlich haftenden Gesellschafterin sein? Der Betrieb 1963, 1209 f.

Skibbe

Die steuerliche Behandlung der Beiratsvergütung bei der GmbH und bei der GmbH & Co. KG, GmbH-Rundschau 1972, 180 ff.

Socher

GmbH-Anteile als notwendiges Betriebsvermögen bei einer GmbH & Co. KG, GmbH-Rundschau 1971, 242 f.

Söffing

Der Geschäftswert bei Umwandlung einer Kapital- in eine Personengesellschaft und bei der umgekehrten Betriebsaufspaltung, Die Information über Steuer und Wirtschaft 1966, 121 ff.

Negatives Kapitalkonto bei Kommanditisten, Die Information über Steuer und Wirtschaft 1971, 551 ff.

Spitaler-Niemann

Die Angemessenheit der Bezüge geschäftsführender Gesellschafter einer GmbH, 2. Aufl., Köln 1964

Staub

Kommentar zum Handelsgesetzbuch, I. Band: §§ 1—177, 14. Aufl., bearbeitet von Bondi und Pinner, Berlin, Leipzig 1932 (zit.: Staub mit dem Namen des jeweiligen Sachbearbeiters)

Stölzle

Die GesmbH. & Co., Österreichische Juristen-Zeitung 1961, 623 ff.

Storch

Die GmbH & Co. im Handels- und Steuerrecht, StW-Kurzpost, Gruppe 5, 231 ff.

Sudhoff

Beginn und Auflösung der GmbH & Co. KG, GmbH-Rundschau 1966, 50 ff.

Gesellschafterbeschlüsse in der GmbH & Co., Der Betrieb 1966, 1461 ff.

Die Kapitalverhältnisse der GmbH & Co., GmbH-Rundschau 1967, 41 ff.

Zur Gewerbesteuerpflicht der GmbH & Co., Der Betrieb 1967, 613 ff.

Der Aufsichtrat (Beirat) der GmbH & Co. KG, GmbH-Rundschau 1967, 158 ff.

Die gesellschaftsrechtliche Problematik der GmbH & Co. KG, Neue Juristische Wochenschrift 1967, 2133 ff.

Der Gesellschaftsvertrag der GmbH & Co., 2. Aufl., München 1971

Die Komplementär-GmbH als „Nicht-Unternehmer", GmbH-Rundschau 1968, 111 ff.

Der „Gegenstand" der GmbH & Co., GmbH-Rundschau 1969, 242 ff.

Die Umwandlung einer GmbH in eine GmbH & Co. KG — steuerlich gesehen —, GmbH-Rundschau 1969, 261 ff.

GmbH & Co. und Kapitalverkehrsteuer, Neue Juristische Wochenschrift 1969, 1825 ff.

Wann sind stehengelassene oder umgebuchte Gewinne bei der GmbH & Co. KG kapitalverkehrsteuerpflichtig? GmbH-Rundschau 1972, 186 ff.

Teichmann-Köhler

Aktiengesetz, 3. Aufl., Heidelberg 1950

Thiel

Die kapitalistisch organisierte GmbH & Co. KG, Der Betrieb 1968, 1870 ff.

Thiel-Schad

Der Vorschlag der Steuerreformkommission zur Reform der Körperschaftsteuer, GmbH-Rundschau 1971, 101 ff.

Thoma

Die mißbräuchliche Steuerumgehung, Steuerberater-Jahrbuch, Köln 1950, 57 ff.

Tibusek

Billigkeitsmaßnahmen bei der Einbringung eines Geschäftes im ganzen in eine Personengesellschaft, Umsatzsteuer-Rundschau 1966, 239 f.

Tiefenbacher

Anmerkung zum Beschluß des OLG Frankfurt, 6 W 387/62 vom 7. November 1962, Der Betriebs-Berater, 1963, 109 f.

Tillmann

GmbH & Co. KG: Ein Weg zur Vermögensbildung und Mitbestimmung, Der Betrieb 1970, 2157 ff.

Tipke

Steuerklauseln, Neue Juristische Wochenschrift 1968, 865 ff.

Uecker

Die Geschäftsführervergütung bei der GmbH & Co. und die Rechtsprechung des Bundesverfassungsgerichts, Rundschau für GmbH 1962, 259 ff.

Uhlenbruck

Insolvenzrechtliche Probleme der GmbH & Co. KG, GmbH-Rundschau 1971, 70 ff.

Die Rechtsstellung des getäuschten Kommanditisten im Konkurs und Vergleich der betrügerischen GmbH & Co., GmbH-Rundschau 1973, 107 ff.

Veismann

Die Sachfirma der GmbH, Der Betrieb 1966, 99 f.

Zur Firma der GmbH & Co., Der Betrieb 1966, 529 f.

Verbreitung und wirtschaftliche Bedeutung der GmbH & Co. KG, GmbH-Rundschau 1969, 69 ff.

Die GmbH & Co. als Handelsgesellschaft, Der Betriebs-Berater 1970, 1159 f.

Muß die überschuldete GmbH & Co. KG Konkurs beantragen?, Der Betriebs-Berater 1971, 940 ff.

Boom der GmbH & Co. KG, Mitteilungen der Industrie- und Handelskammer zu Osnabrück 1973, 48.

Viertel

Zur Angemessenheit der Gewinnverteilung bei Familiengesellschaften, Der Betriebs-Berater 1973, 137 ff.

Vivante

Trattato di Diritto commerciale. Volume II: Società commerciali. Quinta edizione, 1928

Vogel

GmbH-Gesetz, 2. Aufl., Frankfurt/M. 1956

Die Gesellschaftsteuerpflicht der GmbH & Co., Der Betriebs-Berater 1970, 269 ff.

Voss

Tätigkeitsvergütungen iS des § 15 Ziff. 2 EStG bei der GmbH & Co. KG, GmbH-Rundschau 1964, 85

v. Wallis

Gesellschaftsteuer bei der GmbH & Co., Neue Wirtschafts-Briefe (Herne/Westf.), Fach 8 a, 73 ff.

Weber-Jansen

Unbeschränkt haftende Kommanditisten in der GmbH & Co. KG, Neue Juristische Wochenschrift 1971, 1678 ff.

Weipert

Zur Haftung des ausgeschiedenen Kommanditisten im Falle des Gesellschafterwechsels durch Allgemeine oder Sonderrechtsnachfolge, Deutsches Recht 1943, 270 ff.

Die Firma der GmbH & Co., Rundschau für GmbH 1954, 26 f.

Organschaftsverhältnis zwischen Komplementär-GmbH und GmbH & Co. KG, Der Betrieb 1973, 249 ff.

Weisse

Verbot des Durchgriffs bei Kapitalgesellschaften, Neue Wirtschafts-Briefe (Herne/Westf.), Fach 4, 371 ff.

Weissenborn

Steuerrechtliche Anerkennung der Gewinnverteilung bei einer GmbH & Co. KG, Beilage zu Der Betriebs-Berater 1967, Heft 10 = Beilage zu GmbH-Rundschau 1967, Heft 12

Gewinnverteilung bei der GmbH & Co. KG, Der Betriebs-Berater 1968, 990 ff.

Vergütung des Geschäftsführers einer GmbH & Co. KG bei nur mittelbarer Beteiligung, GmbH-Rundschau 1968, 224 ff.

Wellmann

Die Bildung der Gesellschaftsfirma unter Verwendung des Firmennamens einer Muttergesellschaft, Rundschau für GmbH 1953, 86 ff.

Zur Problematik der Firmenbildung bei der GmbH & Co., Rundschau für GmbH 1962, 210 ff.

W e s s e l
Die Firma der „GmbH & Co.", Der Betriebs-Berater 1966, 1327 ff.

W e s t e n b e r g e r
Gesellschaftsteuerpflicht beim Auswechseln der Kapitalgesellschaft als persönlich haftende Gesellschafterin einer GmbH & Co. KG, GmbH-Rundschau 1969, 133

W e s t e r m a n n
Zur „Handelsgesellschaft auf Einlagen", Zeitschrift für Rechtspolitik 1972, 93 ff.

W e s t e r m a n n - S c h e r p f - P a u l i c k - B u l l a - H a c k b e i l
Handbuch der Personengesellschaften, Köln 1967

W i e l a n d
Handelsrecht. I. Band, München, Leipzig 1921

W i h t o l
Die GmbH & Co. KG im Gewerbesteuerrecht, GmbH-Rundschau 1973, 136 ff.

W i l k e - B e r g - G o t t s c h l i n g - G a u l
Handbuch der GmbH, 3.—4. Aufl., Köln 1970

W i n k l e r
Ist die Eintragung einer GmbH unter der abgekürzten Bezeichnung „GmbH" in das Handelsregister zulässig?, GmbH-Rundschau 1969, 77 f.
Die Haftungsverfassung der GmbH & Co. (KG), Neue Juristische Wochenschrift 1969, 1009 ff.
Die Gestaltung von Gesellschaftsverträgen im Wege der Grundtypenvermischung, Neue Juristische Wochenschrift 1970, 1065 ff.

W i n t e r
Kann die Komplementär-GmbH in einer GmbH & Co. KG als personenbezogene Kapitalgesellschaft besteuert werden?, GmbH-Rundschau 1969, 115 ff.
Grundsätzliche Fragen zum Regierungsentwurf eines GmbH-Gesetzes, GmbH-Rundschau 1972, 26 f.

W i r t h
Die Gesellschaftsteuerpflicht bei Erhöhung der Kapitalanteile von Kommanditisten einer GmbH & Co., Deutsche Steuerzeitung A 1964, 151 ff.

W i t t m a n n
Die Schlußfrist des Umwandlungssteuergesetzes bei Errichtung einer GmbH & Co. KG, Der Betriebs-Berater 1973, 240 f.

W ö h e
Betriebswirtschaftliche Steuerlehre, Band II, 1. Halbband, 2. Aufl., Berlin und Frankfurt/M. 1965

W o l a n y

Rechte und Pflichten des Gesellschafters einer GmbH, Heft 10 der Schriftenreihe: Rechtsfragen der Handelsgesellschaften

W ü n d i s c h

Zur Besteuerung sozialversicherter Kommanditisten, Finanz-Rundschau 1971, 329 ff.

W ü r d i n g e r

Gesellschaften. 1. Teil: Recht der Personengesellschaften, Hamburg 1954 (zit.: Gesellschaften)

Das Recht der Personalgesellschaften, 1. Teil: Die Kommmanditgesellschaft. 1. Arbeitsbericht des Ausschusses für das Recht der Personengesellschaften der Akademie für Deutsches Recht, München, Berlin 1939 (zit.: Arbeitsbericht)

W u n d e r

Nachforderung der Gesellschaftsteuer bei der GmbH & Co. KG, Der Betriebs-Berater 1969, 1759 f.

Z a r t m a n n

Mischformen des Gesellschaftsrechts in neuer Betrachtung, Der Betriebs-Berater 1951, 736 ff.

Z i e l i n s k i

Grundtypvermischungen und Handelsgesellschaftsrecht. Der Eintritt von Kapitalgenossenschaften in Personalgesellschaften, seine wirtschaftliche Bedeutung und rechtliche Zulässigkeit, Marburg 1925, Nr. 40 der Reihe: Arbeiten zum Handels-, Gewerbe- und Landwirtschaftsrecht, herausgegeben von E. H e y - m a n n

Z i n t z e n

Die Gesellschaft mit beschränkter Haftung & Co., Rundschau für GmbH 1950, 116 ff.

Zweifelsfragen zur GmbH & Co., Rundschau für GmbH 1953, 23 ff.

* * *

Aktuelle Probleme der GmbH & Co. Zugleich Bericht über die Arbeitstagung „GmbH & Co." in Köln am 16./17. 3. 1967 mit Beiträgen von Wiethölter, Sudhoff, Hesselmann, Böttcher, Meyer-Arndt, Dornfeld; Heft 15 der Schriftenreihe Rechtsfragen der Handelsgesellschaften, Köln 1967 (zit.: Aktuelle Probleme der GmbH & Co. mit dem Namen des jeweiligen Verfassers)

Bericht über die Ergebnisse der Kölner Trainingstagung des Arbeitskreises „Neue Probleme der GmbH & Co." mit Beiträgen von Felix, Korn, Meyer, Richter, Heinemann, herausgegeben vom Arbeitskreis für Steuerrecht GmbH, Köln 1969 (zit.: Bericht mit dem Namen des jeweiligen Sachbearbeiters)

Register der besprochenen Urteile der Finanzgerichte

1. Urteile des Reichsfinanzhofs

2. 2. 32	II A 15/32, RStBl. 1932, 651 = Kartei GrErwStG § 23 Abs. I zu a Nr. 3 R. 27 = S. 159 d. A.
30. 8. 32	VI A 501/31, StuW II 1932 Nr. 995 = Kartei EStG 1925 § 29 R. 27 = S. 132, 133 d. A.
4. 11. 32	I A 372/31, RStBl. 1932, 1108 = Kartei KStG 1925 § 15 Nr. 4 R. 2 = S. 180 d. A.
18. 2. 33	I A 422/30, RStBl. 1933, 375 ff. = StuW 1933 II Nr. 326 = Kartei AO 1931 § 10 Allg. R. 14 = S. 17, 26, 114, 146 d. A.
31. 3./ 31. 10. 33	I A 391/31, RStBl. 1934, 684 = Kartei KStG 1925 § 10 R. 48—50 = S. 196/7 d. A.
9. 8. 33	II A 165/33, RStBl. 1933, 945 = Kartei GrErwStG § 8 Nr. 5 R. 2 = S. 158 d. A.
1. 2. 34	VI A 1856/32, RFH 35, 248 = RStBl. 1934, 540 = Kartei EStG 1925 § 29 Nr. 3 R. 55, 56 = S. 143, 205 d. A.
23. 2. 34	V A 480/33, RStBl. 1934, 623 = Kartei UStG 1932 § 1 Nr. 1 R. 93 bis 94 = S. 197 d. A.
8. 6. 34	V A 581/33, RStBl. 1934, 1486 = Kartei UStG 1932 § 1 Nr. 1 R. 101 bis 103 = S. 193 d. A.
5. 10. 34	V A 587/33, RStBl. 1935, 621 = Kartei UStG 1934 § 1 Ziff. 1 R. 1, 2 = S. 191 d. A.
15. 1. 35	I A 131/33, RStBl. 1935, 700 = Kartei KStG 1934 § 6 S. 1 m. EStG § 6 Ziff. 2 R. 9, 10 = S. 130 d. A.
13. 9. 35	V A 217/34, RStBl. 1936, 172 = Kartei UStG 1934 § 5 Abs. 2 R. 8 = S. 191 d. A.
26. 2. 36	VI A 141/36, RStBl. 1936, 682 = Kartei EStG 1934 § 19 Abs. 1 Ziff. 1 R. 47 = S. 21 d. A.
12. 1. 37	I A 330/36, RStBl. 1937, 91 = Kartei AO 1931 § 147 R. 22 = S. 21 d. A.
17. 2. 37	VI A 83/37, StuW II 1937 Nr. 196 = Kartei EStG 1934 § 6 Ziff. 6 R. 1 = S. 143, 205 d. A.
14. 7. 37	VI A 422/37, RStBl. 1937, 937 = StuW 1937 II Nr. 454 = Kartei AO 1931 § 215 Abs. 2 R. 11 = S. 128 d. A.
1. 12. 37	VI 688/37, RStBl. 1938, 356 = Kartei Lüb. GewStG § 9 Abs. 3 R. 1 = S. 151 d. A.
27. 9./ 2. 12. 38	V 297/37, RStBl. 1939, 468 = Kartei UStG 1934 § 1 Ziff. 2 R. 3 = S. 191, 193 d. A.
10. 1. 40	VI 704/39, RStBl. 1940, 134 = GW-StRK III, 475 = S. 128 d. A.
11. 10. 40	V 202/39, RStBl. 1940, 982 = GW-StRK IV, 59 = S. 194 d. A.
29. 4. 42	VI 101/42, RStBl. 1942, 497 = GW-StRK I, 21 = S. 19 d. A.
9. 3. 44	III 81/43, RStBl. 1944, 491 = GW-StRK I, 50, 575 = S. 153 d. A.

2. Urteile des Obersten Finanzgerichtshofs

9. 3. 48	III (IV) 26/47 S, StuW II 1948 Nr. 18 = StRK EStG § 19 Abs. 1 Ziff. 1 R. 3 = FR 1949, 10 R. 38 = S. 18 d. A.
7. 12. 49	I 18/48, StuW 1950 II Nr. 41 = StRK AO § 147 R. 1 a—c = FR 1950, 56 R. 115 = S. 128 d. A.

3. Urteile des Bundesfinanzhofs

15. 6. 51	II 36/50 U, BStBl. III 1951, 215 = StRK UStG § 2 Abs. 1 R. 8 = S. 194 d. A.
22. 8. 51	IV 246/50 S, BStBl. III 1951, 181 = StRK StAnpG § 5 R. 3 = FR 1951, 375 = Anhang III Nr. 1 = S. 18, 43, 95, 115 d. A.
28. 9. 51	I 11/45 U, BStBl. III 1952, 15 = StRK GewStG § 2 Abs. 2 R. 3 = S. 148 d. A.
17. 10. 51	IV 83/50 U, BStBl. III 1951, 223 = StRK StAnpG § 5 R. 4 = S. 21 d. A.
3. 7. 52	IV 48/52 U, BStBl. III 1952, 256 = StRK EStG § 10 Abs. 1 Ziff. 3 R. 7 = S. 143, 205 d. A.
29. 5. 53	II 70/52 U, BStBl. III 1953, 201 = StRK KVStG § 3 R. 7 = FR 1954, 14 R. 802 = S. 172 d. A.
25. 3. 54	V 241/53 U, BStBl. III 1954, 162 = StRK UStG § 1 Ziff. 1 R. 24 = S. 189 d. A.
19. 5. 54	II 80/53 U, BStBl. III 1954, 213 = StRK KVStG § 8 R. 9 = S. 174 d. A.
8. 2. 55	V 162/52 S, BStBl. III 1955, 113 = StRK UStG § 2 Abs. 1 R. 18 = UStR 1955, 117 = S. 193, 194 d. A.
29. 5. 56	I 39/56 S, BStBl. III 1956, 226 = StRK KStG § 15 R. 2 = S. 144 d. A.
3. 7. 56	I 221/55 U, BStBl. III 1956, 308 = StRK AO § 215 R. 10 = S. 20 d. A.
24. 10. 56	II 107/55 U, BStBl. III 1956, 351 = StRK KVStG § 3 R. 13 = FR 1957, 89 R. 1585 = GmbH-Rdsch. 1957, 121 = S. 172 d. A.
14. 11. 56	II 46/56 U, BStBl. III 1957, 19 = StRK GrErwStG § 3 R. 12 = S. 156 d. A.
10. 9. 57	V 272/56 (nicht veröffentlicht) S. 192 d. A.
16. 9. 58	I 351/56 U, BStBl. III 1958, 462 = StRK EStG § 15 R. 22 = GmbH-Rdsch. 1959, 13 = S. 20, 180 d. A.
25. 3. 59	II 165/57 U, BStBl. III 1959, 305 f. = StRK GrErwStG § 3 R. 18 = S. 158 d. A.
23. 7. 59	V 47/56 U, BStBl. III 1959, 394 = StRK UStG § 2 Abs. 1 R. 47 = S. 197/8 d. A.
7. 8. 59	V 10/57 U, BStBl. III 1959, 395 = StRK UStG § 2 Abs. 1 R. 48 = S. 195 d. A.

16. 2.60	I 146/59 U, BStBl. III 1960, 156 = StRK EStG § 15 R. 173 = S. 122 d. A.
28. 7.60	IV 27/59 U, BStBl. III 1960, 403 = StRK EStG § 17 R. 7 = S. 205 d. A.
2. 8.60	I 221/59 S, BStBl. III 1960, 408 = StRK EStG § 15 R. 198 = Anhang III Nr. 2 = S. 20, 134 d. A.
17.11.60	V 170/58 U, BStBl. III 1961, 86 = S. 193/4 d. A.
30.11.61	V 156/59 U, BStBl. III 1962, 73 = StRK UStG § 1 Ziff. 1 R. 193 = S. 191 d. A.
12. 3.64	V 249/61 U, BStBl. III 1964, 290 = S. 193/4 d. A.
23. 7.64	V 290/61 U, BStBl. III 1964, 536 = StRK UStG § 1 Ziff. 1 R. 319 = S. 190 d. A.
30. 9.64	I 231, 232/62 U, BStBl. III 1965, 54 = StRK KStG § 5 R. 9 = S. 20 94, 143 d. A.
3.12.64	II 12/61 S, BStBl. III 1965, 19 = StRK KVStG § 6 R. 4 = FR 1965, 33 f. = GmbH-Rdsch. 1965, 8 = Anhang III Nr. 3 = S. 162, 171 d. A.
11. 2.65	IV 284/64, StRK EStG § 15 R. 597 = GmbH-Rdsch. 1965, 116 = BB 1965, 529 = Anhang III Nr. 4 = S. 134 d. A.
10. 3.65	II 132/64 U, BStBl. III 1965, 201 = StRK KVStG § 2 R. 65 = S. 162, 171 d. A.
6. 5.65	IV 135/64 U, BStBl. III 1965, 502 = StRK EStG § 15 R. 584 = Anhang III Nr. 5 = S. 131 d. A.
17. 3.66	IV 233, 234/65, StRK EStG § 15 R. 636 = B 1966, 484 = S. 148 d. A.
17.11.66	I 280/63, BFH 87, 253 = StRK EStG § 5 GewVerw. R. 3 = S. 197 d. A.
2. 2.67	V 35/64, StRK UStG § 2 Abs. 2 Ziff. 1 R. 44 = GmbH-Rdsch. 1967, 236 = B 1967, 1895 = S. 198 d. A.
3. 2.67	III 161/63, BFH 88, 185 = BStBl. III 1967, 303 = StRK BewG § 56 R. 19 = S. 154 d. A.
16. 2.67	IV R 62/66, BStBl. III 1967, 222 = StRK EStG § 15 Ziff. 2 R. 8 = S. 137 d. A.
16. 3.67	I 261/63, BStBl. III 1967, 326 = StRK KStG § 6 Abs. 1 S. 2 R. 132 = S. 143 d. A.
15.11.67	IV R 139/67, BStBl. II 1968, 152 = StRK EStG § 15 Ziff. 2 R. 20 = B 1968, 334 ff. = Anhang III Nr. 6 = S. 20, 96, 97, 124 d. A.
26. 1.68	VI R 129/66, BStBl. II 1968, 369 = StRK EStG § 15 Ziff. 2 R. 23 = B 1968, 830 = S. 151 d. A.
21. 3.68	IV R 166/67, BStBl. II 1968, 579 = StRK EStG § 15 Ziff. 2 R. 25 = S. 129, 136 d. A.
21. 3.68	V 81/65, BStBl. II 1968, 507 = StRK UStDB § 85 R. 55 = B 1968, 1204 = S. 194 d. A.

4. 4. 68	IV R 122/66, BStBl. II 1968, 580 = StRK EStG § 16 R. 116 = B 1968, 1476 = S. 206 d. A.
25. 4. 68	VI R 279/66, BStBl. II 1968, 741 = StRK EStG § 15 Ziff. 2 R. 27 = S. 95 d. A.
18. 7. 68	V 200/65, BStBl. II 1968, 702 = StRK UStG § 1 Ziff. 1 R. 455 = S. 189, 193 d. A.
1. 8. 68	IV 324/65, BStBl. II 1968, 678 = StRK EStG § 4 BetrAusg. R. 38 = BB 1968, 1737 = S. 128 d. A.
5. 9. 68	V 153/65, BStBl. II 1969, 55 = StRK UStG § 2 Abs. 2 Ziff. 1 R. 52 = B 1969, 1177 = S. 196 d. A.
22. 11. 68	III 115/65, BStBl. II 1969, 225 = StRK BewG § 13 R. 31 = S. 155 d. A.
14. 3. 69	III R 108/67, BStBl. III 1969, 480 = StRK BewG § 62 R. 79 = S. 154 d. A.
19. 6. 69	V 210/65, BStBl. II 1969, 606 = StRK UStG § 1 Ziff. 1 R. 472 = S. 189 d. A.
21. 10. 69	II 210/65, BStBl. II 1969, 736 = StRK KVStG § 3 R. 75 = GmbH-Rdsch. 1970, 21 = S. 172 d. A.
21. 10. 69	II 141/65, BStBl. II 1970, 99 = StRK KVStG § 2 R. 84 = B 1970, 617 = S. 169, 170 d. A.
11. 11. 69	II 196/65, BStBl. II 1970, 335 = StRK KVStG § 2 R. 86 = S. 168 d. A.
13. 1. 70	II 208/65, BStBl. II 1970, 463 = StRK KVStG § 6 R. 16 = S. 167 d. A.
22. 1. 70	IV R 178/68, BStBl. II 1970, 416 = StRK EStG § 15 Ziff. 2 R. 43 = GmbH-Rdsch. 1970, 187 f. = S. 122 d. A.
22. 1. 70	IV R 47/68, BStBl. II 1970, 415 = StRK EStG § 15 Ziff. 2 R. 42 = GmbH-Rdsch. 1970, 241 = B 1970, 1109 = S. 138 d. A.
5. 5. 70	II R 98/69, BStBl. 1970, 757 = StRK KVStG § 6 R. 19 = S. 164 d. A.
16. 6. 70	II 95—96/64, StRK KVStG § 6 R. 17 = GmbH-Rdsch. 1970, 287 = B 1970, 1863 = S. 176 d. A.
16. 6. 70	II R 22/70, StRK KVStG § 6 R. 18 = GmbH-Rdsch. 1970, 270 = B 1970, 1766 = S. 178 d. A.
19. 10. 70	GrS 1/70, BStBl. II 1971, 177 = StRK EStG § 15 Ziff. 2 R. 47 = B 1971, 604 = S. 138 d. A.
25. 3. 71	II B 55—56/70, BStBl. II 1971, 336 = StRK KVStG § 6 R. 22 = S. 163 d. A.
21. 4. 71	I R 76/70, BStBl. II 1971, 816 = StRK AO § 215 R. 111 = B 1971, 2341 = S. 138 d. A.
11. 5. 71	II B 1/71, BStBl. II 1971, 494 = StRK KVStG § 6 R. 23 = B 1971, 1394 = S. 164 d. A.
8. 10. 71	II R 27/71, BStBl. II 1972, 61 = StRK KVStG § 2 R. 97 = B 1972, 220 = S. 168 d. A.
14. 10. 71	V R 5/68, BStBl. II 1972, 101 = StRK UStDB § 85 R. 68 = B 1972, 369 f. = S. 196 d. A.

21. 1. 72 VI R 187/68, BStBl. II 1972, 374 = StRK AO § 109 R. 28 = B 1972, 1416 f. = S. 104 d. A.
23. 2. 72 I R 159/68, BStBl. II 1972, 530 = StRK EStG § 15 Ziff. 2 R. 55 = S. 138 d. A.
26. 4. 72 IV R 194/71, BStBl. II 1972, 794 = StRK GewStG § 2 Abs. 2 Ziff. 1 R. 6 = S. 149 d. A.
29. 5. 72 GrS 4/71, BFHE 106, 504 = StRK EStG § 15 Ziff. 2 R. 59 = GmbH-Rdsch. 1972, 281 = S. 21 d. A.
5. 7. 72 I R 230/70, BStBl. 1972, 928 = StRK EStG § 15 Ziff. 2 R. 61 = S. 124 d. A.
3. 8. 72 IV R 235/67, BStBl. II 1972, 799 = StRK GewStG § 2 Abs. 2 Ziff. 1 R. 7 = S. 148 d. A.
17. 1. 73 I R 253/71, BStBl. II 1973, 269 = StRK GewStG § 2 Abs. 2 Ziff. 2 R. 19 = GmbH-Rdsch. 1973, 116 f. = S. 149 d. A.

4. Urteile der Finanzgerichte

Baden-Württemberg

17. 11. 70 I 71/69, EFG 1971, 198 = S. 171 d. A.
26. 5. 71 V 53/71, EFG 1972, 37 f. = S. 170 d. A.
22. 6. 71 I 57/68, EFG 1971, 541 = S. 125 d. A.

Berlin

22. 9. 71 VI 150/70, EFG 1972, 135 f. (nicht rechtskräftig) = S. 196 d. A.

Bremen

4. 5. 62 I 188 u. 209/60, EFG 1963, 55 f. = S. 142 d. A.
17. 12. 70 II 77/69, EFG 1971, 198 ff. = S. 165 d. A.
12. 7. 72 II 28, 70, EFG 1973, 40 ff. (nicht rechtskräftig) = S. 185 d. A.

Düsseldorf

30. 10. 56 II 75/56 U, EFG 1957, 108 f. = S. 195 d. A.
16. 7. 58 I 85—89/56 U, EFG 1959, 70 = GmbH-Rdsch. 1958, 166 = S. 193 d. A.
29. 5. 62 VI 2/60 Verk., EFG 1963, 118 f. = S. 161 d. A.
28. 10. 65 VI 13/63 Verk., EFG 1966, 131 f. = GmbH-Rdsch. 1066, 97 = S. 172 d. A.
20. 9. 66 VI 13/64 Verk., EFG 1967, 189 (aufgehoben) = S. 175 d. A.
16. 11. 71 VI 134/71 A, EFG 1972, 141 f. = S. 168 d. A.
1. 12. 71 VI 107/71 A, EFG 1972, 88 = S. 175 d. A.
25. 1. 72 VI 133/71 Verk., (nicht veröffentlicht) = S. 168 d. A.
3. 2. 72 III 64/71 Verk., EFG 1972, 254 (nicht rechtskräftig) = S. 170 d. A.
15. 5. 72 V 163/71 F, zitiert in GmbH-Rdsch. 1972, 140 (nicht rechtskräftig) = S. 98 d. A.

5. Urteile des Bundesverfassungsgerichts

Sachregister

A

B

L

M

N

O

P

R

S

T

W

Z